Inhalt

Martin Lutterjohann

CITY|TRIP PLUS
TOKYO

Nicht verpassen!

1 **Kaiserpalast [F7]**
Der Kaiserpalast ist mit seinen sehenswerten Parks das grüne Herz der Stadt (s. S. 22).

15 **Kabuki-za-Theater [H9]**
Das kürzlich komplett renovierte Kabuki-za ist ein Überbleibsel der Edozeit und befindet sich mitten in der Ginza, dem wohl anspruchsvollsten Einkaufsviertel der Welt (s. S. 51).

42 **Hachikō-Denkmal und Scramble Crossing [B10]**
Die inzwischen weltberühmt gewordene Fußgängerkreuzung nahe dem Hachikō-Denkmal gilt als die geschäftigste der Welt und ist das Wahrzeichen von Shibuya, dem Zentrum junger Mode und Jugendkultur. Hier werden weltweite Trends geboren (s. S. 92).

44 **Meiji-Schrein [B8]**
Der bedeutendste Shintō-Schrein inmitten des größten innerstädtischen Parks, in dem an Wochenenden immer etwas los ist. Das benachbarte Viertel Harajuku ist ein Mekka der Teenagerkultur (s. S. 96).

82 **Koishikawa Kōrakuen [F5]**
Unter den vielen klassischen Gärten Tokyos ist dies einer der schönsten (s. S. 141).

101 **Nationalmuseum [H4]**
Das Nationalmuseum und den Ueno-Park mit seinen Attraktionen sowie dem gemütlichen Tempelbezirk Yanaka mit riesigem Friedhof und Wohnvierteln, die noch an die Edozeit erinnern, sollte sich kein Besucher entgehen lassen (s. S. 162).

113 **Asakusa-Tempel- und Schreinbezirk [J4]**
Der Kannon-Tempelbezirk ist die beliebteste Sehenswürdigkeit der Stadt (s. S. 173).

118 **Tokyo Skytree [Karte V]**
Der Skytree, mit 642 m der höchste Fernsehturm der Welt, beherrscht die Silhouette der Stadt (s. S. 177).

120 **Edo-Tokyo-Museum [J6]**
Das spektakuläre Edo-Tokyo-Museum in Ryōgoku, dem Viertel der Sumoringer, veranschaulicht am besten die Geschichte der Metropole (s. S. 181).

154 **Nikkō [Karte IV]**
Prächtigere Schreine als die von Nikkō gibt es vermutlich nirgendwo sonst in Japan (s. S. 224).

Leichte Orientierung mit dem cleveren Nummernsystem
Die Sehenswürdigkeiten sind im Text und im Kartenmaterial mit derselben **magentafarbenen ovalen Nummer** ❶ markiert. Alle anderen Lokalitäten wie Geschäfte, Restaurants usw. tragen ein **Symbol und eine fortlaufende rote Nummer** (🛍1). Die Liste aller Orte befindet sich auf S. 363, die Zeichenerklärung auf S. 371.

JAL MOMENTE

Genießen Sie an Bord unsere authentische japanische Gastfreundschaft. Jeder Moment bei JAL ist ein unvergessliches Erlebnis.

Fly into tomorrow.

JAPAN AIRLINES

Karten

Stadtteilkarten

Zeichenerklärung

★★★ nicht verpassen
★★ besonders sehenswert
★ wichtig für speziell Interessierte

[A1] Planquadrat im Kartenmaterial. Orte ohne diese Angabe liegen außerhalb unserer Karten. Ihre Lage kann aber wie von allen Ortsmarken mithilfe der begleitenden Web-App angezeigt werden (s. S. 371).

Hinweise zur Benutzung

Abkürzungen

Bhf. = Bahnhof, U: = U-Bahn(hof); Ausg. = Ausgang, F = Stockwerk, Erdgeschoss = F1, 1. Stock = F2 usw., Untergeschoss 1 = B1 usw., Bldg. = Building; Gebäude; Himmelsrichtungen N, O, S, W; Feiertag = F; HP = Halbpension; jp. = Japanisch, bei Websites bedeutet jp. nur Japanisch, kein Englisch, LO = last order, danach keine Essensbestellungen möglich; TIC = Tourist Information Center

Besonderheiten von Adressen (jūsho)

Grundsätzlich gibt es in Japan und natürlich auch in Tokyo **keine Straßennamen** mit **Hausnummern**. Es gab einst nur Namen für Fernstraßen wie **Tōkaidō** (Ost-Meer-Weg zwischen Edo und Kyōto am Meer entlang), **Nakasendō** („Mitten-durch-die-Berge-Weg", ebenfalls zwischen Edo und Kyōto) u. a. Für die Olympischen Spiele 1964 in Tokyo benannte man größere Straßen wie Meiji-dōri, Yasukuni-dōri, Sotobori-dōri, Shinobazu-dōri, wobei *–dōri* Straße bedeutet. Aber auch entlang dieser Straßen richten sich die Hausnummern nur nach dem Häuserblock und folgen auf Japanisch dem System von **groß** nach **klein**. Adressen auf Japanisch beginnen mit der 7-stelligen Postleitzahl hinter dem Zeichen für Post 〒 , dann Präfektur *(-ken),* im Fall von Hokkaidō *-dō,* Osaka und Kyōto *-fu,* Tokyo *-tō,* dann Bezirk *(-gun),* Stadt *(-shi)* bzw. Dorf *(-mura),* Stadtbezirk *(-ku).*

In Tokyo funktioniert das System so: z. B. die des Tourist Information Center (TIC): Tōkyō-to (Tokyo-Hauptstadt), Chiyoda-ku (einer der 23 Stadtbezirke, die an der Endung „–ku" als solche erkenntlich sind), Marunouchi 3–3–1 (Stadtviertel Marunouchi) untergliedert in chōme, hier: 3-chōme; die chōme sind untergliedert in ban(chi), hier: 3-ban; die letzte Zahl bezeichnet die Hausnummer (ban)gō, die sich nach dem Baujahr richtet und nicht nach einer bestimmten Reihenfolge. Angaben zu Gebäuden erleichtern die Suche, wenn sie nicht nur auf Japanisch bezeichnet sind, hier: New Tokyo Building (jp. Shin-Tōkyō Biru), F1 bedeutet Erdgeschoss, wird in Japan meist als 1F angegeben, das erste Untergeschoss als B1F, in diesem Führer aus logischen Gründen als B1. Auch die Anordnung ist mit Ausnahme der Zahlenfolge umgekehrt, von klein nach groß: TIC, New Tokyo Bldg. F1, 3–3–1 Marunouchi. Es gibt auch die offiziell übliche Angabe: 3–1 Marunouchi, 3-chōme, aber logischer und kürzer ist 3–3–1. Bei privaten Adressen folgt auf die drei Zahlen ggf. noch eine vierte, z. B. 103, das ist dann die Apartmentnummer.

Mithilfe von Plänen an größeren Kreuzungen, von Weitem erkennbar am „i" (für Information) über der Tafel, lassen sich die regelmäßig angeordneten chō(me) und ban(chi) gut lokalisieren, zumal die Beschriftung auch in lateinischen Buchstaben angegeben ist. Die Pläne an den Häuserblöcken sind ohne Japanischkenntnisse nicht zu entziffern. Irgendwie muss man dann die Hausnummer finden. Restaurants, deren Namen oft nur auf Japanisch, meist noch kalligrafisch geschrieben, angegeben werden, lassen sich oft nur schwer auffinden, da sie sich irgendwo im Gebäude zwischen Tiefgeschoss(en) und oberen Etagen befinden können. Die Adressenangaben im Führer nennen deshalb – falls nötig – das Stockwerk. Mithilfe von Stadtatlanten lassen sich chōme und banchi ebenfalls gut lokalisieren. Zur Orientierung gibt es zusätzlich zur Adressenangabe gern kleine Skizzen, auch auf Visitenkarten, Websites, wobei zur leichteren Identifizierung benachbarte Läden, Gebäude u. a. mit angegeben werden.

Obwohl die Olympischen Sommerspiele erst 2020 in Tokyo stattfinden, sind Stadt und Land schon voll auf das kommende Großereignis fokussiert. Man hat den Eindruck, dass sich alle Institutionen, die sich mit Tourismus befassen, darum bemühen, Tokyo für ausländische Touristen noch attraktiver zu machen, als es schon ist. Westler sah man früher nur gelegentlich, jetzt gehören sie in vielen Stadtteilen zum Straßenbild. Tokyo gilt als angesagteste und coolste Hauptstadt der Welt. Das spricht sich herum.

Neue interessante Museen

Das Samurai Museum & Ninja Trick House ist besonders bei ausländischen Besuchern beliebt (s. S. 125). Für den berühmtesten aller Holzschnittmeister, Katsushika Hokusai, wurde im November 2016 ein eigenes Museum im Stadtteil Sumida eröffnet, das Gebäude selbst ist schon spektakulär (s. S. 181).

Tradition selbst erfahren

Einen Kimono anziehen oder sich in kompletter Samurai-Rüstung fotografieren lassen kann man z. B. im Marugoto in Asakusa (s. S. 178).

Mehr als nur Katzencafés:

Themenlokale gibt es viele, z. B. in Asakusa (s. S. 269).

Erste Kapselhotels nur für Frauen

In Shibuya und Ueno wurden die ersten „Ladies only"-Kapselhotels eröffnet. Sie sind geschmackvoller als die gängigen, ursprünglich nur für Männer gedachten Schlafstätten, die sich an diejenigen richten, die den letzten Zug nach Hause verpasst haben.

031to-ml

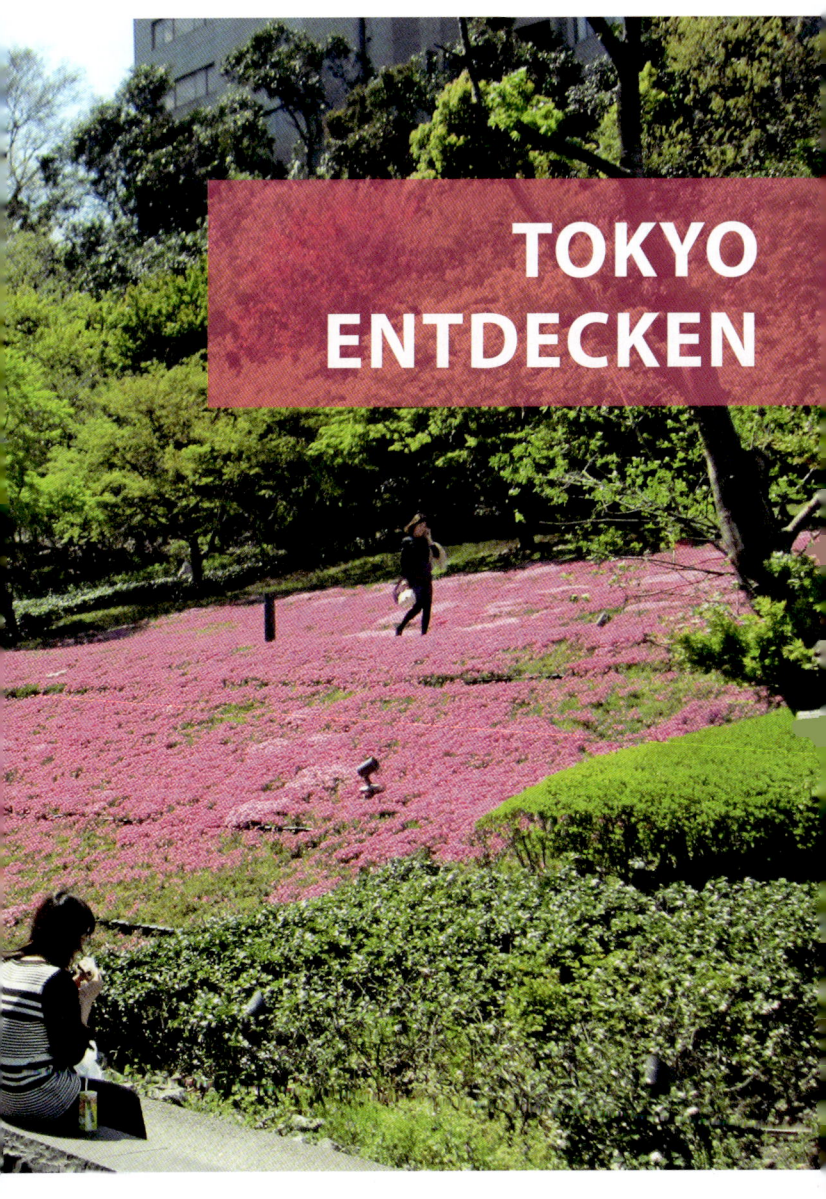

TOKYO ENTDECKEN

Tokyo für Citybummler

Tokyo, oft „**heimliche Hauptstadt der Welt**" genannt, ist das Zentrum der größten Megapolis der Erde, in der im Umkreis von 50 km über **35 Millionen Menschen** leben. Hier wird die Zukunft erprobt oder schon gelebt, aber das Alte und Traditionelle bleibt daneben bestehen. Wirklich alte Gebäude gibt es im Vergleich zu den früheren Hauptstädten Nara, Kyōto und Kamakura (s. S. 210) zwar wenig, lediglich einige Tempel und Schreine oder Teile davon sind aus der Edo-Zeit original erhalten, der Rest verbrannte in den wiederkehrenden verheerenden Bränden. Aber die meisten Tempel und Schreine wurden detailgetreu wieder aufgebaut und vermitteln Zugang zum **alten Edo**, wie die Stadt ursprünglich hieß.

Wie in allen asiatischen Metropolen überwiegen in Tokyo die architektonisch uninteressanten, oft hässlichen Zweckbauten. Edo war wohl einst eine schöne, mit Ausnahme der eng bebauten Handwerkerviertel großteils grüne Stadt. Trotz der vielen Tausend kleinen und auch trotz einiger zentral gelegener großer Parks und Gärten, die häufig noch aus der Edo-Zeit stammen, ist Tokyo heute noch **weit davon entfernt, eine grüne Stadt zu sein**. Aber das, was erhalten ist, fasziniert und überrascht alle Besucher. Die kunstvoll angelegten, bis in Details geplanten und doch natürlich wirkenden japanischen Gärten begeistern zu jeder Jahreszeit. Wenigstens einen der berühmten alten Samuraigärten sollte man besuchen.

◁ *Vorseite: Mittagspause an einem Shiba-zakura-Blütenteppich Ende April*

Zu viele **Tempel und Schreine** ermüden wohl jeden Besucher. Andererseits bilden diese Fenster in die Vergangenheit stets einen **angenehmen Kontrast zum geschäftigen Treiben** der Stadt. Der wichtigste Tempelbezirk der Stadt, der Asakusa-Kannon-Tempelbezirk **113** ist jedoch selbst ein sehr lebhafter Ort und mit den traditionellen Läden der Nakamise-Straße und anderen Einkaufsstraßen des Viertels ein Muss für alle Besucher. Hier trifft man auch auf die meisten Touristen. Wer zumindest drei Tage Zeit für einen Stadtbesuch hat, sollte sich auch auf keinen Fall einen Bummel durch **Yanaka** mit seinen vielen Tempeln, seinem großen Friedhof und den zahlreichen traditionellen Wohnhäusern entgehen lassen. Das Viertel wurde im Krieg nicht zerstört. Aber auch der Besuch einiger Shintō-Schreine sollte auf dem Programm stehen: etwa der **Meiji-Schrein 44** im Yoyogi-Park **45**, umgeben von hunderttausend Bäumen aus dem ganzen Land, oder der kontroverse, aber dennoch sehenswerte Yasukuni-Schrein **4**.

Als politische, kulturelle und wirtschaftliche Hauptstadt des Landes bietet Tokyo **Museen und Kunstgalerien** von Weltklasse. Allein mit dem Besuch der bedeutendsten Museen könnte man Tage und Wochen verbringen. Der kurzzeitliche Besucher muss also auswählen. Die wichtigsten Nationalschätze Japans beherbergt das Tokyo Nationalmuseum **101** im Ueno-Park. Das Edo-Tokyo-Museum **120** in Ryōgoku vermittelt den besten Zugang zur Edo-Zeit, die ja erst gut 150 Jahre zurückliegt.

Junge und modebewusste Menschen werden allein in Shibuya (s. S. 87) und Harajuku (s. S. 96) genug zu

008to-ml

entdecken haben, schließlich werden hier ständig neue Modetrends geboren, am ehesten reizt sie vielleicht noch ein Trip auf die künstliche Insel Odaiba mit ihren attraktiven Einkaufszentren (s. S. 75); **Erwachsene**, die sich für Mode interessieren, flanieren entlang des Omotesandō-Boulevard 49 oder der Aoyama-dōri im gleichnamigen Stadtteil. Wer sich für **Elektronik oder Elektrogeräte** interessiert, findet in Akihabara (s. S. 148) sein Mekka. Das gilt auch für Freunde der **Manga- und Anime-Kultur,** die ansonsten auf alle Fälle zusätzlich in die westlichen Vororte Nakano und Asagaya oder in den Manga-Park von Tachikawa fahren werden, in dem 40.000 Bücher zum Schmökern einladen. Neue und gebrauchte Kameras einschließlich Raritäten findet man in Shinjuku nahe dem Westausgang des verkehrsreichsten Bahnhofs der Welt 62. Die Ginza (s. S. 47) bietet das **eleganteste Einkaufsviertel** der Stadt und das wohl anspruchvollste der Welt. Generell bietet Tokyo das weltweit größte Einkaufspotenzial. Wenn der Wechselkurs stimmt (z. B. 1 €: 140 ¥ und besser) macht Einkaufen doppelt Spaß, da Japan ansonsten nicht gerade als günstiges Reiseziel gilt.

Die **japanische Küche** *(washoku)* ist seit 2013 als UNESCO-Weltkulturerbe anerkannt. Japanische Frauen haben die höchste Lebenserwartung weltweit, die Männer liegen immerhin an zweiter Stelle. Die Ernährung spielt hierbei eine wesentliche Rolle. Aber was die Küche so interessant macht, ist ihre Vielfältigkeit und auf traditionelle Ästhetik ausgerichtete Präsentation, ihr Respekt für die Natur und der jahreszeitliche Bezug. Essen in einem der berühmten Esstempel kann sagenhaft teuer sein, aber der Ge-

Das Kabuki-za-Theater 15 *in der Ginza*

nuss japanischer Gerichte auch sagenhaft günstig, zumal die teuren Getränke wegfallen, wenn man sich mit dem kostenlos angebotenen Wasser oder grünen Tee zufrieden gibt. Allerdings machen **mehr als 150.000 Lokale** in der Gourmet-Hauptstadt der Welt die Auswahl nicht leicht. Das Kapitel „Tokyo für Genießer" (s. S. 244) vermittelt das notwendige Know-how.

Angesichts der riesigen **Vergnügungsindustrie,** die keine Wünsche offen lässt, ist Tokyo auch hier Weltspitze, wobei das Angebot in erster Linie auf Einheimische zugeschnitten ist. International kann man das Angebot an abendlichem Vergnügen nur bedingt nennen. Natürlich gibt es Bars, Klubs, Discos, vor allem in Roppongi (s. S. 113) und Azabu (s. S. 113), die regelmäßigen Kontakt zu Ausländern haben, die Gay Bars in Shinjuku 2-chōme (s. S. 332) gehören auch dazu; aber oft will man lieber unter sich sein, die meisten Bars leben von ihren Stammkunden. Das kulturelle Angebot steht dagegen allen offen: Konzerthallen, Jazzklubs, Theater, Kinos, Galerien u. a. Die Stadtteile Shinjuku, Shibuya, Roppongi und Azabu sowie Ikebukuro bieten die größten Vergügungsviertel, aber auch die näheren Umgebungen der größeren Bahnhöfe halten jede Menge Lokale und Geschäfte bereit.

Wer genug Zeit hat, sollte auch die **westlichen Vororte von Shibuya und Shinjuku,** alle noch zu Tokyo gehörig, besuchen, z. B. Kichijōji, Kōenji, Shimo-Kitazawa. Diese bieten eine angenehme Umgebung zum Einkaufen, Essen und Trinken. Hierfür kann dieser Führer jedoch nur knappe Hinweise geben.

Die **Umgebung Tokyos** bietet hervorragende Möglichkeiten für Tages- und Mehrtagesausflüge. Der Führer gibt Anregungen, muss sich aus Platzgründen jedoch sehr beschränken. Aber einige Tage sollte man auf alle Fälle für Fahrten ins Umland reservieren: Näheres dazu im Kapitel „Entdeckungen in der Umgebung" (s. S. 193).

160to-ml

Der **Tokyo Wide Pass** (s. S. 195) eignet sich hervorragend für Fahrten mit der Bahn ins Umland, einziger Nachteil: er gilt an drei aufeinanderfolgenden Tagen.

Tokyo hat **kein Stadtzentrum** im europäischen Sinne, nicht einmal einen großen Platz. Der Kaiserpalast ❶ bildet zwar die Stadtmitte, er ist außer von einigen Hochhäusern aus jedoch nicht einmal sichtbar, und nur ein Teil des Palastgeländes kann besucht werden. Was als **Downtown** bzw. Unterstadt *(shita-machi)* bezeichnet wird, sind die östlich und nordöstlich des Palastareals und westlich entlang des Sumida-Flusses gelegenen Viertel Nihonbashi mit Ningyochō, Kanda bis Asakusa und jenseits des Flusses Ryōgoku und Fukagawa. Viertel wie die Ginza und Tsukiji waren ursprünglich Teile der Tokyo-Bucht und wurden erst durch Aufschüttung gewonnen. Westlich erheben sich die Anhöhen und die anschließende Ebene von Musashi bis in die Gebirgsregionen 50 km weiter westlich. Die wie die Finger einer Hand verlaufenden Ausläufer der Anhöhe werden Yamanote („Hand der Berge") genannt. In der Tat ist erstaunlich, wie hügelig Viertel wie Akasaka, Azabu, Roppongi, Hiroo oder Meguro sind.

Die **Ringlinie Yamanote Line** führt um das Zentrum von Tokyo herum und verbindet die wichtigsten Bahnhöfe und damit Stadtzentren miteinander. Die **Stadtteilbeschreibungen folgen dieser Linie im Uhrzeigersinn** ab Bahnhof Tokyo ❺.

Auf S. 342 finden sich Hinweise, wie die Stadt am besten erkundet werden kann.

◁ *Yosakoi-Gruppentanz vor dem Bahnhof Tokyo* ❺

Das gibt es nur in Tokyo

> *Cosplay (s. S. 101), also das Verkleiden als Helden japanischer Comics, kann man in Harajuku (s. S. 96) und in den inzwischen berühmten Maid-Cafés (s. S. 153) sehen, von denen es allein in Akihabara Dutzende gibt.*

> *Das größte Elektro(-nik)-Einkaufszentrum der Welt* ❼ *befindet sich in Akihabara. Hier kann man Produkte sehen und ausprobieren, von denen es 90 % nie auf den Weltmarkt schaffen.*

> *Der größte Fischmarkt der Welt* ⓱ *befindet sich in Tsukiji; weil sich immer mehr Touristen dafür interessieren, musste der Zugang zu den berühmten Tunfischauktionen jedoch in den letzten Jahren stark eingeschränkt werden.*

> *Kulinarische Spezialitäten, die ihren Ursprung in Edo haben: Edomae Sushi ist in der ganzen Welt als Sushi bekannt, auch Shōyu Rāmen und Soba sind überall in Japan zu haben. Lokale Spezialitäten sind Fukagawameshi aus dem gleichnamigen Stadtteil, Monja-yaki in Tsukishima und Ningyō-yaki in Ningyō-chō.*

> *Tokyoter lieben alle Arten von **Themenlokalen.** Als das verrückteste wurde das **Robot Restaurant** (s. S. 127) bekannt.*

> *Diese japanischen Übernachtungsvarianten gibt es nicht nur in Tokyo, aber dort in weit größerer Zahl als im Rest des Landes: **Kapsel-** und **Love Hotels** (s. S. 335).*

Tokyo an einem Tag

Wer die heimliche Hauptstadt der Welt in all ihren Facetten kennenlernen will, sollte sich drei Wochen Zeit nehmen. **Tokyo an einem Tag, geht das überhaupt?** Warum nicht, denn jede Stadt zeigt dem flüchtigen Besucher bereits auf den ersten Blick einiges von ihrem Charakter.

Sollte man aus welchen Gründen auch immer wirklich nur einen Tag Zeit für die Stadt haben, möchte man vermutlich seinen persönlichen Interessen Vorrang geben und vernachlässigt dafür gerne übliche Sehenswürdigkeiten. Der Führer bietet hierbei eine Orientierungshilfe. Dennoch soll ein einziger Tag etwas von dem vermitteln, was Tokyo so faszinierend macht: die Kontraste zwischen Tradition und Moderne, zwischen hässlicher Alltagsarchitektur und weltweit beachteten architektonischen Highlights, zwischen der Hektik eines großen Bahnhofs und der Ästhetik eines klassischen japanischen Gartens, Schreins oder Tempels,

zwischen der kreativen, global stilbildenden Mode der „Shibuya Girls" und den stets gleichen Anzügen der „Salaymen", der Angestellten der „Japan AG".

Als Tourist geht man mehr zu Fuß als Einheimische, aber für Tokyo kommt man nur zu Fuß nicht weit, ab 4 bis 5 Fahrten ist eine Tageskarte sinnvoll, nur welche? Einzelheiten finden sich auf S. 343.

Vorschlag 1 (mit Kaiserpalast)

Vormittag: Anfahrt bis U: Tsukiji (Hibiya Line), schneller Blick in den Tsukiji-Honganji-Tempel **16** – Tsukiji (Jōgai-Einkaufsviertel und Großmarkt **17**, Frühstück oder Vormittagssnack) – Bummel durch die Ginza vorbei an Kabuki-za **15**, Yon-chōme-Kreuzung bis Yurakuchō – ggf. kostenloser Marunouchi-Shuttle bis vor Ōtemon – Kaiserpalast **1**, Ni-no-Ma-

⌃ *Wachturm an der Palastmauer*

ru-Garten – U: Takebashi (Tozai Line) bis Nihonbashi **⑫**, umsteigen in Ginza Line bis Asakusa – **Mittag:** Bummel durch den Asakusa-Tempelbezirk **⑬** und weiter bis zum Skytree **⑱** – U: Oshiage (Hanzomon Line) bis U: Omotesandō **㊾** – **Nachmittag:** Bummel durch Aoyama, Harajuku – Besuch des Meiji-Schreins **㊹** – ab U: MeiJingūmae (Fukutoshin Line) bis U: Shinjuku-Sanchome – **Abend:** weiter durch Shinjuku wie Vorschlag 2. Als Tagesticket genügt der Tokyo Metro Pass für 600¥.

Vorschlag 2 (mit Hama-Rikyū-Garten)

Vormittag: Tsukiji (Bummel durch Jōgai-Einkaufsviertel und Großmarkt **⑰**, Frühstück oder Snack, 1 Std.) – Hama-rikyū-Park **⑱** (1 Std., Teepause im Teehaus) – Wasserbus (s. S. 169) auf dem Sumida-Fluss bis Asakusa (740¥, 45 Min.) – Asakusa-Kannon-Tempelbezirk **⑬**, 2 Std., Lunch) – **Nachmittag:** U: Asakusa (Ginza Line bis U: Ginza) – Ginza-Bummel, Nachmittagspause z. B. im Café Doutor an der Yonchōme-Kreuzung oder an der Sapporo Beer Hall im F2 (s. S. 52) – weiter mit Ginza Line bis U: Omotesandō – Bummel entlang der Omotesandō **㊾** bis Meiji-Schrein **㊹** und über die „Cat Street" bis Shibuya, von dort U: Shibuya mit der Fukutoshin Line bis Shinjuku-Sanchome – Bummel durch das Einkaufsviertel an der Ostseite des Bahnhofs Shinjuku **㊿** (Isetan, Bicqlo, Kinokuniya u. a.) durch den Bahnhof zur W-Seite zur Tokyo City Hall **㊽**. **Abend:** Bummel durch Kabuki-chō mit Abendessen und ggf. mit Show im Robot Restaurant (s. S. 127).

Der Tokyo Metro Pass für 600¥ reicht als Tagesticket aus.

Tokyo in drei Tagen

Bei einer Besichtigung an einem Wochenende gibt es Attraktionen, die für die Erkundung Vorrang bekommen könnten, z. B. **Flohmärkte** am Sonntag, die Fußgängerzonen der Ginza Chūō-dōri [G9/H8] oder der Shinjuku-dōri [B6], die häufigen Veranstaltungen im Yoyogi-Park **㊺**, samstags ein Bummel zum Meiji-Schrein **㊹** in der Hoffnung, einer Hochzeitsgesellschaft zu begegnen. Besondere Feste nehmen natürlich ebenfalls Einfluss auf die Planung. Ein Besuch im berühmten Fischmarkt von Tsukiji **⑰** erübrigt sich an Sonntagen. Montags und nach Feiertagen an einem Montag dienstags sind fast alle Museen geschlossen. Tsukiji wird in den Vorschlägen meist als Erstes genannt, weil sich ein Besuch des weltberühmten Fischmarktes nur vormittags lohnt.

Sofern der Kauf eines Tagestickets von Vorteil ist, wird dies angegeben.

Tag 1: Bummel durch traditionelle Unterstadtviertel am Sumida-Fluss

Tsukiji – Spaziergang am **Sumida-Fluss** entlang nach **Tsukudajima** (s. S. 55) – von dort mit U: Toei Oedo Line bis **Ryōgoku** – Besuch des **Edo-Tokyo-Museums ⑳** – mit U: Oedo Line von Ryōgoku bis Kuramae, dann Asakusa Line bis Asakusa – Bummel durch den **Asakusa-Kannon-Tempelbezirk ⑬**, zu Fuß über den Sumida-Fluss durch den Sumida-Park und zum **Skytree ⑱** oder mit der Asakusa Line direkt zum U: Oshiage. Zurück mit der Asakusa Line bis Asakusa, dort umsteigen in Ginza Line bis **Ueno** – Bummel durch den Park und/oder den **Ameyoko**-Basar. Das Tagesticket **Toei One-Day Pass** (700¥) deckt alle Fahrten ab.

Ausflüge in die Umgebung

Falls man **drei Tage hintereinander** Zeit für Fahrten in die Umgebung hat, kann man den **Tokyo Wide Pass** nutzen. Auch bei zwei Tagen lohnt er sich. Am besten sucht man sich Tage mit gutem Wetter aus und verschiebt ggf. die Tokyo-Besichtigung. Für die Bōsō-Halbinsel (s. S. 230), Fujisan **151**, Hakone, Kamakura (s. S. 210), Nikkō **154**, Yokohama (s. S. 197) und andere Ziele gibt es zusätzlich je eigene Ein- oder Zwei-Tagestickets.

Tag 2: Kultur, Religion und Mode

Museen, v. a. Nationalmuseum **101** und/oder Zoo im **Ueno-Park 106**, danach Bummel durch **Yanaka**, ggf. noch Nezu-Schrein **100**. Weiter mit U: Chiyoda Line ab Sendagi oder Nezu bis Omotesandō – Bummel durch **Aoyama** und **Harajuku** bis **Meiji-Schrein 44** und über „Cat Street" nach **Shibuya**, ggf. anschließend weiter bis **Shinjuku**.

Tag 3: Kaiserpalast, Big Business und Weltklasse-Shopping

Bhf. Tokyo – ggf. mit kostenlosem Shuttle bis vor Ōte-mon zum **Kaiserpalast 1** – Bummel durch die Inneren Palastgärten **2**, Ausgang am Hirakawa-mon und mit kostenlosem Marunouchi-Shuttle nach **Yurakuchō** – Lunch in der Marunouchi Naka-dōri [G8] oder Snack im International Forum **7** – Bummel durch die **Ginza** mit ihrem Weltklasseangebot für anspruchsvolle Shopper – mit U: Hibiya Line nach **Roppongi** – Bummel durch Roppongi Hills **60** und Tokyo Midtown **57**, Dinner in Roppongi.

Tokyo in fünf Tagen

Tag 1: Kaiserpalast, Big Business, Eleganz und junge Mode

Bhf. Tokyo, zu Fuß durch **Marunouchi** oder mit dem kostenlosen Marunouchi-Shuttle in die Nähe des Ōte-mon zum **Kaiserpalast 1**, Bummel durch den Inneren Palastgarten, anschließend im Äußeren Palastgarten **2** zum Fotomotiv der Niju-bashi (Brücken) und weiter nach **Yūrakuchō**, Bummel durch die **Ginza** mit Lunch, Fahrt mit U: Ginza Line bis Omotesandō **49**, Bummel durch **Aoyama** und **Harajuku** bis zum **Meiji-Schrein 44**, abschließend durch die „Cat Street" nach **Shibuya**, Abendessen dort.

Tag 2: das moderne Tokyo

Bhf. Shinjuku **62**, Bummel durch das Wolkenkratzerviertel zum Rathaus **63** mit Auffahrt in den F45 bei gutem Wetter, Fahrt mit der U: Toei Oedo Line nach **Roppongi**, Bummel durch Roppongi Hills **60** und Tokyo Midtown **57**, Fahrt nach **Shiodome**, Bummel durch Shiodome, mit der Yurikamome Line nach **Odaiba**, Abendbummel mit Essen, Entspannung im Tokyo Oedo Onsen **32**. Der Kauf eines Tagestickets lohnt sich nur bedingt.

▷ *Blick vom Strand in Hota auf den Nokogiriyama* **158** *auf der Bōsō-Halbinsel*

Tag 3: das traditionelle Tokyo

Bummel durch den **Ueno-Park** mit Nationalmuseum ⓐ, Spaziergang durch **Yanaka** (s. S. 155), mit Megurin-Ost-West-Linie nach **Asakusa**, Erkundung des Asakusa-Kannon-Tempels ⓐ, zu Fuß über den Sumida-Fluss durch den Sumida-Park zum **Skytree** ⓐ, oder mit U: Asakusa Line nach Oshiage. Entweder zurück nach Asakusa und dort den Abend verbringen oder vom Skytree östlich entlang des Kanals und an der Einmündung eines zweiten Kanals diesem nach S folgend in 1200 m zum **Kameidō-Tenjin-Schrein** ⓐ (besonders lohnend bei der Blauregenblüte Mitte/Ende April) und weiter nach Kinshichō, mit JR Sobu Line eine Station nach Ryōgoku, von dort vorbei am Ryōgoku-Kokugikan ⓐ zum **Edo-Tokyo-Museum** ⓐ und Sumida Hokusai Museum (s. S. 181). Mit U: Toei Oedo Line nach Morishita, dort Umstieg in Toei Shinjuku Line nach **Funabori**, vom Funabori Tower Blick auf die Skyline von Tokyo.

Tag 4: weltberühmte Schreine und herrliche vulkanische Landschaft

Nikkō ⓐ: die berühmten Schreine Tōshōgū ⓐ und Futara ⓐ, Fahrt zum Chūzenji-See mit Kegon-Wasserfall (s. S. 224), Spaziergänge oder Wanderungen am See oder in Nikkō.

Tag 5: Kamakura und Yokohama

Vormittag: Fahrt nach Hanaya oder Hota: zu Fuß oder per Seilbahn auf den landschaftlich und kulturell lohnenden **Nokogiriyama** ⓐ, **Mittag:** Fähre nach Kurihama und mit der Yokosuka Line nach Kamakura, **Nachmittag: Kamakura** (s. S. 210), evtl. mit Enoshima (s. S. 216), **Abend: Yokohama** (s. S. 197), alternativ: nur Kamakura und Yokohama, z. B. Vormittag: Yokohama, Nachmittag: Kamakura und Enoshima, Abend: nochmals Yokohama.

Alternative: Fahrt zum Kawaguchi-See (s. S. 221) und **Fuji-san** ⓐ.

❶ Kaiserpalast ★★★ [F7]

皇居

Im Zentrum der größten Metropole der Welt befindet sich ein fast runder, von alten Palastmauern eingefasster und größtenteils unzugänglicher Park. Hier stand einst die größte Zitadelle der Welt, die riesige Burganlage der Tokugawa-Shogune (s. S. 302). Seit dem Umzug des Kaisers aus Kyōto im Jahre 1869 in die „Östliche Hauptstadt" (Tōkyō) befindet sich hier der Kaiserpalast.

Die ursprüngliche Anlage hatte einen Umfang von rund 16 km. Sie war von einem äußeren Graben *(sotobori)* umgeben; die gleichnamige Ringstraße Sotobori-dōri folgt diesem heute noch in Teilstücken erhaltenen Graben. Die äußeren Mauern hatten 110 Tore und es gab 30 Brücken. Ab 1873 wurden die Mauern nach europäischem Vorbild abgetragen. Der innere **Palastgraben** *(uchibori)* und die ihn begrenzenden mächtigen, knapp 5 m dicken Mauern sind dagegen noch fast komplett erhalten. Die nach dem Palastgraben benannte Uchibori-dōri führt heute rund um den Palastbezirk. Die Steine, die für den Bau der Mauern verwendet wurden, stammen von der etwa 100 km entfernten Izu-Halbinsel, von der sie per Schiff an diesen Ort transportiert wurden.

Während rund um den Palast mit seinen Parks, Gärten und Museen das geschäftige Leben der Riesenstadt pulsiert, geht es in seinem Herzen ruhig zu. Im Vergleich zum Schloss der Shogune ist der Kaiserpalast schlicht und bescheiden. Er kann nicht besichtigt werden. Nur **an zwei Tagen ist die Öffentlichkeit zum Inneren Palastbezirk zugelassen:** am 2. Januar während der Neujahrsfeiertage

und am 23. Dezember, dem Geburtstag von Kaiser Akihito, wenn sich der Kaiser mit seiner Familie hinter dem breiten Fenster der Chowaden („Hall of State") dem Fähnchen schwingenden und „Banzai" rufenden Volk zeigt.

2014 ließ der Kaiser zur Bewunderung der Kirschblüten einen anderen Teil des sonst gesperrten Bereichs – die Inui-dōri vom Palast bis zum Inui-mon (Tor an der Nordseite) – einige Tage lang für das Publikum öffnen, vielleicht entsteht daraus eine neue Tradition.

Es gibt jedoch innerhalb und außerhalb des äußeren Palastbezirkes manch Interessantes, für dessen vollständige Besichtigung man einen halben bis ganzen Tag bräuchte. Wer nur Zeit für einen schnellen Blick hat, sollte wenigstens über den Vorplatz der Imperial Palace Plaza zu den beiden Brücken Meganebashi und Niju-bashi mit dem von Kiefern eingerahmten Fushimi-Wachturm im Hintergrund hinübergehen, die beispielhaft für den Gesamtkomplex stehen.

❷ Östliche Palastgärten ★★ [G7]

皇居東御苑

Während ein kleiner Teil des Inneren Palastbezirks nur an wenigen Tagen im Jahr oder nach vorheriger Anmeldung besichtigt werden kann, stehen die sehenswerten Östlichen Gärten allen offen. Mehrere Tausend Besucher machen davon an fünf Tagen der Woche Gebrauch. Vom **Schloss der Shogune,** das einst hier stand, ist abgesehen von den Grundmauern des mächtigen Schlossturms fast nichts mehr zu sehen. Das Furisode-Feu-

er von 1657 (s. S. 303) zerstörte den Palast erstmals, 1872 brannte der Rest des Tokugawa-Schlosses bei den Kämpfen gegen das Tokogawa-Shogunat aus, sodass der Kaiser zunächst im Akasaka-Palast residieren musste, bis ein Ersatz gebaut war. Amerikanische Bomben zerstörten im Zweiten Weltkrieg auch den neu erbauten Palast.

Für den Rundgang sollten ein bis zwei Stunden eingeplant werden. Rasthäuser mit Getränkeautomaten und Toiletten sind vorhanden.

Die Lage der insgesamt 36 Sehenswürdigkeiten der Gärten kann man dem kostenlosen englischen Faltblatt entnehmen, das am Eingang und an den Schautafeln im Park ausliegt. Die hier angegebenen **Nummern in Klammern** beziehen sich auf die Nummern in jenem **Faltblatt:**

Das **Haupttor Ōte-mon** (1) hatte einst der Fürst von Sendai unter immensem Aufwand errichten lassen; 1967 wurde es nach mehreren Zerstörungen wiederaufgebaut. Der Weg steigt etwas an und führt am **Sannomaru Shozokan** (2) (wechselnde Ausstellungen aus den Kaiserlichen Sammlungen, Eintritt frei) und einem kleinen Kiosk (hier gibt es die Faltblätter und ausführliche Führer) vorbei zu zwei Wachhäusern, dem Dōshinbansho (4, rechts) und dem langen Hyakunin-(„100 Mann-")bansho (5, links). Dahinter kann man nach links auf das Gelände der Hauptzitadelle (Hon-maru) hinaufgehen oder gleich rechts in

KURZ & KNAPP

Angaben zu U-Bahn- und JR-Stationen

Alle Minutenangaben, die auf die einzelnen Hinweise zu den U-Bahn- bzw.- JR-Stationen bei den Angaben zu Sehenswürdigkeiten und sonstigen Orten folgen, beziehen sich auf die ungefähre Dauer des Fußwegs, die man zum Erreichen des jeweiligen Punktes benötigt.

⌂ *Beliebt unter Joggern – die 5 km lange Runde um den Kaiserpalast* ❶

Rundgang durch und um den Kaiserpalast

Dieser Spaziergang ist auf der Karte auf S. 26 mit einer grünen Linie eingezeichnet.

Der vorgeschlagene Weg führt von der Marunouchi-Seite der Tokyo Station ❺, wahlweise auch der U-Bahnstation Ōtemachi (Mita, Chiyoda, Hanzomon, Marunouchi Line) durch das Haupttor Ote-mon in die Östlichen Palastgärten ❷ und weiter zu den Museen des Kitanomaru-Parks ❸ bis zum Yasukuni-Schrein ❹. Wer Zeit und Lust hat, kann danach entgegen dem Uhrzeigersinn außen an den Palastgräben entlang zurückgehen bis nach Marunouchi, gegebenenfalls gepaart mit einem kleinen Umweg durch den Chidorigafuchi National Memorial Garden and Park. Der komplette Rundgang hat eine Länge von ca. 10 km und ist eher am Ende des Tokyo-Besuchs zu empfehlen, da er fast nur durchs Grüne führt.

Vom Nordausgang an der Marunouchi-Seite des Bhf. Tokyo kann man vorbei am Shin-Marunouchi-Building in westlicher Richtung geradeaus durch Marunouchi auf den Palast zugehen, überquert die Wadakura-bashi (Brücke), geht am gleichnamigen, 1960 anlässlich der Hochzeit des gegenwärtigen Kaiserpaares erbauten Brunnen und dann rechts entlang der Uchiboridōri am Palace Hotel vorbei zur Brücke nach links zum Haupttor Ōte-mon.

Nach dem Besuch des Inneren Palastgartens, des Kitanomaru-Parks und dem Abstecher zum Yasukuni-Schrein (hin und zurück 1,5 km) kann man zum „Leuchtturm" am nördlichen Ausgang des Kitanomaru-Parks zurückkehren und entlang der Palastgräben entgegen des Uhrzeigersinns zurück zum Ausgangspunkt gehen, das sind nochmals gut 4 km!

*Der Weg entlang der Palastgräben lohnt insbesondere zur Kirschblütenzeit. Berühmt ist der schmale, 800 m lange **Chidorigafuchi-Park**. Hanami-Partys (s. S. 292) unter den Bäumen sind hier jedoch nicht gestattet. Man darf nur im Kirschblütentunnel flanieren. Außer im Winter kann man zur Fahrt im Palastgraben immer Boote ausleihen. Auf dem Weiterweg kann ein Abstecher zum Grabmal des Unbekannten Soldaten im Chidorigafuchi National Cemetry (Chidorigafuchi Senbotsusha Boen) im oben er-*

den schönen **Ni-no-maru-Garten**. Nördlich stehen Bäume, die die 47 Präfekturen Japans symbolisieren sollen, südlich schließt sich der reizvolle eigentliche Ni-no-maru-Garten an, der zur Ni-no-maru-Zitadelle gehörte. Diese diente einst als Alterssitz der Shōgune. Die Azaleenbüsche im Garten sind mit ihrer Blütenpracht im Frühjahr und Frühsommer besonders schön anzusehen. In der Nähe liegt das **Teehaus Suwa-no-chaya** (34) aus dem 19. Jh.

Von dort geht es über den **Shiomi-zaka** (26, „Gezeitenblickhang", früher lag der Palast am Rande der Meeresbucht, *Hibiya*) hinauf zum Hon-maru. Statt vor Resten des früheren Schlosses steht man vor einer leeren Rasenfläche. Rechts hinten im Eck befindet sich der Sockel des einstigen Hauptturmes (20, **Tenshu-**

wähnten Chidorigafuchi National Memorial Garden gemacht werden, der nicht so politisch belastet ist wie der Yasukuni-Schrein, weshalb auch der Kaiser hier am 15. August (Gedenken an das Kriegsende 1945) seine Aufwartung macht. Danach kommt man am Gelände der schön gelegenen und attraktiven Britischen Botschaft [F7] vorbei. In der Gegend befanden sich in der Tokugawa-Zeit die Wachbataillone (Bancho), später ließen sich hier Adelige nieder und bis heute ist dies eine gehobene Wohngegend.

Ein anderer Abstecher auf dem Rückweg führt entlang des National Theater, das traditionellen japanischen Theaterformen vorbehalten ist. Und schließlich kann man auch noch, wenn man nicht zu spät dran ist, das Parlament ⑤ besuchen. Der nächste U-Bhf. ist Hanzomon (Hanzomon Line).

Auf dem Weiterweg Richtung Tokyo Station kommt man am Tor Sakuradamon vorbei, dort kann man auch hindurchgehen und gelangt dann zur Imperial Palace Plaza und ist gleich beim beliebten Fotomotiv der Nijubashi. Über die breite Miyuki-dōri geht es schließlich zurück zum Bahnhof.

dai). Der Hauptturm (Tenshukaku) wurde 1607 errichtet und war damals mit 51 Metern der höchste Turm Japans. Bei dem Furisode-Feuer wurde er zerstört und nie wieder aufgebaut. Von der Plattform hat man einen guten Überblick: Die niedrigen Palastgebäude sind zwar hinter Bäumen verborgen und nur von einigen Hochhäusern (z. B. dem Caretta Shiodomo in Shimbashi zu sehen); aber

das grüne Dach des Nippon Budōkan im Kita-no-maru-Park ragt über die Baumwipfel hinaus. Natürlich sieht man auch die Bürohäuser von Ōtemachi und Marunouchi. Östlich, gegenüber dem Turmsockel, steht die seltsame **Tōka Gakudō** (22, im Volksmund Pfirsichblüten-Musikhalle genannt, wegen der Form des Daches, von Kenji Imai entworfen und 1966 anlässlich des 60. Geburtstages der damaligen Kaiserin errichtet), daneben die Kaiserliche Musikakademie, in der die uralte, aus China übernommene Hofmusik des *gagaku* gelegentlich, z. B. zum Geburtstag des Kaisers, aufgeführt wird. Einladungen zu solchen gelegentlichen Konzerten kann man schriftlich bei der Imperial Household Agency erbitten. Hinter der Musikhalle befindet sich das Kaiserliche Archiv.

Geht man ein Stück nach Südwesten, steht jenseits eines Teegartens eine Baumgruppe, an deren Stelle sich einst der mit Kiefern bemalte Gang des Schlosses (13, *Matsu-no-rōka*) befand, der im berühmten Drama der **47 Samurai** eine entscheidende Rolle spielte, denn hier zog Fürst Asano sein Schwert und musste noch am selben Tag rituellen Selbstmord begehen (s. S. 74).

Am Südende der Östlichen Palastgärten ❷ steht der gut erhaltene dreistöckige **Turm Fujimi-yagura** (8, dt. Fuji-Blick-Turm) aus dem Jahre 1659, der nach dem großen Brand wiederaufgebaut wurde. Geht man vom Turm nordöstlich auf die andere Seite des Rasens, kommt man am kleinen **Hon-maru-Rasthaus** (24) vorbei, in dem alte und neue Fotos hängen, die einen guten Vergleich zwischen verschiedenen Gebäuden zu Beginn des 20. Jh. und heute bieten. Oberhalb gibt es in westlicher Reichtung ei-

1 cm = 170 m

0 400 m

KANDA-JIMBOCHO

Ueno Station ★

Kaiserpalast ★

★ Shibuya Station

KUDANSHITA

JIMBOCHO
205

Yasukuni-dori

Yasukuni-dori

5

SANBANCHO

National Memorial Park

Kitanomaru Park

3

274

1

TAKEBASHI

Ninomaru Area

Britische Botschaft

HANZOMON

KOKYO

Fukiage Imperial Garden

Östliche Palastgärten

2

National Theatre

Imperial Palace Grounds

Kaiserpalast

1

KOKYO-GAIEN

Imperial Palace Outer Garden

Niju-bashi

National Diet Library

Sakurada-mori

National Diet Building (Kokkai-gijido)

54

SAKURADAMON

Uchibori-dori

KOKKAI-GIJIDO-MAE

Hibiya-Park

6

HIBIYA

Nissei Theater

Takarazuka Theater

33

KASUMIGASEKI

29

TAMEIKE-SANNO

Theater Creation

F

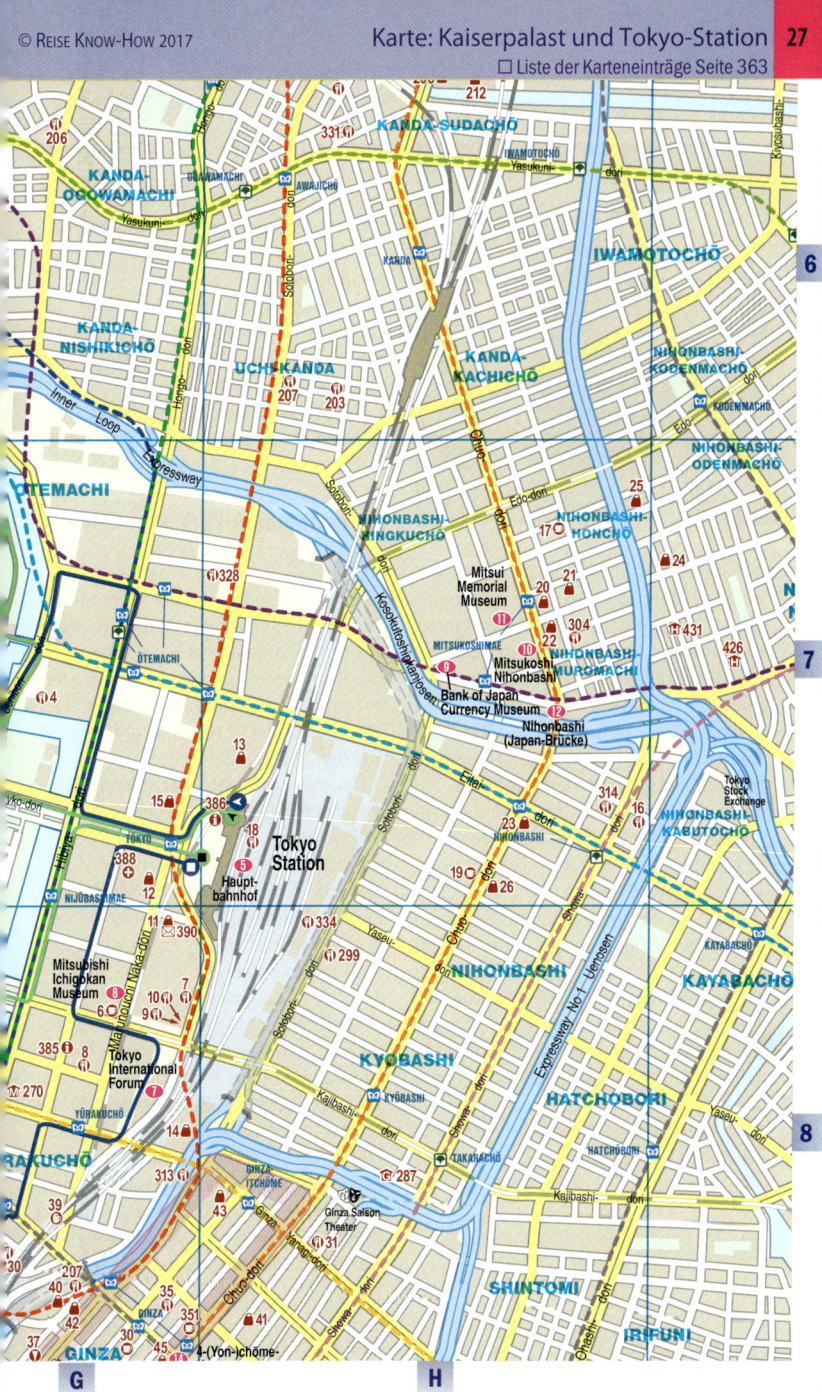

037to-ml

nach dem Stürmen des ersten engeren Tores in eine gewundene Hohlgasse kamen, in der sie aus Schießscharten beschossen werden konnten, ehe sie das zweite, massivere Tor zu bestürmen versuchten.

Am Ausgang hat man den U-Bhf. Takebashi gleich vor sich. Durch das **Kitahanebashi-mon** (21) gelangt man in den Kitanomaru-Park ❸.

> **Kōkyo Higashi Gaien**, 1–1 Chiyoda, Tokyo Station, Marunouchi-Seite, U-Bhf. Otemachi, geöffnet: Sa./So. u. Di.–Do. 9–16/17 Uhr

❸ **Kitanomaru-Park** ★★   [F6]

北の丸公園

Am südlichen Rand des Kitanomaru-Parks steht rechts das **National Museum of Modern Art** mit Gemälden, Drucken, Kalligrafien und Skulpturen. Vertreten sind hauptsächlich japanische, aber auch ausländische Künstler, größtenteils aus dem 20. Jh.

Daneben steht das **Staatliche Archiv** mit geschichtlich zum Teil bedeutenden Originaldokumenten, auch aus der Literatur und Dichtkunst.

Ein Stück nördlich davon steht das **Science Museum** (s. S. 236) in der stilisierten Form einer Hand. Es ist das größte Museum seiner Art in Japan und soll Aufschluss über den Stand von Wissenschaft und Technik geben, mit viel Gelegenheit zum Spielen und Ausprobieren. Nördlich steht das **Shimizu-Tor** aus dem Jahre 1610, das 1658 nach dem Brand wiederaufgebaut wurde. Am südwestlichen Rand des Parks steht das **Kunstgewerbemuseum** mit wechselnden Ausstellungen. Das Gebäude stammt aus der Meiji-Zeit und ist allein schon sehenswert. Auf reizvollen Spazierwegen ge-

nen guten Aussichtspunkt (25) mit Blick auf den **Hakucho-bori** („Schwanengraben") und Marunouchi. Die 24 Vorfahren der heutigen Schwäne waren übrigens ein Geschenk Deutschlands zur Eröffnung der Palastgärten.

Hinter dem Archiv geht es über den Bairin-zaka (29) hinunter zum **Hirakawamon** (30). Es ist das besterhaltene Tor des einstigen Edo-Schlosses und wurde wie andere im Masugata-Stil (zweiteiliges Tor) erbaut. Es war zwar das Haupttor der Zitadelle San-no-maru, ansonsten jedoch ein Nebeneingang zu den Quartieren des Shōgun und wurde hauptsächlich von Frauen benutzt. Die an der Seite des Tors gelegene Tür war das *Fujo-mon,* das „unreine Tor", durch das Leichen herausgetragen und Verbrecher herausgeführt wurden. Die Holzbrücke über den kleinen Graben gilt als besonders hübsch. Die Masugata-Tore waren so angelegt, dass potenzielle Angreifer

⌂ Kirschblüten am Chidorigafuchi-Palastgraben (s. S. 24)

langt man zur berühmten Halle des **Nippon Budō-kan** (Japan Martial Arts Hall), errichtet für die Olympiade 1964 als Arena für Judō und andere Kampfsportarten wie Aikidō, Karate, Kendō. Die Form ist teilweise der Halle der Träume (Yumedōno) im Hōryuji bei Nara, dem ältesten erhaltenen Tempel Japans, nachempfunden. Das Dach jedoch soll nach Angaben des Architekten Mamoru Yamada den Fuji-Berg ❺ symbolisieren. Die Halle bietet knapp 15.000 Besuchern Platz und ist heute eher Schauplatz von Großveranstaltungen wie Popkonzerten. Gelegenheit zum Zuschauen beim Training von Kampfsportarten hat man von 9.30 bis 17.30 Uhr (Tel. 3216–5100).

Von dort gelangt man zum nördlichen Ausgang bzw. Eingang, dem Tor **Tayasumon**, das um 1600 herum errichtet worden war. Das innere Tor ist mit seinen rund 80 cm dicken Holzsäulen beeindruckend massiv gestaltet. Hinter dem Ausgang sieht man linker Hand eine große steinerne Laterne, die von einer goldenen Kugel gekrönt wird. In der Edo-Zeit

EXTRATIPP

Besuch des Inneren Palastbezirks

Wer sich rechtzeitig anmeldet, kann außerhalb der beiden erwähnten Tage (2.1. und 23.12.) wochentags mit Ausnahme des Zeitraumes vom 28.12. bis 4.1. um 10 und 13.30 Uhr, vom 21.7. bis 21.8. allerdings nur um 10 Uhr, an **geführten kostenlosen Besichtigungstouren** in den Inneren Palastbezirk teilnehmen. Näheres dazu auf: www.kunaicho.go.jp (auf „English" klicken und dann auf „How to participate in Public Events and to visit the Palace"). Alternativ wendet man sich an das Imperial Palace Tour Office (Tel. 3213–1111).

diente sie den Schiffen in der nahen Bucht als Leuchtturm. Früher stand sie auf dem noch höher gelegenen Gelände des Yasukuni-Schreins ❹.

❯ Kita-no-Maru-Kōen

❯ U-Bhf. Kudanshita (Shinjuku, Hanzomon, Tozai Line) und Takebashi (Tozai Line)

KURZ & KNAPP

Tennō (天皇)

Der Name bedeutet in Anlehnung an damalige chinesische Gepflogenheiten „Himmlischer Herrscher" und wird seit dem 7. Jh. für die japanischen Kaiser verwendet. Den persönlichen Namen des Kaisers benutzen Japaner nicht. Während wir den gegenwärtigen 125. Tennō „Kaiser Akihito" nennen, sagen Japaner respektvoll **Tennō Heika** („kaiserliche Majestät"). Jeder Kaiser gibt am Beginn seiner Amtszeit ein Regierungsmotto (nengō) aus, das während der Dauer der Amtszeit bis zu seinem Tod die jeweilige Ära bezeichnet. Gegenwärtig ist dies seit dem 8. Januar 1989 **Heisei** („Friede überall"). Japan befindet sich 2017 also offiziell im

Jahr Heisei 29. Die vorangegangene Showa („Leuchtender Frieden")-Ära endete mit dem Tod Kaiser Hirohitos am 7. Januar 1989 im Jahr Showa 64. Dieses Jahr bestand für Japaner also in einigen Tagen Showa 64 und dem großen Rest Heisei 1. Der Tennō gilt als Symbol Japans und der Einheit des Volkes, er hat keine politische Macht, ist jedoch oberster Shintō-Priester. Das kaiserliche Siegel ist die Chrysantheme mit 16 im Vordergrund und weiteren 16 im Hintergrund angedeuteten Blütenblättern. Der gegenwärtige, mit der bürgerlichen Michiko verheiratete Kaiser ist beim Volk sehr beliebt. Allerdings möchte er möglichst bald abdanken, was die Verfassung bisher nicht vorsieht.

🏛**1** [G6] **Staatliches Archiv,** 3–2 Kitanoma-ru Kōen, Mo.–Fr. 9.15–17 Uhr, Tel. 3214–0621, www.archives.go.jp

🏛**2** [F7] **Kunstgewerbemuseum,** 4, Crafts Gallery, Kōgei-kann, 1–1 Kitanomaru Kōen, Di.–So. 10–17 Uhr, Tel. 5777–8600, Eintritt: 400 ¥, unter 18 und über 65 Jahre frei

❹ Yasukuni-Schrein ★★★ [F6]

靖国神社

Der Yasukuni ist ein bedeutender Shintō-Schrein, dessen offizielle Besuche durch japanische Premierminister stets für Provokationen sorgen.

Vom Nordende des Kitanomaru-Parks ❸ ist es nicht weit zum großen, 1869 errichteten Schrein, zu dem laut ursprünglicher Widmung die Seelen der Gefallenen eingeladen werden, erkenntlich an den **drei riesigen Toren** *(Torii).*

Der eiserne *Torii* ist 25 m hoch und somit der größte Japans. Sein Vorgänger wurde 1943 zu Kriegszwecken eingeschmolzen, damals war er bereits stark verwittert. 1974 wurde der heutige Große Torii errichtet. Der zweite ist der mit 22 m größte bronzene Torii Japans, er stammt aus dem Jahre 1887. Der dritte und kleinste, der vor der Gebetshalle stehende „chūmon torii," wurde erst 2006 aus Zypressenholz aus der Präfektur Saitama neu errichtet.

Eine Allee aus Kirsch- und Ginkgobäumen (besonders attraktiv im Spätherbst) führt zum Göttlichen Tor und den Schreingebäuden auf dem Kudan-Hügel, auf dem sich früher Kasernen befanden. Kudan bedeutet „Neun Stufen" und weist darauf hin, dass der Hügel einst viel steiler war. Im Schrein, dessen Name 1879 in „für den Frieden der Nation" geändert wurde, „residieren" die mehr als **2,5 Millionen Seelen** (jap. *Kami,* also Gottheiten im Sinne des Shintō) der für den Kaiser gefallenen Soldaten aller Kriege seit dem Ende des Tokugawa-Shogunats bis zum Ende des Koreakrieges (1867 bis 1951), auch Koreaner und Chinesen, darunter aber auch die für den Pazifischen Krieg (Zweiter Weltkrieg) auf japanischer Seite Verantwortlichen wie General Tojo, also hingerichtete **Kriegsverbrecher.** Seit 2005 gelten offizielle Besuche zwar als verfassungswidrig, was jedoch selbst Premierminister, zuletzt Abe 2013, nicht

038to-ml

EXTRATIPP

Showa-kan

Das eindrucksvolle Gebäude vermittelt im F6 und 7 anschaulich das Leben der Menschen während und nach dem Zweiten Weltkrieg. Mittels Audioguide (Englisch) lassen sich die Exponate sehr gut verstehen.

🚇5 [F6] **Showa-kan,** 1-6-1 Kudan-Minami, Eintritt 300 ¥, G: frei, Di.-So. 10-17.30 Uhr, Tel. 3222-2577, www.showakan.go.jp

daran hindert, den zahlreichen Militaristen und Nationalisten immer mal wieder einen Gefallen zu erweisen.

Neben dem Schrein befindet sich eine Bühne für Nō-Aufführungen im Freien sowie das **Yūshū-kan,** in dem militärische Relikte aufbewahrt werden (u. a. Kamikaze-Bomber, gleich in der Eingangshalle sichtbar, dahinter eine Lokomotive der berüchtigten Todeseisenbahn entlang des River Kwai in Thailand nach Burma), die mehr der Verherrlichung des früheren Militärs als dem Gedenken an die Gefallenen zu dienen scheinen (geöffnet: tägl. 9-17 Uhr, Eintritt: 800 ¥). Einige Denkmäler erinnern an Kriegswitwen und die für die Kriegseinsätze geopferten Tiere (Pferde, Hunde, Brieftauben). An einer Stelle werden abwechselnd Briefe von Gefallenen auf Japanisch und Englisch in Kopien zum Mitnehmen ausgelegt unter dem Motto: „Ich warte auf Dich im Schrein in Kudan", bzw. im Yasukuni-Schrein, d. h. nach dem erwarteten Tod im Krieg.

Hinter dem Schrein befinden sich ein stiller Garten mit drei Pavillons für Teezeremonien sowie ein Sumo-Ring. Im Schrein finden im April und Oktober Feste statt sowie eine Zeremonie zum Gedenken an das Kriegsende am 15.8.1945.

❯ **Yasukuni Jinja,** 3-1-1 Kudankita, Tel. 261-8326, www.yasukuni.or.jp/english/index.html. U: Kudanshita (Shinjuku, Hanzomon, Tozai Line), JR Iidabashi bzw. Ichigaya

Kulinarisches

❯ Entlang der Südseite der Yasukuni-dōri gegenüber dem Schrein (Kudan Minami) gibt es **zahlreiche Lokale,** darunter auch preiswerte.

🍴3 [F6] **The Forest Kitanomaru** ¥, 1-1 Kitanomaru, 8.30-17 Uhr. Nahe einem Uhrturm, kurz vor dem Budōkan, steht dieses günstige Lokal, in dem kleine Mahlzeiten serviert werden, z. B. Hamburger, Bagels, Curry-Reis, Oden, Omu-Reis. WC nebenan.

🍴4 [G7] **Wadakura Park Restaurant** ¥¥¥, 3-1 Kokyo Gaien, Tel. 52244062, www.w-funsuikouen-r.com (jap.), Café 9-18 Uhr, Dinner 18-21 Uhr. Das renovierte Café mit seiner hohen gebogenen Decke und der Glasfront bietet einen schönen Blick auf Brunnen und Kaiserpalast. Lunchbüfett 2800 ¥, zum Tee gibt es kleine Mahlzeiten ab 1300 ¥. Nebenan im Resthouse stehen innen und außen Bänke zum Entspannen, es gibt ein WC und einen Getränkeautomat sowie Faltblätter für die zugänglichen Palastgärten.

◁ *Skulpturen vor dem Kunstgewerbemuseum (s. S. 30)*

Wenn der Premier den Schrein besucht – Affront oder Patriotismus?

Kaiser Hirohito entschied sich 1978, ab sofort den Yasukuni-Schrein ❹ nicht mehr zu besuchen, weil dort auch Kriegsverbrecher der Kategorie „A" (Kriege planen und anzetteln) als „Kami" verehrt werden. Auch Kaiser Akihito hat den Schrein noch nicht besucht. Im Gegensatz dazu statten immer wieder Premierminister und andere Kabinettsmitglieder in angeblich privater, aber doch als offiziell wahrgenommener Funktion und in vollem Bewusstsein, dadurch insbesondere China und Korea zu brüskieren, dem Schrein einen Besuch ab. Die japanische Bevölkerung sieht diese Besuche allerdings eher positiv als negativ, zumal es in Japan bis heute nie eine lang anhaltende kritische Auseinandersetzung mit dem Militarismus und dem Pazifischen Krieg gegeben hat. Der Zweite Weltkrieg wird in Japan gern als Verteidigungskrieg gegen den westlichen Imperialismus gesehen. In der Schule wird das Thema nicht behandelt.

*Die Kontroverse könnte beendet werden, wenn die offiziell als Kriegsverbrecher der Kategorie A eingestuften Kami der Verstorbenen (es sind nur 14) in einem Ritual aus dem Schrein entfernt würden und anderswo einen Platz zugewiesen bekämen. Die Leitung des Yasukuni-Schreins weigert sich bisher, dies zu tun. Es gibt bisher kein offizielles Kriegerdenkmal für die Gefallenen. Die jährlichen Gedenkfeiern für diese werden üblicherweise im nur wenige Minuten vom Schrein entfernten Budōkan am 15. August (Kriegsende) abgehalten. Man könnte der Gefallenen auch im nahegelegenen **Chidorigafuchi National Cemetry** (Chidorigafuchi Senbotsusha Boen) gedenken. Dort liegen die Gebeine unbekannter Gefallener und Opfer der Bombenangriffe am Ende des Krieges. Für Japaner ist nach gegenwärtiger Auffassung ein Besuch im Yasukuni-Schrein ein patriotischer Akt. Sie nehmen dies zwar als Affront gegen ihre Nachbarn wahr, das ist den meisten jedoch egal.*

Shopping

Außerhalb des Stadtteils Marunouchi gibt es auf dem Gelände des Kaiserpalastes keine Einkaufsgelegenheiten, lediglich in Kudanshita vor dem Yasukuni-Schrein ❹ besteht Anschluss an Jimbochō und damit zur „Kanda-Bücherstadt" mit ihren Hunderten von Läden für gebrauchte Bücher und neue Musikinstrumente Richtung Ochanomizu.

Bahnhof Tokyo, Marunouchi und Hibiya-Park

東京駅, 丸の内, 日比谷公園

Einst steriles, langweiliges Büroviertel, gewinnt Marunouchi mit neuer Architektur samt Einkaufszentren und Restaurantetagen für Besucher von außen immer stärker an Attraktivität und wurde zum angesagten Stadtteil für anspruchsvolle Konsumenten.

Im Zentrum der Japan AG

Nach Ende der Edo-Zeit (1868) und Restauration der kaiserlichen Macht verloren die früheren Provinzfürsten (Daimyōs) ihren Besitz. Sie wurden zwar in den Adelsstand erhoben und teilweise zu Provinzgouverneuren ernannt, zogen aber aus Tokyo fort, somit lag das Land der früheren Daimyō-Residenzen im Süden und Südosten des Palastes brach und wurde nach anfänglicher Nutzung als Exerzierfeld vor allem an das große Handelshaus Mitsubishi verkauft. Mit den Einnahmen baute die Regierung ihr neues Viertel im Westen des Palastes. Hier entstand Marunouchi („innerhalb des Kreises/der Zitadelle" = „innerhalb des Äußeren Palastgrabens"). An diesem Ort hat ein wichtiger Teil der „Japan AG" sein Zentrum. Die langweilige Nachkriegsarchitektur wird nach und nach durch architektonisch anspruchsvollere Gebäude ersetzt. Das Viertel hat durch attraktive Einkaufszentren und die 1200 m lange von Bäumen und Skulpturen gesäumte Naka-dōri (Mittelstraße) deutlich an Anziehung gewonnen. Hier befindet sich auch das sehr nützliche **Tourist Information Center** (s. S. 325).

Der Name von **Hibiya**, das ursprünglich eine Meeresbucht war und südwestlich von Marunouchi liegt, verbindet sich vor allem mit seinem großen Park, heute ein beliebter Treffpunkt für Verliebte und für die Angestellten der zahlreichen Firmen in der Umgebung, die während der Mittagspause oder am frühen Abend hierhin kommen. Im Park finden zudem regelmäßig Popkonzerte und andere Veranstaltungen statt. Früher war der Park auch ein Ort großer Demonstrationen. Hibiya ist abgesehen vom Park für seine Theater und Kinos bekannt.

❺ Bahnhof Tokyo (Hauptbahnhof) ★　　　[H7]

東京駅

Der Bahnhof hat zwei völlig unterschiedliche Seiten. Er ist nur dem Namen nach der bedeutendste Bahnhof der Stadt. Den Bahnhof von Shinjuku ❻❷ passieren täglich mehr als zwei Millionen Menschen, im Bahnhof Tokyo sind es „nur" knapp 400.000, die die 3700 Züge auf 28 Bahnsteigen benutzen, die hier abfahren.

Auf der **traditionellen Marunouchi-Seite** im Westen zeigt der Bahnhof seine bis 2014 renovierte, aber noch originale Fassade aus der Meiji-Zeit, die der erste bedeutende Architekt für westliche Baukunst, Dr. Tatsuno Kingo, ein Schüler des Engländers Josiah Conder, in Anlehnung an den Amsterdamer Hauptbahnhof entwarf und nach 6-jähriger Bauzeit 1914 fertigstellte. Wesentliches Ziel der Renovierung war die Wiederherstellung der beiden Kuppeln des ursprünglichen Gebäudes.

Interessant ist für Reisende das **JR East Travel Center** (JR East Infoline Tel. 050 2016–1603, 7.30–20.30 Uhr, Englisch) in der kleinen Halle am Nordausgang des alten Bahnhofsgebäudes. Hier kann man die diversen Zugtickets erwerben (s. S. 343), sich Sitzplätze reservieren lassen und findet im selben Raum eine Abteilung des Tourist Information Center (s. S. 325) vor. Der Vorteil dieser Informationsstelle ist außerdem, dass sie täglich bis 20 Uhr, und nicht nur bis 17 Uhr geöffnet ist wie die anderen Tourist-Infos. In der Halle befindet sich zudem die Kunstgalerie Tokyo Station Gallery mit wechselnden Ausstellungen (meist 1100 ¥).

❯ **Tokyo Station**, Tōkyō Eki, 1-9-1 Marunouchi

Rundgang durch das Viertel

Dieser Spaziergang ist auf der Karte auf S. 26 mit einer blauen Linie eingezeichnet.

Der Rundgang beginnt und endet am **Tokyoter Hauptbahnhof ❺**. *Wer zwischendurch oder zum Schluss genug vom Zufußgehen hat, kann jederzeit den kostenlosen* **Marunouchi Shuttle Bus** *benutzen. Vom Nord-Ausgang des Bahnhofs an der Marunouchi-Seite findet man rechts vor sich den* **Marunouchi-Oazo-Block**. *Zu erwähnen ist hier das Bücherkaufhaus* **Maruzen** *(s. S. 38), wo im F4 eine große Auswahl an ausländischer Literatur und Büchern zu finden ist. Der Block besteht aus vier Gebäuden. Früher stand hier die Verwaltung der staatlichen, inzwischen privatisierten Japan Railways. Hauptmieter sind neben Maruzen noch das Marunouchi Tokyo Hotel.*

Wer den Bahnhofsvorplatz schräg nach links quert, kommt zum **Shin-Marunouchi Building**, *das auch als Shin Maru Biru bekannt ist. Im 5. Stock gibt es eine*

Terrasse, von der aus man einen Blick auf den Bahnhof werfen kann. Im Übrigen ist das Gebäude eine gute Adresse für Shopping und Essen. An der Ecke beginnt die breite Gyoko-dōri in Richtung Kaiserpalast ❶. An der Hibiya-dōri [G7] gelangt man geradeaus zum Wadakura-Brunnen.

Ab hier kann man einen kleinen Umweg zu einer interessanten Kuriosität machen, indem man rechts in die Hibiya-dōri abbiegt und nach zwei Häuserblocks an der Kreuzung, an der rechts die Zentrale der **Yomiuri Shimbun**, *der größten Tageszeitung Japans, steht, nach links abbiegt.*

Auf der anderen Straßenseite befindet sich die kleine, offene **Gedenkstätte Masakado-no-kubi-zuka**, *an der Tairano-Masakada begraben liegt. Um diesen rankt sich eine kuriose und typisch japanische Geschichte: Nach dem Jahre 900 erhob sich der rebellische Krieger gegen das Kaiserhaus, unterwarf mehrere Provinzen in Kantō (die Ebene, in der das heutige Tokyo liegt), ernannte sich selbst zum Kaiser, fiel aber 940 in einer Schlacht. Sein Kopf wurde zum Beweis seines Todes an den Hof von Kyōto geschickt. Der Legende nach flog der Kopf jedoch, begleitet von Blitz und Donner, zurück zum Grab am Rande der Bucht, um mit seinem Körper wiedervereinigt zu sein. Bis heute wagten sich kein Shogūn und keine mächtige Finanzinstitution daran, an*

◁ *Ein Stück Natur in der Metropole: der Hibiya-Park* ❻

diesem Ort zu bauen. Der einst hier vorhandene Schrein wurde jedoch auf das Gelände des Kanda-Myōjin-Schreins **94** verlagert. Man erreicht das Grab auch direkt vom U-Bhf. Otemachi (zwischen Ausg. C4/C5). Anschließend biegt man nach links in die Uchibori-dōri ein und folgt ihr zurück zum Brunnen und geradeaus weiter, bis man im kieferbestandenen Park der Imperial Palace Plaza nach rechts zur schon von Weitem sichtbaren **Niju-bashi-Brücke** mit dem **Fushimi-Wachturm** abbiegen kann. Dort stößt man meist auf Touristen, die das bekannteste Fotomotiv des Kaiserpalastes selbst knipsen wollen. Zurück an der Hibiya-dōri geht es bis zur Ecke, an der der Palastgraben nach Westen abbiegt, dann über die Harumi-dōri in den **Hibiya-Park 6**. Gegenüber befinden sich die wuchtigen eckigen Säulen des **Dai-ichi Seimei-Gebäudes**, nunmehr überragt vom DN Tower 21.

Hier befand sich nach dem Krieg das Hauptquartier von General MacArthur.

Vom Hibiya-Park kann man nun noch einen schnellen Abstecher in das berühmte **Imperial Hotel** (Teikoku Hotel) machen. Die Arkade im B1 beherbergt Geschäfte, in denen hochwertige Mitbringsel (Antiquitäten, Porzellan, Samuraischwerter u. a.) erworben werden können. Der von Frank Lloyd Wright entworfene Vorgängerbau wurde 1967 - aus heutiger Sicht unverzeihlicherweise - abgerissen. Nur die Fassade blieb erhalten und wurde im Museumsdorf Meiji Mura bei Nagoya wieder aufgebaut. Dabei stammte der Bau aus der Taisho-Zeit (1912-1926). Gegenüber dem Hotel befindet sich das seit seinem Be-

stehen ungebrochen beliebte **Tokyo Takarazuka Theater**, in dem alle Rollen, auch die von Männern, von großgewachsenen, attraktiven Frauen gespielt werden. Nebenan steht das Musicaltheater Nissay. Auf dem Rückweg geht man am Peninsula Tokyo Hotel vorbei in die 1,2 km lange Allee der Naka-dōri. Im Kokusai Bldg. gibt es zahlreiche Lokale.

Wer mittags preiswert essen möchte, findet dort im B1 das etwas versteckt gelegene Restaurant **Tanita Shokudō** (Mo.-Fr. 12-15 Uhr) vor, allerdings sollte man vor 12 oder erst gegen 13.30 Uhr dorthin gehen, weil es zwischen 12 und 13 Uhr überall dort, wo Büroangestellte essen, sehr voll ist. Schräg gegenüber steht schon die empfehlenswerte **JNTO Tourist Information** (s. S. 325). Die Angestellten und älteren Freiwilligen dort sind ebenso engagiert wie diejenigen im Bahnhof, aber das Büro schließt pünktlich um 17 Uhr. Von hier aus kann man einen Schlenker zum spektakulären **International Forum 7** machen, wo es an mobilen Essständen mittags übrigens Gerichte gibt. Zurück in Richtung Naka-dōri gelangt man zu einem rekonstruierten Gebäude aus der Anfangszeit des Viertels, dem **Ichigokan** mit seiner Galerie und dem attraktiven Innenhof. So sah es früher mal überall in Marunouchi aus. Bevor der Rundgang am Bahnhof zu Ende geht, sei noch ein Besuch im sog. **Kitte Bldg.** (s. S. 38) empfohlen. Es enthält neben der Hauptverwaltung der vor einigen Jahren privatisierten Japan Post Läden und Lokale und ein kostenloses Naturkundliches Museum der Tokyoter Universität (4-5 km).

Tipps für Geschäftsreisen
Zahlreiche Bücher, meist englischsprachig, bieten Tipps zur Vorbereitung und Durchführung erfolgreicher Geschäftsreisen und Geschäftsbeziehungen. Die Website der Industrie- und Handelskammer in Japan bietet solche in kompakter Form (www.japan.ahk.de). Dort kann man sich auch die pdf-Datei „Geschäftlich unterwegs in Japan. Tipps zur Vorbereitung und Durchführung Ihrer Geschäftsreise nach Japan" herunterladen. Auch auf der Website des Deutsch-Japanischen Wirtschaftskreises gibt es eine geeignete Datei zum Herunterladen (www.djw.de/uploads/media/jap197.pdf, „Verhandlungsstrategien gegenüber japanischen Geschäftspartnern: Westliche und japanische Sichtweisen").

041to-ml

An der **modernen Bahnhofseite**, der **Yaesu-Seite** (im Osten), stehen mehrere Bürotürme, u. a. das Tekkō Building, der Sapia Tower und der Trust Tower. Im Gran Tokyo North Tower befindet sich eine 15-geschossige Filiale der Kaufhauskette **Daimaru**. Unterirdisch erstreckt sich eine kleine Stadt mit einer kaum überschaubaren Zahl von fast 200 Lokalen und Läden.

❯ 1-chome Yaesu

❻ Hibiya-Park ★★   [G8]

日比谷公園

Der erste Park im westlichen Stil, gleichermaßen populär bei Verliebten und Angestellten

Der ungefähr 16 ha große Hibiya-Park wurde 1903 als erster Park westlichen Stils auf dem Gelände eines ehemaligen Exerzierplatzes angelegt. Der Park hat viele Gesichter und ist deshalb sehr beliebt. Popkonzerte und andere Veranstaltungen finden hier häufig statt. Es gibt einen **Brunnen, Musikpavillons** und andere Elemente eines westlichen Parks, darunter einen **Tulpen- und Rosengarten**. Das hölzerne Informationshaus für den Park wird als „Deutsches Haus" bezeichnet. Aus den USA kam eine Kopie der Freiheitsglocke und Blüten-Hartriegelbäume als Gegengeschenke für die Sakurabäume am Potomac, aus Italien eine Kopie der die Zwillinge Romulus und Remus säugenden Wölfin, aus Yap ein Stück Steingeld, aus der Antarktis ein Gesteinsbrocken. Auch aus anderen Ländern kamen Skulpturen, Bäume und andere Geschenke. Ein über 400 Jahre alter Ginkgobaum wurde um 450 Meter in den Park verlegt, um nicht dem Straßenbau geopfert werden zu müssen. Eine Bibliothek gibt es auch!

❯ Hibiya Kōen, U: Hibiya, Kasumigaseki

❼ Tokyo International Forum ★★ [G8]

東京国際フォーラム

Der beeindruckende futuristische Komplex von Rafael Viñoly wartet mit dem Aida Mitsuo Museum (poetische Kalligrafien des Dichters), Theater, Veranstaltungsräumen, Lokalen u. a. auf. Vor dem Forum stehen mittags in der Allee zwischen den beiden Gebäudeteilen mobile Fastfoodstände, die bei Angestellten sehr beliebt sind. Am 1. und 3. Sonntag im Monat gibt es hier einen großen **Oedo-Antiquitätenflohmarkt** (3–5–1 Marunouchi, www.antique-market.jp, Tel. 6407–6011, zum Nachfragen bei zweifelhaftem Wetter) mit 250 Ständen und rund 50.000 Besuchern. Im Forum steht eine Statue von Ōta Dōkan, dem Gründer von Edo.

❯ Tōkyō Kokusai Fōram, 3–5–1 Marunouchi, Tel. 5221–9000, www.t-i-forum.co.jp/en, JR Yūrakuchō, 1 Min.

❽ Mitsubishi Ichigokan Museum ★ [G8]

三菱一号館美術館

Das **einzige rekonstruierte Gebäude aus der Anfangszeit von „London Town"** – wie das Viertel damals genannt wurde – vermittelt eine Ahnung davon, wie Marunouchi in der Meijizeit aussah. Das ursprüngliche Gebäude war 1894 erbaut worden. Wechselnde Ausstellungen werden angeboten. Es gibt eine kostenlose digitale Galerie, ein Raum mit Ausstellungsstücken aus jener Zeit kann

◁ *Statue des Stadtgründers Ōta Dōkan in der Halle des International Forum*

Marunouchi Shuttle-Bus
EXTRATIPP
Täglich 10–20 Uhr, Mo.–Fr. 8–10 Uhr nur nördlicher Teil, alle 12–15 Min. entgegen Uhrzeigersinn entlang Daimyokoji und Hibiya-dōri. Genaue Route in der Marunouchi Area Map, erhältlich bei jeder Touristeninformation in Tokyo. Der kostenlose Bus macht eine Runde durch das gesamte Viertel.

kostenlos besichtigt werden. Der „**Brick Square**" genannte Innenhof mit Brunnen und Skulptur von Henry Moore ist sehr attraktiv und bei Angestellten während ihrer Pausen beliebt. Das gilt auch für das **Café 1894**, in dem es auch Lunchgerichte gibt.

❯ Mitsubishi Ichigokan Bijutsukan, 2–6–2 Marunouchi, http://mimt.jp, geöffnet: Di.–So. 10–18 Uhr, Eintritt: Ausstellungen meist 1000 ¥, JR Tokyo & Yūrakuchō 5 Min.

🄲6 [G8] **Café 1894** ¥, Mitsubishi Ichigokan Bldg. Galerie F1, 2–6–2 Marunouchi, tägl. 11–22 Uhr, auch Lunch-Gerichte

Kulinarisches

🄻7 [G8] **Antwerp Central** ¥¥, Tokyo Bldg. Tokia B1, 2–7–3 Marunouchi, www.belgian beercafe.com, Mo.–Fr. 11–3, Sa./So. bis 23 Uhr, Bar und Restaurant mit gutem belgischen Essen, fünf belgische Fassbiere, insgesamt 30 Sorten Flaschenbiere auf Lager.

🄻8 [G8] **Brasserie aux Amis** ¥¥, Shin-Tokyo Bldg. F1, 3–3–1Marunouchi, http://aux amis.com/brasserie, Mo.–Fr. 11–14 u. 18–22.30, Sa./So. bis 21.30 Uhr. Französisches Bistro mit Lunch von 14 bis 18 Uhr (leichte Snacks, Sandwiches), abends Drei-Gänge-Menü für 4200 ¥.

🄻9 [G8] **Godanya** ¥¥, Tokyo Bldg.Tokia F3, 2–7–3 Marunouchi, tägl. 11–16 u. 17–23

042to-ml

Uhr. Akzeptables Lunch-Büfett mit 60 Gerichten inkl. Nachtisch für 1700 ¥, abends 2800 ¥. 90 Min. Aufenthaltsbegrenzung. Gemüse aus der Umgebung, leckeres Tempura, Huhn, u. a. À-la-Carte-Bestellungen sind ebenfalls möglich.

▶10 [G8] **Tsukiji Mottainai Project Uoharu** ¥–¥¥, B1, 3–3–1 Marunouchi, 11–14.30 Uhr, 17.30–23.30 Uhr. Hier wird Fisch verwertet, der frisch ist, sich aber aus ästhetischen Gründen nicht verkaufen lässt, Lunch 1000 ¥.

❯ **Yanmo** ¥¥, Shin-Tokyo Bldg., 3–3–1 Marunouchi (im gleichen Gebäude wie Brasserie aux Amis, s. S. 37), Mo.–Sa. 11.30 (Sa. ab 12)–14 und Mo–Fr 18–23 Uhr (Sa./So. bis 22 Uhr). Frischer Fisch von der Izu-Halbinsel, besonders gut vom Grill, Lunch 1100–1500 ¥, Dinner ab 5000 ¥.

❯ **Zenya Rensō Honten** (s. S. 261)

△ *Warten auf ein Glück verheißendes Los der Lotterie zum Jahresende in Yūrakuchō (s. S. 47)*

Shopping

🛍11 [G8] **Kitte Building**, JP Tower, 2–7–2 Marunouchi, http://jptower-kitte.jp, Mo.–Sa. 11–21, So. bis 20 Uhr, Restaurants bis 23, So. bis 22 Uhr. Der Neubau enthält 96 Läden mit Mode, Lifestyle-Produkten und Lokale auf sieben Etagen. Angeschlossen ist ein kostenlos zugängliches Museum mit Exponaten der wissenschaftlichen Sammlung der Tokyo University.

🛍12 [G7] **Marunouchi Bldg.**, 2–4–1 Marunouchi, www.marunouchi.com, das „Marubiru", wie das 36-stöckige Bürogebäude genannt wird, war das erste Gebäude, das höher sein durfte als der Kaiserpalast. Die Fassade des Sockels ist eine Rekonstruktion des Vorkriegsbaus und enthält Restaurants und Boutiquen.

🛍13 [H7] **Maruzen**, Oazo Bldg. F1–F4, 1–6–4 Marunouchi, Tel. 5288–881, 9–21 Uhr. Großes Bücherkaufhaus mit 1,2 Mio. Büchern, im F4 große Auswahl an fremdsprachlichen, v. a. englischsprachigen Büchern. Viele Bücher zu Tokyo und Japan. Im Oazo Building gibt es Geschäfte, Cafés, Restaurants und eine Filiale von En mit guter regionaler japanischer Küche.

🛍14 [G8] **Muji**, 3–8–3 Marunouchi, www.muji.com. Muji bedeutet *No Name*. Das Geschäft ist trotz des Namens zu einer echten Marke geworden. Es gibt preiswerte, stilvolle Produkte für den Haushalt. Kleine Gerichte, Snacks und Salate gibt es im Meal Muji auf Ebene 2 und 3.

🛍15 [G7] **Shin-Marunouchi Bldg.**, 1–5–1 Marunouchi, www.marunouchi.com, Geschäfte: Mo.–Sa. 11–21, So. bis 20 Uhr, Restaurants Mo.–Sa. bis 23, So. bis 22 Uhr. Bürohochhaus mit 150 Läden und Lokalen für den anspruchsvollen Geschmack. Die Terrasse auf Ebene 5 bietet einen guten Ausblick auf den Bhf. Tokyo und dessen Vorplatz.

Nihonbashi und Ningyōchō

日本橋, 人形町

*Zentrum der Finanzwelt Japans und ne-
benan ein vergleichsweise traditionell
gebliebenes Viertel, das noch stärker
dem früheren Charakter der Shitamachi
(Unterstadt) treu geblieben ist*

In Nihonbashi („Japan-Brücke"), dem
Stadtteil, der als erster dem Meer abge-
wonnen wurde, ließen sich während der
Tokugawa-Herrschaft eine große Zahl
von Handwerkern und Händlern nieder.
Einige wenige Läden jener Epoche entwickelten sich im Laufe der Zeit zu großen Handelshäusern. Die bekanntesten
Namen sind **Mitsui** und **Mitsukoshi**, die
Teil des Mitsui Zaibatsu (Firmenkonglo-
merat) sind. Beide Firmen haben ihren
Hauptsitz in Nihonbashi. Von der Nihonbashi aus wurden und werden die Entfernungen in andere Landesteile gemessen. Am Fluss luden die Fischer früher ihren Fang ab, woraus sich ein Fischmarkt
mit 30 Händlern entwickelte, aber erst
nach dem Großen Kantō-Erdbeben 1923
(s. S. 306) entstand der weltberühmte
Großmarkt in Tsukiji ❶.

Der Name **Ningyōchō** bedeutet wörtlich „Puppenstadt", weil dort einst Puppen für die Bunraku-Theater (s. S. 277)
hergestellt wurden. Hier befand sich lange
Zeit das sehr beliebte Vergnügungsviertel
Yoshiwara („Schilfebene"). Auf Druck des
prüden Shōgunats wurde das Viertel nach
dem großen Feuer von 1657 (s. S. 303)
aber nicht mehr hier wiederaufgebaut,
sondern weiter in den Norden, ins heutige Nord-Asakusa (damals außerhalb der
Stadt, s. S. 168) verlegt. Auch die Pup-
penherstellung wanderte nach Norden,
nach Asakusabashi. Dadurch wurde es in
Ningyōchō recht ruhig.

EXTRATIPP

Nihonbashi-Shuttle

Der **kostenlose Metrolink Nihonbashi**
führt auch durch das Viertel östlich des
Bhf. Tokyo Mo.–Fr. 10–20 Uhr, alle 10 Min
(Tokyo Station Yaesu-guchi nördl. Route:
Daimaru–Nihonbashi–Mitsukoshi–Bank of
Japan–Kyobashi–Bridgestone-Museum–
Yaesu, Route sichtbar auf: www.hinoma
ru.co.jp/metrolink/nihonbashi/index.
html). Zusätzlich gibt es noch einen für die
Besichtigung sehr praktischen kostenlosen Shuttle-Service, der Nihonbashi und
Ningyōchō verbindet, allerdings führt er ab
Coredo 1 (im TIC im B1 gibt es den genau-
en Plan) erst nach Ningyōchō und von dort
zurück zum Bhf. Tokyo, wo er startet. Will
man den Shuttle nutzen und Ningyōchō
besuchen, empfiehlt sich der Spazier-
gangsvorschlag ab Börse quasi rückwärts
bis Coredo 1–3 und von dort ggf. mit dem
Metrolink (s. o.) zurück.

KURZ & KNAPP

Antenna Shop

Antenna Shops bieten Produkte und Souvenirs einer Präfektur, machmal auch ein
kleines Lokal mit deren Spezialität.
Viele von ihnen findet man der Yaesu-
Seite gegenüber dem Bahnhof Tokyo ❺,
aber auch in anderen Stadtteilen, im Kokusai Kōtsu Kaikan an der Ostseite des
Bhf. Yūrakuchō gibt es mehrere Dutzend.
Nach dem Erdbeben 2011 sind diese Läden zugleich Sympathieträger für die betroffenen Präfekturen Fukushima, Miyagi,
Iwate in Tōhoku und auch Kontaktmittler.
Jedenfalls fühlen Japaner sich solidarisch
und kaufen bewusst gern Produkte jeweils betroffener Regionen, es sei denn,
diese sind radioaktiv belastet.

Spaziergang Nihonbashi

*Der vorgeschlagene, verhältnismäßig kurze Spaziergang führt mit kleinen Abstechern zu den beiden herausragenden Institutionen der japanischen Finanzwelt, der **Bank of Japan*** **❾** *und der Börse. Wenn man Lust und Zeit hat, kann man anschließend z. B. entlang der Shin-ōhashi-dōri ins benachbarte, vergleichsweise traditionelle Viertel Ningyōchō gehen, den neu errichteten Schrein Suitengū* **❸** *besuchen und durch die Amazake-yokochō und deren Umgebung bummeln. Man wird dabei auf zahlreiche traditionelle Lokale und Läden treffen. Für kostenlose Shuttle-Busse s. S. 39.*

Man kann direkt mit der U-Bahn der Hanzomon Line bis zur Station Mitsukoshi-mae fahren und am Ausgang B1 aussteigen oder beginnt am Bhf. To-

044to-ml

⌂ *Die Tokyoter Börse*

kyo ❺ und geht von dort zur Yaesu-Seite (nach Osten). Hier kann man im Kaufhaus Daimaru mit seinen 15 Etagen viel Zeit verbringen oder sich in der unterirdischen Stadt der Yaesu Underground Arcade mit ihren Dutzenden Läden und Lokalen verlieren. Wer den Spaziergang mittags beginnt, kann sich gegenüber dem Bahnhof im Yanmar Building z. B. bei Foodist Hokkaidō mit preiswerten Gerichten aus Hokkaidō stärken. Das Lokal ist Teil des Hokkaidō Antenna Shop (s. S. 39). Um die Ecke befindet sich der Antenna Shop von Kyōto, der Fr.–So. für Gruppen ab fünf Personen Teezeremonien anbietet.

Nun geht es nordwärts parallel zum Bahnhof die Sotobori-dori [G9] entlang, wo man die Eitei-dōri und anschließend den Nihonbashi-Fluss unter der Stadtautobahn überquert. Man geht nun direkt auf das historische Gebäude der Japanischen Nationalbank ❾ zu. Gegenüber befindet sich das Bank of Japan Currency Museum ❾. Vom Eingang rechts haltend, gelangt man im nächsten Block zum Hauptgeschäft der Mitsukoshi-Kaufhauskette ❿. Man sollte auf alle Fälle einen Blick hineinwerfen, und zwar von dem von Bronzelöwen flankierten Eingang an der NO-Ecke.

Nebenan befindet sich in der Zentrale des Mitsui-Konzerns das Mitsui Memorial Museum ⓫. Auf der anderen Seite der Chuo-dōri steht eine von mehreren Coredo-Filialen (s. S. 47) mit Geschäften und Restaurants. Erwähnenswert ist der direkt nördlich davon stehende Fukuto-Schrein. Bereits im 8. Jh. gegründet, wurde er mit der Entwicklung des Viertels immer wieder „hin- und hergeschoben". Jetzt befinden sich unter ihm ein Fahrradpark und ein Katastrophenschutzraum. So schaf-

fen es die Schreine, mit der Zeit zu gehen. In Richtung Japan-Brücke ⓬ (südlich) um die Ecke führt eine Seitenstraße zu einer Reihe von Lokalen. Auf dem Weg zur Brücke kann man über die schmale zweite Straße vor der Brücke (Anjin-dōri) links einen kurzen Abstecher zum Juweliergeschäft Tagawa auf der linken Seite unternehmen. Hier steht am Boden direkt neben dem Laden eine leicht zu übersehende Gedenktafel, die an den Lotsen William Adams, auf Japanisch Miura Anjin, erinnert (s. S. 44). Zurück an der Chuo-dōri sind es nur noch wenige Schritte bis zur berühmten Japan-Brücke Nihonbashi.

Zwei Straßen nach der Brücke führt der Weg in südlicher Richtung links nach zwei Blöcken zum Restaurant Taimeiken, das sich etwas rechts versetzt auf der anderen Straßenseite befindet. Im 5. Stock (per Lift erreichbar) befindet sich das kleine private Flugdrachenmuseum. Vom Ausgang rechts um die Ecke geht es unter der Stadtautobahn hindurch links zum nächsten Ziel, der Tokyoter Börse im Stadtviertel Kabutochō. Das Sträßchen führt an der Börse (Eingang für Besucher rechts) vorbei zu einem kleinen Schrein, der dem Viertel seinen Namen gab. Hier liegt nämlich der Legende nach ein goldener Kriegshelm („kabuto") begraben. Er gehörte einem vom Kaiser im 11. Jahrhundert beauftragten Krieger, der ihn als Dank an den im Fluss hausenden Drachengott für die Erhörung seiner Bitte um Sieg gegen die Barbaren im Norden der Hauptinsel an dieser Stelle opferte. Zurück am Seiteneingang für Besucher geht es hinein in die Börse. Im südlich anschließenden Viertel Kayabacho gibt es eine große Auswahl an Lokalen und preiswerten Bars.

❾ Bank of Japan Currency Museum ★   [H7]

貨幣博物館

Das historische Gebäude der Bank wurde 1890–1896 vom ersten japanischen Architekten für westliche Gebäude, Tatsuno Kingo, an der Stelle erbaut, an der sich in der Tokugawa-Zeit die Goldmünze befand. Vorbild war das Gebäude der damaligen Reichsbank Berlin.

Das **Münzmuseum** befindet sich in einem modernen, zur Bank gehörenden Hochhaus gegenüber dem klassischen Gebäude. Die sehr informative Münzsammlung zeigt die Entwicklung des japanischen Geldwesens bis zur Gegenwart. Auch auf Englisch sind ausführliche Erklärungen verfügbar. Ausländisches Geld wird ebenfalls, aber nur kompakt vorgestellt. Vor Betreten muss für Statistikzwecke ein Zettel ausgefüllt werden (Land, Personenzahl).

❯ **Kahei-hakubutsukan,** Bank of Japan Annex Building, 1-3-1 Nihonbashi-Hongokucho, U: Mitsukoshi-mae (Hanzomon Line), Ausg. B1, 1 Min.; Ginza Line, Ausg. A5, 2 Min., JR Tokyo Station, Ausg. Nihonbashi Tel. 3277-3037, Di.–So. 9.30–16.30 Uhr, Eintritt: frei

❿ Mitsukoshi Nihonbashi ★   [H7]

日本橋三越本店

Das zweitälteste Kaufhaus der Welt, auch als „Große Alte Dame der japanischen Kaufhäuser" bezeichnet, steht seit 1673 in Nihonbashi. Schon wegen des Alters ist es einen Besuch wert. Es begann einst als **Kimono-Geschäft,** und die Kimono-Abteilung im Mutterhaus ist immer noch beeindruckend, ebenso die für **Kunsthandwerk.** Das 1935 errichtete gegenwärtige Gebäude steht unter Denk-

malschutz. Berühmt sind die Bronzelöwen am Eingang an der Nordostecke, die überreich verzierte Statue der *Magokoro* (Göttin der Aufrichtigkeit) in der Haupthalle, die Wurlitzer-Orgel von 1930 auf dem Balkon auf Ebene 2 und das Art-Déco-Theater auf Ebene 6.

❯ 1-4-1 Nihonbashi-Muromachi, U: Mitsukoshi-mae (Hanzomon, Ginza Line), Tel. 3241-3111, tägl. 10–20 Uhr

⓫ Mitsui Memorial Museum ★   [H7]

三井記念美術館

Wer sich besonders für japanische Keramik, Porzellan u. a. interessiert, für den lohnt sich ein Besuch dieses attraktiven, aber nicht günstigen Museums, das wechselnde Ausstellungen bietet.

❯ **Mitsui Kinen Bijutsukan,** Mitsui Main Building, F7, Nihonbashi-Muromachi 2-1-1, U: Mitsukoshi-mae, Tel. 5777-8600, www.mitsui-museum.jp/english/english.html, Eintritt: 1000/1300 ¥, G:frei, tägl. 10–17 Uhr (Einlass bis 16.30 Uhr)

⓬ Nihonbashi (Japan-Brücke) ★   [H7]

日本橋

Die 1603 über den Nihonbashi-Fluss erbaute hölzerne Edobashi war der Ausgangspunkt der Gokaidō, der fünf wichtigsten von Edo ausgehenden Fernstraßen: Tokaidō, Nakasendō, Nikkō Kaidō, Ōshu Kaidō and Kōshu Kaidō. Sie war zugleich der Punkt, von dem aus **alle Entfernungen in Japan gemessen** wurden und werden und damit symbolischer Mittelpunkt Japans. Anhand vieler Holzschnitte kann man erkennen, wie die Brücke und die weißen Warenhäuser am Fluss einst

Shogun – der Roman von James Clavell und William Adams und

Shogun ist ein 1975 von James Clavell geschriebener Bestseller, der 1980 auch als gleichnamige Fernsehserie verfilmt wurde. Im Roman strandet der Navigator John Blackthorne mit der „Erasmus" an der japanischen Küste und wird gefangen genommen. Fürst Toranaga erkennt sein Potenzial als Experte für Navigation, Bau westlicher Schiffe und als Warner vor dem Einfluss der Jesuiten und der westlichen Kolonialmächte insgesamt; eine Beraterin Toranagas, die christliche Mariko, wird ihm als Lehrerin für das Verständnis Japans zur Seite gestellt. Die beiden gehen eine Affäre ein. Toranaga hat die Macht noch nicht gegen seine Feinde gesichert, erst durch seinen endgültigen Sieg wird er Shōgun.

William Adams (1564–1620), englischer Navigator zunächst in englischen, danach in holländischen Diensten, strandete mit der „Liefde" (früherer Name: Erasmus) 1600 an der Küste der Insel Kyushū (die Gewässer bis dorthin waren kontrolliert von Spaniern, denen Lateinamerika zugesprochen war, und Portugiesen, die Afrika und Asien für sich be-

anspruchten). Von fünf Schiffen kam nur das von ihm geführte mit wenigen Überlebenden ans Ziel. Er wurde gefangen genommen und von Tokugawa Ieyasu, damals noch Mitglied des Regentschaftsrats, persönlich verhört. Adams' gute Kenntnisse über Schiffe, Schiffbau, Nautik, Astronomie und Mathematik beeindruckten Ieyasu. Nach dessen Sieg in der Entscheidungsschlacht von Sekigahara am 21. Oktober 1600 gegen die Truppen Ishida Mitsunoris wurde er vom Tennō zum Shōgun ernannt. Als solcher erhob er Adams, nachdem dieser 1604 ein 80-Tonnen-Schiff und später ein 120-Tonnen-Schiff in Itō an der Ostküste der Izu-Halbinsel gebaut hatte, als wohl ersten Europäer in den Samuraistand und gab ihm auf der Halbinsel Miura (südlich von Yokohama) ein Gebiet im heutigen Yokosuka als Lehen. Er wurde Berater in Sachen Diplomatie und Handel mit Europäern. Als Protestant war Adams misstrauisch gegenüber Katholiken und hatte Ieyasu vor den Portugiesen, denen Papst Alexander VI. im Vertrag von Tordesillas 1494 die halbe Welt, nämlich Afrika und Asi-

aussahen. Die 1911 aus Stein und Metall erbaute, von der Stadtautobahn fast erdrückte Brücke im Renaissancestil ist zusammen mit der nahen Kyōbashi (Kyōto-Brücke) die älteste der Stadt. Es wird diskutiert, ob man nicht die Stadtautobahn hier untertunneln sollte, um den unansehnlichen Anblick – eine der Bausünden im Vorfeld der Olympischen Spiele 1964 – zu beenden. Die Nullmarkierung wird durch eine Bronzescheibe auf der Fahr-

bahn in der Mitte der Brücke dargestellt, eine Kopie befindet sich an der nordöstlichen Ecke der Brücke. An der Südostseite der Brücke gibt es eine Bootsanlegestelle.
❯ Nihonbashi 1-chōme

◨ *Die ehrwürdige Japan-Brücke* ⓬ *(Nihonbashi) wird von der Stadtautobahn fast erdrückt. Am unteren Bildrand ist in der Mitte die Nullmarkierung sichtbar.*

die Wirklichkeit

en, „geschenkt" hatte, gewarnt, was maß-
geblich zum Verbot des Christentums in
Japan 1614 und wohl auch zur Abschot-
tung gegen die Außenwelt beigetragen
hat. Adams hatte Frau und Kinder in Eng-
land, durfte das Land jedoch nicht verlassen. Als William Adams wurde er offiziell
für tot erklärt und als Miura Anjin („anjin" bedeutet Lotse oder Pilot) „wiederge-
boren". Somit konnte er eine japanische
Frau heiraten, Oyuki, Tochter des Ver-
walters des Edo-Schlosses. Sie hatten zwei
Kinder miteinander. Ab 1613 arbeitete
er mit der englischen Ostindischen Kom-
panie zusammen und unternahm vom
Stützpunkt Hirado nördlich von Nagasaki aus mehrere Handelsfahrten u. a. ins
heutige Thailand und Vietnam. Er hatte
inzwischen die Erlaubnis erhalten, in die
Heimat zurückzukehren. 1620 starb er jedoch - vermutlich an Malaria - in Hirado. Dort steht sein Gedenkstein neben dem
von Franz Xaver, dem jesuitischen Missi-
onar. Auf dem Gebiet seines Lehens, auf
dem kleinen Berg Tsukayama nahe Yokosuka, befinden sich sein offizielles Grab
und das seiner Frau.

KLEINE PAUSE

Nostalgisch speisen

› **Taimeiken** (s. S. 255). Eines der
klassischen besseren Restaurants
für westliche bzw. japanisierte westliche Küche der frühen Showa-Zeit (seit
1931). Die Gerichte sind nicht gerade
preiswert (Omu-Reis etwa kostet hap-
pige 1850 ¥), aber mittags sieht man,
wie beliebt das Restaurant mit seinem
nostalgischen gehobenen Flair immer noch ist. Oben im fünften Stock
ist das private Flugdrachenmuseum
untergebracht.

043to-ml

⓭ Suitengū-Schrein ★   [I7]

水天宮

Heute wie damals gehen schwange-
re Frauen zum Gebet in den Suitengū-
Schrein am Südrand von Ningyōchō. Der
Name des Schreins bedeutet „Himmli-
scher Meerespalast", benannt nach dem
von einer Hofdame des besiegten Heike-
Clans im 12. Jh. errichteten Schrein in
Kurume/Kyūshū, in dem um den Seelen-

frieden des siebenjährigen Kaisers Anto-
ku und seiner Mutter gebetet wurde.

Die beiden hatten sich nach der Nie-
derlage des Heike-Clans in der Schlacht
von Dan-no-ura mit dem Heiligen Schwert
in die See gestürzt, in der Annahme, dort
den Himmlischen Meerespalast zu finden.
Die **Verbindung eines Kindes mit dem
Element Wasser** führte zur Überzeugung,
dass dieser Schrein besonders für die Bitte um leichte Geburten geeignet sei.

Frauen gehen im fünften Schwangerschaftsmonat traditionellerweise an einem **Tag des Hundes** (nach den chinesischen Tierkreiszeichen) zum Schrein. Dort erhalten sie eine **Baumwollschnur** (*hara-obi*), die sie um den Bauch binden und bis zur Geburt zum Schutz des Bauches tragen. Der Tag des Hundes wird gewählt, weil Hündinnen üblicherweise problemlos ihre Jungen zur Welt bringen und diese ebenso problemlos aufwachsen. Am 32. Tag nach der Geburt werden Jungen und am 33. Tag Mädchen erstmals dem Schrein präsentiert. Den Namen erhalten die Neugeborenen übrigens am siebten Tag nach der Geburt.

Der Schrein thront nun im F2, das Areal wurde komplett neu gestaltet und im Frühjahr 2016 eröffnet.

Kulinarisches in Yaesu und Nihonbashi

❯ Viele Lokale haben sonntags geschlossen.
❯ Lokalempfehlungen in der Yaesu Untergrundpassage Yaechika 1st Street (bei der Information gibt es Lagepläne der Lokale und Läden): **Lokal #3**, 948 Kushi to Udon, z. B. Sashimi auf Nudeln für 500 ¥; **Lokal #8**, Botejū, www.botejyu.com, 11–22 Uhr, leckere Okonomiyaki im Osakastil; **Café #7**, 7–22 Uhr, Sandog Inn Kobeya, Sandwich-Büfett u. a. für 500 ¥

🍴**16** [H7] **Bridge Nihonbashi** ¥, 1–16–3 Nihonbashi, Mo.–Fr. 7–23, Sa./F 12–21 Uhr, So geschlossen, http://bridge-nihonbashi.jp. Günstiges, beliebtes Lokal mit täglich wechselnden Lunchmenüs.

☕**17** [H7] **Cisca (City Small Café)**, 3–1–8 Nihonbashi-Honchō, Dashi Bar im F1, Coredo 1. Halb *kombini*, halb Café mit mehreren Filialen, die sich gut für eine kleine Pause eignen. Kleiner Kaffee und ein Stück Gebäck ab 250 ¥, sonntags geschlossen.

🍴**18** [H7] **Kurobei Yokochō** ¥–¥¥, Tokyo Station Yaesu Nord-Ausg. B1, 1–9–1 Marunouchi. Elegant in schwarz gehaltener Block mit 14 Lokalen und Bars, Lunchmenüs um die 1000 ¥, abends sehr lebhaft.

☕**19** [H7] **Maruzen Café** ¥¥, Maruzen Tokyu Bldg. F3, 2–3–10 Nihonbashi, tägl. 9.30–20.30 Uhr. Der Gründer von Maruzen, Hayashi-san, hat das Gericht Hayashi Omu-Rice – die Spazialität des Hauses – erfunden. Es ist eine Art jap. Gulasch mit Rindfleisch, Champignons, Omelette und Demi-glace-Soße.

❯ **Sasashin** (s. S. 254)
❯ **Toyoda** (s. S. 253)
❯ **Yamato** (s. S. 265)

◁ *Antenna Shop (s. S. 39) der Präfektur Shimane am Japanischen Meer*

Shopping in Nihonbashi

20 [H7] **Coredo Muromachi (1)**, 2–2–1 Nihonbashi Muromachi. Einkaufszentrum mit mehreren interessanten Geschäften: Hakuza bietet mit Blattgold bedeckte traditionelle und moderne Gegenstände und Kiya Japan-Küchenmesser, die inzwischen auch bei uns begehrt sind. Ninben verkauft seit über 300 Jahren Katsuobushi (getrockneten Bonito), einer der wichtigsten Bestandteile einer japanischen Brühe. In der Bar gibt es Suppen und Tamagoyaki (Ei) am Stil zum Verkosten. Im B1: TIC mit Café und WLAN.

21 [H7] **Coredo Muromachi (2)**, 2–3–1 Nihonbashi Muromachi. V. a. Delikatessen zum Mitnehmen: Dorobushi bietet Gourmet-Snacks, gelierte Consommés des französischen Restaurants Pérignon in der Ginza, Hakkaisan-Sennen-Kojiya, Lebensmittel, die Reismalz und Reisferment aus Niigata verwenden inkl. Bar zum Verkosten, Kakiba Hokkaidō Akkeshi frische Austern u. a. Seafood, Nihonbashi Imoya Kinjiro Süßkartoffelgerichte aus Shikoku und Nakasei Fleischgerichte.

22 [H7] **Coredo Muromachi (3)**, 1–5–5 Nihonbashi Muromachi. Das Einkaufszentrum beherbergt in den unteren Stockwerken zahlreiche Restaurants und interessante Geschäfte, beispielsweise Claska

Gallery & Shop für Inneneinrichtung und Lifestyle (mit Restaurant). Bei Dainipponichi gibt es geschmackvolle japanische Souvenirs für die Wohnung in modernem Design, bei Hashicho Essstäbchen und bei Iori kuschelweiche Hand- und Badetücher. Für Bier-Enthusiasten empfiehlt sich der Craft Beer Market mit japanischen Spezialbieren.

23 [H7] **Haibara**, Nihombashi Tower, 2–7–1 Nihonbashi, Tel. 3272–3801, www.haiba ra.co.jp, Mo.–Fr. 9.30–17.30, Sa. 9.30–17 Uhr. Haibara verkauft seit 1857 *washi* – handgeschöpftes Japan-Papier am neuen Standort in einem an einen Schmuckkasten erinnernden Gebäude.

24 [I7] **Ibasen**, 4–1 Nihonbashi-Kobunachō. Fachgeschäft für japanische Fächer.

25 [H7] **Ozu Washi**, 3–6–2 Nihonbashi-Honchō, Mo.–Sa. 10–18 Uhr, www.ozuwa shi.net. Seit 1653 bestehendes Geschäft und Museum für Japanpapier *(washi)*. Hier kann man selbst ein Blatt *washi* schöpfen.

26 [H7] **Takashimaya Department Store**, 2–4–1 Nihonbashi. Das Geschäft ist vor allem für japanische Waren bekannt, z. B. Porzellan. Gute, aber nicht gerade günstige Lebensmittelabteilung.

❯ **Weitere Tipps** bietet die Website www.nihon bashi-tokyo.jp/en/index.html.

Yūrakuchō und Ginza

有楽町　　　　　　銀座

Der international bekannteste und, was die Geschäfte betrifft, **eleganteste Stadtteil Tokyos** ist die **Ginza**. Yūrakuchō hat sich hingegen seinen **volkstümlichen Charakter** bewahrt. Der Name Ginza setzt sich aus den Begriffen *Gin* (Silber) und *Za* (Sitz, Zunft) zusammen. Ur-

sprünglich war die Gegend sumpfig und nahe am Wasser der Tokyo-Bucht. Sie gehörte wie Nihonbashi (s. S. 39) zu den **ersten Teilen der Stadt, die ab dem 17. Jh. dem Meer abgerungen wurden.** Zu Beginn ließen sich hier vor allem Handwerker und Künstler nieder. Im Jah-

1 cm = 150 m

0 ————— 400 m

KYOBASHI

Mitsubishi
Ichigokan
Museum

Tokyo
International
Forum

YURAKUCHŌ

Hibiya-Park

KYŌBASHI

**GINZA-
ITCHŌME**

Ginza Saison
Theater

Nissei
Theater

Takarazuka
Theater

Theater
Creation

GINZA

Ginza Noh
Theater

4-(Yon-)chōme-
Kreuzung

UCHISAIWAICHŌ

UCHISAIWAICHŌ

Kabuki-za-
Theater

HIGASHIGINZA

SHIMBASHI

Shimbashi
Station

SHIMBASHI

SHIMBASHI

Shimbashi

SHIODOME

ADMT
Advertising
Museum

TSUKIJISHIJŌ

Tsu
Ho

Tsukiji-Fisc
Namiyoke

TSUKIJI

Tsukiji

Shiodome

Hama-rikyū

**HAMAMATSU
CHŌ**

DAIMON

G   H

NIHONBASHI

KAYABACHŌ

KAYABACHŌ

HAKOZAKICHŌ

Expressway No.1 – Uenoseri

Eitai-dori

BASHI

BASHI

HATCHŌBORI

Yaesu-dori

SHINKAWA

TAKARACHŌ

HATCHŌBORI

Kajibashi-dori

Kaibashi-dori

287

8

SHINTOMI

Shin-Ōhashi-dori

IRIFUNE

MINATO

SHINTOMICHŌ

Ishikawajima Park

Etch. Pa.

TSUKIJI

AKASHICHŌ

Sumiyoshi-Schrein

48

19

TSUKUDA

Na. Pa.

9

16

Tsukiji Honganji

Harumi-dori

Kiyosumi-dori

TSUKISHIMA

349

54

TSUKISHIMA

56

ukiji-Fischmarkt und miyoke-Inari-Schrein

17

River

55

Tsukiji-Fischmarkt

Ueno Station ★

Sumidagawa

Kaiserpalast ★

10

KACHIDOKI

★ Shibuya Station

I

re 1612 wurde die Münze der Tokugawa-Herrscher hierher verlegt, daher der Name.

Nach einem der in Edo und Tokyo so häufigen Brände fiel die Ginza 1872 in Schutt und Asche und wurde vom britischen Architekten und Stadtplaner Thomas Waters nach modernen Gesichtspunkten als „Bricktown" neu aufgebaut. Über 1000 Gebäude aus Ziegeln wurden errichtet. Die Straßen wurden gepflastert, Weiden *(Yanagi)* angepflanzt, Gaslaternen errichtet. Auch wenn die Menschen zunächst nicht in solchen ungesund anmutenden Steinhäusern leben wollten, strömten sie doch in Scharen herbei, um diesen neuen Stadtteil zu sehen. Tagsüber kamen sie zum Einkaufen, abends flanierten sie durch die beleuchteten Straßen. Und so entstand der Ruf der Ginza als erfolgreiches Geschäftsviertel und – wegen der Gaslaternen – als Zentrum abendlichen Vergnügens.

Zu seiner Attraktivität hatte auch wesentlich beigetragen, dass 1872 die erste japanische Eisenbahnlinie vom internationalen Hafen von Yokohama zum benachbarten Shimbashi führte und dass im ebenfalls benachbarten Tsukiji während der Meiji-Zeit die meisten Ausländer residierten. Der Name **Ginza** wurde gleichbedeutend mit **Einkaufsstraße**. So ist es kein Wunder, dass es Hunderte von Ginzas in Japan gibt. Die eigentliche Ginza ist jedoch nicht eine einzige Straße, sondern ein Viertel mit mehreren großen Geschäftsstraßen und Dutzenden kleinen Gassen.

Westliche Einflüsse in Tokyo fassten zuerst hier Fuß. Das alte, 2013 abgerissene Kaufhaus Matsuzakaya war das erste, in das die Käufer eintreten konnten, ohne vorher ihre Schuhe auszuziehen. So bekannte Firmen wie der Kosmetikriese Shiseido und der Uhrenkonzern Seiko begannen in der Ginza. Hier gibt es viele der berüchtigt teuren Klubs für erfolgreiche Geschäftsleute und Politiker mit entsprechendem Spesenkonto, viele der elegantesten Geschäfte und die **größte Ansammlung von teuren Restaurants** und mehr oder weniger teuren Lokalen, die vor allem japanische Küche bieten.

So darf sich die Ginza denn auch als das **Gourmet-Zentrum Japans** empfinden. Jungen Menschen gilt sie jedoch verglichen mit Shibuya oder Shinjuku (s. S. 120) als zu teuer und konservativ. Aber die Ginza, wenn man das so sagen kann, ist stolz auf ihr Niveau. So gibt es **nirgendwo mehr Kunstgalerien als hier.** Auch das klassische Kabuki-za-Theater ⓯ ist ein Muss auf der Liste besuchenswerter Institutionen. Selbst wer nicht einkaufen will, wird Gefallen an den elegant und künstlerisch dekorierten Schaufenstern finden.

Yūrakuchō schließt sich westlich nahtlos an die Ginza an, ist jedoch weniger elegant als sein östliches Pendant. In der unmittelbaren Nachkriegszeit, als General McArthur im Dai-Ichi Seimei Building am Palastgraben sein Hauptquartier hatte, wimmelte es hier von US-Soldaten und Prostituierten und denen, die mit den GIs kleine oder größere Geschäfte zu machen hofften. Es gab in der Gegend einen großen Schwarzmarkt, geblieben sind sowohl noch zahlreiche volkstümliche als auch gehobene Lokale und für Touristen interessante Einkaufsarkaden. Nicht zu vergessen sind der Theaterdistrikt mit Theatern und Kinos sowie die Einkaufszentren am Yūrakuchō-Bahnhof.

⑭ 4-(Yon-)chōme-Kreuzung ★ [G8]

銀座四丁目交差点

Seit 1932 existiert das Hattori-Gebäude, die **Ikone der Ginza**, in dem die Firma Wakō ein Edelkaufhaus betreibt. Nach dem Krieg nutzten es die Amerikaner einige Jahre als Post. Zusammen mit dem Glaszylinder des San'ai Dream Center gegenüber und der neu gestalteten Ginza Plaza mit Nissan- (F1) und Sony-Showroom (F4 & F5) ist dieses Gebäude mit der Kreuzung (auch: Ginza Crossing, genaugenommen Yon-chōme Crossing) zum Symbol der Ginza geworden.

❯ Ginza Yon-chōme Kōsaten, U: Ginza (Ginza, Hibiya, Marunouchi Line)

⑮ Kabuki-za-Theater ★★★ [H9]

歌舞伎座

Dieses **Kabuki-Theater** ist das **berühmteste seiner Art** im ganzen Land und verfügt über 2600 Sitzplätze. Nach mehrjährigem komplettem Neubau erstrahlt das im modifizierten Momoyama-Stil entworfene Haus jetzt wieder in altem neuem Glanz. Kabuki entwickelte sich an diesem Ort zu einer anspruchsvollen und zugleich spektakulären Theaterform.

Fast täglich finden hier Aufführungen statt. Die hintersten Reihen des Balkons sind für Kurzzeitbesucher reserviert, die sich schnell mal einen Akt anschauen oder einen Eindruck von Kabuki bekommen wollen. Am besten Opern- oder Fernglas mitbringen. Ein Akt kostet mittlerweile 800 ¥ und dauert 15 bis 40 Min.

Ein Besuch lohnt auch, wenn es kein Programm gibt. Auf Ebene fünf des Kabukiza Tower gibt es einen kostenlos zugänglichen Dachgarten und eine Galerie (Eintritt: 500 ¥), in der man Kostüme und Bühnenzubehör, Videos u. a. ansehen kann. Im angeschlossenen Alice Kabuki Photo Studio kann man sich in Kabukikostümen fotografieren lassen, das dauert 3 bis 4 Std. mit Schminken und kostet für ein Paar 15.000 ¥ (plus Foto 3000 ¥). Im B2 gibt es neben der U-Bahnstation Higashi Ginza einen Laden mit Kabuki-Souvenirs und Lokalen.

❯ 4-12-15 Ginza, U: Higashi-Ginza (Toei Asakusa, Hibiya Line) Ausg. 3, Ginza (Hibiya, Marunouchi Line) Ausg. A6, 5 Min., Tel. 3545-6800 (10-18 Uhr), www.kabuki-bito.jp/eng/top.html

❯ **Dachgarten und Galerie:** 4-12-15 Ginza, Tel. 3545-6886, 10-18 Uhr

❯ **Alice Kabuki Photo Studio:** Tel. 0120 137-753, www.studio-alice.co.jp/amusement/kabuki, 10-19 Uhr

⌂ *Das Kabuki-za*

Kabuki

Kabuki entstand im 17. Jh. und basierte zunächst auf Bunraku-Stücken (s. S. 277). Es wurde anfänglich nur von Frauen, dann von Jünglingen gespielt. Später durften nur noch Männer auftreten, weil sowohl die Frauen wie auch die Jünglinge in den Augen der prüden und gestrengen Tokugawa-Shōgune allzu verführerisch wirkten. Bestimmte Rollen werden von einer Generation zur nächsten weitergegeben und bleiben ausschließlich in der Familie. Ganz besonders eindrucksvoll sind die Frauendarsteller („onna-gata"): Selbst Geishas lernten schon von ihnen die perfekten Bewegungen einer anmutigen Frau. Die größten unter ihnen sind im reifen Alter.

„Ka-bu-ki" bedeutet übersetzt „Gesang-Tanz-Schauspiel" und ist damit so etwas wie das japanische Gegenstück zur klassischen Oper. Es gibt jedoch keine Arien, Du-ette oder Chöre. Die Begleitmusiker liefern eine Art Gesang. Das Kabuki-za-Theater **15** *verwendete als erstes Theater die Drehbühne, mit der Szenenwechsel blitzschnell bewerkstelligt werden konnten. Charakteristisch ist auch der „Blumensteg" („hanamichi"), auf dem die Akteure bisweilen durch den Zuschauerraum gehen.*

In der Handlung geht es um Helden-, Liebes- und Familiengeschichten. Die Sprache ist altertümlich und für ungeschulte Einheimische schwer zu verstehen, im Kabuki-za kann man aber mittels Kopfhörern der Handlung auf Englisch folgen. Am eindrucksvollsten sind die Tänze. Die Darsteller verharren oft in besonders außergewöhnlichen Posen. Kabuki ist höchst theatralisch, und genau das trägt zur anhaltenden Beliebtheit bei. Komplette Stücke dauern mit Pausen rund fünf Stunden.

Galerien in der Ginza und Umgebung

27 [G9] **Galleria Grafica Tokyo,** Ginza S2 Bldg., F2, 6–13–4 Ginza, Tel. 5550–1335, Mo.–Sa. 11–19 Uhr. Junge Künstler sowie Drucke und Lithografien großer Meister.

28 [G9] **Nikon Plaza,** Strata Ginza Bldg., F1, F2, 7–10–1 Ginza, Tel. 5537–1469, Di.–So. 10.30–18.30 Uhr. Zeitgenössische japanische und ausländische Künstler, auch Retrospektiven, dazu Fotogalerie und Showroom.

29 [G8] **Sakai Kokodo Gallery,** Murasaki Bldg., F1, 1–12–14 Yūrakuchō, Tel. 3591–4678, 11–18 Uhr. Ukiyo-e-Holzschnitte, seit 1870 geöffnet.

Kulinarisches

30 [G8] **Cha Ginza,** 5–5–6 Ginza, Di.–So. 11–19 Uhr. Hier gibt es Tee, so wie er für die Teezeremonie zubereitet wird: schaumig geschlagen und zu Pulver zermahlen (Matcha).

31 [H8] **Ginza Hikari** ¥–¥¥, 1–9–12 Ginza, Tel. 3561–0220, Mo.–Fr. 11.30–14.30 u. 17.30–23 Uhr, Sa./So. 17.30–23 Uhr (LO 22 Uhr). Preisgünstiges, gutes Seafood-Lokal, gemütliche Atmosphäre nach Art eines Robataya, Spezialität: jahreszeitlicher gegrillter Fisch.

32 [G9] **Ginza Lion @ Sapporo Beer Hall** ¥–¥¥, F2, 7–9–20 Ginza, tägl. 11.30–23 Uhr. Westlich-japanische Küche, besonders günstig zum Lunch (Mo.–Fr. bis 15 Uhr). Im Restaurant im F2 sind Salat und Getränke (Kaffee/Tee, Saft) kostenlos, B1 und F1 orientieren sich an Bier und deutscher Küche.

33 [G8] **Isomaru Suisan** ¥, Nishiki Bldg. B1–F2, 1-2-10 Yurakuchō, 24std. geöffnet. Izakaya mit preiswerten Seafoodgerichten.

34 [H9] **Ki No Hana** ¥¥, 4-13-1 Ginza, U: Higashi-Ginza, Mo.–Fr. 10.30–21 Uhr. Friedlich, geschmackvoll, zum Lunch geeignet. Hier gibt es Gemüsecurries. John Lennon und Yoko Ono waren bereits hier.

❯ Robata (s. S. 261)

35 [G8] **Sennen Soba** ¥, 4-3-5 Ginza, Suzuran-dōri (zweite Straße hinter Wakō Richtung Yūrakuchō), Mo.–Fr. 24 Std. geöffnet, Sa. 7–21, So. 10–21 Uhr. Preiswerte Soba/Udon, Tickets vorher am Automaten kaufen, Sitzplätze vorhanden.

Ginza-Galerien

Die Ginza weist die größte Konzentration an Kunstgalerien Tokyos aus. Es sollen 200 bis 300 Galerien existieren, diese sind aber leicht zu übersehen, denn manche befinden sich in Kellern und andere in den oberen Stockwerken. Manche Galerien entdeckt man daher nur zufällig beim Bummeln. Oft bestehen die Galerien nur aus einem Raum; die meisten liegen südwestlich der Harumi-dōri, v. a. im Bereich Ginza 5- und 6-chōme, aber auch in 7-chōme. Eine kleine Auswahl bietet dieses PDF: www.galleryq. info/accessmap_contact/images/gin za_mape.pdf.

Unterhaltung

36 [G9] **High Five,** 26 Polestar Bldg., F4, 5-4-15 Ginza, http://barhighfive.com, Mo.–Sa. 18-2 Uhr. Mehrfach zu einer der 10 besten Bars der Welt gekürt. Besitzer Hidetsugu Ueno gilt als einer der größten Mixologen. Das Äußere ist hier unwichtig, es wird ernsthaft und präzise gemixt, selbst die Behandlung der Eiswürfel ist bemerkenswert. Empfehlenswert sind die Martinis, White Lady, Bamboo u. a., selbst die Hot Dogs sind Kult! Cover charge 1000 ¥, Getränke um die 1500 ¥.

37 [G8] **Kuri Sake Bar,** Tony Bldg., F2, 6-4-15 Ginza, Mo.–Do. 18-3, Fr. 18-3.30, Sa. 18-0.30 Uhr, So. und 3. Sa. im Monat geschl. Bar für Sake-Liebhaber, 150 Sorten auf Lager, Gläser zum Verkosten 60ml, 120ml und 180ml, Cover charge.

38 [G9] **Live House Kento's,** Nitta Bldg. F9, 8-2-1 Ginza, U: Ginza, Ausg. C1, 6 Min. zu Fuß, Mo.–Do. u. Sa. 18-2.30, Fr. und vor

Feiertagen 18-3, So. 18-23.30 Uhr. Musik Cover 2100 ¥. Hier treten altbekannte Künstler auf und spielen gute alte Musik.

39 [G8] **Shokuyasu Shoten,** 2-4-3 Yūrakuchō, Tel. 3215-0382, rund um die Uhr geöffnet. Typisch Salaryman-Kultur: Diese Steh-Bar besteht aus Getränkeautomaten mit Ablage, man ist nicht einmal drinnen, Bier 350 ¥, Flasche Wein 1200 ¥.

Shopping

Die Ginza ist in gewisser Weise das kommerzielle Zentrum Tokyos und Japans. Anspruchsvolle Konsumenten zieht es unweigerlich hierher. Nicht nur gut situierte Erwachsene, sondern auch jüngere Menschen finden hier ihre Modekaufhäuser wie **Uniqlo & GU, H&M, Abercrombie & Fitch** usw. Die statusbewussten asiatischen Touristen, von denen immer mehr nach Japan strömen, kommen gerade wegen des gehobenen

Einkaufsniveaus gern hierher. Direkt an der **Ginza-Hauptkreuzung** steht das Luxuskaufhaus **Wakō**, nebenan das schon von außen sehenswerte Perlengeschäft der Spitzenklasse **Mikimoto** und gegenüber eine große Filiale von **Mitsukoshi** mit guten Lebensmitteletagen in B1, B2 und attraktivem Dachgarten im F9. Das elegante Kaufhaus **Ginza Plaza** an der Kreuzung mit dem Nissan-Showroom ist nach dem Neubau ein echter Hingucker, geworden; hier findet im F4 und F5 der Sony Showroom während des Sony-Center-Neubaus eine vorübergehende Heimat. Ende April 2017 eröffnet das Luxuskaufhaus **Ginza Six** mit 19 Etagen, davon sechs unterirdisch.

Für Touristen wird es in der Ginza weniger um das Einkaufen gehen als um Window Shopping und das Erleben der besonderen Atmosphäre. An Wochenenden und Feiertagen wird die **Ginza-dōri** (Chuo-dōri) zur **Fußgängerzone**. Ein zusätzlicher, gerade für Touristen interessanter Service ist das **kostenlose WLAN** (ohne Passwort) entlang dieser Straße zwischen 1- und 8-chōme, also zwischen Kyōbashi und Shimbashi. **Tipp**: In den TIC (s. S. 325) ist das Faltblatt „Tokyo Official Shopping Map Ginza Marunouchi" erhältlich.

Wer in **Yūrakuchō** und der **Ginza** mehr oder weniger **preiswert** einkaufen möchte, kann dies am ehesten hier tun:

🔒**40** [G8] **Ginza 5**, 5–1 Ginza, kleines Einkaufszentrum unter der Stadtautobahn südlich der Harumi-dōri, der F2 ist ein guter Ort für Souvenirkäufe. Auch erschwingliche Antiquitäten; nördlich setzt sich die Straße fort als Nishi-Ginza Department Store mit preiswerter Mode.

🔒**41** [H8] **Itōya**, 2–7–15 Ginza, www.ito-ya. co.jp, Mo.–Sa. 10–20, So. 10–19 Uhr. Seit 1904 bestehendes elegantes Hauptgeschäft der Itoya-Kette für stilvolle Schreib- und Bürowaren. Ein Besuch lohnt sich immer.

🔒**42** [G8] **Tokyu Plaza**, 5–2–1 Ginza, 11–21 Uhr, Restaurants bis 23 Uhr. Spektakulärer, neu errichteter Konsumtempel, erwähnenswert sind F6 und 7 mit der Abteilung „Find Japan". Hier gibt es interessante Lifestyleobjekte aus Japan, die sich gut als Souvenirs eignen.

Erwähnenswerte Spezialgeschäfte

🔒**43** [H8] **Akomeya Tokyo**, 2–2–6 Ginza, tägl. 11–21 Uhr. Hier dreht sich alles um Reis, auch Lifestyleprodukte und Stehbar.

🔒**44** [G9] **Kōju**, 5–8–20 Ginza, Core Bldg., F4, an der Ginza-Hauptkreuzung. Seit 1580 Hersteller von Weihrauch (kō), v. a. für Weihrauchzeremonien, nun allerdings in modernerer Umgebung.

🔒**45** [G8] **Tokyo Kyūkyodō**, 5–8–6 Ginza, direkt an der Ginza-Hauptkreuzung, tägl. 10–20 Uhr, 3. So. im Monat geschl. Gutes Fachgeschäft v. a. für japanische Schreibwaren und Postkarten. Gute Papierabteilung, Zubehör für Weihrauchzeremonien (kōdō).

🔒**46** [H9] **Tokyo Pearl**, 6–16–3 Ginza, U: Higashi-Ginza, Tel. 0120 008–670 (in Japan gebührenfrei), www.tokyopearl.com/english, Mi.–Mo. 11–19 Uhr. Weniger teuer als Mikimoto. Seit 1959 in der Ginza, große Auswahl.

🔒**47** [G9] **Token Shibata**, 5–6–8 Ginza, Suzuran-dōri, Tel. 3573–2801, tägl. 10–18.30 Uhr. Kleines Fachgeschäft für Samuraischwerter und andere Waffen und Zubehör. In dieser Straße gibt es noch weitere Geschäfte für traditionelles Kunsthandwerk.

▷ *Der Tsukiji-Honganji-Tempel* **16**

Tsukiji, Hama-rikyū und Tsukudajima (Tsukishima)

築地

Hier befindet sich der größte Fischmarkt der Welt ⑰ *und ein großer Park an der Tokyo-Bucht, dazu das Viertel der ersten Ausländer und ein gemütliches Viertel auf der Insel Tsukudajima.*

An die Ginza schließen sich südöstlich der Großmarkt mit dem weltberühmten Fischmarkt von **Tsukiji** und der gleichnamige Stadtteil an. Der Großmarkt sollte Ende 2016 auf die künstliche Insel Toyosu verlegt werden, doch Yuriko Koike, die neue Gouverneurin von Tokyo, stoppte kurzfristig den Umzug, da die kontaminierte Erde, auf der der Neubau errichtet wurde, entgegen den Vorgaben nicht abgetragen und mit frischer Erde aufgeschüttet, sondern einfach nur überbaut wurde. Jetzt hat auch Tokyo ein Gegenstück zum BER in Berlin. Die Eröffnung verschiebt sich wohl um ein Jahr, ohnehin wollten die Händler und Käufer nie nach Toyosu, aber die teure Anlage steht nun mal und verursacht auch im Leerstand hohe Kosten.

Für alle, die etwas mehr Zeit haben, bietet sich auch ein netter Ausflug auf die künstliche Insel **Tsukudajima** an.

Tsukiji bedeutet „errichtetes Land". Der Stadtteil liegt wie alle in der Nach-

barschaft auf künstlich aufgeschüttetem Land nahe der Sumida-Mündung. Hier wohnten in der Meiji-Zeit viele Ausländer. Hauptsehenswürdigkeiten sind der nach indischem Vorbild erbaute **Tsukiji Honganji** ⑯ und vor allem der größte Fischmarkt der Welt mit angegliederten Geschäften und Lokalen. Südlich von Tsukiji liegt der großartige Landschaftsgarten **Hama-rikyū** ⑱ direkt an der Tokyo-Bucht.

Der Name der benachbarten Insel **Tsukudajima** rührt von dem Fischerdorf Tsukuda bei Osaka her. Der erste Tokugawa-Shōgun Ieyasu wurde einmal von den Fischern dieses Dorfes in einem Sturm aus Seenot gerettet und lud sie deshalb später ein, sich hier an der Mündung des Sumida niederzulassen. Er gewährte ihnen aus Dankbarkeit die Fischereirechte in der nahen Bucht.

⑯ Tsukiji Honganji ★★   [H9]

築地本願寺

Der 1934 von Dr. Chūta Itō erbaute, indisch anmutende buddhistische Granittempel Tsukiji Honganji der großen buddhistischen Sekte Jōdo-Shinshu

Spaziergang durch das Viertel

Der Spaziergang beginnt dort, wo ein Bummel durch die Ginza üblicherweise endet, am Kabuki-za **15**. *Von dort geht man die Harumi-dōri [H9] unter der Stadtautobahn hindurch bis zur nächsten größeren Kreuzung und findet rechts auf der anderen Seite bereits den* **Äußeren Markt** *(„Jogai") mit seinem Basar (Seafoodläden und Lokale) vor sich.*

Die entscheidende Frage für diesen Stadtbummel ist, ob man den Fischmarkt **17** *frühmorgens besuchen möchte oder nicht. Wer die Chance auf Beobachtung der* **Tunfischauktion** *(s. S. 59) wahren will, muss bereits vor 5 Uhr, evtl. sogar vor 4 Uhr vor dem* **Fish Information Center** *warten, um eine von 2 x 60 Karten bekommen zu können. Auch wer nach 9 Uhr – also ohne Tunfischauktion – den Fischmarkt besuchen möchte, sollte als Erstes den Großmarkt ansteuern, weil ab mittags nicht mehr viel los ist.*

Wer das nicht möchte, kann zunächst den **Hama-rikyū-Park** **18** *besichtigen und auf dem Rück- bzw. Weiterweg durch*

den **Äußeren Markt** *(Jogai) und weiter zum* **Tsukiji-Honganji-Tempel** **16** *bummeln. Der Hama-rikyū ist vom Bahnhof Shimbashi in gut 5 Min. zu erreichen, der Großmarkt direkt vom U-Bhf. Tsukijishijo (Oedo Line) und der Tempel vom U-Bhf. Tsukiji (Hibiya Line).*

Vom Tempel gelangt man rechts oder links des Tempels in kurzer Zeit zum Sumida-Fluss und kann von dort auf dem Promenadenweg **Sumidagawa Terrace** *in Richtung St. Luke (Sei Roka) Tower & Garden gehen. Das 1902 als Missionskrankenhaus gegründete St. Luke International Hospital hat immer noch einen ausgezeichneten Ruf, der vor allem dessem langjährigen Chef Dr. Shigeaki Hinohara (s. S. 61) zu verdanken ist. Der* **Sei Roka Tower** *bietet von seinem F46 eine ausgezeichnete Rundumsicht auf die Stadt, vor allem auf die Gegend um die Mündung des Sumidagawa. Früher war die im Freien gelegene Plattform allen Besuchern zugänglich, heute aber nur noch den Gästen des Sei Roka Restaurants (s. S. 60). Man kann hier gut und preiswert in gepflegter Atmosphäre zu Mittag*

O48to-ml

und *(etwas weniger preiswert) zu Abend essen. Bevor es auf die Insel Tsukudajima weitergeht, kann man einen kurzen Abstecher in den Akatsuki-Park machen, um dort einen Blick auf die Büste des deutschen Arztes **Philipp Franz von Siebold** zu werfen, der in holländischen Diensten als einer der ersten westlichen Besucher das Japan der ausgehenden Edo-Zeit besuchen durfte.*

*Über die **Tsukuda Ōhashi** geht es hinüber auf die beiden miteinander verbundenen Inseln **Tsukudajima und Tsukishima** und weiter nach **Harumi** mit dem Furniture (Möbel-) Museum und dem **Harumi-Pier**. Es genügt aber, einen Bummel durch Tsukudajima zu machen: Vom Ende der Brücke führt der Weg links an einem alten Leuchtturm vorbei zum **Sumiyoshi-Schrein** ⑲, der für sein jährliches Fest berühmt ist, und durch das traditionell gebliebene Viertel mit seinen kleinen Wohn- und ehemaligen Fischerhäusern, das im Schatten der modernen Hochhäuser der River City 21 steht, um das eine attraktive Uferpromenade führt. Über die Tsukuda-ōhashi-Straße geht es in die beliebte Einkaufsstraße **Nishi-Naka-dōri**, wo es die unter Japanern beliebte, am Tisch selbst zubereitete Spezialität Monja-yaki, eine Art Okonomiyaki (s. S. 259) gibt, dazu die in der japanischen Küche gern verwendete Tsukudani (in Sojasoße und Zucker eingekochte winzige Fische). Hier kann man den Spaziergang an der U-Bahnstation Tsukishima (Oedo Line) beenden.*

◁ *Joggerin am Sumida-Fluss*

(Honganji-Fraktion) ist der **größte Steintempel Japans**. Für die Errichtung des Tempelgeländes wurde Tsukiji einst geschaffen. Das Baumaterial stammte von den verbrannten Resten Edos nach dem Furisode-Feuer von 1657 (s. S. 303). Vor dem Feuer stand der Tempel in der Nähe Asakusas (s. S. 168), durfte dort jedoch nicht wiederaufgebaut werden. Die Statue des Sektengründers Shinran (1173–1263), dargestellt in Form eines Wandermönchs, steht links vor dem Haupteingang. Jedes Jahr am 8. April wird im Tempel Buddhas Geburtstag *(Hana Matsuri)* mit einer Kinderparade gefeiert. Die International Buddhist Association bietet jeden 2. und 4. Sonntag im Monat um 17 Uhr kostenlose Vorlesungen (http://tsukijihongwanji.jp/wp_eng).

❯ 3-15-1 Tsukiji, U: Tsukiji (Hibiya Line), Tel. 3541–1131, ww.tsukijihongwanji.jp, 6–17.30 Uhr

⑰ Tsukiji-Fischmarkt und Nami-yoke-Inari-Schrein ★★   [H9]

築地市場 &波除稲荷神社

Der seit dem 11.02.1935 in Tsukiji bestehende **Großmarkt für Fisch und Meeresfrüchte**, Gemüse und Obst hat vor allem wegen der frühmorgendlichen Tunfischauktionen Weltruhm erlangt. Er ist der größte Fischmarkt der Welt. Jahrhundertelang war er in Nihonbashi angesiedelt. Nach dem Großen Kantoerdbeben von 1923 (s. S. 306) wurde er an den heutigen Ort verlegt. Der Markt war nie auf Touristen eingerichtet. Zum begehrten Ziel von Besuchern wurde er erst mit der weltweit wachsenden Popularität von Sushi, die übrigens nicht direkt von Japan, sondern aus den USA ausging und mit der seit einigen Jahren deutlich wahr-

Jōdo Shinshū – die Lehre vom Reinen Land

Die von Shinran im 12. Jahrhundert begründete „Wahre Schule des Reinen Landes" ist neben dem Nichiren-Buddhismus mit rund 23 Mio. Anhängern und einschließlich der Mutterschule Jōdo-shū die **zweitgrößte Glaubensrichtung des Buddhismus in Japan.** Der Glaube an die Kraft des Amida-Buddha ermöglicht nach Auffassung dieser Schule die Wiedergeburt im Paradies des „Reinen Landes" und erfordert weder Askese noch Meditation.

nehmbaren Zunahme asiatischer, vor allem chinesischer Touristengruppen, die die **Tunfischauktionen** unbedingt live erleben wollten. Das hat dazu geführt, dass der Besuch der Auktionen nicht wie früher individuell möglich ist.

Vom Haupteingang (seimon) geht man an den Gemüsehändlern vorbei und erreicht dann die Stände der 1600 Fischhändler, die sich auf einigen hundert Metern aneinanderreihen. Dieser Bereich darf nach 9 Uhr individuell oder in kleinen Gruppen besucht werden. Man sollte aber bedenken, dass Touristen Besucher sind, und keine Kunden. Tsukiji ist nicht der einzige Fischmarkt in Tokyo, aber hier wird fast 90 % des Seafood umgesetzt.

Der **Auktionsplatz für Tunfische,** berühmtester Teil des Großmarktes, darf nur in Gruppen und nach vorheriger Registrierung betreten werden. Sowohl die schwarz glänzenden, frischen Fische als auch die dampfenden, gefrorenen Exemplare wirken sehr eindrucksvoll. Gewicht und Herkunft der Fische ist angegeben, sie kommen aus aller Welt, gerade auch aus dem Mittelmeer, hierher. Die Auktio-

nen finden frühmorgens ab 5.30 Uhr bis kurz nach 6 Uhr statt. Bis 10 Uhr wird der ersteigerte Fisch von den Großhändlern verkauft und bis Mittag außerhalb des Marktes an den Ständen der Einzelhändler, im Äußeren Markt. Wer durch das Marktgelände geht, muss auf den relativ hektischen Marktverkehr aufpassen. Es empfiehlt sich, unempfindliches Schuhwerk und entsprechende Kleidung anzuziehen. Die kleinen Elektrokarren (tare) surren sehr schnell hin und her.

Ungestört bummeln lässt es sich im beliebten, aber meist vollen Äußeren Markt, dem **Jogai Shijō**. Hier stehen die Geschäfte der Einzelhändler. Er ist ein wahrer Basar für Seafood und andere Produkte. Beliebt sind naturgemäß Sushi-Lokale, das bedeutet aber nicht, dass der Fisch hier billiger ist als sonstwo in der Stadt. Frischer ist er aber auf jeden Fall und man findet noch manches für unter 1000 ¥.

❯ Tōkyō Chūō Oroshi Shijō/Tsukiji Shijō, 5-2-1 Tsukiji, U: Tsukijishijo (Toei Oedo Line), Ausg. A1, Tsukiji (Hibiya Line) Ausg. 1, 10 Min. zu Fuß, www.tsukiji-market.or.jp/tukiji_e.htm, 5-13 Uhr

Auf dem Gelände des Großmarkts befindet sich zudem der Namiyoke-Inari. Der beliebte **kleine Schrein** wurde Mitte des 17. Jh. errichtet. Sein Name bedeutet „Schutz gegen Wellen". Er dient u. a. dem Schutz der Seeleute und für lange, schwierige Reisen, ist aber zugleich so etwas wie der Schutzschrein des Marktes. Beim jährlichen Löwenfest am 8. Juli werden Löwenköpfe durch das Marktgelände getragen. Zwei der alten, aus der Mitte des 19. Jh. stammenden Köpfe sind noch heute zu sehen.

❯ 6-20-37 Tsukiji, Tel. 3541-845

Tunfischauktionen – bis zum letzten Happen?

Kein Volk auf der Welt isst mehr Fisch und Meeresfrüchte als die Japaner. Sie konsumieren jährlich über 12 Millionen Tonnen Fisch, einschließlich 450.000 Tonnen Tunfisch, 300.000 Tonnen Krabben, Hummer etc. Pro Kopf sind das 72 kg im Jahr (im Vergleich zu 12 kg in Deutschland, was in etwa dem Weltverbrauch entspricht, aber im Vergleich zu anderen Industrienationen sehr wenig ist). Eine besondere Stellung nimmt bei den Japanern der vom Aussterben bedrohte Blauflossen-Tunfisch ein: Vom weltweiten Fang verzehren sie 90 % (262.000 Tonnen jährlich). Mit der global angewachsenen Beliebtheit von Sushi sind nun auch chinesische und andere Fangflotten hinter dem begehrten Tunfisch her. Der Gelbflossen-Tunfisch ist etwas weniger stark gefährdet. Die Zucht von Tunfisch in Meeresfarmen hat in Japan schon begonnen, steht aber im Vergleich zur Lachszucht noch am Anfang und ist wegen des Bedarfs an lebenden Ködern auch nicht unumstritten.

Regeln für den Besuch der Tunfischauktionen

> Maximal 120 registrierte Besucher (2 × 60) werden pro Tag zugelassen, und zwar in der Reihenfolge der persönlichen Registrierung, das bedeutet, dass man kann keine Karten für andere Personen bekommen und sie auch nicht telefonisch reservieren kann.

> Die Reservierung erfolgt im Fish Information Center (Eingang Kachidoki-Brücke) ab 5 Uhr, zeitweise bereits ab 2.15 Uhr! Wenn sich eine Warteschlange gebildet hat, kann auch vor 5 Uhr mit der Registrierung begonnen werden. Wenn alle 120 Karten vergeben wurden, endet die Registrierung.

> Die Besucher werden in zwei Gruppen à 60 Personen in der Reihenfolge ihres Eintreffens eingeteilt. Die erste Gruppe besucht die Auktion von 5.25 bis 5.50 Uhr, die zweite Gruppe von 5.50 bis 6.15 Uhr.

> Fotografieren ist nur ohne Blitz gestattet. Der Marktablauf darf nicht gestört werden. Der Bereich der Zwischenhändler für Seafood kann ab 9 Uhr individuell oder in kleinen Gruppen besucht werden. Die Zeit bis dahin kann man im Bereich Uogashi Yokocho (s. Karte im Internet oder vom Fish Information Center oder TIC) verbringen oder im Äußeren Markt, www.tsukiji-market.or.jp/tukiji_e.htm).

04916-ml

⑱ Hama-rikyū ★★★   **[G10]**

浜離宮恩賜庭園

Dieser 250.000 qm große, **herausragen-de Landschaftsgarten am Meer** gehörte einst der Tokugawa-Familie (s. S. 302). Er wurde Mitte des 17. Jh. angelegt. Nach der Meiji-Restauration (s. S. 305) wur-de er von der kaiserlichen Familie über-nommen. Diese schenkte ihn nach Ende des Zweiten Weltkriegs der Stadt, seitdem steht er der Bevölkerung offen. Das Be-sondere an diesem Garten sind die **mit dem Meer verbundenen Teiche**, die bei Ebbe und Flut ihre Gestalt ändern. Daher gibt es in den Teichen auch Meeresfische. Ein Teil des Parks diente früher der Enten-jagd, die Schießstände sind noch vorhan-den. Es gibt **mehrere Teehäuser**, eines davon auf einer Insel im Shiori-no-ike. Es kann über Brücken betreten werden. Für 500 ¥ kann man auf der Terrasse Matcha (s. S. 270) und japanische Süßigkeiten kosten. Es gibt mehrere kleine Hügel, von

> **KLEINE PAUSE**
>
> **Restaurant mit schöner Aussicht**
> Das Restaurant Luke bietet wunderschö-ne Ausblicke vom F47 des Sei Roka Tow-er. Lunch 11.30 – 15 Uhr, Lunch-Sets ab 1000 ¥ (Tortilla, Pasta, Grill), Steak-Set 1800 ¥, abends 17 – 22 Uhr, Gerichte ab 1300 ¥.
> ⓘ48 [I9] **Restaurant Luke** ¥–¥¥, 8 – 1 Akashichō, www.restaurant-luke.com/restaurant/english.html

denen aus früher der Blick weit ins Land reichte, heute allerdings nur noch über den Park und das Wasser der Bucht.

Besucher erhalten kostenlos einen Parknavigator mit auf den Weg (Erläu-terungen auf Englisch). Führungen auf Englisch sind Mo. 10.30 Uhr und Di. 11 Uhr möglich. Mit dem Wasserbus kann man von der Anlegestelle am Tsukiji-ga-wa u. a. den Sumida-Fluss aufwärts nach Asakusa (s. S. 169) fahren.

050to-ml

› **Hama-rikyū Onshi Teien,** 1–1 Hama-rikyu-teien, Haupteingang (Ote-mon): U: Shiodome (Toei Oedo Line, Yurikamome) 7 Min. zu Fuß, JR: Shimbashi 12 Min., Mittlerer Eingang (Naka-mon): U: Shiodome 7 Min. zu Fuß, JR: Hamamatsuchoō 15 Min., Wasserbus: direkt am Park, www.tokyo-park.or.jp/english/park/detail_04.html#hamarikyu, Eintritt: 300 ¥, über 65 Jahre 150 ¥, 9–17 Uhr, geschl.: 29.12.–01.01.

❿ Sumiyoshi-Schrein ★　　[I9]

住吉神社

Der links der Tsukuda-Brücke gelegene kleine Schrein am Wasser, benannt nach einem bekannten Schrein in Osaka, ist dem Schutz der Seeleute geweiht. Auf dem Schreingelände gibt es einen Grabstein des bekannten Ukiyo-e-Künstlers Sharaku und ein Denkmal, das den Bonito-Fischen *(katsuo)* gewidmet ist. Bonito war in der Edo-Zeit der beliebteste Fisch und ist immer noch wichtig für *katsuobushi,* wichtige Zutat für japanische Brühen.

Die Umgebung des Schreins lädt zu einem **Bummel durch die Nachbarschaft** ein, z. B. um die Nordspitze der Insel rund um das Hochhausviertel River City 29 herum.

Alle drei Jahre Anfang August findet das drei Tage dauernde **Schreinfest** statt, das nächste Mal 2018. Dann wird der *o-mikoshi* (s. S. 290) wie früher zum Sumida-Fluss gebracht, heute jedoch

Dr. Shigeaki Hinohara, Arzt seit 1941

KURZ & KNAPP

Hinohara (geb. 1911) ist mit 106 Jahren wohl der **älteste noch praktizierende Arzt der Welt.** Er war jahrzehntelang Chef des St. Lukas Krankenhauses, dessen Ehrenpräsident er ist. Nach dem Krieg führte er das Krankenhaus auf japanisches Spitzenniveau. Mehrere seiner 150 Bücher sind Bestseller in Japan, insbesondere „Living long, living good". Seine Bücher und Vorträge vermitteln selbst gelebte Lebensweisheiten für ein besseres, gesünderes Leben. Er ist u. a. Begründer und Vorsitzender der „Association of Elderly Citizens" *(Shin Rōjin no Kai)* und des „Life Planning Center".

nicht mehr zu Fuß, sondern per Boot. Ein anderes bekanntes Fest sind die Mitte Juli abendlich stattfindenden **Gruppentänze** des Bon-Odori (s. S. 290), die hier etwas anders als im restlichen Tokyo gefeiert werden.

› 1–1–14 Tsukuda, U: Tsukishima (Toei Oedo, Yūrakuchō Line, www.sumiyoshijinja.or.jp

Kulinarisches

In Tsukiji-Jōgai

Preiswerte Snacks zum gleich Essen und für unterwegs (kleine Auswahl):

🍴49 [H9] **Nisshin Tasuke Aalbraterei,** 4–13–18 Tsukiji, Mo.–Sa. 6–15 Uhr. Aalgerichte, z. B. Aal auf Reis, auch Aalspieße zum Mitnehmen.

🍴50 [H9] **Onigiriya Marutoyo,** 4–9–9 Tsukiji, Mo.–Sa. 3–14 Uhr. Hier gibt es XXL-Onigiri mit Seafood wie Makrelen oder Garnelen gefüllt.

◁ *Idylle pur im Hama-rikyū-Garten* ⓲

051to-ml

Im Großmarkt

❯ **Nakaya** (s. S. 264)

🍴**53** [H9] **Senri-ken,** Tsukiji Wholesale Market, Bldg. 8, 5–2–1 Tsukiji, Mo.–Sa. 4–12.30 Uhr. Traditionslokal mit Snacks wie *katsu-sando* (Schnitzelsandwich) zum Mitnehmen.

🍴**54** [H9] **Takeno Shokudō** ¥¥, 6–21–2 Tsukiji, U: Tsukiji, Ausg. 1, Mo.–Fr. 11–21, Sa. bis 20 Uhr. Unter Marktarbeitern und Angestellten von Asahi Shimbun beliebtes Lokal. Frisches Sushi und Sashimi, leckerer Tendon (s. S. 258), sehr preiswert.

In Tsukishima

🍴**55** [I9] **Monja Kondō Honten,** 3–12–10 Tsukishima, tgl. 17–21.30 Uhr. Monja (s. S. 259) für nostalgische 700 Yen.

🍴**56** [I9] **Rojiuramonja,** 3–8–10 Tsukishima (in einer Seitengasse), tgl. 11–22 Uhr. Monja aus rund 100 Zutaten, ab 1500 ¥.

🍴**51** [H9] **Saito Fisheries Tsukiji,** 4–10–5 Tsukiji, Mo.–Sa. 6–17 Uhr. Hier kann man wirklich frische Austern schlürfen.

🍴**52** [H9] **Tsukiji Kaihokan Kachidoki Sushi Sō-Honten,** 4–13–7 Tsukiji, Mo.–Fr. 10–15 u. 17–22, Sa. 8–20, So. 10–20 Uhr. Hier gibt es Reisgerichte mit Seafood sowie zum Mitnehmen gebratenen Tunfisch, gegrillte Austern, Jakobsmuscheln, Königskrabben und Garnelen am Spieß.

🔼 *Nachschub für den Tsukiji-Jōgai-Markt* 🔴**17**

Shimbashi, Shiodome und Shiba

Shimbashi und Shiba bieten eine **bunte Mischung** aus ultramodernem Stadtviertel, Museen, Parks, Schreinen und Tempeln, dem Tokyo Tower 🔴**23** und hervorragenden Ausblicken auf die Tokyo-Bucht und die Stadt.

Shimbashi liegt südwestlich der Ginza (s. S. 47). Am Bahnhof endeten früher die von Süden kommenden Züge. Die erste Eisenbahn in Japan verkehrte ab 1872 zwischen Yokohama und Shimbashi. Die frühere Bedeutung Shimbashis ist gewichen und das Zentrum des Toykoter Shoppinglebens hat sich nordwärts Richtung Hauptbahnhof 🔴**5** in die Ginza verschoben. Früher war Shimbashi auch ein Viertel hochklassiger Geishas (s. S. 276). Heute gibt es hier kleine Dienstleistungsunternehmen, Märkte, Einkaufsarkaden und günstige Kneipen.

An der Stelle, an der die erste Eisenbahnlinie in Betrieb genommen wurde, gab es eine 0-Meilen-Markierung auf dem Gelände des früheren Güterbahnhofs. Hier ist in den letzten Jahren das sehr moderne Stadtviertel **Shiodome** („Ort,

Spaziergang durch das Viertel

Vom Bhf. Shimbashi geht der Weg zunächst zum Nachbau des ersten Bahnhofs, in dem sich ein kleines kostenloses Museum zur Eisenbahngeschichte mit wechselnden Ausstellungen und ein Ginza-Lion-Restaurant befinden. Gegenüber steht eine Architektur-Ikone der 1970er-Jahre, der Nakagin Capsule Tower mit seinen kleinen aufgehängten Wohneinheiten, in dem nur noch etwa 30 Bewohner leben und der vielleicht abgerissen werden muss. Wegweiser führen durch das urbane Labyrinth von Shiodome. Das nächste Ziel ist das elegante, vom französischen Architektenbüro Atelier Jean Nouvel entworfene Caretta Shiodome. In diesem Bürohochhaus des Werberiesen Nippon Dentsū gibt es einerseits das kostenlose ADMT Advertising Museum ⓴ zu besichtigen, andererseits die ebenfalls kostenlose Aussichtsplattform im F46, auf dem es mehrere gute Restaurants gibt (Lift von B1). Im Erdgeschoss ist noch der Panasonic Living Showroom zu erwähnen, der innovative Wohnelektronik zeigt.

Der Bummel führt südlich des Bhf. Shimbashi einige hundert Meter entlang der Dai-ichi Keihin (Nationalstraße Nr. 15), dann auf die andere Seite zum kleinen Shirogama-Park mit dem gleichnamigen Schrein, nach links, dann rechts am

Krankenhaus der Jikai-Universität vorbei zum Hügel mit dem Atago-Schrein ㉑ und dem NHK Broadcasting Museum ㉒. Von dort führt der Weg nach Süden auf den mehrteiligen Shiba-Park ㉖ zu, mit Tokyo Tower ㉓, Tokyo Prince Hotel und dem eins mächtigen Zōjōji-Tempel ㉔, den nächsten Zielen am Weg. Wer nicht mit Kindern unterwegs ist und auf eine Auffahrt zu den Besichtigungsplattformen verzichten möchte, kann auch direkt zum Zōjōji gehen.

Nach dem Besuch des Tempelkomplexes führt der Weg weiter nach Hamamatsuchō. Hier gibt es einen sehenswerten kleinen früheren Daimyō-Garten, den Kyu Shiba Rikyū ㉖, und die ausgezeichnete Aussichtslounge Seaside Top im F40 des World Trade Center ㉕, das im B1 übrigens zahlreiche günstige Lokale aufweist. Der Bhf. Hamamatsuchō liegt an der Yamanote-Ringlinie und am Beginn der Monorail zum Flughafen Haneda. Berühmt ist die Kopie des Maneken Pis am Südende des Yamanote-Bahnsteigs Gleis 3 und 4 Richtung Shinagawa, anders als das Brüsseler Original jedoch mit häufig wechselnder Bekleidung mit jahreszeitlichem Bezug. In der Umgebung des Bahnhofs, wo dieser Spaziergang endet, gibt es viele Lokale und Stehbars (bis Hamamatsuchō 4–5 km).

bis zu dem die Flut reicht") mit Bürohochhäusern, Einkaufszentren, Lokalen, Theatern, Museen, Hotels, der Zentrale von Nihon TV und dem Bahnhof Shiodome entstanden. Viele weitere japanische Unternehmen sind hier ebenfalls vertreten.

Die amerikanische Architektenfirma Jorde Partnership war an diesem urbanen Neuentwicklungsprojekt ebenso beteiligt wie am Bau von Roppongi Hills ㉚.

Shiba wurde früher beherrscht vom Zōjōji ㉔, dem zweitgrößten Tempelkom-

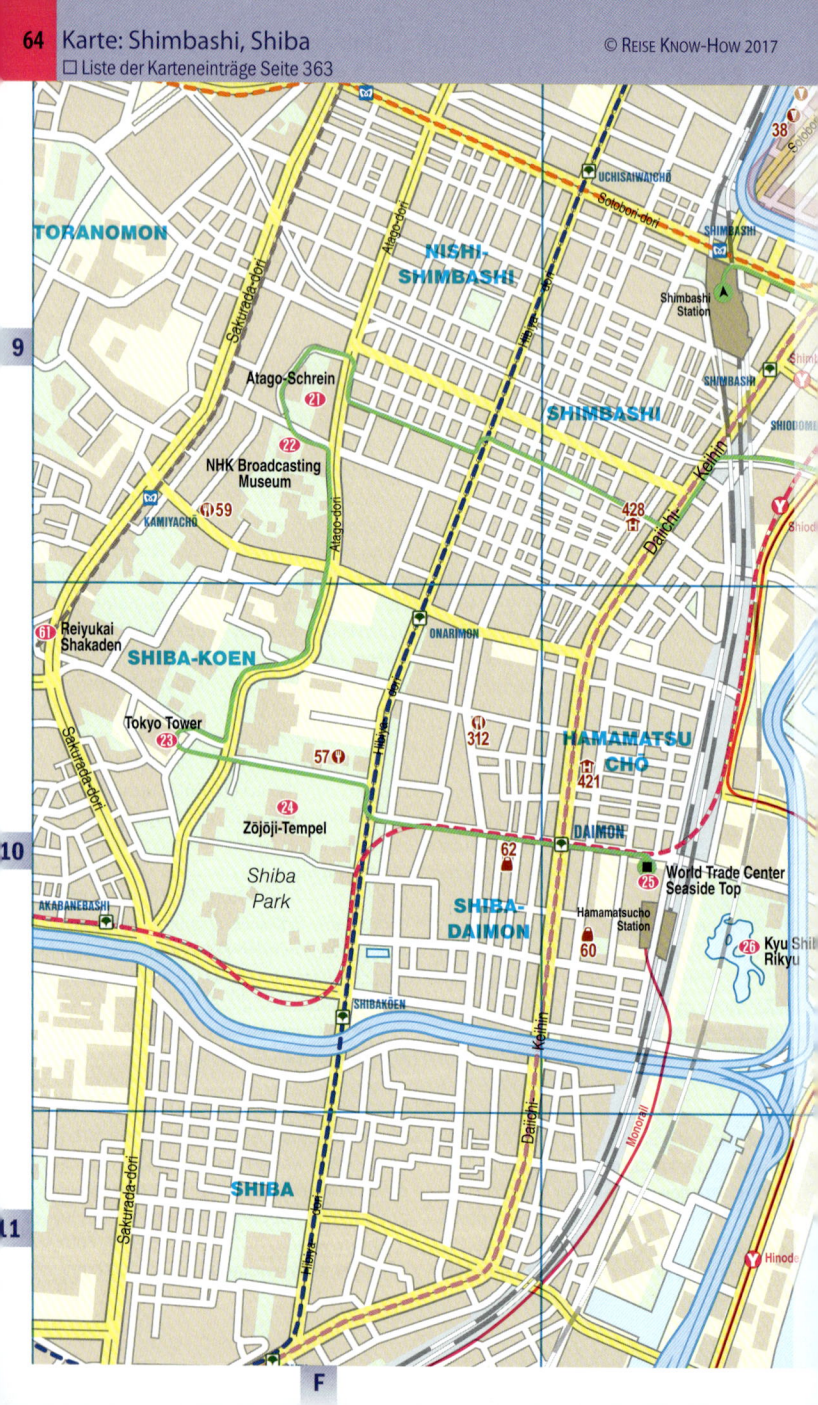

plex Edos. Heute gibt es den Tempel immer noch, aber er ist stark verkleinert und umgeben von mehreren Parks. Das Viertel ist auch Heimat der alten Architekturikone Tokyos, des Tokyo Towers.

❷⓿ ADMT Advertising Museum ★ [G9]

アド・ミュージアム東京

Das 2002 anlässlich des 100. Geburtstages von Yoshida Hideo, dem vierten Präsidenten der riesigen Werbefirma Dentsū, gegründete **einzige Museum für Werbung in Japan** zeigt die Geschichte der Werbung in Japan, international preisgekrönte Werbekampagnen sowie wechselnde Ausstellungen. 150.000 Werbeanzeigen sind in digitaler Form einsehbar.

❯ B1 und B2 Caretta Shiodome Gate A, JR: Shimbashi, 5 Min., U: Shiodome (Toei Oedo line), New Transit Yurikamome, www.admt. jp/en/index.html, Eintritt: frei, Di.–Fr. 11–18.30, Sa./So.11–16.30 Uhr

❷❶ Atago-Schrein ★★ [F9]

愛宕神社

Gleich nördlich neben dem NHK Broadcasting Museum ❷❷ steht der Atago-jinja-Schrein (auch: Seishōji) auf dem gleichnamigen Hügel, mit 26 m übrigens höchster natürlicher Punkt Zentral-Tokyos, auf den von der Vorderseite eine **steile Treppe mit 86 Stufen** hinaufführt. Diese Treppe ist dafür bekannt, dass in der Edo-Zeit immer wieder einmal Reiter zu Pferde über sie empor- und zum Teil auch hinabgeritten sind. Der Schrein wurde 1603 errichtet und der Gottheit Homusubi-no-Kami geweiht, Beschützer gegen Feuer. Trotz dieser Gottheit brannte das Schreingebäude im Zweiten Weltkrieg ab, wurde jedoch 1948 wiederaufgebaut. Auf dem Gelände gibt es auch einen Benten- und Inari-Schrein und einen mit Booten befahrbaren **kleinen Karpfenteich.** Der von der jungen Shintopriesterin Rie Matsuoka geführte Schrein hat sogar eine eigene Website. Wer nicht gut zu Fuß ist, kann den Aufzug zum NHK Museum nebenan benutzen.

> 1–5–3 Atago, U: Kamiyacho (Hibiya Line)
> 5 Min., Toranomon (Ginza Line) 8 Min.,
> Onarimon (Toei Mita Line) 8 Min.,
> www.atago-jinja.com (jp)

22 NHK Broadcasting Museum ★★ [F9]

NHK 放送博物館

Das Museum wurde 1956 als Erstes der Geschichte des **NHK** (staatlicher japanischer Rundfunk) gewidmetes Museum eröffnet. Auf dem Atagoyama-Hügel wurden ab 1925 zunächst Radiosendungen übertragen. Das Museum mit seinen **20.000 Gegenständen und 7000 Büchern** zeigt die Entwicklung von Radio zu Fernsehen, Satellitenübertragung, HDTV und digitaler Übertragung. Das Museum ist wie der Schrein zu Fuß oder per Aufzug erreichbar.

> NHK Hōsō Hakubutsukan, 2–1–1 Atago,
> U: Kamiyacho Station (Hibiya Line) 5 Min.,
> Toranomon (Ginza Line) 8 Min., Onarimon
> (Toei Mita Line) 8 Min., Tel. 5400–6900,
> www.nhk.or.jp/museum/english Di.–So.
> 9.30–16.30 Uhr, Eintritt frei

052to-ml

23 Tokyo Tower ★★ [F10]

東京タワー

Westlich hinter dem Shiba-Park erhebt sich der 1958 errichtete, weithin sichtbare rote Tokyo Tower, das alte, aber immer noch beliebte **Wahrzeichen der Stadt.** Die Eiffelturm-Nachbildung ist mit 333 m um 11 m höher als das Original. Es gibt eine große Aussichtsplattform in 150 m Höhe sowie eine kleinere in 250 m Höhe. Unten befinden sich im Grunde überflüssige und überteuerte Attraktionen, Geschäfte und Lokale. Die seit Jahrzehnten beliebte Touristenattraktion hat auch nach dem Bau des neuen Wahrzeichens Tokyos, des Skytree ⑱, noch nichts an Anziehung verloren, wahrscheinlich weil sie Familien mit Kindern einiges bietet. Man sollte bedenken, dass vor allem der Blick auf den Tower dessen Attraktivität ausmacht, nicht länger der Blick von ihm.

> 4–2–8 Shiba-koen, Akabanebashi (Toei
> Oedo Line), Ausg. Nakanohashi, 5 Min.;

⌃ *Tokyo Tower –*
das alte Wahrzeichen Tokyos

Die Japanische Eisenbahn – berechtigter Stolz

*Die Nutzung der Eisenbahn als Transport-
mittel wurde von der Regierung seit Ende
des 19. Jahrhunderts konsequent gefördert. Das Schienennetz umfasst mehr als
27.000 km. Die Japanese National Railways wurde am 1. April 1987 privatisiert.
Neben den sechs Gesellschaften der Japan
Railway (JR), die 20.000 km Schienennetz
besitzen, gibt es noch 100 weitere Gesellschaften. Im Ballungsraum Tokyo nutzen
mehr als 40 % der Bewohner die Bahn,
verglichen mit 20 % Autonutzern. Von den
50 weltweit geschäftigsten Bahnhöfen liegen 46 in Japan. Das Passagieraufkom-
men beträgt über 22 Milliarden pro Jahr,
in Deutschland sind es bei einem größeren*

*Schienennetz nur 10 % dieses Wertes. Ja-
pan ist seit 1964 Pionier der Superexpress-
züge (Shinkansen), deren schnellste Vertreter derzeit bis zu 320 km/h schnell fahren können. Sie hatten bisher noch keinen
einzigen Unfall.*

*Die Pünktlichkeit japanischer Züge ist
legendär, das gilt besonders für die Shin-
kansen-Züge. Verspätungen sind dort
sehr selten. Außerdem haben sie eine Frequenz, die auf den Kernstrecken die unserer S-Bahnen übertrifft. Die Deutsche
Bahn mit ihren Verspätungen, der Ver-
nachlässigung der Infrastruktur u. a.
kann dem Vergleich in keiner Weise
standhalten.*

U: Daimon (Toei-Asakusa-Line), Ausg. A6,
10 Min., Kamiyachō (Hibiya Line), Ausg. 1,
7 Min., JR: Hamamatsuchō, 15 Min., 9–22
Uhr, Eintritt: 900 ¥ (nur bis zu 150 m, obe-
re **Aussichtsplattform in 250 m bis Oktober
2017 gesperrt**); Attraktionen extra,
www.tokyotower.co.jp/eng

㉔ Zōjōji ★★   [F10]

増上寺

Diese im Jahre 1393 gegründete, auf
Veranlassung des ersten Tokugawa-
Shoguns Ieyasu 1598 in das Gelände
des heutigen Shiba-Parks ㉖ verlegte
Tempelanlage der Jōdo-shu (Lehre vom
Reinen Land) war nach dem Kan'eiji ⑩
im heutigen Ueno-Park der **größte buddhistische Tempelbezirk Edos.** Er war
ebenfalls ein Familientempel der Tokugawa und hatte die Aufgabe, den Südwesten Edos vor bösen Geistern und

Einflüssen zu schützen. Der Tempelbezirk war 830 Hektar groß, enthielt außer
dem Haupt- noch 48 Nebentempel, dazu
150 Schulen und andere Gebäude. Auf
dem Gelände lebten 3000 Priester und
Novizen.

Das Mausoleum des Tokugawa Hide-
taka fiel wie die anderen vier Dutzend
Tempelgebäude den Übergriffen der An-

KLEINE PAUSE

▮ Le Pain Quotidien

❶**57** [F10] **Le Pain Quotidien** ¥, 3-1-1 Shiba
Koen, U: Onarimon (Toei Mita Line), Daimon (Toei Oedo, Asakusa Line). Idealer
Pausenstopp: Produkte der französischen
Bäckereikette zum Mitnehmen oder vor Ort
Essen. Die Sandwiches und Salate können
an großen Gemeinschaftstischen im Freien
oder unterm Dach gleich beim Shiba-Park
verspeist werden.

hänger des Kaiser Meiji nach dem Ende der Tokugawa-Herrschaft und zuletzt den Bombenangriffen am Ende des Zweiten Weltkrieges zum Opfer. Der große Haupttempel und andere Gebäude wurden wieder aufgebaut, der Zōjōji dient nun wieder als **Seminar für Priester und Novizen.**

Das wichtigste erhaltene Gebäude ist das große, rot lackierte **Eingangstor** (*Sangedatsumon,* besser bekannt als *San-mon*) aus dem Jahre 1622. Der Name bedeutet „Befreiung von den drei Grundübeln Gier, Hass und Dummheit". Es ist im Stil der chinesischen Tang-Dynastie erbaut und enthält Statuen von Buddha mit zwei Bodhisattvas, vier Devas und 16 Schülern Buddhas. Der Torkomplex gilt ebenso wie die beiden zum Mausoleum gehörenden Tore als wichtiges Kulturdenkmal und ist das **älteste erhaltene Holzbauwerk Tokyos.** Früher stand der Tempelbezirk direkt an der Edo-Bucht neben dem Tokaidō.

Die große Glocke im ebenfalls erhaltenen **Glockenturm** (*Daibonsho*) aus dem Jahr 1673 ist die **größte Tempelglocke Ostjapans** und die erste in Edo gegossene Bronzeglocke. Sie ist 3,30 m hoch und 15 Tonnen schwer. Erwähnenswert ist noch die sechseckige, 1605 errichtete **Bibliothek** (*Kyozo*) mit ihren 18.000 Holztäfelchen, die heute sicherheitshalber in einem separaten Gebäude hinter dem Kyozo aufbewahrt werden. Die **Haupthalle** (*Daiden*) ist 1974 wieder aufgebaut worden. Die **Ankokuden-Halle** enthält die seit Jahrhunderten verehrte, weihrauchgeschwärzte goldene Statue des Schwarzen Amida. Sie wird nur noch dreimal im Jahr (15. Januar, 15. Mai, 15. September) öffentlich gezeigt. Hinter der Haupthalle steht das Mausoleum für

Ienobu (Daimyō von Kōfu) und die Gräber fünf weiterer Tokugawa-Shogune.

Der mehrteilige Park **Shiba-Kōen** gehörte früher zum Grundstück des Zōjōji-Tempels. Heute gibt es vom Park nur noch Reste, den Hauptteil nehmen außer dem verbliebenen Tempelgelände Sportanlagen, Parkplätze und das Tokyo Prince Hotel ein.

❯ 4–7–35 Shibakoen, U: Onarimon (Mita Line), Ausg. A1, 3 Min., Daimon (Asakusa/Oedo Line), Ausg. A6, JR: Hamamatsuchō, 10 Min., Tel. 3432–1431, 9–20 Uhr

25 World Trade Center Seaside Top ★★ [G10]

Östlich vom Shiba-Park steht am JR-Bahnhof Hamamatsuchō das **World Trade Center.** Als es 1970 eröffnet wurde, war es das höchste Gebäude Japans. Das heute Seaside Top genannte Beobachtungsviereck im 40. Stock in 153 m Höhe vor glasklaren großen Fenstern ist angenehm ruhig, bietet auf allen Seiten bequeme Sitz- und Kameraauflagemöglichkeiten und liefert durch seine Lage an der Bucht interessante Tief- und Fernblicke.

❯ JR Hamamatsuchō, N-Ausg. 1 Min., www.wtcbldg.co.jp/wtcb/facility/seaside/pdf/seaside_en.pdf, tägl. 10–20.30 Uhr, Sommerferien und vor Neujahr bis 21.30 Uhr, 620 ¥ (Ermäßigungen für Kinder, Schüler und Senioren), Zugang vom B1

26 Kyu Shiba Rikyū ★★ [G10]
旧芝離宮恩賜庭園

Der kleine, **aber schöne Daimyō-Garten** stammt wie die anderen berühmten japanischen Gärten Tokyos noch aus der Edo-Zeit. Im Januar 1924 wurde er mit

Beginn der Showa-Zeit von der Imperial Household Agency an die Stadt Tokyo
übergeben. Der Garten ist klassisch angelegt und bietet einen Teich mit Insel-
chen (shiori-no-ike-Stil), um den man laufen kann. Umgeben ist der Garten von
Hochhäusern und der Haneda-Monorail.
> Eingang auf der Nordseite, JR:
    Hamamatsuchō, N-Ausg. 1 Min., Tel. 3434–
    4029, 9–17 Uhr (Einlass bis 16.30 Uhr),
    Eintritt: 150 ¥

Kulinarisches

> Im **New Shimbashi Bldg.** gleich westlich des
    Bahnhofs gibt es im B1 ein gutes Dutzend
    beliebter Lokale, mit meist günstigem Lunch.
🍴**58** [G9] **Fish Bank Tokyo** ¥¥–¥¥¥, F41, Shiodo-
    me City Center, U: Shiodome, 1 Min., www.
    fish-bank-tokyo.jp, 11.30–15 u. 17.30–
    21.30 Uhr. Lokal in 215 m Höhe, ausge-
    zeichnetes Seafood frisch vom nahen Fisch-
    markt, hervorragendes Wagyū-Rindfleisch.
    2000 Weine aus aller Welt. Zum Lunch am
    besten gleich nach 11.30 Uhr kommen,
    dann ist ein Fensterplatz leichter zu haben.
> **Mihousai** (s. S. 254)
🍴**59** [F9] **Nirvanam** ¥¥, 2F, Oote Bldg., 3–19–
    7 Toranomon, U: Kamiyacho (Hibiya Line),
    http://nirvanam.jp, Mo.–Sa. 11.15–14.30
    u. 18–20 Uhr. Lunchbüffet inkl. Lassi mit au-
    thentischer südindischer Küche für 1200 ¥.
    Auch für Vegetarier sehr große Auswahl.

Shopping

🛍**60** [G10] **Meishu Center,** Isoyama Dai–2
    Bldg., F1, 2–3–29 Hamamatsuchō (W-Seite,
    in einer Seitenstraße nahe Ausg. S5, etwas
    schwer zu finden), Tel. 5405–4441, im Ge-
    gensatz zur Sake Plaza wirkt dieser Laden mit
    100 Sorten Sake auf Lager fast gemütlich. Es
    gibt ausreichend Sitzplätze, ab 18 Uhr wird

es aber voll. Die Besitzerin spricht Englisch.
An der Stehbar sind auch Snacks erhältlich.
Fr. ab 18 Uhr voll.
🛍**61** [F9] **Sake Plaza,** Japan Sake Makers As-
    sociation Bldg., F1 und F4, 1–1–21 Nishi-
    Shimbashi, U: Toranomon (Ginza line); Uchi-
    saiwaicho (Mita line), www.japansake.or.jp/
    sake/know/data, Mo.–Fr. 10–18 Uhr. Ge-
    räumiger Ausstellungsraum für Top-Marken
    mit 800 leeren Sakeflaschen als Wanddeko-
    ko und Broschüren japanischer Erzeuger.
    Es gibt jeweils rund 30 verschiedene Sake,
    Shochu und Umeshu zu kaufen, dazu Sake-
    schalen und Behälter. Verkostung von fünf
    Sorten nach Wahl 525 ¥, einige Angestellte
    verstehen Englisch.
🛍**62** [F10] **The Tolman Collection,** 2–2–18
    Shiba Daimon, www.tolmantokyo.com,
    Mi.–So. 11–19 Uhr, Drucke, Lithographi-
    en, Holzschnitte japanischer Künstler; The
    Tolman (Private) Collection dient dem Ver-
    kauf alten weiß-blauen Imariporzellans,
    zu Füßen des Atago-Schreins in 3–17–8
    Nishi-Shimbashi).

⌂ *Im Herzen von Shiodome*

Takanawa und Shinagawa

Die Gräber der 47 Samurai, Tempel, Schreine, Museen am Beginn des Tōkaidō und ein Eisenbahnknotenpunkt

Südlich von Shiba liegt der Eisenbahnknotenpunkt **Shinagawa**. Gegenüber dem Bahnhof befand sich einst der wichtigste Kontrollpunkt nach Edo, Takanawa-mon: „keine Waffen hinein, keine Frauen hinaus" war die Devise, die Daimyos an Umsturzversuchen zu hindern. Und vor dem Kontrollpunkt in Shinagawa, der ersten Station des Tōkaidō, der über 500 km langen Straße von Edo nach Kyōto und Osaka, gab es Herbergen, Teehäuser und Bordelle wie überall entlang der 53 Stationen des Tōkaidō. Die Bordelle von Shinagawa waren besonders beliebt unter den 3000 Novizen des Zōjōji-Tempels ㉔ in Shiba, knapp 3 km nördlich. Eine Gedenktafel am Takanawa-Ausg. des Bahnhofs weist auf die erste Bahnlinie hin. Unweit des Bahnhofs Shinagawa, der in den letzten Jahren durch Umbaumaßnahmen und das moderne Einkaufs- und Lokalzentrum Atré im Bahnhof und den Intercity-Promenaden an der Konanseite deutlich an Attraktivität gewonnen hat, befinden sich im Viertel **Takanawa** einige bekannte große Hotels.

Heute laden mehrere Tempel und Schreine zu einem Bummel durch das Viertel um den kleinen Bahnhof **Kita-Shinagawa** südlich des großen Bhf. Shinagawa ein.

In der Meiji-Zeit hatte sich hier ein größeres Industrieviertel angesiedelt, von dem heute nur noch das **Hauptwerk von Sony** übrig geblieben ist. Das Industrieviertel hat sich heute ein Stück nach Osten und Südosten an die Bucht verlagert, wo auf neu gewonnenem Land zahlreiche Elektronik- und Maschinenfabriken, die zur Industriezone Keihin (Tokyo-Yokohama) gehören, angesiedelt wurden. Die künstliche Insel **Tennozu Isle** einige Gehminuten östlich von Shinagawa gewinnt zunehmend an Attraktivität: Hier gibt es gute Lokale, Galerien und Wandbilder.

▽ *Mini-Fuji (s. S. 72) in Shinagawa*

1 cm = 150 m

0   400 m

© REISE KNOW-HOW 2017

27 Sengakuji

Kaiserpalast ★

★ Shibuya
Station

12

TAKANAWA

KONAN

Shinagawa
Station

● 376

13

Kyu-Kaigan-dori

333

Daiichi-Keihin

63

Yatsuyama-dori

Hara Museum of
Contemporary Art

28

Kitashinagawa
Station

64

Kaigan

TENNO

KITA-
SHINAGAWA

Daiichi-Keihin

HIGASHI-
SHINAGAWA

14

Yamate-dori

Shinagawa-
Schrein

Kaigan-dori

Yamate-dori

HIROMACHI

MINAMI-
SHINAGAWA

Spaziergangsende in
750 Meter

E   F

Spaziergang vom Bhf. Shinagawa bis Keikyū-Bhf. Aomono-Yokochō

*Auf der O-Seite des Bhf. Shinagawa führt vom Konan-Ausgang die erhöhte Intercity-Promenade mit dem Shinagawa Central Garden unterhalb zu verschiedenen Bürotürmen. Fotografen sei besonders der **Showroom** des **Canon L Tower** (vom Ausgang rechts haltend) empfohlen. Von dort geht es im Zickzack an den Bürotürmen entlang zur Brücke über einen Kanal und der Brücke über die Bahngleise nach Kita-Shinagawa. Rechts vor der Kanal-Brücke, noch im Bereich der Intercity Promenade, sind rechts das Nudellokal Marukame und Kura-zushi (s. S. 73), wo man gut und preisgünstig essen kann. Von der Brücke ist es nicht weit zum Tennōzu-Unga-Kanal mit den traditionellen Fischer- und Vergnügungsbooten, wie in Asakusabashi, ein beliebtes Fotomotiv. Bis hierhin hat sich sogar mal ein Wal verirrt, wie eine Erinnerungstafel erklärt. Das Viertel heißt auch **Shinagawa-ura**.*

*Südlich des Bahnhofs Shinagawa, zwischen den Bahnhöfen **Kita-Shinagawa** und **Shin-Bamba**, gibt es Wohnviertel mit einigen Tempeln und Schreinen, die an die Zeit erinnern, als hier der Tōkaidō entlangführte. Durch das Viertel verläuft auch die gemütliche Einkaufsstraße **Kyū-Tōkaidō** (Ehemaliger Tōkaidō) in seiner Originalbreite. Hier befand sich in der Edo-Zeit die Station **Shinagawa-juku**, die erste Station auf dem über 500 km langen Weg am Pazifik entlang in Richtung **Kyōto** und **Osaka**. Vom Südende des Seitenkanals kurz rechts (W) haltend gelangt man dann zum ehemaligen **Tōkaidō**. Wenn man ihn ein Stück entlang gegangen sind, kann man vor einer Kreuzung mit Ampel in eine Seitenstraße nach rechts (Shin-Bamba Kitaguchi-dōri) zum erhöht gelegenen **Shinagawa-Schrein** gehen. Auf der anderen Straßenseite der breiten Dai-ichi Keihin erkennen Sie schon den 15 m hohen Hügel des **Mini-Fuji** links vom Treppenaufgang. Es ist einer von mehreren sog. Fuji-zuka in Tokyo. Sie wurden einst aus Original-Lava und Asche des echten Fuji-san ⑮ geschaffen als Ersatz für die Menschen, die nie zum Berg pilgern konnten. Ungewöhnlich ist der mit Drachen verzierte Torii am Treppenaufgang.*

*Wenn man dann noch Lust hat, kann man an der Nationalstraße südwärts am Bhf. Shin-Bamba (Keihin Line) vorbei wenige hundert Meter zum Meguro-Fluss und links am Fluss entlang zum **Ebara-Schrein** zurück am alten Tōkaidō gehen. An diesem aus dem 9. Jh. stammenden Schrein findet Anfang Juni ein lebhaftes Fest statt, bei dem der tragbare Schrein (Mikoshi) mit einem Boot den Meguro-Fluss entlang bis hinunter zum Meer gefahren wird. Schräg südwestlich auf der anderen Seite des Flusses liegt der Zen-Tempel **Kaitokuji**, der einst zu den bedeutendsten Tempeln Edos gehörte. In der Fortsetzung des alten Tōkaidō, die jetzt Shukuba-dōri (Straße der Herbergen) heißt, gelangt man ggf. sogar noch zum **Shinagawa-ji**, auch Honsen-ji genannt, der dafür bekannt ist, dass er eine der sechs großen Jizo-Statuen Tokyos beherbergt. Er steht gleich beim Keihin-Bhf. Aomono-Yokochō (bis hierhin 4 km ohne Abstecher). Mit der Bahn kann man nach Shinagawa zurückfahren.*

㉗ Sengakuji ★★   [E12]

泉岳寺

Dieser der Sōtō-Zen-Sekte gehörende Tempel ist durch die immer noch allen Japanern vertraute Geschichte der **47 Samurai** berühmt geworden, die hier gemeinsam mit ihrem einstigen Herrn, dem **Daimyō Asano Naganori**, bestattet liegen (s. S. 74). In Kabuki-Stücken und Fernsehdramen wird diese Geschichte „Dai-Chushingura" („Die Geschichte der treuen Gefolgsleute") genannt. Auch heute noch wird sie, vor allem in den Wochen vor Neujahr, aufgeführt.

Der Tempel gehörte der Familie des Fürsten Asano. An die Residenz von Kira Kozukenosuke, dessen Provokation das Drama ausgelöst hatte, erinnert eine Tafel im Sumo-Viertel von Ryōgoku (s. S. 179).

Auf dem **Friedhof** des Tempels, der das Hauptziel der zahlreichen Besucher ist, befinden sich die Gräber des Daimyō und seiner treuen 47 Vasallen. Das erste Grab hinter dem Eingang gehört Asanos Frau, dahinter ruht er selbst. Außen am Weg befindet sich der Brunnen, in dem Kira Kozukenosukes Haupt nach vollzogener Rache gewaschen worden war,

KLEINE PAUSE

Gutes, preiswertes Sushi oder leckere Nudeln

🍜63 [E13] **Marukame** ¥, Keiō-Shinagawa Bldg., F2, im Shinagawa Intercity, 2–17–Kōnan. Hier gibt es Sanuki-Udon-Nudeln, bei denen man sich die Brühe selbst zapft. Die Tempurakrümel, Sesam, Ingwer, grünen Tee und mehr gibt es zur Selbstbedienung.

❯ **Kura-Sushi** ¥, gleiche Adresse, Mo.–Fr. 11–23, Sa./So. ab 10.20 Uhr. Filiale der beliebten Kaitensushi-Kette, hier kosten die Teller einheitlich 108 ¥, was die Kalkulation sehr einfach macht.

bevor man es ans Grab des Herrn legte. Ganz rechts im Friedhof ist das Grab des Anführers der herrenlosen Rōnin, Oishi Kuranosuke, ganz links das seines 15-jährigen Sohnes Yoshikane. Besucher zünden hier gerne Räucherstäbchen an und stellen sie auf die Gräber.

❯ 2–11–1 Takanawa, U: Sengakuji (Toei Asakusa Line), Tel. 3441–5560

☐ *Blick auf den Sengakuji*

Die Geschichte der 47 Samurai

Der Daimyō Asano Naganori, Herr von Ako an der Inlandsee, war 1701 am Hof des Shōgun für den Neujahrsempfang des Kaiserlichen Gesandten aus Kyōto zuständig. Kira Kozukenosuke war damals der Protokollchef und hatte den Auftrag, Fürst Asano in die Feinheiten des Empfangsprotokolls einzuweisen. Offenbar triezte er jedoch den jungen Daimyō und erklärte absichtlich nicht alle Einzelheiten korrekt, um ihn bloßzustellen. Als Folge von Kiras Provokation und Arroganz konnte sich Asano nicht länger beherrschen und zog das Schwert gegen Kira, ohne ihn zu töten. Es war aber bei Todesstrafe verboten, das Schwert am Hofe des Shōgun zu ziehen. So musste Asano noch am selben Tag sterben. Er durfte jedoch rituellen Selbstmord ("seppuku") begehen. Sei-

ne Samurai waren mit seinem Tod natürlich herrenlos ("rōnin"). Sie schworen ihrem Herrn Rache, weil Kira ohne Strafe davongekommen war.

Von den Rōnin hatten sich 47 bereit erklärt, ihren Herrn zu rächen. Um nicht aufzufallen, hielten sie ihren Plan geheim und tarnten sich. Am 31. Januar 1703 war es schließlich soweit, Kira wurde getötet. Nach der erfolgreichen Rache blieb auch den Samurai keine andere Wahl, als ebenfalls seppuku zu begehen. Damit konnten sie ehrenvoll dem erwarteten Todesurteil zuvorkommen. Das Volk war darüber entsetzt, konnte aber nichts tun. Auch viele Daimyō waren im Grunde enttäuscht. Im Bewusstsein der Japaner sind die 47 Samurai jedoch als Symbole für Loyalität unsterblich geworden. Der Stoff des Dramas ist auch im westlichen Kino immer wieder verfilmt worden.

㉘ Hara Museum of Contemporary Art ★★ [E14]

原美術館

In dem vom deutschen Bauhaus beeinflussten Gebäude des Museum of Contemporary Art werden **zahlreiche Gemälde und Skulpturen** aus der Zeit nach 1950 an Japan, Europa und Amerika in wechselnden Ausstellungen ausgestellt. Leider befindet sich das Museum relativ abgelegen in Gotenyama. Bei Zeitmangel bzw. kurzem Tokyo-Aufenthalt kann man es daher auslassen.

❯ **Hara Bijutsukan**, 4-7-25 Kita-Shinagawa, Kita-Shinagawa (Keikyū Line), 10 Min., Tel. 3445-0651, www.haramuseum.or.jp/generalTop.html, Do.-Di. 11-17, Mi. 11-20 Uhr, Eintritt: 1100 ¥, Kinder 500 ¥

Kulinarisches

⊝**64** [F14] **Breadworks,** 2-1-6 Higashi-Shinagawa, www.tyharborbrewing.co.jp/en/breadworks. Dieses Bäckerei-Café in schöner Lage auf Tenoz Isle bietet leckere Snacks, Sandwiches, Pizzas, Quiches und Salate.

❯ **Sodai Keisuke** (s. S. 263)

🍴**65 Ten Ten** ¥, 3-5-5 Minami-Shinagawa, eine Gehminute vom Bahnhof Aomono-Yokochō. Gutes Tempura auf Reis bzw. mit Soba ab 500 ¥.

▷ *Fuji-TV-Zentrale mit der Riesenkugel*

Odaiba
お台場

Auf dieser künstlichen Insel kann man wunderbar seine Freizeit verbringen und shoppen!

Östlich von Shinagawa (s. S. 70) ist auf aufgeschüttetem Land in der Tokyo-Bucht der durch die begehbare **Rainbow-Bridge** [G12] mit dem Festland verbundene und attraktive Stadtteil Odaiba entstanden, mit Hotels, mehreren Einkaufs- und Vergnügungszentren, Museen, einem Messezentrum und manch anderer Attraktion, zu denen bereits die Anfahrt mit dem fahrerlosen **Yurikamome-Transitsystem** ab Bahnhof **Shimbashi** gehört. Bei dieser Fahrt kann man zudem einen Blick über die sehenswerte Brücke werfen. In jeder der in Odaiba anzutreffenden Einkaufs- und Vergnügungszentren kann man leicht Stunden verbringen. Aus Platzgründen gibt es in diesem Führer keine ausführliche Beschreibung der Sehenswürdigkeiten und Einkaufszentren. Die in jedem TIC erhältliche kostenlose Broschüre (deutsch: „Reiseführer", gelb; englisch: „Handy Guide", orange) des Tourist Convention & Visitors Bureau (TCB) sowie deren Stadtplan geben Einzelheiten.

❯ **Anfahrt:** Einfache Fahrt **ab Shimbashi** mit dem fahrerlosen Yurikamome-Transitsystem **nach Odaiba:** 320 ¥, Tagespass 820 ¥, Tagespass für Wassertaxis (ab Hinode Pier) 900 ¥, ein kostenloser Shuttle-Service mit roten Bussen im Viertelstundentakt besteht zwischen den einzelnen Sehenswürdigkeiten, **Odaiba Rainbow Bus** ab JR Tamachi und Shinagawa bietet ebenfalls eine Runde um Odaiba, 210 ¥, Kinder 100 ¥.

㉙ Fuji-TV-Beobachtungsplattform ★★   [I14]
フジテレビジョン

Die Zentrale von Fuji TV wurde zu **einem der Wahrzeichen von Odaiba**. Einheimische Besucher kommen in Kontakt mit beliebten Sendungen, ein Aufnahmestudio kann von oben eingesehen werden. Fuji TV beeindruckt vor allem durch seine **Beobachtungsplattform** in einer Riesenkugel. Von der Aussichtsplattform in der Kugel im 25. Stock hat man einen tollen Blick auf die Skyline von Tokyo, Odaiba, Haneda Airport und bei klarer Sicht den Fuji ⑮. Um zur Plattform zu gelangen, muss man mit den Rolltreppen zur Ein-

---

KURZ & KNAPP

Daiba – Kanonenstände der Shōgune

Daiba sind Kanonenstände. Ursprünglich wurden 1853, also gegen Ende der 265-jährigen Tokugawa-Herrschaft, sechs Festungen zum Schutz Edos gegen mögliche ausländische Angreifer von der See her erbaut. Daraus entstand ab 1996 die O-daiba genannte große künstliche Insel.

2

Shuto Expressway No 11 Rainbow Bridge

Dai-Roku
Daiba

Dai-San Daiba
Historical Park

Odaiba
Beach Park

Odaiba-kaihinkōen

3

Freiheitsstatue
und Promenade

DAIBA

Decks Tokyo Beach

Aqua City

R **TOKYO TELEPORT**

Yurikamome Line

Shuto Expressway Wangan Line

Center Promenade

Mega Web

Daiba

Diver City

Venus Fort

Aomi

Shiokaze
Park

Promenade
Park

Fune-no-kagakukan

Fuji-TV-
Beobachtungs-
plattform

㉙

West Promenade

Museum of
Maritime Science �30

Miraikan-Technik-
Museum

Museum of Emerging
Sciences and Innovation �31

AOMI

Telecom Center

4

Oedo Onsen
Monogatari �32

H

gangshalle fahren und gegenüber zu den Liften gehen. Besonders schön ist die Aussicht am Spätnachmittag, zur Dämmerung, bei Sonnenuntergang und Beginn der Abendstunden.

❯ 2–4–8 Daiba, New Transit Yurikamome, Daiba, 1 Min., Rinkai Line: Teleport Center, Eintritt zur Aussichtsplattform: 500 ¥

🟥30 Museum of Maritime Science ★★   [H14]

船の科学館

In diesem **Meereskundemuseum in Gestalt eines Schiffs** gibt es Exponate aus der Seefahrt, darunter das Antarktis-Forschungsschiff „Sōya", das Kriegsschiff „Mutsu" und das U-Boot „PC 18". Das 6-geschossige Museum befindet sich in einer Stahlbetonnachbildung eines 60.000-Tonnen-Dampfers mit 70 m hohem Aussichtsturm. Seit dem großen Erdbeben 2011 ist es geschlossen. Das Schwimmbad und der Außenbereich mit den Schiffen können jedoch besucht werden, und zwar kostenlos (freiwillige Spende erbeten).

❯ Fune-no Kagakukan, 3–1 Higashi-Yashio, Fune-no Kagakukan (New Transit Yurikamome), Tel. 5500–1111, www.funenokag akukan.or.jp, Mo.–Fr. 10–17, Sa./So. 10–18 Uhr, Eintritt: 700 ¥, über 65 Jahre 450 ¥

🟥31 Museum of Emerging Sciences and Innovation ★★   [H14]

日本科学未来館

Das Museum ist interaktiv konzipiert und dient der **Zukunftsforschung.** Am beliebtesten sind hier die Vorführungen des Roboters ASIMO. „Was weißt du über die Erde?" ist eines der Themen, andere drehen sich um Fragen wie „Warum sind wir hier?", „Wie können wir Wohlstand für alle schaffen?". Dazu kommen wechselnde Ausstellungen.

> Nippon kagaku miraikan, 2-3-6 Aomi, New Transit Yurikamome: Fune-no Kagakukan, 5 Min., Telecom Center, 4 Min., kostenloser Bay Shuttle auf Odaiba, www.miraikan.jst. go.jp/en, Di.–So. 10–17 Uhr, 620 ¥, G: frei

32 **Oedo Onsen Monogatari** ★★ [H14]

大江戸温泉物語

Das Oedo Onsen Monogatari ist ein **Thermalbad im Stil der Edo-Zeit**, in dem man sogar übernachten kann. Das Wasser wird aus 1400 Metern Tiefe heraufgepumpt. Für den Themenpark bekommt man wie in traditionellen Badeorten eine Yukata und ein Handtuch; hüllenlos geht man wie üblich in die nach Geschlechtern getrennten Bäder, das gilt nicht für die Bäder im Freien, Eintritt: 2612 ¥ (Sa./ So. 2828 ¥), ab 18 Uhr 2072 ¥, ab 2 Uhr 2169 ¥ extra für Übernachtung in Schlafsesseln mit TV/Radio (kann laut sein: Augenmaske und Ohrenstöpsel mitbringen!). Separater Schlafsaal für Frauen. Personen mit Tätowierungen werden nicht akzeptiert.

> 2-6-3 Aomi, New Transit Yurikamome: Telekom Center 2 Min, geöffnet 11–9 Uhr (am nächsten Tag, letzter Einlass 2 Uhr), Eintritt 2900 ¥, ab 18 Uhr 2000 ¥, ab 2 Uhr zusätzlich 1700 ¥, Tel. 5500–1125, http://daiba.ooedoonsen.jp/en

Meguro, Ebisu und Daikanyama

Dieser Stadtteil bietet auf den ersten Blick wenig Interessantes für Touristen. Hier findet man keine der für Tokyo so bekannten Attraktionen. Dennoch gibt es in der Umgebung Meguros einige Besonderheiten, die mehr als einen Besuch wert sind. Hier liegen, mitten in der Stadt, zwei **Parks**, die von den übrigen abweichen: östlich des JR-Bahnhofs der Nationalpark für Naturstudien 38, ein Stück praktisch unveränderter Natur der Musashino-Ebene, und südwestlich des Bahnhofs der Waldpark Rinshi-no-Mori 36. Dazwischen gibt es einige **sehr interessante Tempel** westlich des Bahnhofs Meguro und **berühmte Hochzeitslocations** beiderseits des Bahnhofs. Südöstlich stehen die acht Tempel von Osaki und südlich davon liegt ein kleiner, aber attraktiver Park, der Ikedayama-Park. Shirokanedai und Daikanyama sind angesagte Wohnviertel, die dortigen Boutiquen und Lokale orientieren sich an der Kundschaft.

33 **Daienji** ★★ [C12]

大円寺

Der kleine, **sehenswerte Tempel** an der Hangstraße Gyōnin-zaka wurde 1624 vom Yamabushi (Berg-Asketen) Taikaihōin erbaut.

Verehrt wird hier eine Statue des Dainichi-Nyōrai (kosmischer Buddha, auch: Dharmakaya). Der Name der steilen Straße leitet sich von den Asketen ab, die „gyōja-gyōnin" genannt wurden. 1772 brach in diesem Tempel einer der drei großen Brände von Edo aus, der ein Drittel der Stadt wieder einmal in Schutt und Asche legte und 15.000 Todesopfer forderte. „Zur Strafe" durfte der Tempel erst 76 Jahre später wiederaufgebaut werden. Zu sehen sind **519 Statuen** von erleuchteten Schülern *(Arhats)* Buddhas und ihm selbst, die unbekannte Künstler schufen. Keine Statue gleicht der anderen. Weitere Sehenswürdigkeiten sind ein lebensgroßer Shakya-nyōrai (Buddha), eine elfgesichtige Kannon, ein Amida und einer der Glücksgötter, Daikokuten, der Ieyasu ähneln soll.

Einer **Legende** zufolge, die sich um den Tempel rankt, legte der Tempeldiener Kichiza wegen seiner unglücklichen Liebe zu Oshichi, der Tochter eines Gemüsehändlers, Ende des 17. Jh. das Gelöbnis ab, jede zweite Nacht insgesamt 10.000 Mal die 40 Kilometer zwischen Daienji und dem Asakusa-Kannon-Tempel ⑬ hin- und zurückzugehen und dabei unentwegt zu Buddha zu beten. Nach 54 Jahren hatte er es tatsächlich geschafft. Die Menschen, die zunehmend Anteil an seinem Gelöbnis nahmen, unterstützten ihn finanziell. Mit dem empfangenen Geld pflasterte er die Hangstraße und baute die Tako-bashi-Brücke über den Meguro-Fluss. Seine Angebetete hätte übrigens hingerichtet werden müssen, weil sie, um ihrem Geliebten nahe zu sein, das neuerbaute Elternhaus angezündet hatte. So hatte sie gehofft, ihm wieder nahezukommen, denn einst hatten sich beide kennen und lieben gelernt, als die Familien eine Weile im Tempel Zuflucht suchen mussten, weil ihr Haus abgebrannt war. Der beiden Liebenden wird im Tempel durch Statuen gedacht.

❯ 1-8-5 Shimomeguro, JR: Meguro, 5 Min., Tel. 3491-2793

⌂ *Buddhastatue im Daienji* ㉝

㉞ Tennonzan Gohyaku Rakanji ★★   [C13]

天恩山五百羅漢寺

Die 305 noch erhaltenen von ursprünglich einmal 536 **Holzfiguren der Arhats** (Rakanji), die in 10-jähriger Arbeit vom Zen-Priester Shōun Genkei Zenji (1648–1710) geschnitzt wurden, gehören zu den **bedeutenden religiösen Kunstschätzen Tokyos.** Ursprünglich standen sie in einem 1695 in Honjo gegründeten Tempel, wo die Zahl der Figuren durch Naturkatastrophen so stark dezimiert wurde, dass sie 1908 an den gegenwärtigen Ort verlegt wurden. Der moderne Betonbau stammt von 1981. Jede der lebendig wirkenden Figuren hat einen anderen Gesichtsausdruck. Fotografieren in der Halle ist nicht gestattet. Auf dem Gelände befinden sich zudem ein Friedhof, eine Halle mit Holzschnitten und andere Objekte der Edo-Zeit. Es gibt das Restaurant Rakantei und das Teehaus Rakanjaya.

❯ 3-20-11 Shimo-Meguro, JR: Meguro Westausg. 12 Min., Fudomae (Tokyu Meguro Line) 8 Min., Tel. 3792-6751, www.rakan.or.jp (jp), tägl. 9–17 Uhr, Eintritt: 300 ¥

㉟ Ryusenji (Meguro Fudōson) ★★ [C13]

瀧泉寺 目黒不動 裏側

Der Ryusenji ist der **Haupttempel** der Umgebung und war in der Edo-Zeit einer der beliebtesten Tempel. Er wurde um 808 von Jikaku-daishi, dem damaligen Oberhaupt der Tendai-Sekte, gegründet und ist dem Lichtgott Fudō geweiht. Unter dem Shōgun Iemitsu wurde der Tempel auf prachtvolle Weise ausgebaut. Zwei Gebäude haben den Zweiten Weltkrieg unversehrt überstanden: Mae-Fudō-dō (diente eine Zeit lang als Ersatz für die Haupthalle) und links davon Seishi-dō (Halle für Bodhisattva Seishi) unterhalb der Haupthalle.

Aus dem Teich hinter Mae-Fudō-dō entspringen zwei kleine **Wasserfälle:** *onna-daki* (weiblicher Wasserfall) und *otoko-daki* (männlicher Wasserfall). Darunter haben sich seit alters Asketen (Yamabushi) rituell gereinigt.

Die 80 cm große **Fudō-Statue** ist ein Original aus dem Jahre 808. Sie wird jedes Jahr im Januar der Allgemeinheit gezeigt. An der Rückseite der Haupthalle steht draußen eine weiblich anmutende Statue des Dainichi-nyōrai (kosmischer Buddha).

❭ 3-20-26 Shimo-Meguro, JR: Meguro 20 Min., tägl. 9-17 Uhr

㊱ Rinshi-no-mori-Park ★★ [B13]

林試の森公園

Geht man vom Fudō-Tempel weiter in westlicher Richtung, kommt man nach knapp 300 Metern zum erst 1992 der Öffentlichkeit zugänglich gemachten beliebten **Waldpark** (Tōritsu-rinshi-no-mori-kōen) mit seinen 280 Baumarten. Es

Rundgang

Der Rundgang beginnt am JR-Bhf. Meguro (Westseite) [C12]. Man hält sich leicht links und geht in Richtung der schmalen Hangstraße **Gyoninzaka** *und nicht nach rechts zum breiteren Gonnosukezaka. Auf halbem Weg liegt links der Tempel* **Daienji** ❸❸. *Am Ende des Gyoninzaka steht links der spektakuläre, architektonisch herausragende Hochzeitspalast* **Gajo-en** *mit angeschlossenem Hotel Arco Tower. Ein Besuch lohnt auf jeden Fall. Der Garten hier ist zwar kleiner als der des Happō-en* ❸❾*, aber dennoch hübsch. Dafür gibt es einen Atriumgarten unter der hohen gläsernen Decke, oben eine 100 m lange Galerie und überall feinstes japanisches Kunsthandwerk. Sehenswert sind selbst die Toiletten im Edo-Stil.*

058to-ml

Am Meguro-Fluss, der mit seinen 800 (!) Sakurabäumen zur Zeit der Kirschblüte selbst zur Attraktion wird, geht es über die Taiko-(Trommel-)Brücke nach rechts vorbei am schlossartigen Love Hotel Meguro Emperor zur nächsten Brücke (Meguro-Shimbashi) und nach links zur Kreuzung mit der geschäftigen Yamate-dōri. Geradeaus gelangt man nach 150 m zum kostenlos zugänglichen **Parasitologischen Museum** *(s. S. 236), das jedoch leider nur japanische Erläuterungen aufweist.*

Zurück an der SW-Ecke der Kreuzung steht der bereits 1200 Jahre alte **Otori-Jinja***, wie alle Schreine dieses Namens bekannt für die jährlichen Tori-no-ichi-Märkte im November, auf denen die Glücksbringer „kumade" (s. S. 296) verkauft werden. Vom Schrein geht es in südlicher Richtung an der Yamate-dōri etwas über 200 m entlang, bis man rechts zum Tempel* **Banryūji** *der Jōdo-Sekte abbiegen kann. Im Innern der Haupthalle des 1705 errichteten Tempels steht eine alte Amida-Statue aus der Heian-Zeit. Erwähnenswert sind noch zwei kleine Benten-Statuen, zu denen man betet, wenn man Erfolg haben möchte, und ein Jizō: Wer ihn mit Puder betupft und dann auch sein eigenes Gesicht bepudert, wird angeblich schöner werden.*

Geht man zurück auf der Yamate-dōri in südlicher Richtung weiter und nach 100 Metern wieder nach rechts, dann links und nochmals rechts, kommt man zum 1658 von Ingen gegründeten Zen-Tempel **Kaifuku-ji***, der ursprünglich in Fukagawa stand und nach Überschwemmungen im Jahre 1910 hierher verlegt*

◁ *Die Hangstraße Gyoninzaka [C12]*

wurde. Eine 9-stufige Pagode nahe dem Glockenturm soll von der Residenz Takeda Shingens stammen. Der gleichnamige Film von Akira Kurosawa erinnert an diesen Feldherrn.

*Nebenan steht der ungewöhnliche Tempel **Tennonzan Gohyaku Rakanji** ㉞ mit seinen über 300 lebensechten Statuen der Schüler Buddhas in einem modernen Gebäudekomplex. Vom Rakanji zum nächsten Ziel sind es nur wenige Minuten. Es handelt sich um den für die ganze Umgebung wichtigsten Tempel, den **Meguro Fudōson** ㉟. Von dort gelangt man in wenigen Minuten zum Beginn des weitläufigen Naturparks **Rinshi-no-mori** ㊱. Über das Sträßchen Meguro Fudōson Monzendōri, die Haupteinkaufsstraße des Viertels, kann man rechts (SO) zum Bhf. Fudoson-mae gehen und zurück nach Meguro fahren oder man geht auf der erwähnten Straße zunächst bis zur Yamate-dōri. Rechter Hand sieht man bald nach der Abzweigung zum Fudōson an einer Ecke den „Krakentempel" Takoyakushi, der angeblich schon 858 gegründet wurde. Der Name stammt von dem zusammen mit dem Gott des Heilens, Yakushi, geschnitzten Kraken („tako"). Nach Überqueren der Yamate-dōri folgt man dem Sträßchen Fudō-dōri schräg in Richtung Meguro-Fluss, überquert diesen bei der Meguro-Shimbashi und geht die weniger steile Gonnosuke-zaka-Straße zurück zum Bhf. Meguro. Entlang dieser Straße gibt es rechter Hand mehrere günstige Lokale, z.B. das beliebte Chinmaya, 1-5-20 Shimo-Meguro, dort gibt es ein leckeres Szechuan-Mabotofu-Menü für 760 ¥, auch zum Mitnehmen (3-4 km ohne Rinshi-no-Mori).*

lässt sich dort herrlich im natürlich wirkenden Wald spazierengehen. Auch für **Jogger, Radfahrer und Vogelfreunde** ist der Park ideal. Früher diente das Areal der Forstforschung.

❯ Fudomae (Tokyu Meguro Line)

㊲ Teien-Kunstmuseum ★★ [C12]

東京都庭園美術館

Auf dem Gelände des Naturparks steht das reizvolle städtische Teien-Kunstmuseum, untergebracht im **einzigen Art-Déco-Gebäude Tokyos**, ursprünglich das Privathaus des Prinzen Asaka (der als General zur Zeit des Nanking-Massakers die Truppen in China befehligte). Es zeigt wechselnde Ausstellungen mit Kunst der 1930er-Jahre. Zur Anlage gehört auch ein attraktiver Garten), auf dessen Rasen es sich herrlich liegen oder lesen lässt.

❯ Tōkyō-to Teien Bijutsukan, 5-21-19 Shirokanedai, U: Shirokanedai (Namboku Line), Ausg. 1, 4 Min., JR: Meguro Ostausg., 7 Min., Tel. 3441-7176, www.teien-art-museum. ne.jp/special/en, Di.–So. 9-16.30 Uhr, Eintritt je nach Ausstellung, Senioren jeden 3. Mi. im Monat frei, G: frei

㊳ Nationalpark für Naturstudien ★★ [D12]

自然教育園

Der sehr schöne, 200 Hektar große Park bietet ein Stück **ursprünglicher Natur der Musashi-Ebene** mit 8000 teilweise bis zu 500 Jahre alten Bäumen sowie Sumpf- und Grasland. Früher lag hier der Garten des Fürsten Matsudaira. In der Meijizeit gab es hier Lagerhäuser für Schießpulver, 1917 gelangte es in kaiserlichen Besitz. Seit dieser Zeit hat sich die Natur erhalten, ein Unikum mitten in Tokyo.

KURZ & KNAPP

Japanische Hochzeiten

Hochzeiten können in Japan eine **teure Angelegenheit** sein, das gilt besonders für die zweistündigen Empfänge in spezialisierten Hochzeitslocations wie Gajo- und Happō-en ❸❾. Man rechne mit etwa 1 Mio. ¥ für 40 Personen, wobei allein das Menü mit 15.000 ¥ p. P. berechnet wird. Beliebt sind **Shintozeremonien** vor Ort für die enge Verwandtschaft vor dem Empfang, zu denen Kollegen, Chefs, Verwandte und Freunde beider Seiten eingeladen werden. Nicht wenige Paare sparen sich die Kosten, wenn sie die Verpflichtungen umgehen können und heiraten in Hawaii, Europa oder sonstwo, oft auch nach westlichem Muster in einer Kapelle mit Brautkleid, was aber nichts über die Religion aussagt.

Um Gedränge zu vermeiden, erhält jeder Besucher beim Betreten eine Marke und gibt sie beim Verlassen wieder ab (es gibt nur 300 Marken). Am Eingang gibt es ein Informationszentrum (Institute for Nature Study, National Science Museum).

❯ Shizen-kyoiku-en, 5-21-5 Shirokanedai, U: Shirokanedai (Namboku Line) 4 Min., JR: Meguro Ostausg. 7 Min, Tel. 3441–7012, www.ins.kahaku.go.jp, Di.–So. 9–16.30/17 Uhr, letzter Einlass 16 Uhr, Eintritt: 310 ¥, über 65 frei, G:100 ¥ günstiger

❯ *Unerwartete französische Schlösserarchitektur im Ebisu Garden Place*

❸❾ Happō-en ★★ [D12]

八芳園

Der Happō-en ist ein **Hochzeitspalast** im japanischen Stil **mit sehenswertem Garten** aus dem 17. Jh. Der Name bedeutet „Garten der acht Ansichten"; der Garten – die Hauptattraktion des Happō-en – stammt noch aus der Edo-Zeit und enthält bis zu 500 Jahre alte Bäume. Er ist fünf Hektar groß und lädt zu jeder Jahreszeit zu einem Spaziergang ein. In ihm gibt es alte Teehäuser, Steinlaternen, sogar einen Schrein. Man kann an einer Teezeremonie teilnehmen, Lunch im Garten einnehmen oder einfach nur die Umgebung von einem der Teehäuser genießen – oder aber auch hervorragend essen und den Hochzeiten zusehen.

❯ 1-1-1 Shirokanedai, U: Shirokanedai (Namboku Line), JR: Meguro Westausg. 10–15 Min., Shinagawa 15–20 Min., Tel. 3443–3111, www.happo-en.com/english/garden

❹⓿ Ebisu Garden Place ★★ [C11]

Eine der beliebten **modernen Mikrostädte** Tokyos. Das Dutzend an Gebäuden in der Nähe des JR Bhf. Ebisu (erreichbar mittels überdachtem Walkway mit Laufbändern) beherbergt Lokale, Geschäfte, ein Theater für Freunde des K-Pop (koreanische Boygroups), ein französisches Restaurant mit drei Michelinsternen und zwei Museen, eines davon dem Yebisu Bier gewidmet: Früher stand hier die gleichnamige Brauerei. Das beliebte Fotografiemuseum **Tokyo Metropolitan Museum of Photography** bietet auf mehreren Etagen des Ebisu Garden Place fast dauerhaft mehrere Ausstellungen gleichzeitig. Das Programm und die

Eintrittspreise erfährt man auf der Website. Lohnend ist die Auffahrt zu den Restaurantetagen „Top of Ebisu" mit guter Aussicht nach Westen (Fuji) und Norden (Shinjuku-Wolkenkratzer) aus F39. Für die kleine Pause eignet sich der große *Famima* (Family Mart kombini) im F1 gleich bei den Liften.

Auf dem Gelände des populären heutigen Yebisu Garden Place wurde 1887 die erste, auf deutsche Braukunst basierende Brauerei eröffnet. Sie nannte sich nach dem Stadtteil Ebisu in der damals üblichen englischen Schreibweise Yebisu. Dieser Name besteht bis heute, und das Bier hat einen ausgezeichneten Ruf. Yebisu gehört allerdings inzwischen der Sapporo Brauerei. Das **Beer Museum Yebisu** wurde zum 120-jährigen Bestehen der Brauerei eröffnet. Die Ausstellungshalle des Museums ist kostenlos zugäng-

lich. Man kann auch ohne Führung Bier und Snacks verzehren. Dazu besorgt man sich Yebisu-Jetons à 400 ¥, die jeweiligen Kosten werden am Automaten angegeben.

❭ **Beer Museum Yebisu,** 4-20-1 Ebisu, JR: Ebisu Ostausg., 5 Min. (Zugang über Laufband), Tel. 5423-7255, www.sapporobeer. jp, tägl. 11-19 Uhr, letzte Führung um 17.10 Uhr (Kosten: 500 ¥, incl. Bierverkostung, Schüler bis 19 Jahre zahlen 300 ¥, erhalten aber nur ein alkoholfreies Getränk. Das gilt auch für alle, die keinen Alkohol trinken möchten).

❭ **Tokyo Metropolitan Museum of Photography (Tōkyō-to Shashin Bijutsukan),** Yebisu Garden Place Tower, 1-13-3 Mita, JR: Ebisu Ostausg., 5 Min.,Tel. 3280-0099, http://syabi.com/e/contents/index.html Sa.-Mi. 10-18, Do./Fr. 10-20 Uhr, Eintritt je nach Ausstellung, meist 500-700 ¥, G: frei

Bier ist nicht gleich Bier – japanische Biersorten als Reaktionen auf Besteuerung

Das erste Bier kam mit holländischen Seefahrern im 17. Jh. nach Japan. Diese tranken es jedoch nur untereinander. Gebraut wurde das erste Bier durch deutsche Bierbrauer ab Beginn der Meiji-Zeit. Die bekanntesten Marken sind heute Asahi, Kirin, Sapporo (denen auch Yebisu gehört) und Suntory. Lager ist die häufigste Biersorte. Die Besteuerung von Bier ist vergleichsweise hoch.

Deshalb wird häufig das sog. Happōshu getrunken, obwohl es aus steuerlichen Gründen bewusst einen niedrigeren Malzgehalt haben muss und auch Zusätze wie Kartoffelstärke, Mais, Reis, Zucker u. a. enthalten darf. Erst ab 67 % Malzgehalt darf der Begriff Bier verwendet werden.

Es gibt andererseits sogar malzfreie Biere („dai-san no biru") aus Soja und anderen Zutaten, weil diese noch geringer besteuert werden.

Bier ist mit einem Marktanteil von zwei Dritteln das populärste japanische alkoholische Getränk. Änderungen der gesetzlichen Bedingungen erlauben es nunmehr Mikrobrauereien, steuerliche Erleichterungen auch bei einem Ausstoß von nur 60.000 Litern zu genießen. Solche heißen „Jibiiru" (örtliche Biere) bzw. auf Englisch „craft beer". Es gibt etwa 200 Mikrobrauereien, die es gegen die Konkurrenz der großen schwer haben, aber von Kennern geschätzt werden - trotz des wesentlich höheren Preises.

🔴41 Kyū Asakura House ★ [B11]
旧朝倉家住宅

Das Kyu Asakura House ist eines der wenigen aus der Taisho-Zeit erhaltenen Wohnhäuser. Es gehörte einem hohen Beamten und verfügt über einen schönen Garten.

Das Haus vermittelt die Atmosphäre der Taisho-Zeit; die Architektur und der Garten ähneln noch den klassischen japanischen Wohnhäusern mit einigen Neuerungen des beginnenden 20. Jahrhunderts. Es wurde 1919 von Torajiro Asakura, dem damaligen Vorsitzenden der Tokyoter Ratsversammlung, erbaut. 2004 wurde es als wichtiges Kulturgut ausgezeichnet und von der Stadtverwaltung des Bezirks Shibuya der Öffentlichkeit zugänglich gemacht.

❯ Kyū Asakura Jūtaku, 29–20 Sarugakuchō, Daikanyama (Tokyu Toyoku Line), 5 Min., JR: Ebisu Westausg., 10 Min., Tel. 3476-1021, www.city.shibuya.tokyo.jp/est/asakura.html, Di.–So. 10–18 Uhr, Eintritt: 100 ¥, Personen ab 60 und mit Behinderung frei

Kulinarisches

🔴66 [B11] Kushi-Wakamaru ¥, 1-19-2 Kami-Meguro, Mo.–Fr. 17.30–24, Sa./So. 17–24 Uhr. Beliebtes, gutes Lokal. Besonders zu empfehlen: *negima* (Huhn mit Lauch), *tsukune* (drei Huhnhackbällchen), *tebasaki* (Flügel). Engl. Speisekarte vorhanden.

🔴67 [A10] Monsoon Café, 15-4 Hachiyamachō (Bhf. Daikanyama, N-Ausg.). Beliebte Kette mit preiswerter südostasiatischer Küche, die Japaner „ethnic" nennen.

○**68** [C10] **Photobook Diner Megutama,** F1, 3-2-1 Higashi, Di.-Fr. 11.30-23, Sa./So./F 12-22 Uhr, http://megutama. com/en. Café mit über 4000 Fotobüchern zum Schmökern. Lunch ab 1000 ¥.

○**69** [C11] **Timeout Café & Diner,** Liquidroom, F2, 3-16-6 Higashi, JR: Ebisu, www.time out.com/tokyo/restaurants/time-out-cafe- diner, Mo.-Do. 11.30-23.30, Fr. 11.30-5, Sa. 13-23.30, So. 13-22 Uhr. Preiswerte internationale Snacks, gute Infos zu Enter- tainment, Events u. a. Unten im Klub Liquid- room wird Rockmusik gespielt. WLAN.

Unterhaltung

○**70** [B11] **Buri,** 1-14-1 Ebisu-Nishi, JR: Ebi- su, W-Ausg., 17-3 Uhr. Runde Bartheke mit Platz für 25 stehende Gäste, Izakaya-Bar spezialisiert auf Sake, dazu leckere, preiswerte Gerichte vom Grill.

○**71** [B11] **What the Dickens,** 1-13-3 Ebi- su Nishi, JR: Ebisu, U: Hibiya line, W-Ausg., www.whatthedickens.jp, Mo.-Do. 17-1, Fr./ Sa. 17-2, So. 17-24 Uhr. Britischer Pub mit Auftritten britischer Gruppen.

Shopping

〉 **Book-off** (s. S. 284)

■**72** [D13] **Good Day Books,** Tōkai Bldg. (big-b shoes building), F3, 2-4-2 Nishi Gotanda, JR: Gotanda, W-Ausg., 3 Min., Tel. 6303- 9116. Gebrauchte fremdsprachige Bücher, meist englisch.

〉 *Hikarie – neues Hochhaus mit Geschäften, Restaurants, Galerien und Theater direkt am Bhf. Shibuya [B10]*

Shibuya

Shibuya ist das **Modemekka junger Ja- paner.** Der Stadtteil hat sich, wie Shin- juku, um den Schnittpunkt von Eisen- bahnlinien herum entwickelt. Er ist je- doch kleiner und weniger „wild" als manche Viertel von Shinjuku. Schüler, Studenten und junge Angestellte kom- men gern hierher, wie schon ein flüchti- ger Blick auf den Bahnhofsvorplatz und die Gasse Center Gai [B10] zeigt. Es gibt jede Menge kleine Lokale *(nomiya, iza- kaya),* Diskotheken, Boutiquen, Theater, Kinos und Musikläden. Die Kaufhaus- giganten Tōkyū und Seibu liefern sich in unmittelbarer Bahnhofsnähe heftige Konkurrenz. Neu hinzugekommen ist Hi- karie mit Geschäften, Lokalen, Galerien und einem Theater.

JINAN

9

Inokashira-dori

Koen-dori

81
97

96
101

82

102

295

278

SHOTO

SH

380

92
87
86
95
99
100

93

Center Gai

Meiji-dori

362
76
73
98

85

90
300

88

75

SHIBUYA

Sakae-dori

DOGENZATA

337
78

42

Miyamasuzaka

357
94

Hachikō-Denkmal
und Scramble Crossing

Shibuya Station

325
27
29

43

84

Dogenzata

Mythos von Morgen
(Myth of Tomorrow)

89

.0

Shibuyasen

365

Expressway No 3

416

SAKURAGAOKA-CHŌ

Mc

80

NANPEIDAICHŌ

UGUISUDANICHŌ

Kyu-Yamate-dori

AOBADAI

67

DAI
YAM

HACHIYAMACHŌ

A

B

Der Name „Shibuya" bedeutet „unauffälliges Tal" und leitet sich wie beim benachbarten Aoyama von einer früheren Daimyō-Familie dieses Namens ab. Nicht weit von hier erstrecken sich auf dem Musashino-Plateau weite Wohnviertel, die nach dem großen Kantō-Erdbeben 1923 (s. S. 306) angelegt wurden. Einige von ihnen zählen zu den angesagtesten Wohngebieten Tokyos.

Orientierung

Wie die Äste eines Baumes wachsen die Straßen gewissermaßen aus dem kurzen Stamm des Bahnhofskomplexes mit den JR-Linien Yamanote, Shonan-Shinjuku und Saikyo, dazu U: Ginza und Hanzomon, und die Privatbahnen Keiō Inokashira, Tōkyū Denentoshi und Tōkyū Toyoko. Ein **Rundgang** ist in diesem kompakten Stadtviertel **nicht wirklich sinnvoll.** Wer kein Interesse an Mode hat und nicht zur Zielgruppe der Teenager und jungen Erwachsenen gehört, wird Shibuya wohl auf den ersten Blick nicht allzu viel abgewinnen können, aber die Dynamik und Geschäftigkeit steckt alle an, die sich aus den zusammengewachsenen Bahnhöfen wagen. Zum Glück gibt es in diesem Viertel nicht nur Mode, sondern vieles, was einen Bummel dennoch lohnenswert macht, nicht zuletzt wegen der zahlreichen preisgünstigen Lokale. Anstatt eines Rundganges werden hier die größeren und kleineren Attraktionen entlang der einzelnen Äste (Straßen) vorgestellt.

Erkundung

Südlich des Nishiguchi-Busterminals und der Stadtautobahn befindet sich das **Cosmo Planetarium.** Blickfang des Vier-

062to-ml

tels ist das Hochhaus mit dem seltsamen Namen **Cerulean Tower Tōkyū Hotel**, mit fantastischer Aussicht vom F40. Im Tower befindet sich im F5 ein Noh-Theater. Nahe dem S-Ausgang nördlich der Stadtautobahn steht Tōkyū Plaza Shibuya, eines von mehreren Tōkyū-Kaufhäusern.

Die W-Seite des Bahnhofs wird vom **Tōkyū Toyoko Department Store** besetzt. Analog zum **Hachikō** ㊷ an der N-Seite gibt es auch hier eine Art Denkmal, das gern als Treffpunkt dient: der **Moyai-Kopf** von der Insel Niijima (eine unter Surfern beliebte Insel, die zu den Tokyo-Inseln gehört). *Koga* ist ein vulkanisches Gestein, das auf der Insel für Skulpturen bearbeitet wird; *Moyai* heißt im dortigen Dialekt „zusammenhalten", „zusammenarbeiten". Der Kopf ist ein Geschenk der Insel zum 100. Geburtstag von Tokyo als Hauptstadt.

Der mit dem JR-Bhf. verbundene **Keiō-Inokashira-Bhf.** wird überragt von den beiden Türmen von **Shibuya Mark City**. Besonders erwähnenswert ist hier die Noren Gai mit über 80 Lokalen, zusammen mit den ebenfalls mehr als 80 Lokalen der Food Show im Toyoko-Kaufhaus macht das allein schon mal mehr als 160 Lokale! Nicht versäumen sollte man **Okamoto Taros** gewaltiges, 30 m breites Gemälde „**Myth of Tomorrow**" ㊸ in der Schalterhalle des Bahnhofs.

Vor dem Bahnhof am Hachikō Square mit dem **Hachikō-Denkmal** beginnt die nach SW abbiegende Straße **Dogenzaka**. Der Name steht für eine große Anzahl an **Love Hotels** (s. S. 335). An der Gabelung zwischen Dogenzaka und Bunkamura-dōri steht ein Wahrzeichen Shibuyas, der Glaszylinder von **Shibuya 109**, auf Japanisch als *ichi-maru-kyu* (1–0–9), ein Muss für Mädchen auf der Suche nach den neuesten Modetrends. Das Gegenstück **109 Mens** steht gegenüber der weltberühmten „Hachikō Cros-

△ *Blick auf die weltberühmte Hachikō-Kreuzung* ㊷

sing" ❷. Die **Bunkamura-dōri** führt zum Tōkyū Kaufhaus mit dem Kulturzentrum Bunkamura. Die Straße setzt sich als kleinstädtische Einkaufsstraße **Kamiyama Shotengai** in Richtung Yoyogi fort. Im Viertel hinter dem Bunkamura, in Shōtō 1-chōme, steht das kleine **Toguri Museum** (Töpfereimuseum, s. S. 237). Parallel zu dieser Straße verläuft die kurze, aber sehr volle, schmale **Center Gai** bis in Höhe von Bunkamura. Sie ist in gewisser Weise das Herz von Shibuya: preiswerte Lokale, Mode und überhaupt alles für junge Leute (ältere Teenager bis Mitte 20). Sie beginnt an der **Scramble Crossing** ❷, auf die man übrigens von den gläsernen Fahrstühlen des *Tokyu Excel Hotel* den besten, aber bereits leicht entrückten Tiefblick hat. Zwischen Q-Front (riesige Videowand) mit Seibu A und 109 Mens beginnt die **Kōen-dōri**. Sie gabelt sich zwischen Seibu B und Marui Jam in die eigentliche Kōen-dōri und die **Fire Street** (so benannt wegen einer Feuerwache einige Hundert Meter nördlich der Kreuzung). Diese Straße führt genau auf das **Yoyogi National Gymnasium** ❹⑤ und den **Yoyogi-Park** ❹⑤ zu. **Marui City, Tower Records** und ein Ägyptisches Museum sind entlang dieser Straße zu erwähnen. Die Kōen-dōri [B9] ist die Hauptstraße der etablierten Modekaufhäuser: **Seibu, Marui, Loft, Parco 1** (Ende 2016 im Umbau) mit dem Parco Museum of Art & Beyond und **Parco 3** dahinter. Sie führt in Richtung **NHK Broadcasting Center** ❷ und **Yoyogi National Gymnasium Nr. 2** ❹⑤. Zu erwähnen ist noch die zwischen Kōen-dōri und Center Gai verlaufende **Inokashira-dōri** [A9], die zwischen Seibu A und B beginnt. Das Do-it-yourself- und Lifestyle-Kaufhaus **Tōkyū Hands** ist voll von Dingen, die man viel-

leicht nicht braucht, aber gern hätte. Gegenüber im Anime-Kaufhaus Mandarake gibt es im Untergeschoss alles, was das Otaku-Herz begehrt. Auch diese Straße läuft auf **NHK** zu.

Östlich der JR-Bahngleise zieht sich der lange, schmale **Miyashita-Park** einige Hundert Meter Richtung **Harajuku** hin. Erwähnenswert sind hier Fußballfelder, ein Skaterpark und eine Kletterwand, an der Klettern und Bouldern sehr preiswert sind, aber nur bei gutem Wetter. Dazu gibt es eine Eisbahn und andere Sportanlagen. Parallel dazu verläuft hier die lange **Meiji-dōri** [B8]. Ganz zu Beginn hinter der Bic-Camera-Filiale neben den Gleisen und vor dem Park ist wie in der „Golden Gai" in Shinjuku ein Block mit winzigen Bars, die **Nombei Yokocho** („Trinkergasse"), ebenfalls ein Relikt der Nachkriegszeit. Von der Meiji-dōri zweigt nach einigen Hundert Metern die attraktive Fußgängerpromenade **Cat Street** [B9] ab, die noch halb zu Shibuya, aber eigentlich mehr zu Harajuku (s. S. 96) gehört und sich denn auch jenseits der Omotesandō ❹⑨ fortsetzt. Hier floss einst der Shibuya-gawa entlang, den man erst südlich des Bahnhofs in einem unansehnlichen Betonbett betrachten kann. Er soll jedoch dank begrünter Promenaden wieder attraktiver werden.

Östlich der Scramble Crossing ❷ und jenseits der Bahngleise fällt rechter Hand das Hochhaus **Hikarie** auf, das neben Läden und Lokalen Theater, Galerien und ein Museum beherbergt. Hier stand einst die Tōkyū Bunka Kaikan, ein Vorläufer des Bunkamura (s. S. 278). Links der neuesten Attraktion von Shibuya beginnt ansteigend in nordöstlicher Richtung die mehrere Kilometer lange **Aoyama-dōri** nach Aoyama und Akasaka.

Zu Beginn ist sie als **Miyamasu-zaka** bekannt. Entlang dieser Hangstraße gibt es einige empfehlenswerte Lokale. Erwähnenswert ist der links hinter dem Shibuya-Postamt stehende **Mitake-Schrein:** Hier wachen an Stelle der Hunde **Figuren von Wölfen,** was in Japan sehr selten ist.

Genau östlich, also rechts vom Hikarie, verläuft die **Roppongi-dōri** [E9], die von der Stadtautobahn Nr. 3 genutzt wird. An der S-Seite ist ein Rāmen-Lokal, das seine Brühe auf Sardinenbasis gewinnt *(Nagi Niboshio)* zu erwähnen. Der Laden British Equipment Trading liefert so manches für Freunde britischer Lebensart. Südlich davon steht der **Konno Hachiman-Schrein** an der Stelle, wo einst der Daimyō-Clan Shibuya seinen Wohnsitz hatte.

Die vom Bahnhof nach SO verlaufende Fortsetzung der **Meiji-dōri** weist vor allem an der Seite des als **Shibuya-gawa** bekannten, Ende 2016 noch betonierten Baches mehr als ein Dutzend beliebter Lokale auf.

⬆ *Beliebtester Treffpunkt Shibuyas: der Platz vor dem Hachikō-Denkmal*

㊷ Hachikō-Denkmal und Scramble Crossing ★★★ [B10]
ハチ公

Hachikō war der **treue Akita-Hund,** der jeden Abend hierher kam, um seinen Herrn, einen Professor der Tokyo-Universität, von der Arbeit abzuholen. Nach dessen Tod kam Hachikō weitere sieben Jahre zum Bahnhof, bis er 1935 selbst starb. Sein Tod wurde auf der Titelseite der Zeitungen bekanntgegeben, und schließlich errichtete man dem treuen Hund dieses Denkmal. In ausgestopfter Form ist er im National Museum of Nature and Science 🔴103 im Ueno-Park zu besichtigen. Manche behaupten allerdings, dass Hachikō nur deshalb weiterhin so lange kam, weil er von einem mitfühlenden Metzger stets etwas Fleisch zugesteckt bekam ... Vor einigen Jahren wurde die Geschichte mit Richard Gere in der Rolle des Professors verfilmt.

Scramble Crossings, also Kreuzungen, die Fußgänger in jeder Richtung gleichzeitig überqueren können, gibt es in Japan fast in jeder Stadt, aber die von Shibuya wurde weltberühmt. Die Hachikō Crossing, wie sie auch genannt wird, weil sie nahe dem Hachikō-guchi, also dem Bahnhofsausgang in Richtung Hachikō-Denkmal liegt, lässt in der Stoßzeit 1000 bis 1500 Menschen während der 45 Sek. Grünphase diese Kreuzung überqueren.

Ein grüner, ausrangierter Bus dient am Denkmal als Wartehäuschen. Man bekommt hier Informationen und Timeout-Faltblätter zu Shibuya, Harajuku u. a.

❯ **Hachikō-no-kōsaten,**
JR Shibuya, Hachikō-Ausg.

㊸ Mythos von Morgen (Myth of Tomorrow) ★★ [B10]

明日の神話

Der Mythos von Morgen ist ein 30 x 5,50 m großes **Gemälde in der Bahnhofshalle der Inokashira Line,** das jahrzehntelang in Mexiko verschollen war.

Das an die Apokalypse von Hiroshima und Nagasaki im August 1945 erinnernde Riesengemälde von Taro Okamoto (1911–1996), einem der bedeutendsten japanischen Künstler des 20. Jahrhunderts, dessen Wohnhaus und Atelier im benachbarten Aoyama ㊶ besucht werden kann, hat hier im Bahnhof einen Ort gefunden, an dem es seit 2008 von Millionen von Menschen bewundert werden kann. Allerdings gehen die täglich 300.000 Nutzer des Bahnhofs meist achtlos an dem Meisterwerk vorbei. Es wurde 2003 in einer Lagerhalle am Rande von Mexico-City zufällig wiederentdeckt, nach Japan zurückgebracht und restauriert, ehe es 2006 erstmals der Öffentlichkeit gezeigt wurde. Das semiabstrakte Gemälde wird oft mit Picassos Guernica verglichen, wirkt in seiner Farbigkeit jedoch dynamischer und explosiver. Eine ausführliche Würdigung ist auf dieser Website zu finden: www.tokyoartbeat.com/tablog/entries.en/2014/06/public-art-series-7-taro-okamotos-myth-of-tomorrow.html.

❯ Asu no Shinwa

Kulinarisches

🍴**73** [A10] **Bistro 35 Steps** ¥–¥¥, B1 Shibuya City Hotel, 1-1 Shibuya. Lebhaft-freundliches und beliebtes Izakaya. Man sitzt an der großen Küchentheke, ausgezeichnete Gerichte um die 500 ¥, z. B. Tunfischtartar mit

Nō-Theater

Nō ist aristokratisches, hochstilisiertes Theater, das sich seit dem Mittelalter nicht verändert hat. Die Bewegungen sind sehr zurückhaltend, die Handlung erscheint fremdartig, die Emotionen werden durch Gesten ausgedrückt, dazu spielen Flöte und Uhrglastrommel. Die Hauptdarsteller tragen Masken, die Menschen, Dämonen oder Geister darstellen. Die Nebendarsteller ohne Masken vertreten die reale Welt. Die Sprache ist altertümlich und Japanern heute kaum verständlich. Zur Erholung gibt es zwischen den Akten komische Darstellungen in der Alltagssprache, die *Kyōgen*.

Die archaischste Form von Nō ist *Takigi-Nō*, das im Freien bei Fackelschein aufgeführt wird, im Sommer z. B. im Hie-Schrein ㊵ in Akasaka und im Zōjōji-Tempel ㉔.

Lauchzwiebeln und Avocado, angegrillte marinierte Makrele, Tofu, Karaage, Rettich, als Nachtisch Crème brûlée. Engl. Speisekarte vorhanden.

🍴**74** [C10] **Good Honest Grub** ¥¥, 2-20-8 Higashi, JR: Shibuya, S-Ausg. Mo.–Fr. 11.30–15 Uhr, Brunch Sa./So./F. 10.30–16.30 Uhr. Hier isst man bei wie bei Freunden zu Hause in angenehmer Atmosphäre. Besonders beliebt für Brunch am Wochenenden (10.30–16.30 Uhr). Berühmt für seine Eggs Benedict, griechische Omeletts, u. a. Alle Zutaten stammen aus eigenem Anbau!

🍴**75** [B10] **Hemel Miyamasu** ¥¥, 1-12-7 Shibuya, http://hemel-miyamasu.jp/food_menu.html, 17–3 Uhr. Belgische Biere, Wein und deftige Gerichte.

🍴**76** [A10] **Jinnan Curry (1)** ¥, 2-23-11 Dogenzaka. Leckeres Curry, auch als Karepan zum Mitnehmen (243 ¥). Filiale:

🍴**77** [B9] **Jinnan Curry (2)** ¥, 1-5-7 Jinnan

❶78 [B10] **Kiraku**[¥], 2–17–6 Dōgenzaka. Beliebtes Rāmen-Lokal. Auf der Speisekarte stehen z. B. Chukamen mit Brühe auf Sojabasis, gebratene Zwiebeln, flache Nudeln, Bohnensprossen, *nitamago* (langsam gekochtes Ei), Schweinebratenscheiben.

❷79 [A10] **Kuumba du Falafel**[¥], 23–1 Shinsenchō, Shinsen, Keio-Inokashira Line, Tel. 6416–8396, Di.–Sa. 11.30–14.30 u. 17.30–20.30, So. 11.30–18.30 Uhr. Herausragendes Falafelgeschäft, allerdings 15 Min. zu Fuß vom Bahnhof Shibuya und schwer zu finden. Reichhaltige, leckere und sehr große Falafelsandwiches.

❷80 [B10] **Nagi Shokudō**[¥], 15–10 Uguisudanichō, tägl. 12–16 u. 18–23 Uhr. Hervorragendes vegetarisches Lokal in Shibuya, das mittags und abends günstige Menüs bietet. Das Lokal befindet sich etwas abgelegen im Talgrund links neben einer Trattoria im B1 (schwer zu erkennen).

❸81 [B9] **Shiroichi**, 1–7–7 Jinnan, Kōen-dōri nahe Yoyogi-Park, 10–22 Uhr. Beliebtes und gutes Softeis, hoch und schmal in der Waffel serviert.

❸82 [B9] **Streamer Coffee Company**, 1–20–28 Shibuya, nahe Cat Street, Richtung Harajuku, http://streamercoffee.com, Mo.–Fr. 8–18, Sa./So. 11–18 Uhr. Ausgezeichneter Kaffee im Seattle-Stil, Spezialität: Streamer-Latte mit exquisiter „Bemalung". WLAN.

❶83 [E10] **Suzuran**[¥], 3–7–5 Shibuya, ab 11.30 Uhr. Was dieses Lokal beliebt macht, sind Ramen und Tsukemen mit leichter essighaltiger Brühe. Auch der gekochte Fisch ist sehr lecker.

❶84 [B10] **Tharros**^{¥¥}, 1–5–2 Dōgenzaka, Mo.–Sa. 11.30–15.30 u. 18–24 Uhr. Authentische süditalienische Taverna mit guten sardischen Gerichten und leckerem Seafood. Offene Küche.

❶85 [B10] **Yakiniku Bar Han-no-Daidokoro**^{¥¥}, 2–29–13 Dōgenzaka, Mo.–Fr. 17–23.30

Uhr, Sa./So./F. ab 15 Uhr. Koreanisches BBQ mit Yamagata-Beef, Lunch-Set für 980 ¥.

Unterhaltung

❶86 [B9] **1Kara**, 13–8 Udagawachō, tägl. 24 Std. geöffnet. Single-Karaoke-Boxen für die, die gern allein und ungestört vor sich hin trällern möchten. Mo.–Fr. ab 800 ¥/Std. (je nach Ausstattung), Sa./So. 900 ¥, inkl. Softdrinks.

❶87 [B9] **354 Klub**, 30–5 Udagawachō, So.–Do. 15–2, Fr. 15–5, Sa. 12–2 Uhr. Hier gibt es einen Mikoshi, der ab und zu im Lokal hin und her geschaukelt wird wie bei einem *matsuri* (s. S. 290). Die Gäste machen mit.

●88 [B10] **EST**, 1–14–14 Shibuya, tägl. 10–5.30 Uhr. Hier kann man sich die ganze Nacht beschäftigen: Billiard, Bowling, Game Center, Karaoke, Tischtennis.

❶89 [B10] **Fujiya Honten**, B1, 2–3 Sakuragaokachō, Mo.–Fr. 17–21.30, Sa. 17–20.30 Uhr: Seit über 130 Jahren im Geschäft, altmodische, sehr preiswerte Salarymen-Steh-Bar, sowohl Getränke als auch japanische Snacks. Die Gäste bestimmen, wie viel Sie auszugeben bereit sind, legen den Betrag auf die Theke, pro Getränk oder Gericht wird davon abgezogen; ebenfalls beliebte Wein-Bar im gleichen Gebäude.

❸90 [B10] **Living Room Café**, F5 Shibuya Prime Bldg, 2–29–5 Dogenzaka, http://livingroomcafe.jp/en, tägl. 11–24 Uhr. Beliebtes, großes Lokal mit Livemusik, Café, Kunst u. a., wochentags nur 300 ¥ Eintritt.

❶91 [C10] **Oath**, Aoyama Bldg. F1, 4–5–9 Shibuya, http://bar-oath.com, Mo.–Do. 21–5, Fr./Sa. 21–8, So. 17–23 Uhr. Beliebter Klub, Eintritt frei, Getränke 500 ¥.

❶92 [B9] **Shisha Bar Chillin'**, F6, 31–4 Udagawachō, Mo.–Do. 13–24 Uhr, Fr./Sa. bis zum ersten Zug nach Hause. Shisha-Bar,

500 ¥ Grundgebühr inkl. beliebig viel Kaffee und Tee.

93 [B10] **The Aldgate**, 3F, 30–4 Udagawachō, www.the-aldgate.com, Mo.–Fr. 18–2, Sa./So. 17–2 Uhr. Britischer Pub, 21 Biere auf Lager, 3000 Platten und 3000 CDs (Indie, Rock), Tapas, englisches Pub Food, auch vegetarische Gerichte.

94 [A10] **Womb**, 2–16 Maruyamachō, Eintritt je nach Event ca. 1500/2000 ¥. Riesiger Klub, gute Laser Shows, House, Techno u. a.

95 [B9] **WWW**, B1 Rise Bldg., 13–17 Udagawachō, Eintritt je nach Event ab 1000 ¥, meist um 3000 ¥. Hier finden Livekonzerte sehr unterschiedlicher Stilrichtungen statt.

Shopping

96 [B9] **Aquvii Tokyo**, 6–19–16 Jingūmae, tägl. 12–20 Uhr. Untypische Japan-Souvenirs.

97 [B9] **El Sur Records**, 1–15–9 Jinnan, Do.–Di. 13–22 Uhr. CDs, importiert aus Afrika, Lateinamerika, Asien.

98 [A10] **Galaxxxy**, 2–23–10 Dōgenzaka, www.joe-inter.co.jp/galaxxxy, täglich 12–21.30 Uhr. Knallige Farben im Animestil; eine der trendigsten Boutiquen in

Shibuya, für Mädchen, die ihren eigenen Stil suchen.

99 [B9] **Loft**, 18–2 Udagawachō, www.loft.co.jp/shoplist/shibuya, 10–21 Uhr. Originelle Souvenirs und Lifestyleprodukte.

100 [B9] **Maruara Watanabe**, 316–8 Udagawachō, in einer Seitenstraße der belebten Center Gai, Do.–Di. 11–19, Sa./So. 13–19 Uhr. Winziger, mit japanischen Souvenirs und Krimskrams vollgestopfter Laden. Außen gibt es einen Automaten für kleine Souvenirs.

101 [B9] **Only Free Paper**, 1–22–11 Shibuya (bis Ende 2016, dann wieder Shibuya Parco, Part 1, F4, 15–1 Udagawachō), http://only freepaper.com, tägl. 10–21 Uhr. Kostenlose Zeitschriften zum Mitnehmen.

Kultur

102 [A9] **Uplink Factory**, Totsune Bldg. 1F, 37–18 Udagawachō, www.uplink.co.jp/info/information_en. Kino mit Galerie und Café, Workshops. Unterschiedliche Zeiten je nach Programm zwischen 17.45 und 20.30 Uhr.

In der Bargasse Nombei Yokochō (s. S. 91)

Harajuku und Aoyama

Nahe dem Bhf. **Harajuku** liegt in und um die 200 m kurze Gasse der **Takeshita-dōri** ㊻ das Paradies der Teenager, vor allem der Mädchen. Hier gibt es alle Accessoires der Teeny-Pop-Kultur. Die Nebenstraßen der Hauptstraße nach Aoyama, der mit Zelkoven gesäumten **Omotesandō** ㊾, werden gern „Ura-Hara" (Rückseite von Harajuku) genannt und beherbergen Cafés, Restaurants, Boutiquen und Galerien für junge Menschen mit Anspruch und dem nötigen Kleingeld. Die **Cat Street** führt durch dieses Viertel. Der direkt am großen Park gelegene Bahnhof ist aber auch Ausgangspunkt für einen Besuch des stets sehr beliebten und doch würdevollen **Meiji-Schreins** ㊹ und des **Yoyogi-Parks** ㊺, an dem an Wochenenden und Feiertagen immer einiges los ist.

Aoyama („blauer Berg") ist vor allem das Einkaufsviertel der modebewussten Erwachsenen, das sich östlich an Shibuya (s. S. 87) und westlich an Akasaka (s. S. 106) und Roppongi (s. S. 113) anschließt. Aoyama ist berühmt für recht teure Modeboutiquen, Jazzklubs, Buchläden, Designerläden und Restaurants, die an den Geldbeutel gehen. International bekannte Modeschöpfer wie Hanae Mori und Issey Miyake haben hier ihr Hauptquartier. Alles, was in der **Modewelt** Rang und Namen hat, ist wenigstens mit einer Filiale vertreten, meist in architektonisch spektakulären Gebäuden, die die beliebten Flaniermeilen Omotesandō ㊾ und die Aoyama-dōri quasi zu Ausstellungsmeilen für Gegenwartsarchitektur machen. Der Name Aoyama leitet sich wie bei den Nachbarvierteln Shibuya und Roppongi von einem Fürstenclan der Edo-Zeit mit diesem Namen ab, der hier residierte. Aufschwung nahm Aoyama erstmals wegen der Nähe zu den Quartieren der Besatzungsarmee in „**Washington Heights**" (im heutigen Yoyogi).

㊹ Meiji-Schrein mit Schatzhaus und Gemäldegalerie ★★★ [B8]
明治神宮

Der bedeutendste Shintō-Schrein Tokyos befindet sich in einem 90 Jahre alten Wald mit 100.000 aus ganz Japan gespendeten Bäumen. Einst wurden diese von 110.000 Freiwilligen gepflanzt. Das Areal umfasst zudem das Meiji-Schatzhaus und die Meiji-Gemäldegalerie.

Der Schrein ist den Seelen des Meiji-Kaisers und seiner Frau Shoken geweiht, ihre Gräber befinden sich in der früheren Hauptstadt Kyōto. Der Kaiser verstarb 1912, seine Frau zwei Jahre später. In der Auffassung des Shintō wurden sie zu *kami* (s. S. 311), die in diesem Schrein residieren und vom Volk auf diese Weise für immer verehrt werden können. 100.000 Bäume aus dem ganzen Land und auch aus dem Ausland wurden gespendet und von Freiwilligen eingepflanzt. So entstand der beeindruckende, 70 ha große Wald.

Der **Schrein** wurde am 1. November 1920 eingeweiht. Sehenswert ist im Inneren Garten der Irisgarten *(Gyoen),* der schon zu Lebzeiten des Kaisers für seine Frau angelegt wurde (Eintritt 500 ¥). Der Kiyomasa-Brunnen *(Kiyomasa no Ido)* im Innern gilt als besonderer Kraftort, weshalb dort immer viele Menschen anstehen. Er wurde in der Edo-Zeit von einem Samurai gegraben, der hier sein Anwesen hatte.

Rundgang durch das Viertel

*Als Ausgangspunkt dient der JR-Bhf.
Shibuya [B10]. Man geht entlang des Mi-
yashita-Parks bzw. Meiji-dōri zum Beginn der „Cat Street" und folgt dieser
bis zur Omotesandō* 🔴49*. Freunde der Architektur werden sich aber in der Meiji-
dōri nicht das als „Eisberg" bekannte Gebäude, gleichsam ein dunkler, gläserner
Kristall, südlich der Kreuzung mit der
Omotesandō entgehen lassen, das zu den
gegenwärtigen Ikonen der Architektur Tokyos gehört. An der Kreuzung Meiji-dōri
mit Omotesandō steht seit drei Jahrzehnten das immer noch aktuelle Modekaufhaus Laforet, das vor allem Teenager anzieht, hier ist der kawaii-Stil zu Hause.
Hier befindet sich auch der U-Bhf. Meiji-
Jingūmae.*

*Wenige Hundert Meter links (W) steht
das vom Großmeister der japanischen Architekten, Kenzo Tange, entworfene Yoyogi National Gymnasium* 🔴45*, in dem Sport-
und andere Veranstaltungen stattfinden.
Gegenüber geht es in den Yoyogi-Park* 🔴45*,
rechts (O) beim JR Bhf. Harajuku beginnt der Weg zum Meiji-Schrein* 🔴44*. Dieser Weg entrückt die „Pilger" mit einem
Schlag vom Trubel in Harajuku. Der breite Kiesweg mit seinem riesigen hölzernen
Torii könnte mit Kinderwagen, Rollstuhl
beschwerlich sein, parallel gibt es links ein
asphaltiertes Sträßchen. Rechts des Kies-
weges befindet sich im Meiji-Jingū Bun-
ka-kan eine Zweigstelle des Schatzhauses
mit Sonderausstellungen und einem Café
für die kleine Pause. Vom Schrein können Sie weiter zum eigentlichen Schatzhaus gehen und durch den Yoyogi-Park
zurück oder weiter zum JR Bhf. Yoyogi.*

*In Harajuku sollte man auch als Nicht-
Teenager die Takeshita-dōri* 🔴46 *aufsuchen, links davon liegt das Gelände des
Tōgō-Schreins* 🔴48*, rechts das Rock ’n Roll
Museum und neben dem La Fōret das Ota
Kunstmuseum* 🔴47*. Dann bietet sich an,
die Omotesandō bis zur Aoyama-dōri und
weiter bis zum Nezu Museum* 🔴50 *entlang-
zubummeln. Der nächstgelegene Bahnhof
dort ist U: Omotesandō (Chiyoda, Ginza,
Hanzomon Line). Falls Sie nach Shibuya
zurückwollen, können Sie vom Nezu Museum Richtung SO bis zur nächsten Seitenstraße gehen und dort das sehenswerte
Haus und Atelier des bedeutenden Künstlers (Maler, Bildhauer) Okamoto Taro* 🔴51
*besuchen. Parallel zu der Seitenstraße ver-
läuft die Kottō-dōri (Antiquitätenstraße),
die Antiquitätenläden gibt es aber kaum
noch. Zurück an der Aoyama-dōri sollten
Sie einen kurzen Abstecher nach rechts
(NO) bis zum sehenswerten Spiral Bldg.
des Wacoal Konzerns mit seinem beliebten Café, Läden, Lokalen und Galerien
gehen. Nach SW Richtung Shibuya befindet sich linker Hand die protestantische
Aoyama Gakuin University (wo Sie wie
überall in Universitäten in der Cafeteria
essen dürfen), gegenüber die United Na-
tions University mit dem Bauernmarkt
auf dem Vorplatz, nebenan das National
Children's Castle (kodomo-no-shiro), fast
ein Muss für Familien mit Kindern, in
dem es ein Rundtheater, Läden und Spiel-
gelegenheiten für Kinder gibt, z. B. didak-
tische Spielgeräte zur Förderung kindli-
cher Kreativität und zum Austoben. Vor
dem Kinderschloss steht eine charakteristische vielarmige Sonnenskulptur von
Okamoto. Von dort in wenigen Minuten
zurück zum Bahnhof (weniger als 10 km).*

1 cm = 150 m
0   400 m

65 Schwert-museum

Sangubashi Station

Meiji-Schatzhaus

SENDA

KITASANDO

Meiji Inner Garden

8

44 Meiji-Schrein mit Schatzhaus und Gemäldegalerie

Ueno Station

Kaiserpalast

★ Shibuya Station

Minami-ike

Irisgarten

Park

HARAJUKU

303

Tōgō-Schrein 48

46 104

Takeshita-dōri

Ukiyo-e Ota Memorial Museum of Art

47

28

123

49 Omotesandō-dōri

335

120 116 119

MEIJI-JINGŪMAE

121

107

122

108 378

45 Yoyogi-Park mit Yoyogi National Gymnasium 1 und 2

105

Audi Forum Tokyo

JINAN

360

77

81

97

96

101

82

295

G

278

M

380

SHIBUYA

92

95

99

87

86

100

Aoyama

315

93

SHOTO

362

76

88

75

73

98

85

300

90

292

357

SHIBUYA

279

DOGENZATA

Hachikō-Denkmal 42

Miyamasuzaka

9

102

9

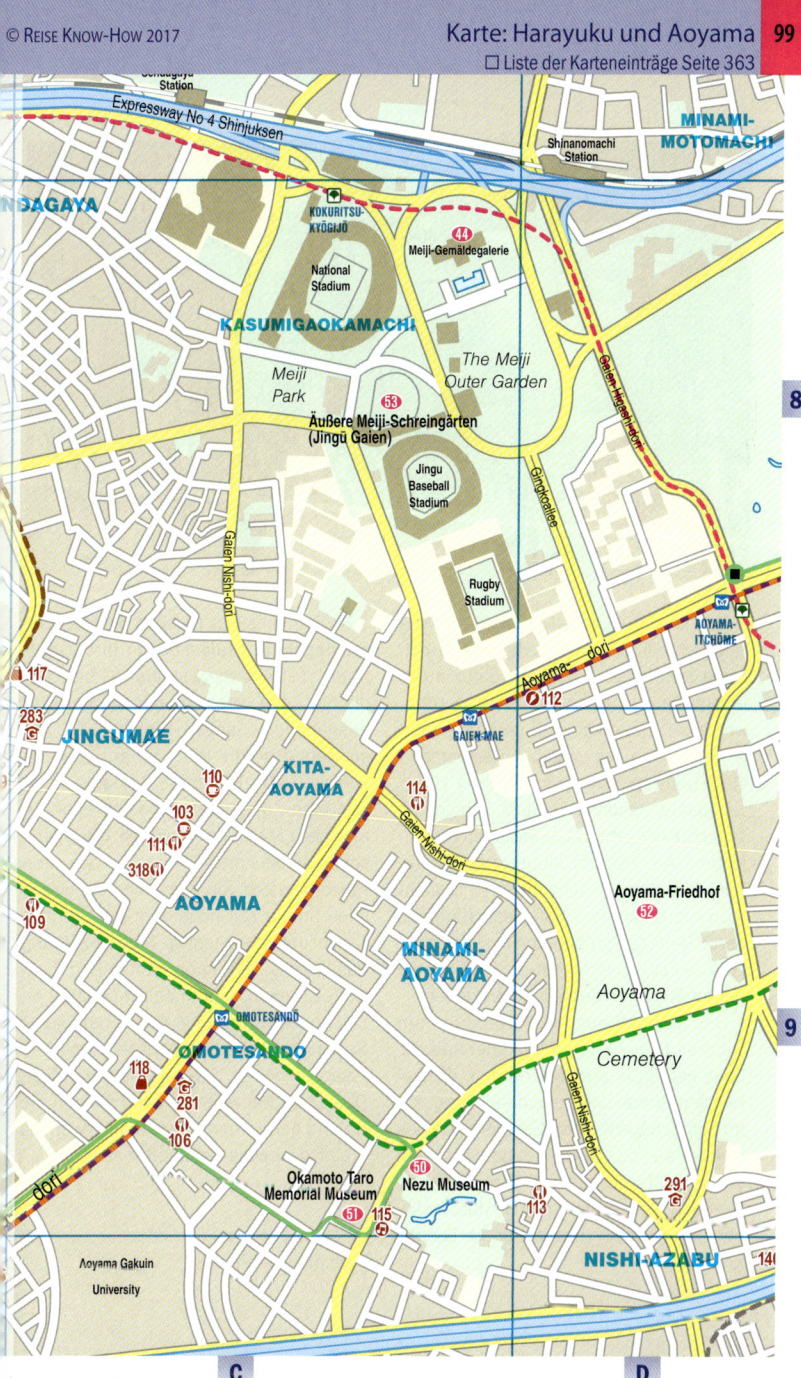

MINAMI-MOTOMACHI

Expressway No 4 Shinjuksen

Sendagaya Station

N-DAGAYA

Shinanomachi Station

KOKURITSU-KYŌGIJŌ

National Stadium

KASUMIGAOKAMACHI

44 Meiji-Gemäldegalerie

The Meiji Outer Garden

Meiji Park

53 Äußere Meiji-Schreingärten (Jingū Gaien)

Jingu Baseball Stadium

Gaien Nishi-dori

Ginzalinie

Rugby Stadium

AOYAMA-ITCHŌME

Aoyama- dori

112

117

283

JINGUMAE

GAIEN-MAE

110

KITA-AOYAMA

103

114

111

Gaien Nishi-dori

318

Aoyama-Friedhof

52

AOYAMA

109

MINAMI-AOYAMA

Aoyama

OMOTESANDO

OMOTESANDO

9

Cemetery

118

281

106

dori

Gaien Nishi-dori

Okamoto Taro Memorial Museum

50 Nezu Museum

291

113

51 115

NISHI-AZABU

140

Aoyama Gakuin University

C

D

065to-ml

Der beeindruckende Ni-no-Torii am Weg zum Schrein ist übrigens der **größte hölzerne Torii** Japans. Der Baum dafür musste aus Taiwan herbeigeschafft werden, weil es in Japan keine so großen gerade gewachsenen Zedern gab. An Samstagen sieht man im **Schrein** fast immer Hochzeitspaare. Besonders beliebt ist er in den Tagen ab Neujahr, wenn Millionen dorthin pilgern. Am zweiten Montag im Januar, dem Tag des Erwachsenwerdens, sieht man die besonders hübschen Kimonos der 20-jährigen großen und im November zum Shichi-go-san-Fest (s. S. 296) die bunten Kimonos der kleinen Mädchen.

Das **Schatzhaus** *(Homutsuden)* am Nordrand des Parks verfügt über Ausstellungsräume in einem runden, *Bunkakan* genannten Gebäude nahe Harajuku. Im Schatzhaus werden Gegenstände des Kaisers aus der Zeit, als Japan sich dem Westen öffnete, gezeigt. Das Gebäude wurde 1921 in Anlehnung an das Azekurazukuri Shosoin (das nationale Schatzhaus) in Nara errichtet.

Sehr sehenswert ist auch die **Meiji-Gemäldegalerie** *(Kaigakan)* in ihrem trutzigen, 1925 fertiggestellten Granitbau, die am Ende einer von der Aoyama-dōri ausgehenden langen Ginkgo-Allee (besonders attraktiv im Spätherbst) steht: achtzig 2,70 x 3 m große Gemälde im japanischen und westlichen Stil erinnern an Kaiser Meiji und seine Zeit: die japanischen an die Abgeschiedenheit des alten Kaiserpalastes von Kyōto und die westlichen an die Zeit nach dem Umzug nach Tokyo und die rasante Modernisierung des Landes. Hier kann man in dem Saal Kaffee trinken, in dem Kaiser Meiji die Arbeit an der Verfassung verfolgt hat. Dieser Saal stammt aus dem Akasaka Detached Palace nebenan, er wurde hierher verlegt. Das 1500 Meter lange Oval, das um die Galerie herumführt, dient heute auch als Trainingsstrecke für Marathonläufer.

⌂ *Ni-no-Torii auf dem Weg zum Meiji-Schrein* **44**

> **Meiji Jingū**, 1–1 Yoyogi-Kamizonocho, JR: Yoyogi und Harajuku, 10 Min. www.meiji jingu.or.jp/english/index.html, von Sonnen-auf- bis Sonnenuntergang geöffnet

> **Schatzhaus (Homutsuden)**, 1–1 Kamizonochō, JR: Yoyogi, 13 Min., Sangubashi, Tel. 3379–5511, tägl. 9–16.30 Uhr, Eintritt: 500 ¥

> **Meiji Jingu Gaien (Meiji Memorial Picture Gallery)**, 9 Kasumigaoka, JR: Shinanoma-chi, U: Gaienmae, 10 Min., Tel. 3401–5179, 9–17 Uhr, Eintritt: 500 ¥

㊺ Yoyogi-Park mit Yoyogi Natio-nal Gymnasium 1 und 2 ★★   [B9]

国立代々木競技場

Zur Sommerolympiade 1964 wurden von Tange Kenzō auch heute noch spek-takuläre Sporthallen entworfen, in denen wie im Park vor allem an Wochenenden immer etwas los ist.

Die Sporthallen dienen auch ande-ren Veranstaltungen. An Wochenen-den bietet der 54 ha große Yoyogi Kōen

(Park) Spielplatz und Bühne für jünge-re und ältere Tokyoter: Aerobik, Medita-tion, Musik, Picknick, Sport, Tanz, nicht zu vergessen der Oedo **Antik-Flohmarkt** in der Keyaki-Allee zwischen den Sport-hallen und NHK (Tel. 6407–6011, www. antique-market.jp). Man kann sich am nördlichen Ende in Jingūgaien zwischen 9 und 16 Uhr auch kostenlos Fahrräder ausleihen. Die Brücke am JR Bahnhof Harajuku dient manchmal als Bühne für Cosplay-Selbstdarsteller, die große Zeit dieser Modeerscheinung ist hier jedoch längst vorbei.

Am östlichen Rand befindet sich das **National Olympics Memorial Youth Cen-ter**. Hier stand 1964 das olympische Dorf. In diesem „Washington Heights" genannten Gebiet wohnten nach Kriegs-ende die Besatzer.

> **Kokuritsu Yoyogi Kyōgijō**, 2–1–1 Jinnan, JR: Harajuku, Ausg. Omotesandō, U: Yoyogi Kōen (Chiyoda Line), Ausg. 4

㊻ Takeshita-dōri ★★   [B8]

竹下通

Das Paradies der Teenager ist die enge, 200 m kurze Gasse Takeshita-dōri, die parallel zur Omotesandō ㊾ vom Harajuku-Bahnhof auf die Meiji-dōri zu-läuft. Hier gibt es **Mode, Accessoires** und **Haarboutiquen**, dazu Lokale zu rela-tiv erschwinglichen Preisen. Mehre-re Secondhandläden sind vorhanden, aber auch ein Spezialgeschäft für Hob-by-Sängerinnen mit Aufnahmestudio. Wer über 20 Jahre alt ist, kommt sich in dieser Gegend wahrscheinlich schon alt vor. Die Lust der japanischen Teen-ager am Konsum ist noch ungehemmter als die der jungen Menschen in unseren Breiten.

47 Ukiyo-e Ōta Memorial Museum of Art ★★ [B9]

浮世絵 太田記念美術館

Gleich neben dem U-Bahnhof Meiji-Jingūmae (Chiyoda, Fukushin Line) bzw. hinter dem Modekaufhaus Laforet steht das **bedeutendste Museum für japanische Holzschnittkunst**, das eine große Sammlung von berühmten Holzschnitten *(ukiyo-e)* umfasst. Insgesamt gibt es dort 12.000 Drucke der berühmten Meister des 18. und 19. Jh. aus der Sammlung von Ōta Seizo. Hier finden zudem wechselnde, meist themenbezogene Ausstellungen statt.

> Ukiyo-e Ōta Kinen Bijutsukan, 1-10-10 Jingūmae (gleich hinter Laforet), U: Meiji-Jingūmae, Ausg. 5., JR: Harajuku, Ausg. Omotesandō, je 3-5 Min., Tel. 3403-0880, www.ukiyoe-ota-muse.jp/eng, Di.-So. 10.30-17.30 Uhr, letzte Tage vor Monatsende geschl., Eintritt je nach Ausstellung 700-1000 ¥

48 Tōgō-Schrein ★ [B8]

東郷神社

Der beliebte Schrein, quasi ein Gegenstück zum Nogi-Schrein 58 in Roppongi, in dem die Seele des Armeegenerals verehrt wird, dient der **Verehrung des kami von Admiral Tōgō Heihachiro**, der die russische Flotte im Japanisch-Russischen Krieg (1904-1905) in der Tsushima-Straße im Japanischen Meer besiegte und damit zu den frühen japanischen Helden des 20. Jh. wurde. Der Schrein ist somit ein Relikt des Militarismus vor dem Zweiten Weltkrieg. Auf dem Gelände gibt es einen hübschen Garten, der Schrein bietet Hochzeits- und andere Shintōzeremonien.

> 1-5-3-Jingūmae, an der Ecke Meiji-dōri/Takeshita-dōri, JR: Harajuku, Ausg. Takeshita, Tel. 3403-3591, tägl. 6-20 Uhr

49 Omotesandō ★★ [B9]

表参道

Untrennbar mit Aoyama verbunden ist die nach Harajuku und zum Meiji-Schrein 44 führende Zelkovenallée Omotesandō, eine Straße mit Boutiquen und Cafés, die gern „**Champs Elysées von Tokyo**" genannt wird. Sie ist nicht nur für modeinteressierte Teenager attraktiv. Lange bevor die Straße junge Modeschöpfer anzog, die in der unmittelbaren Umgebung ihren Sitz haben, gab es den Oriental Bazar, in dem man immer noch gut Japan-Souvenirs kaufen kann, oder das 5-geschossige Spielzeugkaufhaus Kiddy Land (s. S. 289), ein Überbleibsel aus der Besatzungszeit und „mit verantwortlich" für den Aufschwung der Straße, die ursprünglich ja nur die Zugangsstraße zum Meiji-Schrein 44 war.

Wem der Trubel entlang des Boulevards zu viel wird, der kann einen Bummel entlang der zu beiden Seiten der Omotesandō verlaufenden „**Cat Street**" (früher: Kyū Shibuya River Promenade) machen, die neben dem Spielzeug-Kaufhaus Kiddy Land beginnt und in Shibuya endet. Ansonsten entspannt man sich – wenn es warm genug ist – in den **Straßencafés à la Paris oder München-Schwabing** (diese angenehmen Einrichtungen gibt es in Tokyo sonst fast nirgendwo). Am schönsten ist die Omotesandō an den Abenden vor Weihnachten und Neujahr, wenn die je zwei Reihen der Zelkoven mit Girlanden aus Abertausenden von Lämpchen festlich geschmückt sind.

Vor ein paar Jahren gesellte sich zur Flaniermeile noch das ultramoderne Modeeinkaufszentrum Omotesandō Hills hinzu. Südlich der Kreuzung mit der Aoyama-dōri gibt es die feinsten Adressen der Modelabels. Das Ende des Boulevards wird begrenzt vom Nezu Museum **50**, dessen Nachbar der Chōkokuji ist, ein Zweigtempel des berühmten Zentempels in Westjapan mit einem 10 m großen Buddha.

50 Nezu Museum ★★   [C9]

根津美術館

Das Nezu Museum ist ein privates Kunstmuseum, vor allem mit Bezug zur **Teezeremonie**, mit **sehenswertem Garten** und mehreren Teehäusern, das kostenlos besichtigt werden kann. Es entstand um die Sammlung des Gründers der Tōbu-Eisenbahngesellschaft Kachiro Nezu (1869–1940). Inzwischen enthält das Museum mehr als 7000 unter Kennern teils weltberühmte Objekte ostasiatischer Kunst: Kalligraphien, Gemälde, Skulpturen, Keramik, Objekte aus Bambus, Metall, Lackwaren, Textilien, chinesische Bronzegegenstände. Es gibt wechselnde Ausstellungen. Der Architekt Kengo Kuma entwarf das Gebäude im modernen japanischen Stil als bewussten Kontrast zum Treiben in der Omotesandō **49**.

❯ **Nezu Bijutsukan**, 6-5-1 Minami-Aoyama, U: Omotesandō (Ginza, Hanzōmon, Chiyoda Line), Ausg. A5, 8 Min., Ausg. B3 (Fahrstuhl), 10 Min., Tel. 3400-2436, www.nezu-muse. or.jp/en/index.html, Di.–So. 10–17 Uhr, Eintritt: 1100 ¥, Sonderausstellungen: 1300 ¥

⌂ Schlange vor einem Modegeschäft in Harajuku

51 Okamoto Taro Memorial Museum ★★   [C9]

岡本太郎美術館

Wer das riesige Gemälde „Myth of Tomorrow" **43** im Inokashira Bhf. Shibuya gesehen hat, möchte vielleicht noch mehr über diesen eigenwilligen Künstler wissen. Hier gibt es die Möglichkeit dazu, denn das **Museum** ist **im Wohnhaus und Atelier** des bedeutenden, 1996 verstorbenen **Künstlers** Okamoto Taro untergebracht. Im Garten stehen noch viele seiner Skulpturen.

❯ **Okamoto Taro Bijutsukan**, 6-1-19 Minami-Aoyama, U: Omotesandō (Ginza, Hanzōmon, Chiyoda Line), Tel. 3406-0801, www.ta romuseum.jp/english/index_english.html, Mi.–Mo. 10–18 Uhr, Eintritt: 620 ¥

52 Aoyama-Friedhof ★   [D9]

青山霊園

Dieser 1872 angelegte, mit über 100.000 Gräbern wohl **größte stadtische** und **erste öffentliche Friedhof** der Stadt weist zahlreiche Gräber berühmter Persönlichkeiten auf, und das von Hachikō (2–3–2, s. S. 92). Viele Kirschbäume entlang der Hauptallee machen ihn Ende März, Anfang April besonders attraktiv. Auch die nicht überall völlig gezähmte Natur und die Vielgestaltigkeit der Gräber haben ihren Reiz.

❯ **Aoyama Reien,** U: Nogizaka (Chiyoda Line)

53 Äußere Meiji-Schreingärten (Jingū Gaien) ★ [C8]

明治神宮外苑

Der 48 ha große Park **Jingū Gaien** (Meiji Jingū Outer Gardens) besteht im Westen aus mehreren Sportanlagen, darunter dem neu zu errichtenden **Nationalstadion,** einem **Baseball-** und einem **Rugby-Stadion.**

Alle Anlagen wurden für die Olympischen Spiele 1964 angelegt. Hinzu kam 1990 die futuristische Anlage des von Fumio Maki entworfenen städtischen Sportzentrums (Tōkyōto Taiikukan, 1–17–1 Sendagaya) mit Schwimm- und Sporthalle. Östlich wird diese Anlage von einem großen, der Öffentlichkeit nicht zugänglichen Park begrenzt. Dort befinden sich das **Staatsgästehaus** (Geihin-Kan, Akasaka Detached Palace) und der **Ōmiya** bzw. **Aoyama Gosho,** wo der Kronprinz Hironomiya mit seiner bürgerlichen Frau Masako und Tochter Aiko wohnt.

❯ **Meiji Jingū Gaien,** JR: Sendagaya oder U: Kokuritsu-Kyōgijō (Toei Oedo Line)

Kulinarisches

◯**103** [C9] **Bunbougu Café,** 4–8–1 Jingūmae, Tel. 3470–6420, tägl. 10–23.30 Uhr. Café-Bar im UG eines Schreibwarengeschäftes in einer Einkaufsstraße zwischen Omotesandō und Killer-dōri. Für einmalig 700 ¥ wird man Mitglied und bekommt einen Schlüssel, mit dem man die Schublade im Tisch öffnen und sich an japanischem und internationalem Briefpapier bedienen kann, während man Kaffee und Snack genießt.

◯**104** [B8] **Calbee Plus** ¥, 1–16–8 Jingūmae, Takeshita-dōri, tägl. 9.30–20.30 Uhr. Frische, knusprig gebruzzelte Kartoffelchips mit Käse, Sour Cream und sogar Schokolade, der Becher zu 500 ¥.

◯**105** [B9] **Daihachi Takohanamaru** ¥, 5–11–3 Jingūmae (Cat Street), tägl. 12–21 Uhr. Beliebter Laden für Takoyaki-Boxen (6 Stück) mit Varianten Shio-Tako (Salz, Knoblauch, Sesam und Zitrone) oder Omu-Taku (mit Ei statt Teig).

◯**106** [C9] **Darumaya** ¥, Murayama Bldg., F1, 5–9–5 Minami-Aoyama, Mo.–Sa. 11–21.30 Uhr. In diesem beliebten Rāmen-Lokal gibt es gegrilltes Gemüse auf die Nudeln. Das unterscheidet Darumaya von den anderen. Es gibt aber auch gebratenen Reis (Chahan), gebratene Nudeln (yakisoba), Nudeln mit Mabo-tōfu (tofu soba).

◯**107** [B9] **Eco Farm Cafe 632,** 6–32–10 Jingūmae, Mo.–Sa. 9–23, So. 9–21.30 Uhr. Eines der besten Cafés mit frischen Backwaren, Gemüse vom Bauern und günstigem Lunch, man kann auch im Innenhof sitzen.

◯**108** [B9] **Harajuku Gyoza Lou** ¥, 6–2–4 Jingūmae, Mo.–Sa. 11.30–4.30, So. 11.30–22 Uhr. Sehr günstige Gyōza (6 Stück, 300 ¥), gedünstet oder gebraten, zu denen gut ein Bier passt.

◯**109** [C9] **Heiroku Sushi** ¥–¥¥, 5–8–5 Jingūmae, gegenüber Omotesandō Hills, tägl. 11–21.30 Uhr. Preiswertes, bei Ausländern wie Japanern beliebtes unkonventionelles Kaiten-Sushi.

◯**110** [C9] **Lattest Omotesandō Espresso Bar,** 3–5-Jingūmae, http://lattest.jp, Mo.–Fr. 10–19, Sa./So./F. ab 12 Uhr. Wie ein Atelier in einem Loft, freundlich, ausgezeichneter Kaffee.

🛈111 [C9] **Maisen** ¥¥, 4–8–5 Jingūmae, http://mai-sen.com, tägl. 11–22 Uhr (LO). Diese Filiale ist in einem ehemaligen öffentlichen Badehaus untergebracht. Spezialität der Maisen-Kette: ausgezeichnetes Tonkatsu, dazu *tonjiru*, dünne Scheiben Schweinefleisch mit Gemüse in Misoshiro.

➋112 [D8] **Nataraj** ¥¥, Sanwa-Aoyama Bldg. B1, 2–22–19 Minami-Aoyama, U: Gaienmae, Ausg. 1B, www.nataraj.co.jp, Mo.–Fr. 11.30–15 u. 17–23 Uhr, Sa./So. 11.30–23 Uhr. Vegetarisches indisches Restaurant, leckere (auch vegane) Gerichte.

🛈113 [D9] **Teyandei** ¥¥, 2–20–1 Nishi-Azabu, Tel. 3407–8127, 17.30–24 Uhr. Beliebtes Izakaya auf zwei Etagen in einem umgebauten Wohnhaus. Komfortabel, angenehme Atmosphäre, gutes Essen, attraktiv die Theke in der Lokalmitte mit den großen schwarzen Shochukrügen, auf den Holzkohlegrill hinter der Theke kommen Freilandhühner, *kurobuta* aus Kyushu, Seafood aus Hokkaidō, es gibt aber auch gute Tofugerichte, Jakobsmuscheln mit Anchovysoße, Krautsalat und viele andere Gerichte, etwa 2500 ¥ mit Getränken, auch in der Omotesandō.

🛈114 [C9] **Ume no Hana** ¥¥¥, Aoyama M's Tower, F2, 2–27–18 Minami-Aoyama, www.umenohana.co.jp/n_english/, tägl. 11–16 (LO 15 Uhr) u. 17–22 (LO 21 Uhr). In diesem eleganten traditionellen Restaurant, in dem man zum Essen die Schuhe auszieht, dreht sich alles um Tofu in allen Varianten, mit dem Niveau von Haute Cuisine; dazu gibt es aber auch Krebsfleisch oder Weißfischpaste, Kaiseki-Menüs ab 3000 ¥, Lunch ab 2100 ¥, einzelne Gerichte ab 600 ¥.

Unterhaltung

➌115 [C9] **Blue Note,** 6–3–16 Minami Aoyama, Tel. 5485–0088, tägl. 11–23 Uhr. Einer der bekanntesten Jazzklubs der Stadt.

EXTRATIPP

Moshi Moshi Box

Moshi Moshi Box ist eine nicht zu übersehende Anlaufstelle für Infos zu Geschäften, Lokalen etc. mit Karten der Umgebung. Hier kann man Smartphones laden, Souvenirs kaufen, Computer benutzen und es gibt WLAN. Nebenan im **Harajuku Kawaii Room** gibt es eine kostenlose Karaokebox, allerdings sitzt man beim Singen im Schaufenster.

🛈123 [B9] **Moshi Moshi Box,** 3–23–5 Jingumae, 10–18 Uhr, http://moshimoshi-nippon.jp

Shopping

🛍116 [B9] **6 %Dokidoki,** 4–28–16 Jingūmae, tägl. 12–20 Uhr. Bunte Kawaii-Mode.

🛍117 [C8] **Beams Boy,** 3–24–7 Jingūmae, 1F, tägl. 11–20 Uhr. Modegeschäft für Mädchen, die sich männlich kleiden wollen.

🛍118 [C9] **Kinokuniya International Store,** 3–11–7 Kita-Aoyama, B1, U: Omotesandō, 1 Min., tägl. 9.30–21 Uhr. Internationale Lebensmittel und französische Delikatessen.

🛍119 [B9] **Theatre Products Omotesandō,** 4–26–24 Jingūmae, tägl. 11–20 Uhr. Dezenter und femininer als die übliche Shibuya- oder Harajukumode, innovative Materialien.

🛍120 [B9] **Tokyo's Tokyo,** Tokyu Plaza, F5, 4–30–3 Jingūmae, tägl. 11–21 Uhr. Wie ein Manga designter Laden für Geschenke.

🛍121 [B9] **Tōkyū Plaza,** F6, gegenüber La Forêt an der Kreuzung Omotesandō mit Meiji-dōri. Schöne Terrasse zum Relaxen mit Café.

🛍122 [B9] **Tree of Life,** 6–3–8 Jingūmae, tägl. 11–21 Uhr. Seifen nach eigenen Vorgaben.

Kultur

❯ **Vacant** (s. S. 238)

Kasumigaseki, Nagatachō und Akasaka

霞ヶ関, 永田町, 赤坂

Das Viertel ist das **Zentrum der Politik** und bietet Luxushotels, **beliebte Lokale**, aber auch **Abendunterhaltung**, die für Nichteingeweihte unerschwinglich ist, und dazu einen **bedeutenden Schrein** 55.

Kasumigaseki und **Nagatachō** stehen für Politik und das kompakte Regierungsviertel mit der allmächtigen Bürokratie, die in Wahrheit das Land regiert. **Akasaka** hingegen war früher ein Zentrum teurer Abendunterhaltung, weist aber heute Hunderte meist erschwingliche Lokale auf. Viele der traditionellen Gasthäuser *(Ryōtei)*, in denen hinter schlichter sandfarbener Fassade Politik und Business gemacht wird, sind sehr teuer und der Zutritt zu ihnen wird „normalen" Bürgern häufig verwehrt. Das gilt für Touristen wie für Einheimische.

Heute noch werden wie damals **Geishas** (s. S. 276) in Rikschas zum Einsatz in die Lokale gefahren. In der Blütezeit gab es 50.000 solcher zweirädriger Gefährte, die man heute wieder zahlreich, vor allem in Asakusa, sieht. Die Akasaka-Geishas galten früher als schlechter als diejenigen von Shimbashi, doch mit dem Einzug der Politiker erhöhte sich ihr Ruf. Noch in den 1930er-Jahren gab es hier etwa hundert Geishahäuser.

Der Name **Akasaka** bedeutet „**Rote Hügel**". In der Tat gibt es hier etwa 25 kleine Hügel, auf denen nach Auszug der Daimyō (die hier während der Tokugawa-Zeit ihre großen Residenzen hatten) Akane *(Rubia tinctorum)* angebaut wurde, eine Pflanze, aus der ein roter Farbstoff gewonnen wird. Akasaka-Mitsuke [E8], der wohl wichtigste U-Bhf. in Akasaka, liegt an der 16 km langen Sotobori-dōri und damit am einstigen Äußeren Palastgraben. Mitsuke bedeutet Wachposten, dieser bewachte den SW des Schlosses und hier liegt der tiefste Punkt Akasakas. Früher lebten hier weniger wichtige Daimyōs, Samurai und deren Personal, die wichtigeren residierten oben auf den Hügeln. In unmittelbarer Nähe des Bahnhofs stehen einige bedeutende Lu-

067to-ml

xushotels: New Otani (s. S. 340), Grand Prince Hotel Akasaka und das Excel Hotel Tokyū, im Volksmund wegen der gestreiften Fassade oft „Pajama-(Pyjama-)Hilton" genannt. Haupt-Blickfang ist jedoch der **weiße Prudential Tower**. In diesem Viertel gibt es aber nicht nur Luxushotels, sondern auch relativ preiswerte. In Akasaka findet man die Deutsch-Japanische Handelskammer sowie die Ostasiatische Gesellschaft mit dem Goethe-Institut (s. S. 326). Auch die weitläufige amerikanische Botschaft liegt hier. Der Fernsehsender TBS (Tokyo Broadcasting System) trägt dazu bei, dass sich in den **Hunderten von kleinen Lokalen, Bars und Kabaretts, Discos, Rock- und Jazzklubs** in den Seitengassen viele Fernsehpersönlichkeiten einfinden. Insgesamt ist Akasaka eleganter als Roppongi (s. S. 113). Die lebhaftesten Straßen sind die drei parallel zur Sotobori-dōri auf Akasaka-Mitsuke zulaufenden Esplanade Akasaka Shopping Street, Akasaka Misuji-dōri [E9] und die Hitotsugi-dōri [E9]. Am südlichen Ende beim U-Bhf. Akasaka erheben sich die an Tokyo Midtown **57** erinnernden Bürotürme des Biz Tower (B1–F2 hauptsächlich Lokale, Bars, Cafés, Delikatessenläden) und von Akasaka Sacas mit eingebautem Shoppingcenter. Akasaka Blitz bietet 1500 Gästen Platz für Popkonzerte, Akasaka ACT ist ein Theater mit 1300 Plätzen für Dramen, Ballett und Musicals.

Erwähnt werden muss aber auch der Hie Jinja **55**, welcher zu den bedeutendsten Schreinen Tokyos gehört, berühmt vor allem wegen des Sannō-Matsuri.

◁ *Im Regierungsviertel Kasumigaseki*

54 National Diet Building (Kokkai-gijidō) ★★   [F8]
国会 議事堂

Ursprünglich hätte das Regierungsviertel dort entstehen sollen, wo sich heute der Hibiya-Park **6** befindet, aber der einem Sumpf abgewonnene Boden war nicht für eine Ansammlung schwerer Gebäude geeignet. So entstand das **Regierungsviertel** hinter dem Park im Stadtteil Kasumigaseki und Nagatachō. Schaustück ist das wuchtige Parlamentsgebäude *(Kokkai-gijidō)*, das auf Englisch den für uns seltsam klingenden Namen „National Diet Building" trägt. Dabei lautet die Übersetzung des lateinischen Begriffes „dieta imperii" Reichstag, und da wird uns der Begriff gleich vetrauter.

Das sehr unjapanische **monumentale Gebäude mit Granitfassade** wurde nach 17-jähriger Bauzeit 1936 fertiggestellt. Die Front ist 206 Meter lang und 21 Meter hoch, der Turm erreicht knapp 66 Meter Höhe. Das Gebäude kann wochentags besucht werden, die Führung dauert eine Stunde. Anmeldung in der Rezeption für Besucher an der NO-Ecke des Geländes. Das Schild lautet „Tours of the House of Councillors: Entrance". Individuelle Besucher werden gebeten, erst nach 9 Uhr zu kommen. Wenn das Unterhaus tagt, fallen die Führungen aus.

› **Kokkai-gijidō**, 1–7–1 Nagatachō, U: Nagatachō (Hanzōmon, Namboku, Yūrakuchō Line), Ausg. 1, 3 Min., Kokkai Gijidomae (Chiyoda, Marunouchi Line), Ausg. 1, 6 Min., Tel. 5521–7445, www.sangi in.go.jp/eng/info/dbt/index.htm, für Besucher Mo.–Fr. 8–16.30 Uhr geöffnet, Führungen auf Englisch zur vollen Stunde

Spaziergang

Wer das Parlament ⑤ *besichtigen möchte, kann den Spaziergang am U-Bhf. Kokkai-Gijidomae beginnen. Zunächst muss man zum Eingang für Besucher an der NW-Seite gehen.*

*Steht man vor dem Gebäude an der Ostseite, sieht man zur Rechten das Haus des Rates, das **Oberhaus** (sangi-in), und zur Linken das Repräsentantenhaus, das **Unterhaus** (shugi-in). Vor dem Parlamentsgebäude erstreckt sich ein 55 ha großer Park mit dem Parlamentsmuseum und einem Uhrturm im nördlichen Teil, der aus einem Park im westlichen Stil besteht und ein kleines Gebäude aufweist, das an einen römischen Tempel erinnert. Es ist der **Referenzpunkt für alle Höhenmessungen** in Japan. Der Südteil enthält einen **traditionellen japanischen Garten.** Auf dem Gelände des Gartens stand früher die Kaiserliche Villa Kasumigaseki; südlich nebenan liegen das Amt und die Residenz des Premierministers.*

*Das sechsstöckige Stahlbetongebäude der **Parlamentsbibliothek** (National Diet Library) steht nördlich des Parlaments. Hier werden alle japanischen Veröffentlichungen, Bücher, Zeitschriften, Karten, aber auch Filme und Schallplatten gesammelt. Sie kann besichtigt werden.*

*Nach der Besichtigung kann man von der Rückseite des Parlaments zwischen den Abgeordnetenhäusern 1 und 2 direkt auf den **Hie-Schrein** ⑤ zugehen. Eine steile Treppe (otokozaka) führt links direkt hinauf, ein deutlich weniger steiler Weg noch weiter links (onnazaka). Vom Schrein aus gesehen führt rechts eine Rolltreppe hinunter zur Sotobori-dōri. Man*

*kann diese nehmen oder links durch den Tunnel der roten Torii des Inari-Schreins die Treppe hinunterlaufen. Auf der anderen Seite der Straße gegenüber dem Schrein kommt man geradeaus in das Viertel mit den drei parallel verlaufenden Straßen voller Lokale, links zu den drei Hochhaustürmen von TBS. Hält man sich auf der Sotobori rechts (NW), kommt man zu den drei berühmten Luxushotels von Akasaka, insbesondere dem Hotel **New Otani** mit seinen drei Teilen, dem alten 17-stöckigen Hauptbau aus dem Jahre 1963, dem 40-stöckigen Tower von 1974 und dem 1991 fertiggestellten 30-stöckigen Garden Court, in dem sich das kleine New Otani Art Museum befindet mit Werken aus der Sammlung des Hotelgründers Yonejiro Otani. Sehenswert ist der im japanischen Stil angelegte 400 Jahre alte Hotelgarten, den man begehen kann, ohne Gast des Hotels sein zu müssen. Zugang hat man durch die Einkaufspassage des Garden Court. Direkt hinter dem New Otani beginnt das Gelände der sehr angesehenen katholischen Sophia-Universität (Jochi Daigaku) mit der St. Ignatius-Kirche.*

*In Akasaka-Mitsuke beginnt die Aoyama-dōri, der man zunächst rund 400 m folgt. Rechter Hand sieht man dann einen kompakten Tempelkomplex. Tatsächlich handelt es sich um den **Toyokawa-Inari-Schrein** ⑤, der zugleich den Zentempel Myogonji beherbergt. Direkt neben dem Schrein beginnt das weitläufige, für die Öffentlichkeit gesperrte Gelände des Akasaka-Palastes Tōgō Gosho, in dem der Kronprinz Naruhito mit seiner Fami-*

*lie wohnt, mit dem Akasaka-Staatsgäste-
haus (geihin-kan) nebenan. Dieses äußer-
lich dem Buckingham Palace und innen
dem Schloss von Versailles ähnelnde Gebäude wurde 1908 fertiggestellt und 1974
renoviert. Früher standen hier Wohnhäuser der mit den Shōgunen verwandten
Daimyō-Familie Kii. Der Palast kann nicht
besichtigt werden, man kann ihn aber auf
der Nordseite von außen sehen.*

   *Einige Hundert Meter weiter sieht man
linker Hand auf der anderen Straßenseite das gläserne Hauptquartier, von Tange entworfene Sōgetsu Kaikan der Sōgetsu
Ikebanaschule, mit dem von Isamu No-
guchi entworfenen Steingarten Tengoku
(Himmel) in der hohen Eingangshalle und
neben einem traditionellen Garten die ka-
nadische Botschaft mit ihrem berühmten
modernen Steingarten in den Umrissen
des Landes im F4, den man besichtigen
kann.*

   *Zwischen beiden Gebäuden geht es zur
Ostasiatischen Gesellschaft mit dem Goethe-Institut (s. S. 326) und einem Lese-
saal mit aktuellen deutschen Zeitungen
und Zeitschriften. Ein kurzes Stück weiter
entlang der Aoyama-dōri befindet sich auf
derselben Straßenseite (gegenüber ist noch
der Park des Akasaka-Palastes) im Aoyama Square das Japan Traditional Crafts
Aoyama Square, in dem man hochwertige Erzeugnisse traditioneller japanischer
Handwerkskunst betrachten und kaufen
kann. Es gibt aber auch preiswerte Artikel
zu erstehen, zusätzlich kann man immer
eine Vorführung eines Handwerks zu beobachten. Damit ist Aoyama erreicht und
der U-Bhf. Aoyama-itchōme (5 km).*

🟥 Hie-Schrein (Hie Jinja) ★★ [E8]

日枝神社

In der Edo-Zeit war dieser 1478 von *Ōta
Dōkan* gegründete **Schrein einer der
bedeutendsten,** weil er der Schutzgottheit der herrschenden Tokugawa-Familie, der Berggottheit Ō-yama Kui-no-
Kami geweiht war. Dessen Bote ist der
Affe, wie unschwer am Treppenaufgang
zum Schreingebäude zu sehen ist. Der
Schrein dient heute dem Schutz vor Fehl-
geburten und Kinderkrankheiten. Der im
klassischen Shintō-Stil erbaute, im Großen Feuer von 1657 verbrannte und
am jetzigen Platz unter Shōgun Ietsuna
1659 neu errichtete Schrein fiel nach einem der zahlreichen Luftangriffe 1945
ein zweites Mal den Flammen zum Opfer. Das Schreingebäude wurde 1959,
das Tor 1962 wiederaufgebaut. Zwei
Wege führen von der Rückseite an der
Sotobori-dōri hinauf, der linke, von To-

☑ *Tor zum Hie-Schrein*

Politik in Japan – die ewige Dominanz der LDP

Die konservative Liberaldemokratische Partei (LDP, kurz: Jimintō) stellt seit dem Kriegsende mit kurzen Unterbrechungen (zuletzt 2009 bis 2012) die Regierung. Das hat relativ einfache Gründe: Sie ist USA-freundlich, pflegte stets gute Beziehungen zu Big Business und Bürokratie („Eisernes Dreieck"). Außerdem unterhielt die LDP zumindest von der Nachkriegszeit bis in die 1990er-Jahre auch gute Beziehungen zum organisierten Verbrechen, den Yakuza, die mit den von ihnen kontrollierten Schwarzmärkten u. a. die Wirtschaft wieder in Gang bringen halfen. Die Partei profitierte mit ihrer Klientelpolitik am stärksten vom Wahlsystem, das bis in die 1990er-Jahre den ländlichen bevölkerungsarmen Wahlkreisen unverhältnismäßig viel Einfluss gab, was die LDP durch Begünstigung der Bauern für den kontinuierlichen Machterhalt nutzte. Auch nach der Wahlreform behält sie ihre Klientelpolitik bei. Angesichts der vielen kleinen Oppositionsparteien reichen ihr 20 % Rückhalt in der großteils konservativen Bevölkerung für den Machterhalt.

rii gesäumte, führt zunächst zu einem Inari-Schrein, der rechte bequem per Rolltreppe hinauf. Es gibt auch ein kleines **Museum,** das über das berühmte **Schreinfest Sannō Matsuri** informiert: Es findet in den geraden Jahren Mitte Juni statt und gehört zu den drei großen Festen Tokyos.

> **Hie Jinja,** 2-10-5 Nagatachō, U: Akasaka (Chiyoda Line), 5 Min., Akasaka-Mitsuke (Ginza, Marunouchi Line), 8 Min., Kokkai-gijidomae (Chiyoda, 5 Min., Marunouchi Line, 8 Min., Tameike-sanno (Ginza, Namboku, Marunouchi Line), 5 Min., Tel. 3581–2471, www.hiejinja.net/en

56 Toyokawa-Inari-Tempelkomplex ★★ [E8]
豊川稲荷東京別院

Mit der in Japan bis zur Meijizeit häufigen **Schrein-Tempel-Kombination** hat es in diesem Fall folgende Bewandtnis: Im 13. Jh. geriet der dritte Sohn von Kaiser Juntoku, Kanganzenji, der auch Zen-Priester war, auf der Rückfahrt von China in einen schweren Sturm. Das Schiff schien schon verloren, da erschien ihm die buddhistische Dakini (zugleich Shintōgottheit Inari) auf einem weißen Fuchs reitend mit einem Reisbüschel auf dem Rücken. Dieses Bild schnitzte er nach seiner Heimkehr. In der ersten Hälfte des 18. Jh. residierte der Daimyō Oda Tadasuke auf der anderen Straßenseite. Er stammte aus Toyokawa, brachte die Dakini-Figur mit und errichtete für sie einen Schrein. Er war Magistrat Edos und hatte einen guten Ruf, so organisierte er die ersten Feuerwehren für die allgemeine Bevölkerung und nicht nur für die Anwesen der Daimyōs. Die Figur selbst wird nicht gezeigt, es gibt aber ein Foto von ihr. Die **Füchse** vor dem Tempel sind eindeutige Attribute eines Inari-Schreins. Die **Kannonstatue Kodakura Kanzein Bosatsu** hält einen Säugling in ihren Armen, zu ihr beten Gläubige um gesunde Kinder und Wohlstand der Familie. Der Migawari Jizō, ebenfalls buddhistischer Herkunft, übernimmt freundlicherweise die Probleme und Schwierigkeiten der Menschen, die zu ihm beten. Es gibt auf dem mit Fahnen

KURZ & KNAPP

Ryōtei

Ryōtei sind **hochklassige Gasthäuser** im japanischen Stil mit hervorragendem traditionellen Service, in die man normalerweise nur in Begleitung eines Stammgastes kommt. Die Küche ist meist Kaiseki (s. S. 251), für eine Mahlzeit muss man mit mehr als 10.000 ¥ pro Person rechnen, allerdings bezahlt üblicherweise der Gastgeber diskret für alle. Politiker treffen sich gern mit Vertretern des Big Business in solchen Gourmettempeln. Beispiel für ein erschwingliches Ryōtei in Akasaka: 🍴**124** [E8] **Kinryu** ¥¥¥, 3-17-2 Akasaka, 11.30-14.30 und 17.30-23 Uhr. Elegantes Ryōtei, in dem auch Ausländer willkommen sind, Lunch knapp 5000 ¥.

dankbarer Gläubiger geschmückten Gelände noch eine komplette Sammlung der Sieben Glücksgötter, einen achteckigen Schrein für dessen Gründer, dazu weitere kleine Schreine, das Veranstaltungshaus Tokyo Toyokawa Bunka Kaikan für Hochzeitsempfänge, religiöse und weltliche Anlässe wie Ausstellungen, Basare, Kalligraphie- und Ikebanaausstellungen; eine Cafeteria ist auch vorhanden. Es gibt auch die Möglichkeit, kleine Snacks wie Kitsune Udon oder Oden im Laden zu kaufen und gleich auf dem Gelände zu verzehren.

❯ Toyokawa Inari Tōkyō Betsu-in, 1-4-7 Moto-Akasaka, U: Akasaka-Mitsuke (Ginza, Marunouchi Line) Ausg. B, 5 Min.; Nagatachō (Hanzōmon, Namboku Line) Ausg. 7, 5 Min.

△ Kannonstatue Kodakura Kanzein Bosatsu im Toyokawa-Tempel 🔴**56**

Kulinarisches

🍴**125** [E8] **Akasaka Rikyu** ¥¥-¥¥¥, 5-3-1 Akasaka, U: Akasaka, www.rikyu.jp, Mo.-Fr. 11.30-14.30 u. 17-22, Sa./So. 11.30-21 Uhr. Gesunde chinesische Küche mit besten Zutaten, wenig Öl und Gewürze, dennoch voller Geschmack. Auch in der Ginza und Shinjuku.

🍴**126** [E8] **Ikinari Steak** ¥¥-¥¥¥, Akasaka Sacas, 5-3 Akasaka, tägl. 11-21 Uhr. Ausgezeichnete Steaks, zum Lunch feste Menüs, sonst Preis nach Gewicht. Leider kann nur im Stehen gegessen werden. Viele Filialen.

🍴**127** [E8] **Ikkon** ¥-¥¥, Oogiya Bldg., F6, 3-9-4 Akasaka, Tel. 3586-4888. Izakaya mit Karaoke in fünf separaten Zimmern für private Partys, leckeres Essen mit Gerichten wie z. B. Meerbrasse auf Reis mit grünem Tee um die 700 ¥, am besten unter der Woche.

🍴**128** [E8] **Moti Akasaka** ¥-¥¥, 2-14-31 Akasaka, U: Akasaka, 1 Min., Mo.-Sa. 11.30-23, So. 12-23 Uhr. Ausgezeichnetes authentisches indisches Essen.

Roppongi und Azabu

六本木, 麻布

Während **Akasaka** noch manches vom Hauch des alten Tokyo in den kleinen Gassen, Tempeln und Schreinen bewahrt hat, sind **Roppongi** mit Azabu und Hiroo die internationalsten Stadtteile, die kein vergnügungssüchtiger Ausländer auslässt. Hier stehen die teuersten Wohnungen für Ausländer, denn Akasaka, Roppongi, Azabu und Hiroo beherbergen auch die meisten Botschaften. Seit den 1960er-Jahren zogen die kosmopolitisch orientierten Cafés und Bars die intellektuelle Elite, Unterhaltungskünstler, Modeschöpfer und andere Berühmtheiten an, aber auch die Yakuza, die das Vergnügungsbusiness zu einem großen Teil kontrollieren.

Begonnen hatte die Attraktivität Roppongis als gehobenes Wohnviertel während der Meiji-Zeit, als sich hier höhere Beamte und wohlhabende Unternehmer niederließen. Der Name **Roppongi** bedeutet „sechs Bäume", vermutlich bezieht sich das auf sechs Samurai-Familien, die das Zeichen für Baum als Bestandteil ihrer Namen hatten.

Die Tatsache, dass in Roppongi auch zwei Regimenter der Kaiserlichen Armee stationiert waren, führte indirekt zu dem westlich orientierten, internationalen Gesicht, das so kennzeichnend für das Roppongi von heute ist. Nach der Kapitulation Japans im Zweiten Weltkrieg ließen sich nämlich genau dort die **amerikanischen Besatzer** nieder, und es entstanden in der Nachbarschaft nach und nach zahlreiche Etablissements, die dem Amüsement der ausländischen Soldaten dienten: Bars, Cafés, die erste Pizzeria und andere Restaurants, Discos.

Im Laufe der Jahre kam eine Vielfalt von Geschäften und Boutiquen hinzu. Richtig zu leben begann das Vergnügungszentrum vor 2003 (vor der Fertigstellung von Roppongi Hills **60**) eigentlich erst mit der Dunkelheit. Die abendlichen Trips beginnen meist an der Roppongi-Kreuzung. Ein anderer populärer Treffpunkt ist die **Maman-Skulptur** in **Roppongi Hills 60**. Die Roppongi-zoku (-Clique) vergnügt sich meist bis in die frühen Morgenstunden.

Es gibt jedoch inzwischen auch sehr interessante **Einkaufsmöglichkeiten**, z. B. in den **Roppongi Hills** (200 Läden, Lo-

kale und Cafés), das jeden Tag 100.000 Besucher, an Wochenenden dreimal so viel anzieht, ähnlich in der zweiten „City within the City", **Tokyo Midtown 57**. Neben Boutiquen und Modestudios haben sich zahlreiche Plattenfirmen und Filmproduktionen in Roppongi niedergelassen. Erwähnenswert sind auch die Museen und Galerien des „**Art Triangle**".

Heute gibt es auch in diesen Vierteln viele Bars und Esslokale. **Hiroo** gilt als **Ausländer-Wohngebiet:** Viele ausländische Firmen bringen dort ihre Angestellten und Familien in stark bezuschussten Apartments unter. Es haben sich deshalb zwei der größten westlich orientierten **Supermärkte** (National Azabu und Meidi-ya) dort angesiedelt, in denen Ausländer zwei Drittel der Kundschaft stellen.

Der südlich der österreichischen Botschaft gelegene **Tempel Zenpukuji**, auf dessen Gelände der mit über 750 Jahren älteste Ginkgo-Baum Tokyos (Wappenbaum der Stadt) steht und wo ab Mitte des 19. Jahrhunderts die amerikanische Gesandtschaft untergebracht war, ist einen Besuch wert.

Abends bleibt sich Roppongi hingegen weitgehend treu: Vom Ausg. 1 (U: Roppongi) strömen die Menschen immer noch wie seit Jahrzehnten zum Treffpunkt vor dem **Café Almond** an der Roppongi-Kreuzung und gehen danach in Lokale (darunter sehr viele internationale Restaurants), Bars, Discos, Klubs, einschließlich Strip-Klubs, in die einen die Schlepper bringen wollen; der Markt der Karaoke-Klubs ist ebenfalls heiß umkämpft und gehört für Japaner zu einem guten Abend dazu. Der nach SO führende Ast der Gaien-Higashi weist die größte Zahl an Lokalen auf, dazu aber auch teils interessante Geschäfte.

⌂ *Spinnenskulptur „Maman"*
in Roppongi Hills **60**

Rundgang Roppongi

Ausgangspunkt ist *Ausg.1 am U-Bhf. Roppongi [E9] vor dem* **Café Almond,** *dem bekanntesten Café Tokyos, seit Jahrzehnten der beliebteste Treffpunkt für die abendlichen Roppongibummel, als Filiale einer unbedeutenden Kette jedoch nur Durchschnitt. Nach Querung der Roppongi-dōri unter der Stadtautobahn Nr. 3 hindurch geht es in die Fortsetzung der Gaien-Higashi-dōri. Auf beiden Seiten gibt es mehrere günstige Lokale. Nahe Ausg. 6 befindet sich das inzwischen meist geschlossene* **Haiyū-za Theater** *(4-9-2 Roppongi), in dem manchmal Filme gezeigt werden.*

Nach etwa 200 m beginnt rechts der unübersehbare Komplex von **Tokyo Midtown** 🔴 *mit großem Einkaufs- und Lokalzentrum, dem* **Suntory Museum of Art** *(s. S. 117), Ritz Carlton Hotel, dazu die* **Design 21-Galerie** *(s. S. 117) im attraktiven* **Hinokichō-Park.** *Hier hatte die Self Defense Force, die in andern Ländern dem Militär entspricht, was aber laut japanischer Nachkriegsverfassung nicht länger vorgesehen ist, ihr Hauptquartier. Nach dem Bummel durch Midtown geht es durch die Verlängerung des Hinokichō-Parks auf derselben Straßenseite weiter zur Kreuzung mit der Nogizaka (Nogi-Hangstraße) [D9]. Dahinter liegt der kleine* **Nogi-Park** 🔴 *mit dem schlichten Wohnhaus und Pferdestall von General* **Nogi,** *dem Helden des Russisch-Japanischen Krieges, und dem gleichnamigen seinem kami geweihten Schrein nebenan. Der wurde ihm zu Ehren errichtet, nicht zuletzt, weil er mit seiner Frau nach dem Ableben des Meiji-Tennō aus Loyalität ri-*

tuellen Selbstmord beging. Für Freunde der Architektur gibt es auf der anderen Straßenseite die kostenlose Toto Gallery Ma mit häufigen Ausstellungen namhafter Architekten.

Zurück auf dieser (westlichen) Seite der Gaien-Higashi steht die **Mercedes-Benz Connection** *(7-3-10 Roppongi, Tel. 3423-8775, 7-23 Uhr), ein sehenswerter Showroom mit Café und Restaurant des Sternekochs Ryu Iizuka, in dem ein Lunchmenü für unter 2000 ¥ verkostet werden kann. Gegenüber dem Midtown führt eine Straße nach rechts zum* **National Art Center Tokyo** 🔴 *, in dem nur Wechselausstellungen veranstaltet werden, aber die hochgerühmte gewellte Fassade allein ist schon sehenswert.*

Der Laden Souvenir From Tokyo im Innern ist einen Besuch wert. Von dort ist es nicht weit nach **Roppongi Hills** 🔴 *mit dem* **Mori Tower** *(Mori Art Museum, Tokyo City View, Kinokomplex mit neun Kinos, darunter das Mama Klub Theater mit Kleinkindbetreuung, und 200 Läden, Lokalen und Cafés),* **Grand Hyatt Roppongi** *(das von „Lost in Translation" ist jedoch das Park Hyatt und steht in Shinjuku), Luxusapartments,* **TV Asahi,** *einem hübschen Garten und - nicht zu vergessen - die Keyakizaka-(Zelkoven)dōri, von der man abends einen schönen Blick auf den meist rot angestrahlten* **Tokyo Tower** 🔴 *hat, der besonders im Dezember schön ist. Vorne am Eingang steht die Riesenspinne Maman als Treffpunkt. Die beiden „Cities in the City" haben das Niveau von Roppongi erheblich angehoben (3 km).*

Spaziergang nach Azabu-Jūban

Ein schöner Weg führt von **Roppongi Hills** 🟠 *entlang der* **Keiyaki-zaka-dōri** *(Zelkoven-Hangstraße) mit Blick auf den* **Tokyo Tower** 🟠 *hinunter zur Nationalstraße Nr. 319 und der von Roppongi kommenden* **Imoarai-zaka** *(Kartoffelwasch-Hangstraße). Rechts an der Ecke steht eine Filiale des Medien-Riesen Tsutaya mit Café und Buchladen, wo man bis 4 Uhr morgens stöbern kann. Wenn man die schmale Imoarai-zaka ein Stück zurück in Richtung Roppongi-Kreuzung geht, sieht man rechter Hand das braunbeige, horizontal gestreifte* **Striped House Museum of Art**, *das auf vier Etagen Avantgarde-Skulpturen ausstellt (Mo.–Sa. 11.30–18.30 Uhr, Eintritt: frei, guter Buchladen). Auf derselben Straßenseite unterhalb steht schräg gegenüber Tsutaya Roppongi ein Stück zurückversetzt oberhalb der Komplex des* **International House of Japan** *(Kokusai Bunka Kaikan), das dem kulturellen Austausch und der intellektuellen Zusammenarbeit zwischen Japan und Übersee gewidmet ist. Ein Café, Restaurant und vor allem ein schöner* **japanischer Garten**, *der einst dem Kyogoku-Clan aus Kagawa gehörte, laden zum Verweilen ein.*

Richtung Azabu-Jūban steht in einer ansteigenden Seitenstraße die Botschaft der Republik Singapur.

In Höhe des erst seit dem Jahr 2000 bestehenden U-Bhf. **Azabu-Jūban** *steht links der kleine* **Jūban-Inari-Schrein.** *In seiner Umgebung gibt es zahlreiche Läden und Lokale, die das Viertel so attraktiv machen, eine Mischung aus traditionellen und modernen Läden. Zu erwähnen ist*

eine Filiale der Peacock-Supermärkte, die besonders auf hier lebende Ausländer ausgerichtet ist. Die Umgebung ist auch als **Azabu Shopping Town** *bekannt.*

Im Wohnviertel südwestlich der großen Kreuzung befindet sich wenige Minuten entfernt eine andere, weniger bekannte Sehenswürdigkeit, der 824 vom berühmten Mönch **Kukai** *(Kōbo Daishi) ursprünglich als Tempel der Shingon-Sekte gegründete* **Zempukuji** *(1-6-21 Motoazabu), eher bekannt für seinen 700 Jahre alten Ginkgobaum mit seinem Stammumfang von neun Metern, der Legende nach gewachsen aus dem Wanderstock, den der Gründer der Jōdō-Shinshū, Shinran, dort einst in den Boden gesteckt haben soll. Seit 1232 gehört der von den Bewohnern des Viertels respektvoll „Azabu-san" genannte Tempel zu dieser Sekte. Und er ist dafür bekannt, dass hier zu Beginn der Meiji-Zeit die amerikanische Gesandtschaft unter Townsend Harris eingerichtet wurde.*

Höhepunkt des Jahres ist für die Bewohner Azabu-Jūbans das dreitägige **Azabu-Jūban Matsuri** *am dritten Wochenende im August. Es handelt sich um ein Straßenfest mit Essständen, einem internationalen Basar, Blaskapellen, Tänzen, u. a., das mehr als zehntausend Menschen jährlich anzieht (2 km).*

▷ *In Tokyo Midtown*

57 Tokyo Midtown ★★ [D9]

Der riesige Komplex Tokyo Midtown beinhaltet einige Highlights: Die Kollektion
des **Suntory Museum of Art** steht unter
dem Motto „Kunst im Leben" und bezieht sich auf alte japanische Kunst und
Kunsthandwerk. Das Museum umfasst
3000 Objekte, die in Bezug zum Leben
in Japan stehen. Es gibt keine Dauerau-
stellung, sondern wechselnde Ausstellungen zu verschiedenen Themen.

❭ **Suntory Bijutsukan,** Tokyo Midtown Gardenside 9-7-4 Akasaka, U: Roppongi (Toei
Oedo Line, Ausg. 8, Hibiya Line, Zugang
durch Tunnel), Nogizaka (Chiyoda Line) Ausg.
3, 3 Min., Tel. 3479-8600, www.suntory.
com/sma, So.-Do. 10-18, Fr./Sa. 10-
20 Uhr, Eintritt je nach Ausstellung, meist
1300 ¥, Audioguide 500 ¥

Das **21_21 Design Sight**, ein flacher,
spektakulärer Bau von Ando Tadao besteht aus Beton und Glas. Er befindet
sich am Rande des Hinokichō-Parks im
Tokyo-Midtown-Komplex und dient neben der Funktion als Galerie auch als
Treffpunkt für Designer, Künstler und
Firmenvertreter.

❭ 9-7-6 Akasaka, Tel. 3475-2121,
www.2121designsight.jp/en, Di.-So. 11-
20 Uhr, Eintritt je nach Ausstellung, meist
1000 ¥

58 Nogi-Park mit Wohnhaus und Schrein ★ [D9]

乃木神社

Der kleine Nogi-Park enthält das schlichte schwarze **Wohnhaus von General Nogi**
und seinen Pferdestall. Die Idee für das
Haus kam Nogi während seiner Ausbildung in Deutschland, das Haus ist aber
französisch beeinflusst. Er war der Held
des Chinesisch-Japanischen und Russisch-Japanischen Krieges, doch er beging nach dem Tod seines Kaisers (Meiji) am 13.09.1912 gemeinsam mit seiner Frau rituellen Selbstmord im Geiste
der Samurai, um ihm auch nach dem
Tod noch zu Diensten sein zu können.
Das Haus der Nogis wird nur am 12. und
13.9. für Besucher geöffnet, aber man
kann von außen durch die Fenster ins Innere sehen.

Der kleine **Nogi-Schrein,** der den beiden geweiht ist, steht hinter dem Haus.
Dort findet an jedem vierten Sonntag
im Monat ein beliebter Antiquitätenfloh-
markt statt.

❭ 8-11-27 Akasaka,
U: Nogizaka (Chiyoda Line), Eintritt frei

59 National Art Center Tokyo ★★ [D9]

国立新美術館

Das Zentrum bietet im Gegensatz zu vielen anderen Museen der Stadt **wechselnde Kunstausstellungen**.

Die maximal **14.000 qm große Ausstellungsfläche** ist eine der größten in Japan. Allein schon das Gebäude ist mit seiner gewellten Glasfassade ein architektonisches Highlight.

› Kokuritsu-Shin-Bijutsukan, 7–22–2 Roppongi, U: Nogizaka (Chiyoda Line), Ausg. 6, Roppongi (Toei Oedo Line), Ausg. 7, 4 Min., Hibiya Line, Ausg. 4a, 5 Min., Tel. 5777–8600, www.nact.jp/de/index.html, Mi./Do., Sa.–Mo. 10–18, Fr. 10–20 Uhr

60 Roppongi Hills mit Mori Art Museum ★★ [D10]

森美術館

Der riesige Komplex beherbergt unter anderem die Kunstgalerie **Mori Art Museum**, das sich im F53 des Mori Tower befindet. Die Ausstellungen, meist bedeutende Künstler der Gegenwart, wechseln periodisch. Das Programm gibt es im TIC (s. S. 325) im Faltblatt des „Roppongi Art Triangle" oder online über die Website.

› Roppongi Hills, www.roppongihills.com.e.nt. hp.transer.com, tägl. 11–21 Uhr (Restaurants 11–23 Uhr)
› Mori Bijutsukan, F53, Roppongi Hills Mori Tower, 6–10–1 Roppongi, U: Roppongi (Hibiya Line, Ausg. Roppongi Hills, Toei Oedo Line, 4 Min., Azabu-Juban (Toei Oedo Line), 5 Min., www.mori.art.museum/eng, tägl. Mi.–Mo. 10–22, Di 10–17 Uhr, Eintritt meist 1500 ¥, je nach Ausstellung berechtigt er zum kostenlosen Besuch der Aussichtsgalerie Tokyo City View. Für 300 ¥ extra darf man aufs Dach.

KURZ & KNAPP

Weshalb die Spinne Mama heißt

Louise Bourgeois (1911–2010) nannte die 9 m hohe Spinnenskulptur mit ihren 26 Marmoreiern im Korb *Maman* (Mutter), um damit ihre eigene Mutter zu ehren, die Restauratrice französischer Wandteppiche war und somit Gewebe erneuerte, so wie eine Spinne immer wieder ihr Netz neu spinnt. Die Künstlerin hatte eine positive Einstellung zu Spinnen, die ja Ungeziefer fressen und daher nützlich sind. Es gibt weltweit mehrere Abgüsse. Der in Roppongi Hills 60 ist ein beliebter Treffpunkt.

61 Reiyukai Shakaden ★ [F10]

霊友会

Der Reiyukai Shakaden ist ein **beeindruckender Tempel der Reiyukai** („Spiritual-Friendship-Association"), einer Laienorganisation des Nichiren-Buddhismus mit gewaltigem, schrägen, von zwei goldenen Ringen gekrönten Pyramidendach und großem Buddha im Innern (sowie 400 Tonnen Trinkwasser im Tiefgeschoss für Katastrophenfälle).

› 1–7–8 Azabudai, www.reiyukaiindia.org/shakaden.asp, tagsüber geöffnet

Kulinarisches

- ⌂129 [E10] Afuri ¥, 1–8–10 Azabu-Jūban, tägl. 11–4 Uhr. Rāmen in angenehmer Atmosphäre wie in einem Café. Beliebt: Yuzu-shio-Rāmen mit dem Saft der Yuzu-Orange.
- ⌂130 [D10] Chien-Fu ¥, Sai Bldg., 2–1–22 Nishi-Azabu, F4, U: Roppongi, Ausg. 1B, 11–22 Uhr. Taiwanesische vegetarische Küche ohne Zwiebeln oder Knoblauch, mit gekonnten Fleischimitationen, günstiger Lunch.

131 [E10] **Eat More Greens** ¥¥, 2-2-5 Azabu-Jūban, U: Azabu-Jūban, Ausg.4, www.eatmoregreens.jp, Mo.-Fr. 11-23, Sa./So. 9-23 Uhr. Eines der besten vegetarischen Lokale Tokyos. Angenehme Terrasse, lange Theke, Gerichte und tgl. wechselndes Lunchmenü u. Reisgericht, auch kleine Tea-Time-Gerichte.

❯ **Ganchan** (s. S. 260)

132 [E10] **Homework's** ¥¥, Vesta Bldg., F1, 1-5-8 Azabu Jūban, U: Azabu Jūban, Ausg.4, Mo.-Sa. 11-21, So. 11-18 Uhr. Selbst zubereitete Gourmetburger in drei Größen, zahlreiche Toppings, Salate, Sandwiches.

133 [E9] **Ichioku** ¥-¥¥, 4-4-5 Roppongi, www.ichioku1968.com, tägl. 11.30-14.30 u. 18-23.30 Uhr. Kleines, meist volles Izakaya; hier bestellen fast alle Besucher Tofusteak mit Bonitoflocken, Lunchsets aller Art zum Festpreis.

134 [E9] **Kōrakuen Chūka Soba** ¥, 7-14-13 Roppongi. 24 Std. geöffnetes, beliebtes Chūka-Rāmen-Lokal an der Roppongi-Kreuzung.

135 [D10] **Lauderdale in Roppongi Hills** ¥¥, F1 Keyakizaka Terrace. Expats kommen am Wochenende gern zum Brunch 8-16 Uhr, Gerichte zw. 1500-2000 ¥ inkl. 1 Beilage und 1 soft drink.

136 [E10] **Shiroikuro**, 2-8-1 Azabu-Jūban, tägl. 10-18 Uhr. Klassische japanische Süssigkeiten nach Kyōto-Art in Weiß und Schwarz, am beliebtesten sind *kuromame shio daifuku* (gesalzene Mochi gefüllt mit schwarzem Bohnenmus).

Unterhaltung

137 [E10] **Bar Del Sole**, 6-8-14 Roppongi, nahe Roppongi Hills, 11-24 Uhr. Barrista-Kaffee, schneller und günstiger Espresso an der Bar, auch Lunch oder Dinner-Sets, Eis u. a., angenehmer Patio.

138 [D10] **Bullet's**, 1-7-11 Nishi-Azabu, B1F, www.bul-lets.com, So.-Fr. 22-5, Sa. 23-5 Uhr, Eintritt: 2000 (Fr.), 1500 (Sa.) ¥. Livemusik in gemütlicher Umgebung ohne Schuhe auf Teppich, Sofas oder Matratzen.

139 [E9] **Pasela Resorts Roppongi**, 5-16-3 Roppongi, Tel. 0120 911086, www.pasela.co.jp, Mo.-Fr. 17-8, Sa./So. 14-8 Uhr. Mittlerweile überall in der Stadt zu finden. Angenehme Atmosphäre, Karaoke-Boxen in balinesischem Dekor, 3 Std. Karaoke mit 10 Gerichten 3700 ¥, 3 Std. Getränke 1500 ¥.

140 [D10] **Shinsekai**, 1-8-4 Nishi-Azabu, B1, http://shinsekai9.jp, meist ab 19 Uhr, Eintritt meist 3000 ¥ (inkl. 1 Getränk). Livekonzerte verschiedener Stilrichtungen.

141 [D10] **SuperDeluxe**, 3-1-25 Nishi-Azabu, B1F, nahe Roppongi Hills, www.super-deluxe.com, Mo.-Sa. 18-2 Uhr. Avantgarde-Künstlersalon, alles in einem: Bar, Galerie, Küche, Jazzklub, Kino, Bibliothek, Schule, kurz: ein sehr kreativer Ort, dazu das hervorragende Bier „Tokyo Ale".

142 [E9] **The Pink Cow**, B1F, Roi Bldg., 5-5-1 Roppongi, www.thepinkcow.com, Di.-Do., So. 17-5, Fr./Sa. 17-3 Uhr. Seit Langem beliebt unter Expats, hier ist immer etwas los, gutes Essen, dazu Kunst und Musik.

Shopping

143 [E10] **Asa no Ha**, Sakurai Bldg., 1-5-24 Azabu-Jūban, So.-Do. 10.20-19 Uhr, Fr./Sa. bis 20 Uhr, Tel. 3405-0161, www.artsou.co.jp/shop-en. Originelle *tenugui* (bunte Tücher, teils Hand-, teils Taschentücher) in über 300 Mustern, Fächer u. a. Souvenirs.

144 [E10] **Blue and White**, 2-9-2 Azabu-Jūban, Mo.-Sa. 11-18 Uhr. Alles in Blau-Weiß (Indigo und Sashiko): Yukatas, Tenugui (bedruckte Baumwolltücher) u. a.

❯ **Tokyo Midtown** 57, u. a. **The Cover Nippon**, F3 Galleria (edles japanisches Kunsthand-

07 2to-ml

werk), **Fujifilm Square** West F1 (die Welt der Fotografie, kostenlos), **Fukumitsuya**, B1 Galleria (Reiswein und Sakeprodukte), **Billboard Live Tokyo**, F4 (angesagter gepflegter Supper-Klub); **Precce Premium**, B1 Tokyo Midtown Gardenside (gut ausgestatteter 24-Std.-Supermarkt); **Restir Boutique**, F1 Galleria (luxuriöse Designerobjekte)

Kultur

●**145** [E9] **Reisenkai Japanese Culture School**, 5–7–3 Roppongi, U: Roppongi 2 Min., gleich beim Hard Rock Café, www. reisenkai.com. Interessierte können hier 30 Min. Einführung in das eigenhändige Spielen von *koto* und *shamisen,* eine einstündige Einführung in Kalligrafie, Kimono, Ikebana u. a. bekommen (Anmeldung einen Tag vorher, weiße Socken tragen!). Zwischen 2700 und 5000 ¥ pro Lektion.

Shinjuku

Shinjuku und Umgebung bieten den **geschäftigsten Bahnhof der Welt** ❻❷, ein **Wolkenkratzerviertel** mit spektakulärem, kostenlosen Ausblick vom F45 im Rathaus ❻❸, Kaufhäuser mit riesiger unterirdischer Einkaufs- und Lokalpassage, das **verruchte Vergnügungsviertel Kabukichō**, einen großen japanisch-**westlichen Park** ❻❼, Koreatown Higashi-Ōkubo und beliebte westliche Vororte.

Vor der Meiji-Zeit lag Shinjuku noch außerhalb der Stadtgrenzen, es gab dort preiswerte Unterkünfte und Bordelle. Shinjuku („neue Unterkünfte") war ein typisches Poststädtchen am Kōshū Kaidō, der von Edo ausgehenden Fernstraße über Yamanashi in Richtung Kyōto. Seit der Eröffnung des Bahnhofs Shinjuku ❻❷ 1889 entwickelte sich die Gegend schnell zu einem Vergnügungviertel für die unteren Einkommensschichten. Erst seit 1932 gehört der Stadtteil zu Tokyo.

Die beiden Seiten des Bahnhofs sind sehr verschieden: Auf der Westseite liegt mit Ausnahme der unmittelbaren Umgebung des Bahnhofs die steril wirkende, geordnete Ansammlung von Wolkenkratzern mit dem monumentalen, vom berühmten japanischen Architekten Tange Kenzō entworfenen Rathaus ❻❸. Die Ostseite ist dagegen mit den engen Gassen des Vergnügungsviertels Kabukichō, dem Labyrinth der unterirdischen Einkaufspassagen, den Kaufhäusern, Läden, Lokalen und Kinos, nicht zu vergessen dem Hanazono-Schrein ❻❽ und dem Park Shinjuku Gyoen ❻❼, ein wenig chaotisch.

◮ *Eingang zu Tokyo Midtown* ❺❼

Rundgang

Der Bummel durch Shinjuku beginnt am besten auf der W-Seite, da Kabukichō auf der Ostseite erst abends seine Attraktivität entfaltet. Vom Bahnhof unterirdisch oder oberirdisch entlang der Chūō-dōri verläuft der schnellste Weg zum **Rathaus** ❻❸ *mit Aussichtsplattformen. Unterwegs gibt es in den diversen Bürotürmen Showrooms, Galerien namhafter Kamerahersteller, Museen, Restaurantetagen (ganz unten sowie ganz oben mit entsprechend guter Aussicht). Direkt am Bahnhof sind jedoch die Kaufhäuser Odakyū und Keiō zu erwähnen und unterhalb dieser ein unterirdisches Stadtviertel voller Lokale und Läden. Nahe dem W-Ausg. bei U: Shinjuku-Nishiguchi (Toei Oedo Line) gibt es in der Lokalgasse Omoide Yokocho mit Yakitori-Hühnerspießchen und gegrillten Eingeweiden ein Relikt aus der Nachkriegszeit.*

Gegenüber dem Modekaufhaus Lumine an der SW-Seite des Bahnhofs gibt es ein kompaktes Viertel voller Kamerageschäfte und großenteils preiswerter Lokale („camera town"). Hierher kommen die Salarymen zur Mittagspause und nach Feierabend. Im Rathaus schließlich kann man entweder den Nord- oder den Südturm für die kostenlose Auffahrt wählen, Gepäck wird vorher grob untersucht, das Tourist Information Center (s. S. 325) ist immer einen Besuch wert, dort sind auch Freiwillige zugegen, die eine kurze Führung durch das Rathaus, ggf. auch allein mit Ihnen, durchführen. Die Cafeteria im F32 ist eine typische Firmenkantine, in der Besucher aber ebenfalls essen dürfen. Nicht nur mittags ist ein Bummel durch den Shinjuku Central Park lohnend, besonders bei schönem Wetter, wenn zahlreiche Angestellte dort auf dem Rasen ihr Bentō verzehren. An der Ostseite des Parks steht der Kumano-Schrein in Vertretung der berühmten, seit Jahrhunderten von Pilgern aufgesuchten Kumano-Schreine auf der Kii-Halbinsel südlich von Kyōto und Nara.

Auf dem Rückweg zum Bahnhof kann man entlang des Kōshū-Kaidō dem **Kostümmuseum** ❻❹ *einen Besuch abstatten. Dieser Straße kann man dann zurück zum Bahnhof und zur Brücke über die Gleise auf die Ostseite folgen. Südlich vor der Brücke ist die Southern Terrace zu erwähnen, auf der die Menschen gern entlangflanieren. Cafés u. a. gibt es genug zur Auswahl, und vom F19 im Southern Tower hat man einen sehr guten Blick auf die Ostseite von Shinjuku mit den Bahngleisen und dem großen* **Park Shinjuku Gyoen** ❻❼.

Vorbei am neuen Busterminal Busta und den großen Takashimaya-&-Tokyu-Hands-Filialen geht es südöstlich zum weitläufigen **Park Shinjuku Gyoen** ❻❼. *Nächstes Ziel ist der Hanazono-Schrein* ❻❽ *und das Barviertel Golden Gai, das auch tagsüber wegen der zahlreichen winzigen Lokale schon lebendig ist. Auf dem Rückweg zum Bahnhof bzw. auf dem Weg nach Kabukichō liegen das Isetan-Kaufhaus, das Bücherkaufhaus Kinokuniya und Biclo (Bic Camera/Uniqlo). Alternativ geht man entlang der Meiji-dōri nach Norden und zwar zur „Koreatown" in Higashi-Ōkubo. Erwähnenswert ist der Stadtteil Shinjuku 2-chōme: hier gibt rund 250 Homosexuellen-Bars, nicht wenige heißen aber auch Heteros willkommen (5–6 km).*

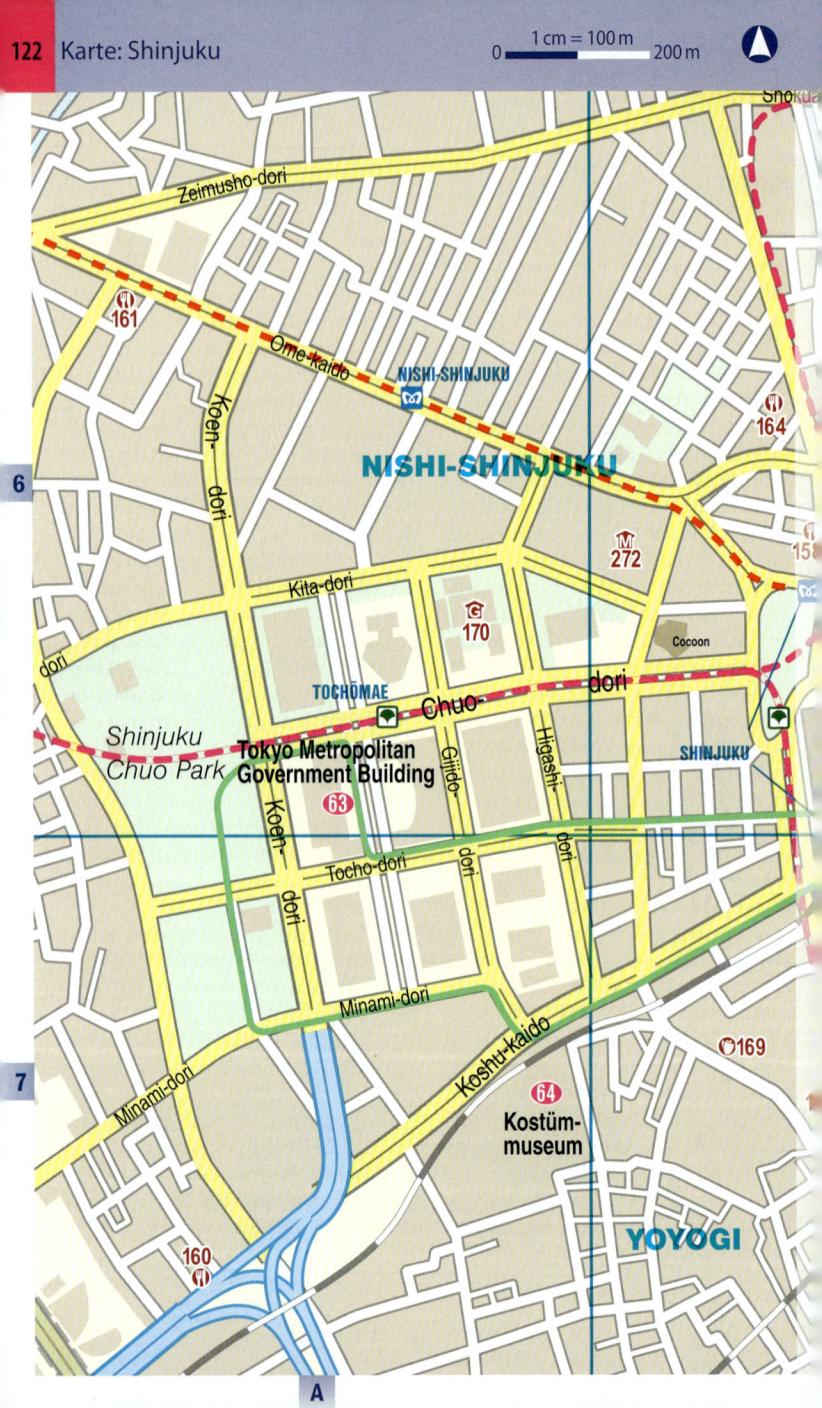

1 cm = 100 m
0   200 m

Shokua

Zeimusho-dori

161

Ome-kaido

NISHI-SHINJUKU

164

Koen-dori

NISHI-SHINJUKU

6

272

15

Kita-dori

170

Cocoon

-dori

dori

TOCHŌMAE

Chuo-

SHINJUKU

Shinjuku Chuo Park

Tokyo Metropolitan Government Building

63

Koen-dori

Gijido-

Higashi-

dori

dori

Tocho-dori

Minami-dori

169

Koshu-kaido

7

Minami-dori

64

Kostüm-museum

YOYOGI

160

A

KABUKICHŌ

Seibushinjuku
Station

Hanazono-
Schrein

Yasukuni-dori

SHINJUKU

Meiji-dori

Shinjuku-dori

SHINJUKU-
NISHIGUCHI

Yasukuni-dori

Shinjuku
Station

SHINJUKU-
SANCHŌME

Shinjuku-dori

SHINJUKU
GYOEMM

Shinjuku Gyoen

YOYOGI

Yoyogi
Station

Ueno
Station

Kaiserpalast

Shibuya
Station

⑫ Shinjuku Station ★ [B6]

新宿駅

Der Bahnhof ist ein Monster, **unübersichtlich, alles andere als ästhetisch** wurde er immer weiter entwickelt. Acht Bahnlinien (dazu vier U-Bahnlinien und der neue Busterminal Busta) nutzen ihn. Während der täglichen Rush Hour morgens und am Spätnachmittag steigen 500 Menschen pro Sekunde ein oder aus. Die Kaufhäuser Keiō, Odakyu und eine große Filiale von Takashimaya sind mit dem Bahnhof verbunden. Aber zum Glück sind die Richtungsangaben immer auch auf Englisch angegeben. Dennoch ist es eher wahrscheinlich, dass man nicht den kürzesten Weg von A nach B findet und beim Umsteigen mehr Zeit braucht als Einheimische, der Bahnhofskomplex hat 36 Gleise und 200 Ein- bzw. Ausgänge!

Der **Bahnhof** ist der größte des Landes und der **geschäftigste der Welt.** Drei bis vier Millionen Menschen drängen sich täglich zu den Zügen. Werktags machen Berufstätige aus den westlichen Vororten und Studenten aus den nahe gelegenen Universitäten den Hauptanteil der Fahrgäste aus, am Wochenende sind es eher Ausflügler, die beispielsweise in die Berge des Chichibu-Tama-Nationalparks Richtung Fuji-san ⑮ oder noch weiter fahren.

⑬ Tokyo Metropolitan Government Building ★★ [A6]

東京都庁舎

Das Rathaus (Tokyo Metropolitan Government, Tochō), von Tange Kenzō erbaut und 1991 eingeweiht, **war** kurzzeitig mit 243 m **das höchste Gebäude Japans.** Diesen Rang hält nun ein Gebäude in Osaka. Ein Besuch des Rathauses, in dem über

KURZ & KNAPP

Rushhour Shinjuku

Drei der fünf geschäftigsten Bahnhöfe der Welt sind in Tokyo: Shinjuku, Ikebukuro, Shibuya. Während der **Rushhour** schieben Bahnbedienstete die Fahrgäste in die Abteile. Zum Glück haben die meisten Wagen vier Türen. Wer das in Shinjuku einmal erleben will, sollte z. B. zwischen 7.45 und 8.30 Uhr zu den Gleisen 11 oder 16 (Sōbu Line) bzw. 14 oder 15 (Yamanote Line) gehen! Nachmittags wird es ab 17 Uhr voll.

13.000 Angestellte und Beamte Dienst tun, lohnt allein schon wegen der **lohnenden Aussicht von einem der Türme.** In den 45. Stock kann man kostenlos hinauffahren, sowohl in den Süd- als auch in den Nordturm. Bei klarer Sicht ist der Fuji-san ⑮ gut zu sehen. Es gibt ein Café und Souvenirladen. Im Tourist Information Center (s. S. 325) im F1 gibt es jede Menge Infomaterial, man kann dort auch eine kostenlose kurze Führung durch Teile des Rathauses starten.

❯ Tōkyō Tochō-sha, 2–8–1 Nishi-Shinjuku, U: Tochō-mae (Toei Oedo Line), Tel. 5321–1111, www.metro.tokyo.jp/ENGLISH

⑭ Bunka-Gakuen-Kostümmuseum ★ [A7]

文化学園服飾博物館

Einige Minuten nordwestlich vom Bahnhof Minami-Shinjuku befindet sich das der berühmtesten Modeschule Japans angeschlossene Bunka-Kostüm-Museum (Bunka Gakuen Fukushoku Hakubutsukan), das **nicht nur für Freunde der Mode interessant** ist. Das Museum besteht seit 1979 und bietet eine große Sammlung von Bekleidung und historischen Kostümen und Accessoires, Haute Couture, Trachten aus aller Welt.

❯ **Bunka Gakuen Fukushoku Hakubutsukan,** Shinjuku Bunka Quint Bldg., 3–22–1 Yoyogi, Minami-Shinjuku (Odakyu Line), JR: Shinjuku, S-Ausg.,Tel. 3299–2387, http:// museum.bunka.ac.jp/english, Mo.–Sa. 10–16.30 Uhr, Eintritt: 500 ¥, G: frei

⑥⑤ Japanisches Schwertmuseum ★   **[A7]**

日本美術刀剣保存協会

Das kleine Japanische Schwertmuseum zeigt alte und neue Schwerter bekannter Schmiede. Es befindet sich im Gebäude der „Society for Preservation of Japanese Art Swords", die auch in Deutschland Mitglieder hat. **Traditionelle Samurai-Schwerter** haben in Japan fast religiöse Bedeutung und werden von Anhängern verehrt. Nach dem Krieg sollten eigentlich alle Schwerter auf Druck der Besatzer eingeschmolzen werden, aber die Kunstschwerter wurden vor der Vernichtung gerettet. Neben der Standardsammlung gibt es wechselnde Ausstellungen.

❯ **Tōken Hakubutsukan,** 4–25–10 Yoyogi, Sangubashi (Ōdakyū Line), 8 Min., Hatsudai (Keiō New Line), 7 Min., Tel. 3379–1386, www.touken.or.jp/english, Di.–So. 9–16 Uhr, Eintritt: 600 ¥, G: frei

⑥⑥ Feuermuseum ★   **[D7]**

消防博物館

Im Feuerwehrgebäude direkt am U-Bhf. Yotsuya-sanchome (Ecke Shinjuku/Gaien Higashi-dōri) befindet sich auf sechs Etagen das den vielen Bränden und Feuerwehren Edos und Tokyos gewidmete, auch für Kinder sehr interessante Museum. Am besten beginnt man im F6 (hier

KLEINE PAUSE

Samurai Museum und Ninja Trick House

Diese vor allem bei Ausländern beliebten Museen liegen nahe beieinander in Kabukichō:

🏛**146** [B6] **Samurai Museum,** 2–25–6 Kabukichō, www.samuraimuseum.jp, tgl. 10.30–21 Uhr, Eintritt: 1800 ¥, Kinder über 12 Jahren 800 ¥. Zwei Etagen, Schwertkampfvorführung, ein Foto in kompletter Samuraiausrüstung kostet extra.

🏛**147** [B6] **Ninja Trick House,** 2–28–13 Kabukichō, tgl. 7–21 Uhr, Eintritt: 1000 ¥. Vier Blöcke weiter nördlich vom Samurai Museum gelegen, umfasst das Museum nur eine Etage, deren Besuch sich aber für Ninja-Fans dennoch lohnt. Das Werfen der Ninja-Sterne macht besonders Spaß.

gibt es auch einen Raum für Kinder zum Spielen) und bewegt sich langsam nach unten. Besonders beliebt ist der Einstieg in einen ausrangierten Feuerwehrhubschrauber draußen auf der Terasse im F5. Erläuterungen auf Englisch sind inzwischen reichhaltiger vorhanden als früher, aber im Grunde kaum notwendig. Es gibt auch Audioguides auf Englisch. Gezeigt werden alte und modernste Ausrüstung, Dioramen, Videos und Uniformen. Im B1 stehen mehrere Feuerwehrautos, selbst ein Hubschrauber hängt an der Decke. Nach dem Besuch kann man auf dem Dach (F10) Getränke am Automaten kaufen, mitgebrachte Snacks verzehren und bei gutem Wetter die Aussicht genießen.

❯ **Shōbo Hakubutsukan,** 3–10 Yotsuya, U: Yotsuya-Sanchome (Marunouchi Line), Tel. 3353–9119, Di.–So. 9.30–17 Uhr, Eintritt frei

073to-ml

67 **Shinjuku Gyoen** ★★   [C7]

新宿御苑

Ein Stück südöstlich vom Bahnhof, zu Fuß in einer Viertelstunde zu erreichen, erstreckt sich der **sehr sehenswerte,** fast 60 Hektar große Shinjuku Gyoen, der **einen westlichen** (englischen und französischen) **und einen japanischen Teil** besitzt. Der Garten war einst Teil einer Daimyō-Residenz und gehörte ab 1906 der kaiserlichen Familie. Nach dem Zweiten Weltkrieg wurde er der Öffentlichkeit zugänglich gemacht. Lohnend ist neben dem Garten auch ein Besuch der Orchideen im **Gewächshaus.** Der Park ist besonders zur Zeit der Kirschblüte und zur Chrysanthemen-Zeit im Herbst beliebt.

❭ 11 Naitōchō, U: Shinjuku-gyoenmae (Marunouchi Line), Tel. 3350–0151, www.env. go.jp/garden/shinjukugyoen/english/index.html, Di.–So. 9–16 Uhr, Eintritt: 200 ¥, Schüler 50 ¥

68 **Hanazono-Schrein** ★   [B6]

花園神社

Dieser beliebte Schrein nahe dem Vergnügungsviertel Kabukichō ist sehr alt, aber – wie in Tokyo üblich – nicht dessen Gebäude. Auf dem Gelände lässt es sich gut entspannen. Der Schrein gilt als Schutzschrein Shinjukus. Jeden Sonntag gibt es hier bis 15/16 Uhr einen Flohmarkt.

❭ Hanazono Jinja, 5-17-3 Shinjuku, U: Shinjuku-3-chōme (Toei Shinjuku Line), Ausg. E2, JR: Shinjuku und Seibu-Shinjuku, 7 Min., Tel. 3209–5265

◹ *Kirschblüte im Shinjuku Gyoen* **67**

Kulinarisches östlich des Bahnhofs

ⓘ**148** [B6] **Bifteckya Azuma** ⵙ, Todo Bldg., F1, 3-6-12 Shinjuku, tägl 11.30–22.30, Lunch 11.30–17 Uhr. Traditionslokal mit westlichen Gerichten wie Omu-Rice oder Steak, dazu verschiedene Getränke.

⊙**149** [C6] **Die Katze**, 202 Sunmall No.7 Bldg., 1-19-8 Shinjuku (direkt bei U: Shinjuku-gyoenmae), Mo.–Sa. 11.30–20, So. 11.30–18.30 Uhr. Café für Katzenfreunde: Hier gibt es Katzen (namens König oder Kaiser) und 30 Sorten Tee, dazu Gebäck, auch Lunch-Sets mit Tee.

⊙**150** [B6] **New Dug**, 3-15-12 Shinjuku, Tel. 3354-7776, tägl. 12–2 Uhr. Beliebtes Jazzcafé, das in Murakamis Roman „Norwegian Wood" vorkommt; nachmittags ruhig entspannt mit Jazzmusik im Hintergrund, abends lebhaft, Bebop-Musik, belgische u. a. Biere und Cocktails, Table charge.

⊙**151** [B6] **Oiwakedango Honpo**, 3-1-22 Shinjuku, Laden tägl. 10–20.30 Uhr, Café und Geschäft Mo.–Fr. 11–19, Sa./So. 11–20 Uhr. Seit 1945 gibt es hier die vielleicht besten Dango weit und breit (Soja, Ingwer, Yuzu u. a.).

Unterhaltung

•**152** [B6] **Golden-Gai-Barviertel**, 1-1-8 Kabukichō. Die inzwischen berühmte Ansammlung von 200 winzigen Bars, ein Relikt der Nachkriegszeit und mittlerweile Ikone der für diese Zeit typischen ungeplanten, aber funktionalen Architektur der von cleveren Geschäftsleuten und Yakuza organisierten Schwarzmärkte, später dann Treffpunkt von Künstlern und Intellektuellen; jede Bar hat inzwischen ihr eigenes Thema und ihre Stammgäste, Ausländer haben eher keinen Zutritt, einige wenige sind jedoch offen für dieses inzwischen zur Touristenattraktion aufgestiegene Lokalviertel. So primitiv die Bars aussehen, günstig sind weder Getränke noch Snacks, man rechne mit 500 ¥ Cover Charge, und denselben Betrag pro Getränk und Snack. Dort sind folgende Lokale empfehlenswert:

› **Dongaragasshan** ⵙ, Golden Gai G1-dori, 1-1-9 Kabukichō, Mo.–Sa. 17–14 Uhr, So./F. bis 5 Uhr, hier kann man auch essen: 100 ¥ pro Spieß. Manchmal sind nur ausländische Gäste da, wohl weil bekannt ist, dass man hier als Ausländer willkommen ist.

⊙**153** [C6] **Jip Wine Bar**, 2-7-1 Shinjuku, http://jipwine.com, Di.–So. 17–23 Uhr. Japanische Weine, das Glas zu 500 ¥ (es sind immer je 20 Weine im Angebot).

› **Nagi Shinjuku Golden Gai**, Shinjuku Golden Gai (G2 Street), F2, 1-1-10 Kabukichō, tägl. 24 Std. geöffnet. Kräftige niboshi-Rāmen mit Brühe auf Sardinenbasis, die 12 Std. gekocht wird, am besten ist *to kusei niboshi Rāmen* (mit sämtlichen Zutaten).

⊙**154** [B6] **Nihonshu Stand Moto**, Hakuho Bldg., B1, 5-17-11 Shinjuku, Mo.–Fr. 15–23.30, Sa./So. 12–23.30 Uhr. Diese Bar bietet seltene Sakesorten und Snacks wie geräucherte Makrelen oder gebratene Austern zu günstigen Preisen. Table Charge 300 ¥, für 2000 ¥ gibt es mehrere Sake zu verkosten, dazu leckere Snacks, Fr. ab 18 Uhr wird es richtig voll.

ⓘ**155** [B6] **Robot Restaurant** ⵙⵙⵙ, Shinjuku Robot Bldg., B2, 1-7-1 Kabukichō, www. shinjuku-robot.com/pc, tägl. 18–23 Uhr. Spektakuläre, verrückte, inzwischen weltberühmte Robotershow. Bedient wird man von Mädchen in Bikinis. Drei Shows (je 1 Std.) pro Abend. Kein Restaurant im üblichen Sinne, Getränke wie Bier, Chu-hi aus der Dose, Tee aus der Flasche, Eintritt: 16 Uhr Show 6000 ¥, sonst noch teurere 8000 ¥ (Bento-Box als Snack inkl.).

☻**156** [C6] **Shinjuku Pit Inn,** 2–12–4 Shinjuku, B1, www.pit-inn.com/index_e.html, 14.30 Uhr (neue Bands, 1300 ¥, Sa./So. 2500 ¥, inkl. einem Getränk) und 20 Uhr (Top Bands, 3000 ¥ inkl. einem Getränk) Livejazz für Jazzfans, die sich ernsthaft mit der Musik auseinandersetzen.

Kulinarisches westlich des Bahnhofs

🍴**157** [B6] **Albatross** ¥, 1–2–11 Nishi-Shinjuku, tägl. 17–2 Uhr. Lebhaftes Lokal in der Omoide Yokochō auf drei Etagen mit Platz für rund 30 Gäste. Oben wird man durch ein Loch im Boden bedient!

🍴**158** [B6] **Ryōma no Sora Bettei** ¥¥, 141 Shinjuku Bldg., B2, 1–4–2 Nishi-Shinjuku, Mo.–Sa. 17–24 Uhr, So./F. bis 23.30 Uhr. Man isst wie in einer Herberge der Edo-Zeit, das Lokal ist Ryōma Sakamoto gewidmet, einem Helden im Kampf um die Überwindung des Tokugawa-Shōgunats Mitte des 19. Jh. Spezialität ist in Bambuskörben gedämpfter Reis mit Fisch, Huhn u. a. *(seiromeshi),* der dann in die Tischmitte gestellt wird.

🍴**159** [B7] **Shinjuku Miyazaki Kan Konne** ¥, 2–2–1 Yoyogi (Shinjuku Southern Terrace), tägl. 10–20 Uhr, Essen: 11.30–19.30 Uhr. Antenna Shop (s. S. 39) der Präfektur Miyazaki auf Kyūshū, preiswerte Spezialitäten zum Kosten.

🍴**160** [A7] **Silkroad Tarim** ¥, Nishi-Shinjuku Bar Bldg., 1F, 3–15–8 Nishi-Shinjuku, tägl. 17–24 Uhr. Uigurische Gerichte (Lamm, Nudeln u. a.): Kebabspieße, Nudeln, Salat, Bier und Menüs.

🍴**161** [A6] **Tamanegi-Honpo Sasuraiya** ¥, Suzuki Bldg. 2F, 6–26–11 Nishi-Shinjuku (am nordwestlichen Rand des Wolkenkratzerviertels), Mo.–Fr. 11.30–14 u. 18–21.30 Uhr, Mo. nur Lunch. Hier beinhalten alle Gerichte Zwiebeln, sogar der Tee!

🍴**162** [B6] **Tap House** ¥, Keiō Mall, Basement Street Nr. 1, Nishi-Shinjuku I-chōme, www.tap-house.com, Mo.–Sa. 7.30–22, So. 8–21 Uhr. Beliebtes Café unter dem Keiō Department Store, besonders günstiges Lunchset von 10 bis 14 Uhr.

Unterhaltung

🎳**163** [B6] **Shinjuku Copa Bowl,** Humax Pavilion Kabukicho, 3/4F, 1–20–1 Kabukichō, tägl. 24 Std. geöffnet. Bowling mit Klang- und Lichteffekten.

🍴**164** [B6] **Zoetrope** ¥¥, 7–10–14 Nishi-Shinjuku, 3F, Mo.–Sa. 19–4 Uhr. Die Bar für Whiskykenner: Atsushi Horigami hat 300 Sorten auf Lager, viele davon nicht mehr auf dem Markt.

Shopping an der Ostseite

🛍**165** [B6] **Disk Union,** 3–31–4 Shinjuku, Mo.–Sa. 11–21, So. 11–20 Uhr. Tausende von gebrauchten CDs und Schallplatten.

🛍**166** [B6] **Sekaido,** 3–1–1 Shinjuku (an der Shinjuku-dōri), U: Shinjuku-san-chōme, Ausgang C1, Tel. 5379–1111, tägl. 9.30–21 Uhr. Größte Filiale der Kette für Künstlerbedarf.

Kultur

●**167** [B6] **Hakubi Kyōto Kimono School,** Shinjuku Plaza F6, 1–3–14 Nishi-Shinjuku, Tel. 0120 538–788. Nahe dem Kaufhaus Odakyu Halc befindet sich eine Zweigstelle der landesweit vertretenen Kimonoschule, in der Damen in 90 Minuten kostenlos eine Lektion im Anziehen und Tragen von Kimonos erhalten können (nur auf Japanisch, Kamera erlaubt, vorher anmelden).

🏛**168** [A7] **NTT InterCommunication Center,** Tokyo Opera City Tower, F4, 3–20–2 Nishi-

Shinjuku, U: Hatsudai, Tel. 5353-0800, www.ntticc.or.jp, Sa./So., Di.-Do. 10-18 Uhr, Fr. 10-21 Uhr, Eintritt: je nach Ausstellung, G: frei. Ein der multimedialen Kunst gewidmetes interaktives Museum der Zukunft.

○**169** [B7] **Puk-Puppentheater,** 2-12-3 Yoyogi, Tel. 3379-0234, www.puk.jp/theatre/program.htm, Öffnungszeit je nach Aufführung, auch Matinées. Puppentheatertruppe mit 80 Darstellern.

⊡**170** [A6] **Ricoh Imaging Square,** Center Bldg. B1, 2-1-1 Nishi-Shinjuku, Tel. 3348-2941, tägl. 10.30-18.30 Uhr. Freunde der Fotografie finden hier Fotoausstellungen und neueste technische Entwicklungen.

171 [B6] **Shinjuku Wald9 Cinema,** Shinjuku Sanchome East Bldg., F9, 3-1-26 Shinjuku. Neun Leinwände, moderne Digitalprojektion, unter der Woche von 15.30 bis 18 Uhr nur 1200 ¥ pro Vorführung, Filme werden immer im Originalton gezeigt.

❯ **Tokyo Opera City Art Gallery** (s. S. 238), F 3-4 Tokyo Opera City Tower, 3-20-2 Nishi-Shinjuku, Bhf. Hatsudai, Keio New Line, Tel. 5777-8600, www.operacity.jp/ag, Di.-So. 12-20 Uhr, Eintritt: je nach Ausstellung, G: frei, Senioren frei. Kunsthalle mit Wechselausstellungen.

▮**172** [B7] **Tokyo Center Showroom,** JR Minami-Shinjuku Bldg. F7 und 8, 2-1-5 Yoyogi, Bhf. Shinjuku S-Ausg., 5 Min., 10-17 Uhr. Wer sich für Innovationen rund um Badezimmer und Toilette (man denke an die berühmt-berüchtigten *washlets*) interessiert, kann sich hier kostenlos umsehen und die Produkte kennenlernen.

⌂ *Shinjuku-dori [B6]*
(sonntags Fußgängerzone)
an der Ostseite des Bhf. Shinjuku

Entlang des Kandaflusses: Takadanobaba, Waseda, Kagurazaka und Iidabashi

Hier befinden sich **Elite- und andere Universitäten, Studentenlokale, Parks, Gärten, Museen,** eine **Kathedrale, Bars** und **Boutiquen** mit französischem Flair und ein **Schrein für die Liebe.**

Die Gegend entlang und zu beiden Seiten oberhalb des einst künstlich gegrabenen Kandaflusses, der von Westen nach Osten durch die Mitte Tokyos fließt und in den Sumida mündet, ist in diesem Bereich ruhig, während sie zum Sumida hin zunehmend die **typische Downtownatmosphäre** annimmt und in Akihabara äußerst geschäftig ist. Ein ruhiges, hügeliges Wohngebiet ist auch Ochiai, westlich von Takadanobaba. Wie im benachbarten Ōkubo leben hier größere Gruppen von Asiaten, darunter allein 1200 Burmesen. Sehr lebendig ist naturgemäß der große Campus der privaten Eliteuniversität Waseda Daigaku. Die Waseda-dōri [D5], die vom JR Bahnhof Takadanobaba direkt auf die Universität zuführt, ist denn auch voll von preiswerten Lokalen, Pubs und Geschäften, die gerade auch auf die Bedürfnisse und schmaleren Geldbeutel der Studenten angepasst sind.

Gleich südwestlich der Universität liegt der weitläufige, mehrteilige **Toyama Park** mit dem kleinen Gipfel des unter Tokugawa Ieyasu künstlich aufgeschütteten Hakoneyama nahe dem nördlichen Ende, dem mit 45 m höchsten „natürlichen" Punkt der Stadt innerhalb der Yamanote-Ringlinie. In der Edo-Zeit gab es Teehäuser nach dem Muster des Tōkaidō, daher auch der Name des Hügels. Zu jeder Jahreszeit blüht etwas, im Sommer gibt es sogar ein Lavendelfeld. Nordwestlich der Universität liegt der kleine, aber sehenswerte **Kansen-en** (Park). Am oberen Ende des Parks steht ein Schrein.

Östlich der Universität liegt das seit Jahren angesagte Viertel Kagurazaka, das sich noch etwas von der **Atmosphäre aus den Zeiten der Samurai,** die hier

075to-ml

einst lebten, erhalten hat. Es gibt traditionelle Läden und Restaurants, viele davon mit französischem Flair, Pubs und Bars, sogar ein paar Geishas leben noch hier. Und somit gibt es wie in Akasaka auch teure Ryōtei-Restaurants.

Die lebhafte, von japanischen Zelkoven *(keyaki)* gesäumte Hangstraße Kagurazaka (Fortsetzung der Waseda-dōri) führt hinunter zum Sotobori-Kanal, dem früheren Äußeren Palastgraben und dem JR/U-Bahnhof Iidabashi. Sie ist vollgestopft mit teilweise traditionellen Läden und Lokalen, sonntags wird sie zur Fußgängerzone. Gegenüber dem beliebten roten Zenkoku-ji-Tempel, im Volksmund *Bishamon-sama* genannt, auf halbem Weg den Hang hinab oder hinauf, empfiehlt sich ein Bummel durch die engen Gässchen des Viertels, z.B. die Hyōgo Yokochō mit klassischen japanischen Restaurants, Ryōteis und Ryokans, die als der sehenswerteste Fleck im Bezirk Shinjuku gilt, oder die Honda-Yokochō mit rund 50 Pubs, Bars, Lokalen und Läden.

Östlich davon um zwei Ecken erreichbar, liegen die schmale Kakurenbo Yokochō und die Geisha Shindō. Südlich des Tempels befindet sich auf der anderen Seite der Kagurazaka-Straße die 100 m kurze Kenban Yokochō, wo auch heute noch Geishas ausgebildet werden. Erwähnen sollte noch der seit 700 Jahren bestehende Akagi-Schrein nördlich der Waseda-dōri, wo Tsubouchi (s.S. 132) einst Theaterstücke einstudierte, das Yarai-Nō-Theater (Yarai Nōgakudō) südlich der Waseda-dōri und schließlich das Museum of Science 🕖

(s.S. 132)

ⓒ Kansen-en-Garten nahe der Waseda-Universität

der Tokyo University of Science (TUS), nahe dem Bahnhof Iidabashi, wo man den Spaziergang durch das Kagurazaka-Viertel üblicherweise beginnt.

Iidabashi ist ebenfalls ein Studentenviertel angesichts der Universitäten Tokyo University of Science und der Nippon Dental University (Uni für Zahnmedizin). In der Nähe des Bahnhofs auf der anderen Seite des Sotobori-Grabens befindet sich einer der wichtigsten Schreine der Stadt, der die Liebe fördernde Dai Jingū 🕖.

❻❾ Färberei-Museum ⭐ [C4]

Das kleine Museum in einem 100 Jahre alten Haus am Kandafluss ist Teil einer der wenigen übrig gebliebenen kleinen Firmen, die Stoffe und **Kimonostoffe** noch auf traditionelle Art färben. Früher hatten die Firmen ihren Sitz in Kanda und Asakusa, aber wegen der Wasserverschmutzung wurden sie weiter nach Westen verlegt, wo der Fluss noch sauber ist. Es werden vor allem die traditionellen Muster „Some Komon" und „Edo Sarasa" gefärbt. Der Raum wirkt wie ein Teil einer Werkstatt, Englisch wird nicht gesprochen.

❭ **Tokyo Some Monogatari Hakubutsukan,** 3–6–14 Nishi-Waseda, U: Omokagebashi (Toden Arakawa Line), 2 Min., JR: Takadanobaba, 15 Min., Tel. 3987–0701, Mo.–Fr. 10–12 u. 13–16 Uhr, Eintritt frei

❼⓿ Tsubouchi Memorial Theatre Museum ⭐ [D4]

早稲田大学演劇博物館

Das im englischen Tudorstil 1928 eröffnete sehenswerte **Theatermuseum auf dem Campus der Waseda-Universität** am Rande des Campus ist dem Andenken an Shōyō Tsubouchi, dem Über-setzer der gesammelten Werke Shake-speares, gewidmet. Es gibt auch einen Raum über die Welt des größten engli-schen Dramatikers, aber auch das japa-nische Theater ist mit Kostümen, Mas-ken und Dokumenten vertreten, dazu gibt es Sonderausstellungen.

> **Waseda Daigaku Gekijo Hakubutsukan,** 1–6–1 Nishi-Waseda, Waseda (Toden Ara-kawa Line) 5 Min., U: Waseda (Tozai Line) 7 Min., Tel. 5273–4398, www.waseda.jp/enpaku/index.html, Sa.–Mo., Mi./Do. 10–17, Di., Fr. 10–19 Uhr, in den Semesterferi-en geschl., Eintritt frei

🟥71 Eisei Bunko Museum ⭐ [D4]
永青文庫美術館

Das private Museum im Grünen auf dem Grundstück der Hosokawa-Familie (de-ren Spross Hosokawa Morihiro 1993 zum ersten Nicht-LDP-Premierminister ernannt wurde), ist 1950 durch Morimat-su Hosokawa, den 16. Fürsten des Hoso-kawa-Clans, der in Kumamoto in Kyushu seine Heimat hat, gegründet worden. Im Besitz des Museums befinden sich u.a. acht von der Regierung ausgewiesene „nationale Schätze" und **31 bedeutende kulturelle Objekte.**

> **Eisei Bunko Bijutsukan,** 1–1–1, Mejiro-dai, U: Edogawabashi (Yūrakuchō Line), Tel. 3941–0850, www.eiseibunko.com, Di.–Sa. 10–16 Uhr, Eintritt: 800 ¥, ab 70 Jahren 600 ¥, bei Sonderausstellungen abweichen-de Preise

🟥72 St. Mary Cathedral ⭐⭐ [D4]
東京カテドラル聖マリア大聖堂

Die offiziell als Sekiguchi Catholic Church bezeichnete Kathedrale, ist **die beeindru-ckende Hauptkirche der katholischen To-kyoter.** Die gegenwärtige Kathedrale wur-de von Tange Kenzō, dem bekanntesten Architekten Japans, entworfen und am 8.12.1964 geweiht. Ihre Vorgängerin war eine Holzkirche, die mit Tatamimatten statt Stühlen ausgestattet war, die erst 1925 eingeführt wurden. Sie wurde bei den Luftangriffen im Mai 1945 zerstört. Mit Unterstützung des Erzbistums Köln konnte die gegenwärtige Kirche für die et-was über **2000 Gemeindemitglieder** ge-baut werden. Die Fassade aus Stahl und Aluminium glänzt im Sonnenschein und symbolisiert das Licht, das aus Christus in die Welt und die Herzen der Menschen scheint. Der Stahlbeton des Innenraums wirkt dagegen eher düster und sehr schlicht, er soll an den Psalm 18: 2 erin-

⌃ *Die beeindruckende St. Mary Cathedral*

nern: „Der Herr ist mein Fels und meine Festung…". Je nach Beleuchtung ändert sich jedoch die Stimmung. Der Grundriss der Kirche hat die Form eines Kreuzes. Beim Blick nach oben erkennt man durch die Glasbausteine hindurch ein leuchtendes Kreuz. Die Orgel ist die größte in Japan, die Glocken stammen aus Deutschland. Auf dem Grundstück gibt es eine Michelangelo-Pietà-Nachbildung und eine Lourdes-Grotte.

› 3-16-15 Sekiguchi, Bunkyo-ku, U: Gokokuji (Yūrakuchō Line), Ausg. 6, Edogawabashi (Yūrakuchō Line) Ausg. 1a, 15 Min., Tel. 3941-3029, 3945-0126, www.tokyo.catholic.jp/english

🔴 **Garten des Chinzansō** ★★ [D4]

椿山荘

Gegenüber der Kathedrale steht das Luxushotel und Restaurant Chinzansō, dessen Attraktion, der 6,8 ha große wunderbare Garten, unterhalb am Kandafluss liegt. Dieser Garten, der zu einer früheren Daimyō-Residenz der Herren von Kururi in der heutigen Nachbarprovinz Chiba gehörte, ist voll von herbeigeschafften Schätzen, darunter eine 1000 Jahre alte, aus Hiroshima stammende hölzerne Pagode. Der Shiratame-Schrein stammt aus Kyōto. Andere, von Baron Fujita stammende Schätze sind Skulpturen und Steinlaternen. Es gibt eine natürliche Quelle und einen 500 Jahre alten „heiligen" Baum. Üblicherweise wird der **Garten, der zu den schönsten Tokyos zählt**, vom Kandafluss aus betreten und verlassen. Am Rande des Gartens leb-

te einst Matsuo Basho, der berühmteste aller Haiku-Dichter. Sein bescheidenes Haus ist erhalten. Ein früherer Besitzer, Prinz Aritomo Yamagata, nannte den Garten „Villa des Kamelienberges" wegen der zahlreichen Kamelien und des hügeligen Geländes.

› 2-10-8 Sekiguchi, Bunkyo-ku, U: Edogawabashi (Yūrakuchō Line), 10 Min., Tel. 3943-0996 (Hotel), Garten ganztägig, auch abends geöffnet, Eintritt frei

🔴 **Hatoyama Kaikan** ★ [E4]

鳩山会館

Auch wenn Yukio Hatoyama nur kurze Zeit Premierminister blieb (2009–2010), lohnt der Besuch des **Stammhauses der berühmten Politikerfamilie**, zumal die 1924 erbaute Villa zu den wenigen erhaltenen Residenzen aus der Zeit vor dem Zweiten Weltkrieg gehört und der Öffentlichkeit zugänglich ist.

› 1-7-1 Otowa, Bunkyo-ku, U: Edogawabashi (Yūrakuchō Line), Ausg. 2, 7 Min., Gokokuji (Yūrakuchō Line) Ausg. 5, 8 Min., Tel. 5976-2800, Di.–So. 10–16 Uhr, Eintritt: 600 ¥, Senioren 500 ¥

▷ *1000 Jahre alte hölzerne Pagode im Chinzansō*

🅫 Museum of Science ★ [E5]

東京理科大学博物館

Das Museum of Science ist ein interessantes kleines Technikmuseum der Tokyo University of Science. Das aus der Meiji-Zeit stammende Gebäude allein ist schon sehenswert, früher war hier die Tokyo Academy of Science, Vorläuferin der heutigen Universität. Genaugenommen heißt es Ridai Museum of Modern Science. Zu sehen sind u. a. alte Rechenmaschinen, Erfindungen von Thomas A. Edison.

Im B1 befindet sich die **Mathematical Experience Plaza** (Kindaikagaku Shiryōkan, Mo.–Fr. 12–16, Sa./So. ab 10 Uhr, Eintritt frei). Es gibt interessante mathematische Experimente zum Ausprobieren, interessant für ältere Kinder bis Studenten. Studenten der Universität geben Erklärungen.

❯ **Tōkyō Daigaku Hakubutsukan**, 1–3 Kagurazaka, JR/U Iidabashi, 3 Min., Di.–Sa. 10–16 Uhr, Eintritt frei, Tel. 5228-8224

🅯 Tokyo Dai Jingū ★★  [F5]

東京大神宮

Der 1880 zunächst in Hibiya gegründete, nach dem Kanto-Erdbeben von 1923 nach Iidabashi verlegte **Schrein** ist einer der fünf wichtigsten Schreine Tokyos und der Zweigtempel des bedeutendsten aller Schreine, des Großen Ise-Schreins, er ähnelt ihm auch in der Bauweise. Der Zweigtempel ermöglicht den Gläubigen, zu den Gottheiten des Haupttempels zu beten, ohne die weite Reise dorthin unternehmen zu müssen. Der Dai Jingū hat als erster Schrein Hochzeitszeremonien im Shintō-Ritus, heute Standard, durchgeführt und hat sich offenbar als wirksam für Liebesbeziehungen erwiesen.

❯ 2-4-1, Fujimi, Chiyoda-ku, JR/U: Iidabashi, 5 Min., Tel. 3262-3566, www.tokyodaijingu.or.jp/english, von der Morgen- bis zur Abenddämmerung geöffnet

🅰 Druckereimuseum ★ [E4]

印刷博物館

Das Printing Museum von Toppan Printing ist im neuen 20-stöckigen Firmenzentrum auf über 4000 qm Fläche untergebracht und widmet sich dem Studium der Druckkultur.

❯ **Insatsu Hakubutsukan,** Toppan Koishikawa Building, 1-3-3 Suido, Bunkyo-ku, U: Edogawabashi (Yūrakuchō Line), Ausg. 4, 8 Min., JR/U: Toei Oedo, Namboku, Ausg. B1 (Tozai Line), 13 Min., Kōrakuen (Marunouchi, Namboku Line Ausg.1), 10 Min., www.printing-museum.org/en/index.html, Di.–So. 10–18 Uhr, Eintritt: 300 ¥, Senioren frei, G: frei

◁ *Restaurant im Edo-Look nahe JR-/U-Bhf. Takadanobaba*

Kulinarisches

Café und Snacks in Kagurazaka

Entlang der Kagurazaka-dōri gibt es traditionelle japanische Snacks zum Mitnehmen, z. B.

173 [E5] **Baikatei**, 6–15 Kagurazaka, tägl. 10–20 Uhr. Handgefertigte *wagashi* (traditionelle japanische Süßigkeiten).

174 [E5] **Café Crêperie Le Bretagne** ¥¥–¥¥¥, 4–2 Kagurazaka, JR: Iidabashi, 4 Min., Di.–Sa. 11.30–22.30, So. 11.30–22 Uhr. Hier spricht man Französisch, es gibt u. a. bretonische Galettes und Liköre, natürlich auch Cidre.

175 [F5] **Canal Café**, 1–9 Kagurazaka, JR/U: Iidabashi, Ausg. B3, Di.–So. 11–22.30 Uhr. Beliebtes Café direkt am Sotobori-Kanal, links teuer, rechts kleine günstige Gerichte mit Selbstbedienung.

176 [E5] **Mugimaru 2** ¥, 5–20 Kagurazaka, Do.–Di. 12–21 Uhr. Charmantes Café in einem alten Haus, das einst als Kaufmannsladen diente und nun mit einem Sammelsurium an Gegenständen, einschließlich Kunst angefüllt ist. Es gibt Tee und *manju,* auch zum Mitnehmen (das Stück zu 140 ¥).

177 [E5] **Saryo**, 5–9- Kagurazaka, tägl. 11.30–23 Uhr. In diesem netten, in einem traditionellen Haus untergebrachten Café gibt es selbstgemachte Backwaren, Nachspeisen aus Sojamilch und eine große Auswahl an Tees. Man kann auf einer großen Terrasse im Freien sitzen. Lunch von 11.30 bis 13.30 Uhr.

Lokale in Takanobaba und Waseda

178 [C4] **Koufuku** ¥, Nakaoka Bldg., F1, 3–20–2 Nishi-Waseda (Waseda-dōri), tägl. 11.30–15.15 u 17–23.30 (LO 22.45 Uhr). Chin.-jp. Küche, kleine Gerichte ab 298 ¥ (z. B. Gyōza), Hauptgerichte um die 680 ¥, O-tsukare-sama-Set: ein Gericht u.

ein Bier 798 ¥, *tabe-hōdai* mit 88 Gerichten 2980 ¥.

179 [B4] **Red Rock Takadanobaba** ¥, 3–11–14 Takada (am Kanda-Fluss), tägl. 11–23 Uhr. Beliebtes Studentenlokal mit Kobe-Roastbeef auf Reis.

180 [C4] **Sanpin Shokudō** ¥, 1–4–25 Nishi-Waseda, Mo.–Fr. 11–15 u. 16–18.30, Sa. 11–16 Uhr. Hier gibt es nur die drei von Studenten am meisten gewünschten Menüs *(teishoku):* Curryreis *(kare raisu),* Rindfleisch mit Zwiebeln auf Reis *(gyūdon),* Schnitzel mit Reis *(tonkatsu).*

> **Takada Bokusha** (s. S. 264). Seit 1905 bestehendes Restaurant, besonders günstig: *hayashi rice.* Menü mit Kaffee oder Tee 1000 ¥.

181 [C4] **Watanabe** ¥, 2–1–4 Takadanobaba, in einer Seitenstraße nahe Kreuzung Waseda- und Meiji-dōri, tägl. 11–21 Uhr. Eines der besten Rāmenlokale in Takadanobaba, elegante Atmosphäre, wird gern von Paaren aufgesucht. Intensive Tonkotsu-Gyokai-Brühe (Schweineknochen-Fisch), selbstgemachtes Chashu, dicke *menma* (Bambussprossen), besonders beliebt: Rāmen mit *ajitama* (Ei).

Lokale in Kagurazaka

182 [E5] **Kyoraku-tei** ¥¥, 3–6 Kagurazaka, tägl. 11.30–15 u. 17–21 Uhr. Soba-Restaurant mit einem Michelin-Stern, beliebt: *Hiyamugi* (kalte Nudeln), Lunch-Menü ab 1500 ¥. Zum Lunch immer voll, also am besten gleich nach Öffnung kommen.

183 [E5] **Seigetsu** ¥¥, 6–77–1 Kagurazaka, Tel. 3269–4320, tägl. 17–23 Uhr. Gutes Izakaya im F2 über einem *kombini* am oberen Ende der Kagurazaka-Straße, erkenntlich am *Sakayabashi* (Kugel aus Zedernnadeln): Hier gibt es guten Sake, vor Betreten zieht man die Schuhe aus, einige Separées mit Tatami, man sitzt an der Küchentheke oder an Tischen mit *horikotatsu* (versenkter Boden unter dem Tisch). Grillgut auf Spießen, hundert Sorten guter Sake, freundliche Bedienung, beliebt bei Paaren, engl. Speisekarte vorhanden.

Unterhaltung

🅞**184** [E5] **Brussels,** 75 Yaraichō, Mo.–Fr. 17.30–2, Sa. 17.30–23 Uhr. Beliebte, entspannte belgische Bar, gute Biere und leckere leichte Gerichte, z. B. gefüllte Pitataschen.

🅞**185** [E6] **La Brasserie** ¥¥, Ichigaya Funagawaracho 15, Nichi-Futsu Gakuin, Mo.–Sa. 12–14.30 u. 18–21 Uhr. Hier trifft sich die französische Gemeinde, denn das Lokal befindet sich inmitten des Französischen Kulturinstituts *(Alliance Française)*.

🅞**186** [D7] **Vows Bar,** F2, AG Bldg., 6 Arakichō, Yotsuya, U: Yotsuya-Sanchome, Mo.–Sa. 19–5 Uhr. Buddhistisches Dekor und Motto, die Bartender tragen Priestergewand.

Shopping

🅐**187** [C5] **Bingo-ya,** 10–6 Wakamatsu-cho, Shokuan-dōri, U: Wakamatsu-Kawada (Toei-Oedo Line); Waseda, (Tozai Line), www.bingoya.tokyo, geöffnet: Di.–So. 10–19 Uhr (gegebenenfalls ist das Geschäft am dritten Wochenende eines Monats geschlossen). Fünf Etagen mit Volkskunst, vor allem Keramik, Bambus-, Lackwaren, Stoffe, Puppen.

Ikebukuro und Zōshigaya

Ikebukuro hat viel Ähnlichkeit mit Shinjuku (s. S. 120). Der Bahnhof rangiert beim Fahrgastaufkommen an zweiter Stelle in Tokyo. Die Riesenkaufhäuser Tōbu und Seibu mit attraktivem Dachgarten im F9 beherrschen die West- bzw. Ostseite. Abendliches Vergnügen gibt es auf beiden Seiten.

In den 1930er-Jahren galt Ikebukuro als das **Montparnasse von Tokyo,** weil sich dort viele Künstler und Schriftsteller aufhielten. Wie bei Shinjuku leitete der Bahnhof mit den in die Vororte führenden Bahnlinien vor allem nach dem Zweiten Weltkrieg eine rasante Entwicklung ein. Ausländische Firmen haben sich wegen der günstigen Verkehrsanbindung hier niedergelassen, zumal die Mieten nicht so hoch sind wie etwa in Marunouchi. Wie im Vergnügungsviertel von Kabukichō in Shinjuku gibt es auch in Ikebukuro ein sexorientiertes Nachtleben. In der Umgebung vor allem des Westausgangs gibt es eine ganze Reihe vergleichsweise preiswerter Business-Hotels und ein kleines, bei Ausländern beliebtes Ryokan. Der Name Ikebukuro bedeutet übrigens Teicheule. Diese war hier einst heimisch. Das Viertel wird wegen mehrerer Liveklubs mit bizarr kostümierten Musikern *(visual kei)* und auf weibliche Mangafans ausgerichteten Geschäften und Einrichtungen auch bei jungen Leuten immer beliebter.

Das benachbarte **Zōshigaya** ist ein typisches Tokyoter Wohnviertel, das umgeben von großen Straßen fast dörflich wirkt und seine **eigene Identität mit eigenen Festen** behalten hat. Das Viertel ist bekannt für den beliebten Kishimojin-Schrein **79** und den großen Zōshigaya-Friedhof [D3].

▷ *Kishimojin-Schrein* **79** *in Zōshigaya*

Richtung Mejiro an der Westseite steht das einzige in Tokyo erhaltene Gebäude von Frank Lloyd Wright, das kleine ehemalige Kolleg Jiyu Gakuen Myonichi-kan („Haus von morgen"), das besichtigt werden kann.

★189 [C3] **Jiyu Gakuen Myonichi-kan,** 2-31-3 Nishi-Ikebukuro, tgl. 10–16 Uhr, Eintritt 400 ¥, mit Kaffee/Tee 600 ¥

⑦⑧ Sunshine City mit Aquarium und Sunshine 60 Observatory ★ [D2]

Zum 1978 eröffneten und somit ältesten urbanen Büro- und Geschäftskomplex Tokyos gehören Attraktionen wie das renovierte **Sunshine Aquarium** „Oase im Himmel" mit Quallentunnel, Seelöwen, Meerotter, Pinguinen, dazu das moderne Konica Planetarium „Manten", das „Ancient Orient Museum", ein Theater mit 800 Plätzen und ein Konferenzzentrum. Es gibt neben vielen Restaurants einen Lokalkomplex, der Gyōza Stadium heißt und das benachbarte Pendant Ice Cream City, die zum Kindervergnügungspark Namco Namjatown gehören und 300 ¥ Eintritt kosten. Zum Einkaufen gibt es 200 Geschäfte und ein Hotel und ein Observatorium im F60.

❯ 3-1-1 Higashi-Ikebukuro, JR: Ikebukuro W-Ausg., 5 Min., Tel. 3989-3331, Eintritt www. sunshinecity.co.jp/english, Sunshine Aquarium, Eintritt: 2000 ¥ (Senioren 1700 ¥, Kinder 700/1000 ¥), Manten: Eintritt 1100 ¥ (Senioren 900 ¥, Kinder 400/500 ¥), Ancient Orient Museum: Eintritt: 600 ¥ (Kinder 200/500 ¥), Observatorium tägl. 10–21.30 Uhr, Eintritt: 1800 ¥, Senioren 1500 ¥, inkl. Zutritt zum Vergnügungspark „Skycircus" (www.skycircus. jp), u.a. mit Spiegelkabinetten

Life Safety Learning Center

Hier kann man Erdbeben der Stärke 7 erleben und bei der „Disaster Prevention Activity Tour" lernen, wie man sich schützen kann. Angesichts der in Japan häufigen Erdbeben ist es nützlich zu wissen, wie man sich im Falle eines starken Erdbebens schützen kann. So kann man in dem Zentrum, von dem es in Tokyo mehrere gibt, in einem zweistündigen kostenlosen Kurs lernen, wie sich starke Erdbeben anfühlen und wie man sich in Rauch bewegt, sich in der Wohnung schützt, Feuer löscht, etc. Es gibt auch ein Video vom **Großen Ostjapanischen Erdbeben** vom März 2011 zu sehen, dem in der Gegenwart stärksten Erdbeben mit Tsunami. Das Ganze ist kein Vergnügen, sondern ernst gemeint, deshalb gibt es die Informationen auf der Website in mehreren Sprachen.

● 188 [C2] **Ikebukuro Bōsaikan,** Ikebukuro Fire Department, F4, 2-37-8 Nishi-Ikebukuro, JR: Ikebukuro W- und Metropolitan-Ausg., 5 Min., Tel. 3590-6565, www.tfd. metro.tokyo.jp/eng/index.html, Mi.–Mo. 9–17 Uhr, dritter Mi. im Monat geschl., Disaster Prevention Activity Tour um 9.30, 13 u. 15 Uhr, Teilnahme kostenlos

79 Kishimojin-Schrein/ Homyoji-Tempel ★★ [C3]

鬼子母神神社

Einer der bekanntesten Schreine bzw. Tempel in der Umgebung ist der 1578 gegründete Zōshigaya Kishimojin/Kishibojin-Schrein bzw. Homyoji-Tempel. Der Schrein ist der Schutzgottheit Kishimojin/Kishibojin (im Nichiren-Buddhismus Karitei-mo, im Sanskrit Hariti) geweiht. Sie gilt als Beschützerin der Kinder und der Sicherheit der Familie, der Harmonie in der Beziehung zwischen Frau und Mann und somit der Liebe und des Wohlbefindens. **Frauen mit Kinderwunsch** beten darum, schwanger zu werden. Vor dem Schrein steht ein großer, wohl 600 Jahre alter Ginkgo-Baum mit 6 m Umfang, dem ebenfalls positive Kräfte im Hinblick auf Geburt und das Aufziehen von Kindern zugeschrieben werden. Das jährliche **Schreinfest im Oktober** gehört zu den Höhepunkten des Viertels.

❯ 3-15-20 Zōshigaya, Kishimojinmae (Straßenbahn Arakawa Toden) U: Zōshigaya (Fukutoshin Line), je 3 Min., tägl. 7–17 Uhr, Eintritt frei

80 Gokokuji ★★ [D3]

護国寺

Gokokuji ist ein **buddhistischer Tempel der Shingon-Sekte** in Tokyos Stadtbezirk Bunkyō. Er wurde 1681 für die Mutter des 5. Tokugawa-Shogun Tsunayoshi gegründet. Auf dem Friedhof sind Kinder des Meiji-Tennō und bekannte Persönlichkeiten bestattet, darunter der erste Lehrer für westliche Architektur, Josiah Conder (1852–1920), der in und um Tokyo 50 Gebäude schuf. Die Haupthalle ist **eines der wenigen Tempelgebäude des 17. Jahrhunderts** in Tokyo, die Erdbeben und Bombenangriffe unbeschadet überstanden haben. Der Tempel hat übrigens die Oberaufsicht über die Teezeremonie in Japan.

❯ 5-40-1 Otsuka, Bunkyō, U: Gokokuji (Yūrakuchō Line), Tel. 3941-0764

Kulinarisches

🍴190 [D2] **Gyōza Stadium** ¥, in der Spielhalle von Namja Namco Town (Eintritt 300 ¥) im Sunshine City Alpa F2, 3-1-2 Higashi-Ikebukuro, tägl. 10–22 Uhr. Eine Art Basargasse voller kleiner Gyōza-Lokale mit Spezialitäten aus ganz Japan, ein Stock höher Ice Cream City mit 300 Sorten Eis.

🍴191 [C2] **Harvest** ¥¥, 1-11-1 Nishi-Ikebukuro, tägl. 11–22 Uhr. Günstiges Büfett mit 60 japanischen Gerichten, natürliche Zutaten, viel Gemüse, abends ebenfalls unter 2000 ¥. Auf derselben Etage gibt es weitere Lokale mit günstigen Lunchbüfetts (alle ca. 1500 ¥), nebenan z. B. Sainoan mit Sukiyaki oder Shabu-Shabu.

🍴192 [D3] **Taishoken** ¥, 2-42-8 Minami-Ikebukuro, tägl. 11–23 Uhr. Es gilt als Erfinder des Tsukemen-Rāmen-Stils, bei dem die Nudeln extra serviert und individuell in die Soße getunkt werden. Sehr beliebt, meist muss man warten.

Otome Road

Auf ähnliche Weise, wie sich das Paradies für Elektronikfreaks in Akihabara im vergangenen Jahrzehnt zum Zentrum für männliche Anime- und Manga-Fans entwickelt hat, gruppieren sich im um das ehemalige Toyota Amlux und Sunshine City 78 gelegenen schmalen Block auf 200 m jede Menge Läden und einige Lokale für **weibliche Man-**

0r9to-ml

ga-Fans (voll von romantischen Otome-Kei-Mangas, also speziell für weibliche Teenager), aber die Zahl männlicher Kunden wächst mittlerweile. In Cafés wie dem „Swallowtail" (3–12–12 Higashi-Ikebukuro, 10.30–21.20 Uhr) servieren als Butler verkleidete Bedienungen anstelle der „Maids" von Akihabara. Wahrzeichen der Otome Road ist das sechsstöckige „Mandarake" (gebrauchte Mangas, K-Books und sog. *Dojinshi* (selbstveröffentlichte Mangas oder Romane für weibliche Kunden). Es gibt ein eigenes Faltblatt namens „Ikebukuro Otome Map", welches das Angebot beschreibt, das inzwischen über die kurze Straße hinausreicht.

193 [H5] **Animate,** 3–2–1 Higashi-Ikebukuro, am südlichen Eckpunkt des Blocks, Hauptgeschäft in 1–20–7 Higashi-Ikebukuro, www.animate-world.com, Mo.–Sa. 10–20.30, So. 10–20 Uhr. Mit Cosplay-Fotostudio, Café etc.

194 [C2] **Yamada Outlet,** 1–41–1 Higashi-Ikebukuro, 10–22 Uhr. Eigentlich bekannt als Elektronikkaufhaus, bietet dieses Geschäft im F1 eine große Kosmetikabteilung mit 8000 Artikeln, um mehr weibliche Kundschaft anzulocken.

Erinnerungsfoto zur Einschulung im Gokokuji-Tempel **80**

Koishikawa Kōrakuen und Tokyo Dome City

Dieser Bezirk bietet berühmte Landschaftsgärten, einen Vergnügungspark, ein Baseballstadion und eine schöne Aussicht.

Der Name des Viertels **Kōrakuen** leitete sich vom nahe gelegenen Garten Koishikawa Kōrakuen 82 ab, der aus der frühen Edo-Zeit stammt und zu den bedeutendsten und schönsten der Stadt gehört. Er bietet einen starken Gegensatz zum lauten Geschehen im Vergnügungspark Tokyo Dome City nebenan. Der Tokyo Dome 81 ist eine weiße Riesenhalle („Big Egg") und die Heimat der Baseballmannschaft Tokyo Giants. In der nördlich gelegenen Umgebung von Koishikawa und Komagome befinden sich drei weitere berühmte Gärten, die alle sehenswert sind (Koishikawa Botanical Garden 85, Rikugi-en, Kyū-Furukawaen 91). Das **Kōdōkan** 83 ist das Mekka der Judokämpfer. Das Bunkyo Civic Center 84 bietet einen hervorragenden Blick auf die Stadt und bei guter Sicht sogar auf ihre Umgebung einschließlich Fuji-san 151. Der nebenan liegende, bereits 1955 eröffnete Vergnügungspark mit seinen fest installierten Karussells, Achterbahnen und anderen Einrichtungen ist wegen seiner günstigen Lage sehr beliebt. Auf der Freilichtbühne finden immer wieder Veranstaltungen statt. Inzwischen sind neue Attraktionen hinzugekommen, die sich in drei Bereichen gruppieren: LaQua (Einkaufszentrum mit Spa), Parachute Land und Tower Land. Zum Gelände gehört auch das 43-stöckige Tokyo Dome Hotel.

81 Tokyo Dome ★ [F5]

Die eiförmige Kuppel der „Big Egg" genannten Halle Tokyo Dome überdacht eine Fläche von fast 47.000 m². Sie bietet 56.000 Zuschauern und den Spielern Schutz vor Regen und Kälte. Außerhalb der Baseballsaison (März/April–Okt.) dient die Halle anderen Zwecken.

08oto-ml

Seit 1937 spielen hier und im Vorgänger Kōrakuen Stadium die Yomiuri Giants (JR: Suidobashi, U: Kōrakuen, 5 Min.). Im Erdgeschoss befindet sich seit 1988 das **Baseball-Museum** (Yakyū Taiiku Hakubutsukan) auch „Baseball Hall of Fame" genannt.

❯ **Baseballmuseum**, 1-3-61 Kōraku, tägl. 10–17 Uhr, Eintritt: 350 ¥

❽❷ Koishikawa Kōrakuen ★★★   [F5]
小石川後楽園

Der 1629 angelegte Koishikawa Kōrakuen ist einer der bedeutendsten und schönsten traditionellen japanischen Landschaftsgärten Tokyos.

Er befindet sich östlich des Bahnhofs Iidabashi und südlich der U-Bahnhöfe Kōrakuen und Kasuga. Ursprünglich gehörte dieser angenehm ruhige, 9500 qm große Park der Familie Mito, einem Zweig der herrschenden Tokugawa-Familie. Charakteristisch für Gärten der Edo-Zeit sind die verkleinerten und stilisierten Nachbildungen berühmter Landschaften Japans und Chinas mit künstlich angelegten Teichen und Hügeln, ja sogar symbolischen Reisfeldern. Eine Wegbeschreibung auf Englisch für den Rundgang, der etwa 30 Min. in Anspruch nimmt, ist am Eingang des Gartens erhältlich.

❯ 1-6-6 Kōraku, JR/U: Iidabashi oder JR: Suidobashi, 5 Min., U: Kōrakuen, Kasuga 5 Min., Tel. 3811-3015, tägl. 9–16.30 Uhr, Eintritt: 300 ¥ (Senioren 150 ¥)

❽❸ Kōdōkan Judo Institute ★   [G5]
講道館

Direkt an der Kreuzung Kasuga- und Hakusan-dōri bei der U-Bahnstation Kōrakuen befindet sich das **Mekka der Judofans**, das Kōdōkan. Es ist das Hauptquartier des 1882 von Kano Jigoro gegründeten Sports. Auf acht Etagen befinden sich hier Übungshallen, besonders eindrucksvoll ist die 420 Matten große Halle im F7. Das Training findet unter der Woche von 16 bis 20, Sa. bis 19:30 Uhr statt, eine Zuschauergalerie ist im F8 oberhalb der großen Halle; im F5 befinden sich die Hallen für Jugendliche und Frauen.

❯ 1-16-30 Kasuga, U: Kasuga (Toei Oedo, Toei Mita Line), Ausg. A1, A2, 1 Min., Kōrakuen (Nanboku Line) Ausg. 6, 3 Min., (Marunouchi Line), Ausg. 3, 5 Min., JR: Suidobashi (Sobu Line) O-Ausg., 12 Min., www.kodokan.org

◁ *Blick vom Bunkyo Civic Center* ❽❹ *auf Tokyo Dome City*

◹ *Bogenbrücke im Kōrakuen-Garten*

84 Bunkyo Civic Center ★★ [F5]

文京シビックセンター

Im Bunkyo Civic Center, in dem sich die Verwaltung des Stadtbezirks Bunkyō-ku befindet, bietet eine Lounge vom F25 einen **hervorragenden und dazu kostenlosen Rundumblick auf die Stadt**, insbesondere das Wolkenkratzerviertel von Shinjuku (s. S. 120), und bei guter Sicht auf die Umgebung einschließlich Fujisan 151. Das **Sky Restaurant** des Luxushotels Chinzan-sō bietet vergleichsweise preiswerte Gerichte an.

❯ 1–16–21 Kasuga, U: Kasuga/Kōrakuen, tägl. 10–21.30 Uhr, Eintritt frei, Tel. 3812–7111

85 Koishikawa Botanical Garden ★★ [F3]

Ursprünglich – zu Zeiten des Tokugawa-Shōgunats – diente der über 16 ha große Botanische Garten Koishikawa Shokubutsu-en dem Anbau von Heilpflanzen, von denen hier immer noch über 100 Arten zu finden sind. Heute kann man in diesem seit der Meiji-Restauration der Tokyo-Universität angeschlossenen Garten **4000 Pflanzenarten** sehen.

Im japanischen Teil des Gartens entfaltet jede Jahreszeit ihre besonderen Reize. Tropische Pflanzen wachsen in einem Gewächshaus. Attraktionen sind der Ableger von Newtons Apfelbaum, unter dem er seine Theorie der Schwerkraft entwickelt haben soll, und einige der Trauben, mit denen Gregor Mendel seine Vererbungsexperimente durchgeführt hat.

Während der **Kirschblütenzeit** empfiehlt sich der Weg vom U-Bhf. Myogadani die Kasuga-dōri in Richtung SO, von der man in die von Sakurabäumen gesäumte Harima-zaka-Straße einbiegt und ihr hinunter Richtung Garten folgt. Vom Bahnhof Hakusan folgt man der gleichnamigen Straße nach Süden, biegt rechts in die auf-, dann absteigende Rengeji-zaka/Gotenzaka-Straße ein und geht schließlich rechts zum Garteneingang.

Eine englischsprachige Karte ist für 100 ¥ erhältlich, entweder am Eingang oder an einem dahinter liegenden Kiosk.

❯ 3–7–1 Hakusan, Bunkyo-ku, U: Hakusan (Toei Mita Line), 10 Min., Myōgadani (Marunouchi Line), 15 Min., www.bg.s.u-tokyo. ac.jp/koishikawa/eng/e.html, Di./Mi., Fr.–So. 9–16.30 Uhr, Eintritt: 330 ¥ (Kinder 110 ¥)

081to-ml

86 Rikugien ★★ [F2]

六義園

Der viereckige, 8,6 ha große Garten wurde zu Beginn des 18. Jh. angelegt. Seine **Landschaftsszenen** illustrieren klassische chinesische Gedichte. Wege führen durch den dicht von Bäumen bestandenen Park, und es gibt einige künstliche Hügel, Wasserläufe sowie einen **See** in der Mitte. Der Name Rikugi bedeutet „sechs Regeln" und bezieht sich auf klassische Regeln der chinesischen Dichtkunst, wie sie von Konfuzius aufgestellt worden waren. Einst wurden in diesem Park 88 damals berühmte Szenen nachgebildet. Dennoch wirkt der Park – dies ist die Kunst vieler japanischer Gärten – ganz natürlich. Am Eingang ist ein Faltblatt in englischer Sprache mit kurzer Erklärung erhältlich. Ab etwa Mitte November wird der Garten abends beleuchtet.

❯ 6–16–3 Hon-Komagome, JR: Komagome, S-Ausg., JR: Sugamo, 10 Min., U: Komagome (Namboku Line), Ausg. 2, zum Someimon je 2 Min., zum Haupttor Sei-mon je 7 Min., U: Sengoku (Toei Mita Line), 7 Min., Tel. 3941–2222, www.kensetsu.metro.tokyo.jp/kouen/kouennannai/park/english/rikugien.pdf, tägl. 9–16.30 Uhr, Eintritt: 300 ¥ (Senioren 150 ¥)

Kulinarisches

🍴**195** [F5] **Bubba Gump Shrimp Tokyo** ¥¥, LaQua, F1, 1–1–1 Kasuga-Kōrakuen, 3 Min., tägl. 11–23 Uhr. Amerikanische Lokalkette mit Cajun-Gerichten, v. a. Seafood.

🍴**196** [F4] **Hongare Chūka Soba Gyorei** ¥, Arushion Bunkyo Koishikawa 102 Bldg., 1–8–6 Koishikawa, tägl. 11–15 u. 18–23 Uhr. Hier gibt es Rāmen mit Bonito (Katsuo-Dashi-Brühe), die man sich aus verschiedenen Siphons selbst zapft.

◁ *Picknick unter Kirschblüten im Botanischen Garten von Koishikawa* ⑧⑤

▷ *Der westlich-japanische Garten Kyu-Furukawaen* ⑨①

Attraktionen im Norden: Sugamo und Ōji

Die Umgebung des Bahnhofs Sugamo hat sich zu einer **Einkaufszone für Senioren** entwickelt, so heißt die 1 km lange Togenuki-Jizo-Straße ⑧⑦ scherzhaft auch „Takeshitadori der Senioren". Das unter Touristen eher unbekannte **Ōji** weist eine **Reihe von Sehenswürdigkeiten** auf, die einen Besuch lohnen. Der berühmte Garten Kyū-Furukawaen ⑨① ist von dort gut erreichbar.

Unweit Sugamo im Stadtbezirk Kitaku weist die Umgebung von Ōji auf dem Asukayama-Hügel einige interessante Museen, dazu Schreine, ja sogar einen Park mit Wasserfällen (Nanushi-no-taki-Kōen ⑧⑧) und eine besonders zur Kirschblütenzeit attraktive Flusspromenade (Shakuji-kawa) auf sowie etwas weiter einen sehenswerten, halb japanisch, halb westlichen Garten (Kyū-Furukawa Teien

08t4to-ml

mit Rosengarten). Ōji ist erreichbar mit JR (Keihin-Tohoku Line) aus Ueno oder Akabane, mit U-Bahn (Namboku Line) und schließlich mit der Toden-Arakawa-Straßenbahn. Vom Asukayama aus kann man sogar in wenigen Minuten eine Goethe-Straße mit kleinem privatem Goethe-Museum mit Memorabilien und Literatur besuchen (400 m von den Asukayama Museen). Am Beginn der Straße steht passenderweise eine BMW-Filiale.

87 Togenuki-Jizō-Einkaufsstraße mit Konanji-Tempel und Shinsho-ji-Tempel ★ [E2]

高岩寺（とげぬき地蔵）

Den **Togenuki-Jizō-Tempel** suchen Alte und Gebrechliche vor allem an den Tagen mit „4" (= *shi*, Tod) auf, also am 4., 14. und 24. eines jeden Monats. Dann waschen sie eine Kannon-Statue im Hof an den Stellen des Körpers, wo sie für sich selbst Linderung oder Heilung erhoffen. Manche Menschen beten auch um einen schnellen Tod ohne Leiden. Genaugenommen heißt der Tempel Kogan-ji und wurde 1596 in Yushima nahe Ueno gegründet, 1891 wurde er nach Sugamo verlegt. Das Hauptobjekt der Verehrung ist die Buddhastatue *„Enmei Ksitigarbha"*, der Heilkräfte und Lebensverlängerung nachgesagt werden. Togenuki bedeutet „Dornen entfernen". Ein Dienstmädchen hatte vor langer Zeit einmal einen Dorn verschluckt, heißt es, sie aß daraufhin ein mit einem Jizō bedrucktes Papier und konnte so den Dorn wieder ausspucken. Als Folge dieses „Wunders" kaufen die Gläubigen seither mit einem Jizō bedrucktes Papier und legen es auf den schmerzhaften Teil ihres Körpers oder essen es ebenfalls. Die Togenuki Jizō erreicht man mit der JR-Yamanote-Ringlinie bzw. U: Toei Mita Line von der Vorderseite in Sugamo oder mit der Straßenbahn ab Haltestelle Kōshinzuka von der Rückseite. In nördlicher Richtung geht es von Sugamo zum Beginn der Straße. Vorher führt eine parallel verlaufende Seitengasse zum Shinsho-ji. Er beherbergt eine der **sechs großen Jizō-Statuen** Tokyos. Diese stehen als Schutzgottheiten an den einstigen Eingängen nach Edo. In der eigentlichen, etwa 1000 m langen Einkaufsstraße, die vollgestopft ist mit Läden für Senioren und manchen Lokalen, steht rechter Hand gleich der Tempel Togenuki Jizoson. In der Mitte kann man rechts (O) einen kurzen Abstecher zum großen Somei-Friedhof machen. Am Ende in Kōshinzuka, wo es Anschluß an die Straßenbahn nach Ikebukuro und Waseda bzw. Ōji und Miniwa gibt, steht vorher rechts der kleine Kōshinzuka-Schrein mit Affenstatuen.

> 3-35-2 Sugamo, JR/U: Sugamo, 10 Min., Arakawa Toden (Straßenbahn) Kōshinzuka Tel. 3917-8221

88 Nanushi-no-taki-Park ★ [Karte V]

名主の滝公園

Der Nanushi-no-taki ist ein kleiner, aber sehr schöner Park, der besonders **Vogelfreunde** entzücken dürfte. Er verfügt über einen neun Meter hohen **Wasserfall**, den man in dieser senkrechten Form in Tokyo eher nicht erwarten würde. Vogelfreunde können eine erstaunliche Vielfalt von Vögeln beobachten. Der Park wurde einst von örtlichen Bauern eingerichtet.

> Kishimachi 1-chōme, JR: Ōji (keihin-Tohoku Line), U: (Namboku Line), 10 Min., Eintritt frei

❽❾ Kita City Asukayama Museum ★   [Karte V]

北区飛鳥山博物館

Das Museum bietet **schöne Holzschnitte**, die zeigen, wie es hier früher einmal aussah. Im F2 finden häufig kostenlose Sonderausstellungen mit Ukiyo-e (Holzschnitten) oder anderen Kunstwerken oder Kunsthandwerk statt. Die Holzschnitte zeigen Szenen vom Asukayama-Hügel, auf dem sich das Museum befindet, und von anderen Orten im Bezirk. Der Kontrast zu heute könnte größer nicht sein. Die Dauerausstellung zeigt Exponate zu Geschichte, Kultur und Natur im Bezirk Kita-ku.

❯ **Kita-ku Asukayama Hakubutsukan,** 1–1–3 Ōji, JR/U: (Namboku Line) Ōji, 5–7 Min. kostenlose Fahrt mit der Monorail auf den Hügel, Di.–So. 19–17 Uhr, Eintritt frei (Sonderausstellungen), sonst 300 ¥, Tel. 3916–1133

❾❿ Paper Museum ★★   [Karte V]

紙の博物館

Papier hat in Japan einen besonderen Stellenwert, so ist es kein Wunder, dass es dafür ein eigenes Museum auf dem Asukayama gibt, das 1950 gegründet und seit 1998 in dem modernen viergeschossigen Gebäude untergebracht ist. Jeden Samstag und Sonntag findet von 13 bis 14.30 Uhr ein **kostenloser Workshop zum Thema Papierherstellung** (10 Min. pro Herstellung einer eigenen Postkarte) statt.

❯ **Kami no Hakubutsukan,** Asukayama-Park 1–1–3 Ōji, JR: Ōji (Namboku Line), 5–7 Min., U: Asukayama (Toden Arakawa Line), 3 Min., Tel. 3916–2320, www.papermuseum.jp, 10–17 Uhr, Eintritt: 300 ¥, 3-Museen-Ticket 720 ¥

❾❶ Kyū-Furukawaen ★★   [F1]

旧古河庭園

Dieser Garten liegt zwar etwas außerhalb der üblicherweise von Touristen besuchten Zone, doch ist sein Besuch sehr lohnend und kann kombiniert werden mit einem Besuch des Rikugien ❽❻. Der Garten verfügt über einen **westlichen Teil** mit einem Wohnhaus, das der bedeutende Architekt Josiah Conder 1917 für den Industriellen Toranosuke Furukawa entwarf: außen ein dunkles englisches Herrenhaus aus Stein, innen im F2 fast rein klassische japanische Zimmer. Der an der Böschung unterhalb der Villa angelegte Rosengarten zieht besonders im Frühjahr und Herbst viele Besucher an.

Reizvoll ist auch der **japanische Garten** samt Riesenlaterne und Wasserfall. Dieser Teil des Gartens wurde vom berühmten Gartengestalter Jihei Igawa aus Kyōto entworfen.

❯ **Kyū-Furukawa Teien,** 1–27–39 Nishigahara, Kita-ku, JR: Kami-Nakazato (Keihin-Tohoku Line), U: Nishigahara (Namboku Line), je 7 Min., JR/U: Ōji 10–15 Min., Tel. 3910–0394, http://http://teien.tokyo-park.or.jp/en/kyu-furukawa/outline.html, tägl. 9–17 Uhr, Eintritt: 150 ¥ (Senioren 70 ¥)

Kulinarisches

🍴**197** [E1] **Fight Gyōza** ⁴, 4–23–6 Sugamo, Mo.–Fr. 11.30–14.30 u. 17–20.30, Sa./So. 11.30–20.30 Uhr. Hier gibt es in Öl gebruzzelte Gyōza mit französischem Brotteig, so sind sie außen knusprig und innen saftig; auch als Menü erhältlich.

🍴**198** [E1] **Kōshinzuka Tokiwa Shokudō** ⁴, 4–33–2 und 3–14–20 Sugamo , Mo. Fr. 10–23, Sa./So. 9–23 Uhr. Beliebtes Restaurant mit günstigen Seafoodgerichten.

0   1 cm = 150 m   400 m

Koishikawa
Botanical Garden

TŌDAIMAE

NISHIKATA

KOISHIKAWA

Ueno
Station

Kaiserpalast

Shibuya
Station

196

KASUGA

HONGO

Kasuga

KŌRAKUEN

KASUGA

Kōrakuen
Station

Bunkyo
Civic
Center

Kōdōkan
Judo Institute

dori

199

HON

Koraku
Park

195

Tokyo Dome
(Big Egg)

Koishikawa
Kōrakuen

Tokyo
Dome City

Kyusujio
Park

394

379

Sotobori-dori

SUIDŌBASHI

AICHO   IIDABACHI

Meiro-dori

Sotobori-dori

Iidabashi
Station

Suidobashi
Station

Kandagawa

J
406

Tokyo
Dai Jingū

IIDABACHI

MISAKICHO

413

175

301

NISHI-KANDA

FUJIMI

SARUGA-
KUCHOA

KI
SUI

KANDA-
JIMBOCHO

202

F   G

Nezu
Yayoi
Kofotoi-dori
Shinobazu-dori
Tokyo Metropolitan Art Museum 102
Nationalmuseum 101
Ueno Park
National Museum of Nature and Science 103
National Museum of Western Art 104
Higashien
Ueno Zoo 106
Ueno-Tōshōgū-Schrein 108
Ueno Zoological Gardens
Tokyo Bunka Kaikan 105
Nishien
Kiyomizu Kannondō (Tempel) 109
Tokyo University Hospital
Boto-ike
Bentendō 110
Keiseiueno Station
Ueno
96 Tokyo University mit Aka-mon und Sanshiro-Teich
Ikenohata
425
Shitamachi-Kulturmuseum 111
225 226
Shinobazu-ike
Hongo-dori
112 Kyu Iwasaki-tei
348
Ameyoko
368
417
Ueno-Hirokōji
Chuo-dori
Ueno-Okachimachi
Kasuga-dori
95 Yushima-Tenmangū/Tenjin-Schrein
224
Hongō-Sanchōme
Yushima
Yushima
Ueno
Aki-Oka Einkaufspassage für Kunsthandwerk
Kyusujio Park
Hongo-dori
Kuramaebashi-dori
Suehirochō
Kanda-Myōjin-Schrein 94
Soto-Kanda
204
201 Tokyo Anime Center
211
193
Ochanomizu
Kanda-Surugadai
Ochanomizu Station
93 Yushima-Seidō-Tempel
Sotobori-dori
Maido-Cafés
209 213
214
311
200
97 Akihabara Electric Town (Akihabara Denkigai)
Akihab
Surugadai
92 Nikolai-Kathedrale
Shin-Ochanomizu
332
336
210
208
212
Akihabara Station
Akihaba
4
5
6
H

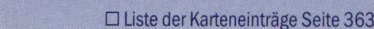

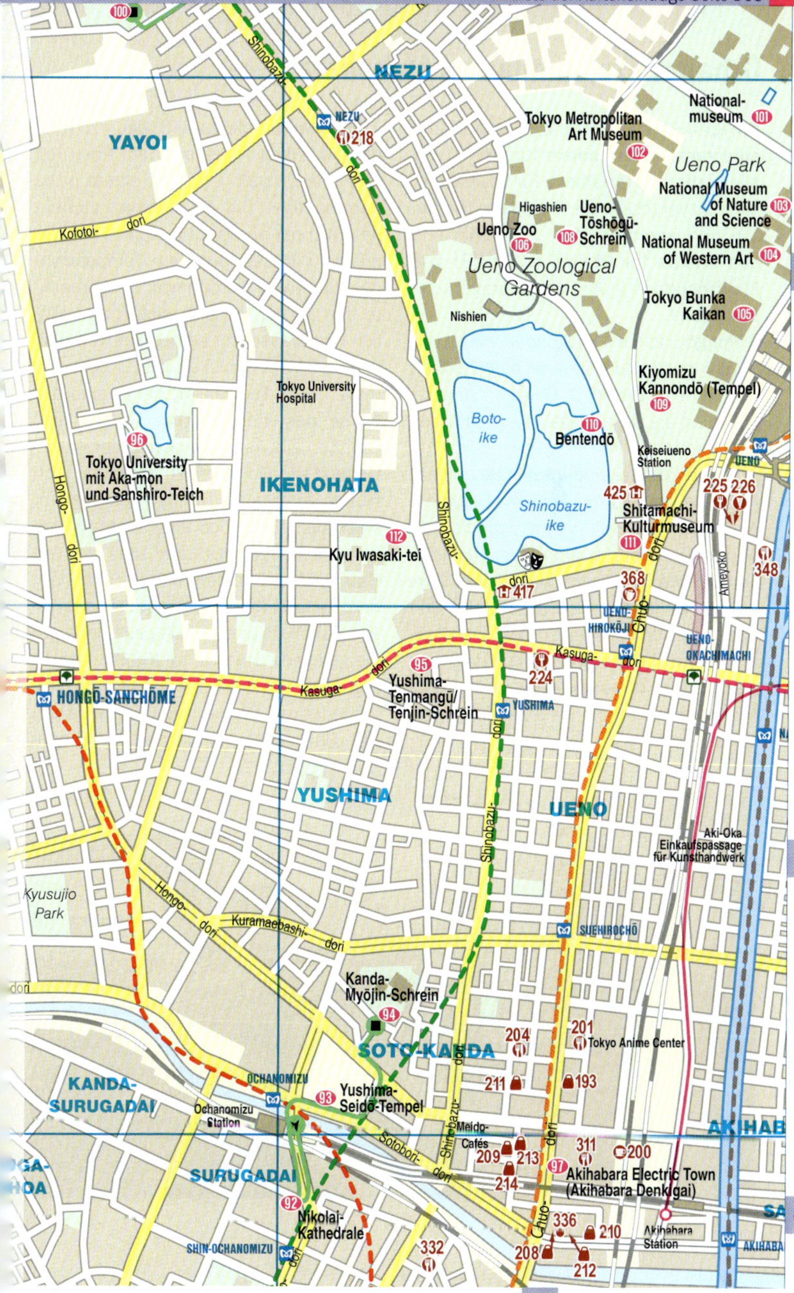

Ochanomizu, Kanda und Akihabara

Universitäten, **Schreine, Tempel** und eine **russisch-orthodoxe Kirche** 92, vor allem aber die **Paradiese für Leseratten**, nicht zu vergessen die Geschäfte für Musik- und Sportbedarf in Jimbōchō, und das **Mekka für Otakus** (s. S. 153) **und Elektronikfans** in Akihabara prägen dieses Gebiet.

Hongō und die umliegenden Viertel von Ochanomizu und Kōrakuen sind Zentren des Lernens. Die Tokyo Daigaku, verkürzt Tōdai, ist die begehrteste Universität des Landes. Jedes Jahr im Januar und Februar, zur Zeit der **Pflaumenblüte**, pilgern Prüflinge vom Schrein Yushima Seidō 93, der in der Edo-Zeit zur Konfuzianischen Akademie gehörte, über den Yushima-Tenjin-Schrein 95 zum Eingang der Tōdai, dem Aka-mon 96 (Rotes Tor). Bei den nachfolgenden Prüfungen der Eintrittsexamen entscheidet sich, ob sich der Gang gelohnt hat. Ohne härtestes Lernen gibt es jedoch keine Chance auf Erfolg (etwa 20 % schaffen es).

Der zweite Tokugawa-Shōgun Hidetada kam eines Tages auf dem Rückweg von einem Jagdausflug an einem nahe dem heutigen Bhf. Ochanomizu stehenden Tempel vorbei und trank Tee, der mit dem Wasser aus dem Tempelbrunnen zubereitet worden war. Er schmeckte ihm so gut, dass er sich fortan täglich das Wasser für seinen Tee von dort in den Palast schicken ließ. „O-cha-no-mizu" heißt **Teewasser,** daher also der Name des Viertels. Den Tempel und Brunnen gibt es heute nicht mehr. In der Gegend um Ochanomizu befanden sich früher zahlreiche Daimyō-Residenzen. Nach dem Ende des Shōgunats gab es viel brachliegendes Land, das für den Bau von Universitäten und Krankenhäusern genutzt wurde. Das nördlich des Tokyo-Bahnhofs und südlich des Kanda-gawa gelegene Stadtviertel **Kanda** besteht eigentlich aus zwei Teilen mit ganz verschiedenem Charakter: Das zwischen den Bahnhöfen Kanda und Ochanomi-

08Sto-ml

zu gelegene Gebiet ist wie erwähnt ein Stadtteil der Studenten, mit Universitäten, unzähligen **Second-Hand-Buchläden, Antiquariaten und Verlagshäusern** sowie Sportkaufhäusern und Geschäften für Musikinstrumente, besonders in der Umgebung des U-Bahnhofs Jimbōchō. In der Meiji-Ära ließen sich hier nämlich zunehmend Intellektuelle nieder. Auch Freunde von **Holzschnitten** finden reichlich Auswahl, wenn auch die Preise mit der Zeit gehen und sich gegenüber den 1970er-Jahren verzehnfacht haben. Zu erwähnen ist auch die große Zahl von Curryreis-Lokalen. Es heißt, dass sie so beliebt seien, weil man das Gericht mit Löffel beim Lesen essen kann, ohne auf den Teller sehen zu müssen.

Das **Gebiet um den Bahnhof Akihabara** ist dagegen das **Paradies der Otaku und Elektro(nik)-fans,** wo alle Neuheiten zuerst vermarktet werden und wo ausnahmsweise gehandelt werden darf. Es heißt, 90 % der hier angebotenen Produkte schaffen es nie auf den Weltmarkt. Immer mehr ausländische Touristen haben Akihabara mittlerweile entdeckt.

Früher lebten in Kanda einfache Handwerker und Gemüsehändler. Dieses Stadtviertel gilt als die **Urheimat der Edokko,** der Kinder Edos, die es nie verstanden, Geld lange bei sich zu behalten. Die vergleichsweise wenigen Frauen dort waren nicht zimperlich. So hatte es einen eher rauen Charme. Auch im heutigen Akihabara überwiegen männliche Kunden. Frauen arbeiten als Angestellte oder in den immer zahlreicheren Maid-Cafés (s. S. 153).

◁ *Kreuzung mehrerer Bahnlinien über dem Kanda-gawa*

Spaziergang

Geeignete Ausgangspunkte sind Ochanomizu (JR: Chuo, Sobu Line, U: Marunouchi Line) oder U: Jimbōchō (Toei Mita und Shinjuku). Von Ochanomizu geht es zum Ausg. Hijiribashi und nach S zur russisch-orthodoxen Nikolai-Kathedrale ❾❷, zurück zur Brücke, auf der anderen Seite zum konfuzianischen Yushima-Seidō ❾❸ gleich rechts (NO) der Brücke, dahinter etwa 150 m weiter zum Kanda-Myōjin-Schrein ❾❹. Hier endet der kurze Spaziergang. Akihabara liegt einige Gehminuten östlich. Man kann aber auch geradeaus etwa 500m nach N weitergehen zum Yushima-Tenjin-Schrein ❾❺. Von dort kann man einen Abstecher nach links (W) zur Hongo-dōri und nordwärts zum Akamon ❾❻ der Tōdai unternehmen.

❾❷ Nikolai-Kathedrale ★★   [H6]
日本ハリストス正教会

Diese **russisch-orthodoxe Kirche** wurde 1891 im Auftrag des russischen Erzbischofs erbaut. Sie verfügt über eine 38 Meter hohe Kuppel. Die von dem in Japan sehr aktiven britischen Architekten und Stadtplaner Josiah Conder entworfene Kirche ist das größte und schönste Bauwerk im byzantinischen Stil in Japan.

❯ 4-1 Kanda-Surugadai, JR: Ochanomizu, Ausg. Hijiri-Brücke, 5 Min., Di.–Sa. 13–16 Uhr, So. 10–12.30 Uhr

086to-ml

Die Söhne der Daimyō konnten nur nach bestandener Prüfung ihren Vätern nachfolgen. Auch heute werden die Weisheiten des Konfuzius an dieser Stelle noch gelehrt, dazu auch chinesische Geschichte und Sprache. Der Tempel ist aber heute eher eine Art Wallfahrtsort für angehende Studenten, die für ihr Eintrittsexamen an einer der prestigereichen Universitäten, insbesondere der nahe gelegenen Tōdai, büffeln.

Das Tempelgebäude ist im Stil der Ming-Dynastie gebaut, stammt jedoch aus dem Jahre 1935, denn das ursprüngliche Gebäude fiel dem großen Erdbeben von 1923 zum Opfer. Nur noch das Tor Nyutoku-mon ist original. In der am Ende der Treppe stehenden tempelartigen, türlosen Halle Taisei-den steht ein **Standbild von Konfuzius**. Auch im baumbestandenen Garten gibt es ein fünf Meter hohes Konfuzius-Denkmal. Alljährlich wird Ende April ein Fest zu Ehren des Meisters veranstaltet.

> ❯ 1–4–25 Yushima, Bunkyo, JR: Ochanomizu (Chuo, Sobu Line), O-Ausg. Hijiri-Brücke, Tel. 3251–4606

㉝ **Yushima-Seidō-Tempel** ★★ [H5]

湯島聖堂

Jenseits der Hijiri-Brücke in Ochanomizu liegt rechts der **konfuzianische Tempel** Yushima Seidō. Er wurde 1690 unter dem fünften Shōgun Tsunayoshi als **erste Hochschule für die Söhne der Daimyō, Samurai und Beamten** gegründet und entwickelte sich langsam zu einer Art Universität. Er diente vor allem dem Studium der Lehren des Konfuzius.

㉞ **Kanda-Myōjin-Schrein** ★★ [H5]

神田明神

Nur ein kleines Stück weiter nördlich des Konfuzius-Schreins ㉝ steht der schon während der Nara-Zeit gegründete Kanda Myōjin. Dieser ist **einer der ältesten Schreine der Stadt.** Er soll bereits im Jahre 730 errichtet worden sein. Allerdings sind die sichtbaren Gebäude erst 1934 wiederaufgebaut worden. Sie sind treue Kopien der unter den Tokugawa entstandenen Gebäude mit dem bei den Shōgunen so beliebten barockhaften Momoyama-Stil.

⌂ *Konfuziusstatue im Yushima Seidō*

Ursprünglich war der Schrein der Shintō-Gottheit Okunimushi-no-Mikuni gewidmet. Später war er mit Taira-no-Masakado verbunden, einem 940 enthaupteten Rebellen, der gegen den Kaiser in Kyōto kämpfte. Er wurde für die Menschen zum Symbol für das Aufbegehren gegen Autoritäten. Kurz vor Ieyasus Tod 1616 wurde der Schrein von Surugadai hierher verlegt und zum Schutzschrein für Edo erhoben.

Damit wurde das **Schreinfest** (das eigentlich an den Sieg Ieyasus in der Schlacht von Sekigahara im Jahre 1600 erinnern soll) zu **einem der drei wichtigsten Feste der Stadt,** zumal die Shōgune die Parade der prachtvollen Festwagen am Palast vorbeiziehen ließen. Die Wagen, die es in manchen anderen Städten Japans noch gibt, sind wegen der Oberleitungen aus Tokyo verschwunden, stattdessen werden drei große **kaiserliche Sänften** (horen) und 76 mikoshi (tragbare Schreine) durch die Straßen getragen. Der größte mikoshi ist so schwer, dass er von 400 kräftig gebauten Freiwilligen getragen werden muss. Das Fest findet nur in den ungeraden Jahren am Wochenende vor dem bzw. am 14./15. Mai statt.

Hinter dem Schreingebäude liegt ein **Garten,** der im März von rosa Pflaumenblüten und im Mai von lilafarbenen Glyzinien übersät ist. Auf dem Schreingelände gibt es noch einen kleineren **Inari-Schrein.** Zu seiner Rechten führt eine steile Treppe hinunter zur Kuramae-dōri. Dieser Weg heißt otoko-zaka („Männer-Hangweg"), der weniger steile Weg dagegen heißt wie üblich onna-zaka („Frauen-Hangweg").

❯ 2-16-2 Soto-Kanda, JR: Ochanomizu (Chuo, Sobu Line), O-Ausg. Hijiri-Brücke, Tel. 3254-0753, tagsüber geöffnet

⑨⑤ Yushima-Tenmangū/ Tenjin-Schrein ★★ [H5]
湯島天満宮

Geht man vom Kanda Myōjin entlang der Kuramae-dōri rund 200 Meter nach Westen und dann 500 Meter in nördlicher Richtung, gelangt man zum zweiten Ziel der Studenten-Wallfahrt, dem Yushima Tenjin. Mehr noch als der Kanda-Myōjin ⑨④ ist der Tenjin-Schrein berühmt für seine weißen Pflaumenblüten. Ende Februar bis Mitte März findet hier daher auch das **Pflaumenblütenfest** (ume matsuri) statt. Die ersten Pflaumenbäume wurden bereits Mitte des 14. Jh. gepflanzt, und kein Ort in Tokyo eignet sich besser zum Betrachten dieser Blütenpracht als der Yushima Tenjin.

Zu dieser Zeit finden auch die Eintrittsexamen statt, und Tenjin, der Gott des Lernens, erhält Tausende von **Wunschtafeln** (ema) mit der Bitte um Bestehen. Die ema lassen oft die Reihenfolge der Universitäten erkennen, bei denen die Aspiranten sich beworben haben. Der Wunsch nach der Tōdai-Universität mag vielleicht nicht in Erfüllung gehen, dann aber hoffentlich wenigstens Nr. 2 oder 3 der Rangfolge …

Tenjin war einst ein Gelehrter der Heian-Zeit mit Namen Sugawara no Michizane, der als Folge einer unrechtmäßigen Beschuldigung ins Exil nach Kyūshū musste und dort bald einsam starb. Da auf seinen Tod in Kyōto Unwetter folgten, glaubte man, dass diese vom ruhelosen Geist des Verstorbenen verursacht wurden. Daraufhin machte man ihn zum **Schutzgott des Lernens** und der Literatur (tenjin) und pflanzte in seine Schreine die von ihm geliebten Pflaumenbäume. Rechts vom Schrein steht eine Bühne,

auf der Schreintänze dargeboten werden. Rechts führt die steile Treppe Otoko-zaka, links die flachere Onna-zaka hinunter in Richtung U-Bhf. Yushima (Chiyoda Line). Von hier ist es nicht weit zum **Kyu Iwasaki-tei** ⑫.

❯ 3-30-1 Yushima, U: Yushima (Chiyoda Line), 2 Min., Ueno-hirokoji (Ginza Line), 5 Min., Hongo-sanchome (Marunouchi Line), 8 Min., JR: Okachimachi, W-Ausg., 8 Min., Tel. 3836–0753, www.yushimatenjin.or.jp/pc/eng-page/english.htm, 9–17 Uhr, Eintritt: 400 ¥, Senioren 200 ¥

⑨⑥ Tokyo University mit Aka-mon und Sanshiro-Teich ★ [G4]

東京大学

Das Ziel höchster studentischer Wünsche ist das **Akamon** („Rotes Tor"). Die Studenten, die in die Tokyo-Universität, die Tōdai oder Tōkyō Daigaku, aufgenommen werden möchten, beenden hier, am Haupteingang zu diesem Gebäude, üblicherweise ihren Pilgerweg. Akamon ist mehr als nur der Name des Tores, er **symbolisiert die gesamte Universität**. Die Tokyo University ist die staatliche Universität mit dem **höchsten Prestige**. Wer hier aufgenommen wird, kann sich seine berufliche Laufbahn aussuchen. Der Traum fast aller Studenten Japans ist es, nach erfolgreicher Prüfung durch das Rote Tor schreiten zu dürfen.

Das **Tor** wurde 1828 anlässlich der Einheirat einer Tochter des Shōgun Tokugawa Ienari in die Familie Maeda, denen das gesamte Grundstück einst gehörte, errichtet, daher die weibliche Farbe Rot und die weichen Formen des Tores. Die Maeda-Daimyōs waren einst die Herren über die Gegend von Kanazawa und galten als überaus wohlhabend. Die Universität wurde 1877 gegründet.

Geht man den Weg durch die Hauptallee der Universität ein Stück weiter nach Norden, kommt man zur **Yasuda-Halle**, die heute vor allem durch die Studentenunruhen von 1968 bekannt ist, als sich die revoltierenden Studenten dort ein Jahr lang verschanzt hielten und als Folge diese und andere renommierte Unis geschlossen wurden. Südlich davon liegt der kleine japanische Garten **Ikutoku-en**. In seiner Mitte befindet sich der Teich Sanshiro-ike (bekannt aus dem gleichnamigen Roman von Natsume Soseki). Nordöstlich der Yasuda Hall kann man das Uni-Gelände am Yayoi-mon (Tor) verlassen.

❯ **Tōkyō Daigaku**, 7-3-1 Hongo, Bunkyo, U: Hongō-Sanchōme (Toei Oedo, Marunouchi Line), 2–3 Min., Tel. 3812–211, www.u-tokyo.ac.jp/en

⊡ Wunschtafeln („ema")
im Yushima-Tenjin-Schrein ⑨⑤

🔴97 Akihabara Electric Town (Akihabara Denkigai) ★★　　[H6]

秋葉原電気街

Eine erste Attraktivität erlangte Akihabara, das **größte Elektronikviertel der Welt**, mit dem **Akiba-Gongen-Schrein**, der 1872 zum Schutz vor den vielen Bränden im Viertel, das damals Aioi hieß, errichtet wurde. Nach dem Krieg siedelten sich hier in der Nähe der wichtigen Bahnkreuzung primitive Läden für Radioteile und später elektronische Bauteile an. Später wurden die hier angebotenen Artikel moderner, was die großen Discounter und Duty-free-Läden anzog. Spätestens jetzt war Akihabara die vielbeachtete **Electric Town**. Ab den 1990er-Jahren wurde Akiba, wie das Viertel meist kurz genannt wird, zum Mekka der Manga- und Animefans und insbesondere der Cosplay-Anhänger (s. S. 101). Zahlreiche andere Läden sind auf Sexspielzeug und Zubehör spezialisiert. Seit 2001 wachsen **Maid Cafés**, sozusagen angewandtes Cosplay, wie Pilze aus dem Viertel, es gibt schon mehr als ein Dutzend davon, z. B. die @home-Cafés (http://www.cafe-athome.com/about-english). Andere Cafés sind auf die Gundam Roboter oder die beliebte große J-Pop-Gruppe **AKB48**, die an der Chuo-dōri ihr eigenes Theater hat, spezialisiert. Östlich davon steht das **UDX Center** mit der **Akiba Info** im F2. Östlich der Bahngleisunterführung steht die Hauptfiliale von **Yodobashi Camera** (s. S. 282). Die neue Einkaufspassage mAAcha befindet sich unter den Gleisen der früheren Station Manseibashi, oben ist ein Café zwischen Gleisen.

❯ www.akiba.or.jp/english/index.html

KURZ & KNAPP

Otaku

Es heißt, Akihabara sei das Paradies der Otaku. Übersetzt heißt das Wort „Ihre Wohnung". Bei Wikipedia etwa lässt sich unter diesem Stichwort nachlesen, weshalb heute Manga- und Animefans sich als Otaku bezeichnen oder so genannt werden. Die englischen Begriffe *Geek* oder *Nerd* meinen in etwa das Gleiche. Der Unterton ist eher negativ: männliche, bebrillte, unter- oder übergewichtige Stubenhocker, die sich fast ausschließlich für ihr Hobby interessieren und normale menschliche Beziehungen vernachlässigen. Aber es gibt auch genug weibliche Otaku, Otome genannt.

Kulinarisches

◯**199** [G5] **Fire House,** 4–5–10 Hongō (entlang Kasuga-dōri), tägl. 11–23 Uhr. Hier gibt es Hamburger. Beliebt ist der Mozzarella-Mushroom-Burger für nicht ganz preiswerte 1365 ¥.

◯**200** [H6] **Gundam Café,** 1–1 Kanda-Hanaoka, Mo.–Fr. 10–23, Sa. 8.30–23, So. 8.30–21.30, Lunch 11–16.30 Uhr. Thema ist natürlich der erfolgreichste Charakter von Bandai, der Gundam, ein sog. „Transformer Roboter", 28 m hoch in O-daiba zu bewundern.

🍴**201** [H5] **Kanda Shokudō** ¥, 4–4–9 Soto-Kanda, Mo.–Fr. 11–15.30 u. 17–22.30, Sa. 11–18 Uhr. Preiswerte Gerichte, Favorit: gebratenes Schweinefleisch mit Ingwer *(buta no shōga-yaki)* als Menü mit Misoshiro und Reis.

🍴**202** [G6] **Tempura Imoya** ¥, 2–16 Kanda-Jinbocho, tägl. 11–20 Uhr, Lunch bis 13 Uhr. Sehr günstig zum Lunch *(ranchi),* man bestellt einfach „tempura ranchi". Die Gäste sitzen an der dreiseitigen Theke um die offene Küche herum, außer Studenten kommen auch Büroangestellte.

Die **Kanda-Bücherstadt** um den U-Bhf. Jimbochō ist ein Paradies für Curryreis-Liebhaber (jung, männlich, hungrig); es gibt hier rund 300 Curry-Lokale und jedes Jahr wird beim **Kanda Curry Grand Prix** (http://kanda-curry.com, japanisch) das beste gekürt.

🍴**203** [H6] **100 Hours Curry (Hyakujikan Karé)** ¥, 2-9-11 Uchi-Kanda, tägl. 11.30–15 und 18–22.30 Uhr. Kanda-Curry-Grand-Prix-Sieger 2014 und 2016.

🍴**204** [H5] **Bengal** ¥, Japan & Canada Oil Bldg., F1, 3-10-12 Soto-Kanda, U: Suehirocho, 2 Min., www.bengal-curry.com, Di.–Fr. 11–15 u. 16–21, Sa./So. 11–21 Uhr. Indisches Restaurant mit gutem Curryreis.

🍴**205** [G6] **Bondy** ¥¥, Kanda Gosho Center, 2-3 Jimbochō (im Bücherviertel), tägl. 11–22.30 Uhr. Gutes Curry, aber etwas teurer als die Konkurrenz, versteckt in einem Buchladen.

🍴**206** [G6] **Ethiopia** ¥, 3-10-6 Kanda-Ogawamachi, U: Jimbochō, tägl. 11–22.30 Uhr. Gute Currys unter 1000 ¥.

🍴**207** [H6] **Hinoya** ¥, 2-11-16 Kajichō, tägl. 11–19.30 Uhr. Curry-Grand-Prix-Sieger 2013, Spezialität: Curryreis mit rohem Ei.

Shopping

Hauptstraße ist die **Chūō-dōri**, die, von der Ginza kommend, durch Nihonbashi (s. S. 39), Kanda, mitten durch Akihabara und weiter nach Ueno führt. Aber auch wenn hier die großen Hauptgeschäfte stehen, sollte man die schmalen Nebenstraßen nicht vernachlässigen, denn hier sind die Preise oft besser. Die Filialen der Hauptgeschäfte wie **Laox**, **Labi** spezialisieren sich auf bestimmte Sektoren und bieten für Touristen in unterschiedlichen Geschäften **Duty-free-Einkaufsmöglichkeiten.**

Yodobashi und **Sofmap** haben hier ebenfalls große Filialen und zahlen die Mehrwertsteuer gegen Passvorlage ebenfalls gleich zurück. Der Autor hat den Eindruck, dass die rasant angewachsene Zahl ausländischer Touristen, v. a. Chinesen, die Preise nach oben gedrückt hat, vergleichen ist also angesagt.

🛍**208** [H6] **Hobby Lobby Tokyo,** 1-15-4 Soto-Kanda, Radio-Kaikan, F7, Do.–Di. 10–20 Uhr. Der Laden verkauft die unter Sammlern begehrten Figuren von Kayodo (www.kaiyodo.co.jp) aus der Welt der Anime, Science Fiction, Geschichte, Religion.

🛍**209** [H6] **Kotobukiya,** 1-8-8 Soto-Kanda, tägl. 10–20 Uhr. Ursprünglich Spielzeugladen, ist er jetzt spezialisiert auf japanische Sammelfiguren und Spielzeug, meist aus der Welt des Anime.

🛍**210** [H6] **M's Pop Life Department,** 1-15-13 Soto-Kanda, tägl. 10–23 Uhr. Kaufhaus für Lustbefriedigung auf sieben allerdings sehr kleinen Etagen, davon zwei bis drei für Frauen. Auch viele Paare und junge Menschen kaufen hier ein.

🛍**211** [H5] **Mandarake,** 3-11-12 Soto-Kanda, tägl. 12–20 Uhr. Ein Muss für Otakus (s. S. 153): Manga, Anime, Computerspiele, Cosplay, Figuren.

🛍**212** [H6] **Radio Kaikan,** 1-15-16 Soto-Kanda, tägl. 10–20 Uhr. Hier gibt es im Prinzip so ziemlich alles, was „Akiba" anzubieten hat.

🛍**213** [H6] **Super Potato,** Kitabayashi Bldg. F3-5, 1-11-2 Soto-Kanda, Tel. 5289-9933. Spezialgeschäft für Retro-Computer- und Videospiele.

🛍**214** [H6] **Vstone,** F4, 1-9-9 Soto-Kanda, Mo.–Fr. 11–20, Sa./So. 10–19 Uhr. Wer sich für Roboter interessiert oder solche selbst bastelt, wird hier fündig.

Yanaka

Die Tempelstadt Yanaka gehört zu den Juwelen Tokyos. Das **traditionelle Viertel mit vielen kleinen Schreinen, Tempeln und alten Läden** beginnt unmittelbar oberhalb der Bahnhöfe Nishi-Nippori und Nippori bzw. östlich des U-Bhf. Sendagi (Chiyoda Line).

Nach dem Großbrand von 1657, als dieses Viertel ungeschoren davonkam, wurden auf Anordnung des Shōgunats zahlreiche Tempel, die durch die Flammen zerstört worden waren, hierher verlegt. Daher findet man heute noch **rund 70 Tempel in Yanaka**. Der Friedhof (Yanaka Reien) ist genau wie der Ueno-Park (s. S. 161) berühmt für seine Kirschblüten.

EXTRATIPP

Praktische Erkundung mit dem Bus

Bester Ausgangspunkt für einen Bummel durch Yanaka ist der Bhf. Nippori (JR: Yamanote, Keihin-Tohoku Line, Keisei Line). Auch der U-Bhf. Sendagi und etwas weniger Nezu (beide Chiyoda Line) im Westen des Viertels sind geeignet. In Taito-ku gibt es mehrere Buslinien, die **Megurin** genannt werden. Für Yanaka geeignet ist die blaue Ost-West-Route (Tōzai Megurin), die man vom Bhf. Ueno mitten durch Yanaka zum U-Bhf. Sendagi und zurück fahren kann (100 ¥, tägl. 7 bis etwa 20 Uhr, alle 15 Min.). Mit dem Bus kommt man über Ueno auch nach Asakusa. Eine Tageskarte lohnt sich, sie kostet nur 300 ¥. Mit ihr kann man beliebig oft fahren und alle drei Busrundkurse (Ost-West, Nord- und Süd-Route) benutzen. Ueno und Asakusa werden von allen drei angefahren. Die Karte kann im Bus oder bei der Touristeninformation (s. S. 325) gekauft werden.

98 Tennōji ★   [H3]

天王寺

Geht man vom hügelseitigen Ausgang des Bahnhofs Nippori nach links, kommt man zum Tennōji. Dieser Tempel aus dem 13. Jh. wurde 1868 mit dem benachbarten Kan'eiji 107 bei den Revolutionskämpfen am Ende der Tokugawaherrschaft zerstört und seither nicht wieder aufgebaut. Davor gehörte er zu den **bedeutendsten Tempeln Edos**, nicht zuletzt wegen des Rechtes, Lotterien veranstalten zu dürfen.

Im Hof steht eine fünf Meter hohe **Buddhastatue** von 1690, der **Yanaka-no-Daibutsu**. Eine zum Tempelbezirk gehörige, jedoch etwas abseits stehende fünfstöckige Pagode existierte bis 1957, als sie abbrannte. Es gibt Bestrebungen, sie wieder aufzubauen. Nahe dem überdachten Eingang steht der Bishamon Schrein, der zur Pilgerroute zu den Sieben Glücksgöttern (s. S. 188) in Yanaka gehört.

Früher gab es am Weg zum Tennōji, der während der Kirschblütenzeit einem Blütentunnel gleicht, zahlreiche Teehäuser. Eine Besitzerin, Osen, wurde durch Holzschnitte, die Harunobu von ihr anfertigte, sehr bekannt und begehrt. Aber sie heiratete schließlich einen braven Samurai und lebte solide bis ins hohe Alter. Ein zu ihrem Gedenken errichteter Schrein steht im Yanaka-Daienji.

Statt vom Tennōji zurück zur Gotenzaka-Straße zu gehen, kann man auch durch den **Yanaka-Friedhof** direkt zum Asakura-Chōso-Museum 99 gehen.

❯ 7–14–8 Yanaka, JR: Nippori (Yamanote, Keihin-Tohoku Line) S-Ausg., 3 Min.

Spaziergang

*Der Spaziergang beginnt am **JR-Bhf. Nip-pori**. Wer wenig Zeit hat und das Viertel nur mal kennen lernen möchte, geht an der Nordseite (Bhf. Hauptgebäude) am Westausgang hinaus, dann die Goten-za-ka-Hangstraße hinauf und vorbei an den rechter Hand gelegenen Tempeln Kyō'oji- und Enmeiji gerade weiter zur Yuyake-Dandan (Sonnenuntergangstreppe) in die kurze, mit über 60 Läden und Lokalen vollgestopfte Einkaufsstraße „Yanaka-Ginza". Weiter geht es dann wie rechts beschrieben.*

*Wer sich mehr Zeit für einen **ausführlichen Yanaka-Bummel** nehmen will, geht am Südausgang des Bahnhofs Richtung Yanaka-Friedhof ein kurzes Sträßchen hinauf. Hierher gelangt man auch*

*vom Beginn der oben erwähnten Goten-zaka auf einem schmalen Weg zwischen Friedhof und Bahnhof. Gleich links oben steht der **Tempel Tennōji** 98. Weiter geht es entlang der Sakura-dōri (Kirschbaum-allee) mitten durch den großen Friedhof zur Einmündung in die Sansaka-dōri. Der eigentliche Spaziergang führt rechts um die Ecke.*

*Ein Abstecher bringt Sie aber zu mehreren lohnenden Zielen: nach 150 m sehen Sie an der Ecke rechts das in eine kleine einräumige Galerie umgewandelte ehemalige Badehaus **SCAI The Bathhouse** (6-1-23 Yanaka, www.scaithebathhouse.com, Di.–So., 12-19 Uhr, Eintritt frei). Geradeaus an der Einmündung in die Kototoi-dōri steht links an der Ecke das ehemalige **Sakegeschäft Yoshidaya** (2-10-6 Ueno-Sakuragi, Eintritt frei), das Teil des **Shitamachi Museums** 111 ist. Rund 200 m links entlang der Kototoi-dōri steht der **Tempel Jōmyōji** mit seinen 84.000 Jizō-Figuren. In einer Nebenstraße gegenüber steht nach 80 m links der Rest des einst riesigen **Kan'eiji** 107 (Haupttempel der Tokugawa).*

Von der vor dem Abstecher erwähnten Ecke geht es in der Sansaki-dōri etwa 120 m bis zu einem roten Yamazaki-Shop. Hier muss man rechts in die Gasse Hatsune-no-michi abbiegen. Der Weg führt an mehreren Tempeln vorbei. Nach etwa 200 m steht links der Chōanji. In der Quergasse dahinter links befindet sich die sehenswerte Tsuiji-Mauer. Sie umgrenzt den

◁ *Traditionelles Restaurant in Nezu*

Kannonji und wurde in der Edo-Zeit aus Lehm und Ziegeln gebaut, gekrönt von einem Ziegeldach. Zurück in der Hauptgasse Hatsune-no-michi, geht es etwa 200 m weiter zum kürzlich renovierten Asakura-Chōso-Kunstmuseum **99**. Vorher befindet sich links gegenüber das Currylokal Jinenjiyo (s. S. 158), das sich gut für eine Stärkung eignet.

Vom Museum sind es nicht einmal 100 m bis zur vom Bhf. Nippori (150 m) heraufkommenden Goten-zaka in Richtung Yanaka Ginza mit ihren vielen kleinen Läden. Hier ist die Kreuzung mit dem Tempel Kyō'ōji (auch Keiōji ausgesprochen), in dessen Tor fünf Löcher der Gewehrkugeln zu sehen sind, die während der eintägigen Schlacht von Ueno 1868 von der Armee verschossen wurden. Westlich der Kreuzung befindet sich der Tempel Enmeiji mit dem großen Pasania-Baum, einer Art asiatischer Steineiche, die seit etwa 600 Jahren dort steht.

Nun geht es links in Richtung der eingangs erwähnten Yanaka-Ginza, durch diese hindurch und von ihrem Ende nach links in die Yomise-dōri, vorbei am Ryokan Katsutaro (hier kann man rechts zur Shinobazu-dōri abbiegen und auf ihr links zur U: Sendagi auf der anderen Straßenseite gelangen; dahinter befindet sich ganz unvermutet der kleine japanische Garten Sudo-Park) bzw. zur Einmündung in die Sansaki-dōri, dort nach links vorbei am linker Hand stehenden Daienji (nicht zu verwechseln mit dem gleichnamigen Tempel **33** in Meguro). Bemerkenswert an diesem Tempel ist zunächst, dass der linke Teil der Haupthalle zur bud-

dhistischen Nichiren-Sekte gehört und der rechte dem Reisgott Inari geweiht und damit ein Schrein ist. Die meisten Besucher kommen vielleicht jedoch wegen der beiden **Gedenksteine zu beiden Seiten einer Kannonstatue.** Der größere erinnert an Harunobu und der kleinere, schöne an die legendäre Teehausbesitzerin Osen Kasamori. Der berühmte Holzschnitt-Meister Harunobu hat sie mit seinen ukiyo-e unsterblich gemacht. Der Stein ist nun ihrem kami geweiht. Am 14./15. Oktober findet hier jedes Jahr ein Chrysanthemenfest statt.

Vom Daienji geht es leicht ansteigend weiter in Richtung Yanaka-Friedhof. Linker Hand folgt der Zen-Tempel Zenshōan, der zur Rinzai-Sekte gehört und sonntags ab 18 Uhr Möglichkeiten zum Meditieren bietet. Während des Bon-Festes im August werden Rollbilder von Geistern gezeigt (Eintritt: 200 ¥). Auffällig ist eine neue, vergoldete Kannonstatue, die erst seit 1991 hier steht (tägl. 10–18 Uhr, Tel. 3821-4715). Von hier können Sie mit dem Megurin (s. S. 155) nach Ueno oder Asakusa fahren. Wenn Sie aber noch Lust haben, weiter zu bummeln, können Sie an der nächsten Querstraße rechts, dann wieder rechts, links und wieder rechts auf eine große Himalayazeder zugehen. Davor links steht das **Atelier des britischen Künstlers Allan West,** das Besuchern offensteht. Erwähnenswert ist der neben der Zeder stehende **Tempel Enyuji,** in dem Läufer und andere um gesunde, kräftige Beine beten. In wenigen Minuten erreichen Sie Richtung Süden den U: Nezu bzw. den gleichnamigen Schrein **100**.

Menchikatsu-Kroketten von Suzuki oder leckeres Yakuzen-Curry

Mitten in der Yanaka Ginza kommt es bei **Niku-no-Suzuki** und bei **Niku-no-Satō** meist zu Warteschlangen, denn viele Tokyoter wollen unbedingt die berühmten Menchikatsu-(Hackfleisch-)Kroketten essen. Sie kosten mittlerweile 210 ¥, enthalten dafür aber echtes Wagyu von den berühmten Matsuzaka-Rindern!

Wer mehr essen möchte, dem sei **Curry Jinenjo** schräg gegenüber dem Asakura-Choso-Kunstmuseum empfohlen. Spezialität ist das *yakuzen curry* mit medizinisch wirksamen, selbst angebauten Kräutern, zubereitet nach den Prinzipien des *slow food*.

🍴**215** [H3] **Curry Jinenjiyo** ¥, 5–9–25 Yanaka, tgl. 11.30–16 u. 17–21 Uhr

🥩**216** [H2] **Niku-no-Satō**, 3–13–2 Yanaka, tagsüber außer Mo.

🥩**217** [H2] **Niku-no-Suzuki**, 3–15–5 Nishi-Nippori, tagsüber außer Mo.

---

99 Asakura-Chōso-Museum ★★   **[H3]**

朝倉彫塑館

Das dreigeschossige Betongebäude beherbergt im Haus des 1964 verstorbenen berühmten Bildhauers Fumio Asakura ein beeindruckendes Museum mit einigen Skulpturen.

Asakura lebte hier von 1908 bis zu seinem Tode und verband japanische und westliche Einflüsse. Er war sehr stark von Rodin beeinflusst und fertigte 400 Statuen und andere Figuren an (z. B. Katzen).

Neben dem exquisiten **Wohnhaus**, in dem jedes Detail seine Bedeutung hat und aus erlesensten Hölzern besteht, sind das **Teehaus** und vor allem der **Garten** zu erwähnen. Im viereckigen Teich des Gartens sind fünf Steine als Symbol für die fünf wichtigen konfuzianischen Tugenden aufgestellt: Wohlwollen *(jin)*, Aufrichtigkeit bzw. Gerechtigkeit *(gi)*, Korrektheit *(rei)*, Weisheit *(chi)* und Treue *(shin)*.

❯ 7–14–8 Yanaka, JR: Nippori (Yamanote, Keihin-Tohoku Line), 5 Min., Tel. 3821–4474, Di.–Do., Sa./So. 9.30–16.30 Uhr, Eintritt: 400 ¥

---

100 Nezu-Schrein ★★   **[G3]**

根津神社

Der beliebte Schrein ist besonders wegen seines Azaleengartens berühmt. Die an den Tōshōgū-Schrein **108** in Ueno erinnernden Schreingebäude wurden 1706 für den Daimyō von Kōfu, Ienobu, erbaut. Dieser hatte seine Residenz in Sendagi, in der nördlichen Nachbarschaft. Er

◁ *Kleiner Wasserfall im Azaleengarten des Nezu-Schreins* **100**

0 1 cm = 150 m 400 m
© Reise Know-How 2017

2

Ueno Station ★

Kaiserpalast ★

★ Shibuya Station

216 217

221

Yanaka Marktstraße
222 220 Ginza

Asakura-Chōsō-Museum
99

215

DAGI

Nippori
Nippori Station

98
Tennōji

SENDAGI

219

223

YANAKA

Yanaka Cemetary

3

UENO SAKURAGI

Kan'e-Ji Reien Cemetary

420

Nezu-Schrein
100

Shinobazu-don

Kofoku-don

NEZU

National-museum
101

Kan'eiji
107

Tokyo Metropolitan Art Museum
102

Ueno Park

NEZU
218

YAYOI

Higashien
Ueno-Tōshōgū-Schrein
108

Ueno Zoo
106

Ueno Zoological Gardens

National Museum of Nature and Science
103

National Museum of Western Art
104

Nishien

Tokyo Bunka Kaikan
105

4

Tokyo University Hospital

Kiyomizu Kannondō (Tempel)
109

Ueno Station

Boto-ike

Bentendō
110

Keiseiueno Station

UENO

96
Tokyo University mit Aka-mon und Sanshiro-Teich

IKENOHATA

Shinobazu-ike

425
Shitamachi-Kulturmuseum
111

225 226

348

112
Kyu Iwasaki-tei

368
417

UENO HIROKŌJI

UENO

G   H

wurde 1709 zum sechsten Shōgun ernannt. Nach der Zerstörung im Zweiten Weltkrieg wurde der Schrein originalgetreu wiederaufgebaut. Als Schrein soll er schon seit 1900 Jahren bestehen.

Sehenswert ist das reich verzierte Kara-mon-Tor (chinesisches Tor). Jedes Jahr findet vom 14.4. bis 5.5. das **Azaleenfest** statt (am Hang gibt es rund 3000 Azaleen in allen möglichen Farben), anlässlich dessen das Hauptgebäude alle zwei Stunden für Besucher eine halbe Stunde lang zugänglich ist, nachdem diese sich einer Reinigungszeremonie unterzogen haben.

Gemälde von 36 klassischen Dichtern an den Friesen sind die Hauptattraktion dieses Schreins. Neben dem Hauptschrein gibt es noch einen für den Reisgott Inari.

❯ 1-28-9 Nezu, U: Nezu (Chiyoda Line), Tel. 3822-0753, tagsüber geöffnet

Kulinarisches

In der **Yanaka Ginza** gibt es außer den berühmten Menchikatsu von Suzuki und Satō noch andere Snacks zum Mitnehmen oder gleich essen: z. B. **Musashiya** (3-9-15 Yanaka), mit in Öl ausgebackenen Tofubällchen *(gammodoki)*, die **Atomu Bakery** (3-11-14 Yanaka) mit Snack-Backwaren *(oyatsu-pan)*, Pizzaschnitten und **Fukushima Shoten** (3-13-4 Yanaka) mit Seafoodspießen und gegrilltem Fisch. Links nebenan gibt es bei Hatsuneya Tempura zum Mitnehmen. Vor dem Sakegeschäft rechts kann man auf Kisten sitzend die Snacks zusammen mit kaltem oder warmem Reiswein genießen – gute Stimmung garantiert (450 ¥ pro Glas oder Fläschchen). In Yanaka haben **montags nicht nur die Museen, sondern auch manche Geschäfte geschlossen.**

🔊**218** [H4] **Kushiage Hantei** ¥¥¥, 2-12-15 Nezu, U: Nezu (Chiyoda Line, S-Ausg.), Tel. 3828-1440/3823-7661, Di.-So. 12-14 u. 17-22.30, So. 16-21.30 Uhr. Berühmtes, stilvolles Restaurant aus der Edo-Zeit mit 100 Plätzen. Leckere Spieße mit kleinen Beilagen.

🔴**219** [G3] **Oshimaya** ¥, 3-2-5 Yanaka, tägl. 11-20 Uhr, wochentags zwischen 15 und 17 Uhr geschlossen. Nudelladen, in dem es u. a. Paradies- und Höllen-Nudeln in mit Sesam gewürzter Soße gibt.

🔊**220** [H3] **Zakuro** ¥, Yanaka Studio, F1, 3-13-2 Nishi-Nippori (nahe Yanaka Ginza), http://zakuro.oops.jp, tägl. 11-23 Uhr. Türkisch-persisch-usbekische Küche. Man sitzt wie in einem Zelt auf dem Boden, die Gerichte werden auf einem Brett serviert. Abends ab 19.30 Uhr Bauchtanz (500 ¥). Lunch, soviel man essen möchte, gibt es für 1000 ¥ zwischen 11 und 15 Uhr (nach 14 Uhr weniger Auswahl, besser gegen 12 Uhr kommen), die kleinen türkisch-persischen Hausmachergerichte werden nach und nach gereicht, Tee und Zitronenwasser sind kostenlos.

Shopping

🔴**221** [H2] **Buchhandlung Muto**, 3-15-151 Nishi-Nippori. Aufklappbare Grußkarten mit Yanaka-Häusern.

🔴**222** [H3] **Kaiun Yanakado**, 5-4-3 Yanaka. Passend zur Katze als Symbol Yanakas gibt es hier niedliche Winkekatzen (ab 800 ¥). Nebenan befindet sich ein Café mit Katzenthema.

🔴**223** [H3] **Isetatsu**, 2-18-9 Yanaka, tägl. 11-19 Uhr. Zu Beginn der Meijizeit gegründetes Geschäft, in dem es Pappmaché-Figuren *(chiyo-gami)*, bedrucktes Papier *(washi)* und viele andere **Souvenirs** gibt, auch Holzschnitte.

❯ **Nippori Textile Town**: 500 m nördlich des Bhf. Nippori verläuft eine Einkaufsstraße für preiswerte Stoffe und Bekleidung.

Ueno

Ueno bietet einen **Park voller bedeutender Museen**, dazu **Tempel, Schreine**, einen **Zoo** ⑩ sowie eine **lebhafte Basarstraße**.

Ueno ist so etwas wie das „Einfallstor" der Zuwanderer aus dem ländlichen Norden. Dadurch geht es dort volkstümlicher zu. Einst einer der größten Schwarzmärkte nach dem Krieg, besteht der parallel zur Eisenbahn verlaufende **Markt Ameyoko** (Ameya Yokochō) nach wie vor. Er hat viel von seinem ursprünglichen Charakter bewahrt. Tatsächlich lässt es sich dort für Tokyoter Verhältnisse sehr preiswert einkaufen, zumal er einer der wenigen Märkte ist, auf denen man handeln kann und soll. Und wo lustvoll eingekauft wird, dürfen natürlich auch Restaurants nicht fehlen!

Wer von Ueno spricht, meint meist den großen **Ueno Onshi-Park**. Dieses Stück Land gehörte einst den Tokugawas, die hier den großen Kan'eiji-Tempelkomplex ⑩ errichtet hatten. 1873 entstand hier der erste öffentliche Park Japans.

Dass hier ein Park entstand, ist dem holländischen Militärarzt Antonius F. Bauduin zu verdanken, der im 19. Jh nach Japan kam, um westliche Medizin zu lehren. Als er von dem Regierungsplan hörte, auf dem verlassenen und verwilderten Gelände des Ueno-Hügels ein Krankenhaus zu bauen, schlug er vor, stattdessen einen öffentlichen Park anzulegen. Sein Vorschlag wurde angenommen, und so gibt es heute diese **Mischung aus Park und Architektur der Edo- und Meiji-Zeit sowie der Moderne**, die so charakteristisch für Ueno ist.

Während der Zeit der **Kirschblüte** wird unter den Bäumen des Parks recht viel „gebechert" und gesungen. Jeden Abend kommen dann Zigtausend Firmenangestellte und andere und feiern das Blütenfest. Als Ausländer wird man gern eingeladen mitzufeiern. Jedes der Museen und Galerien im Park kann leicht ein, zwei Stunden Zeit in Anspruch nehmen.

Der **Shinobazu-Teich**, der an den größten Binnensee Japans, den Biwa-See, erinnern soll, ist zu jeder Jahreszeit attraktiv. Nach der Kirschblüte nebenan im Park knospen die Weiden, im Sommer blühen die Lotosblüten zur Zeit des Bon-Festes, im Herbst kommen Zugvögel zu Besuch. Im Winterschnee ist der Teich besonders reizvoll. Berühmt ist er auch für die Kolonie von Kawau, wilden Kormoranen, die quasi zum Zoo ⑩ gehören und auch im Hama-rikyū ⑱ an der Tokyobucht leben.

Ein **Spaziergang um und durch den Teich** über die Dammwege könnte mit dem Besuch des Shitamachi-Museums ⑪ beginnen. Man gehe nun rechts am Shinobazu-Teich entlang, dann zum Bentendō-Schrein ⑩ und weiter durch den Teich zur anderen Seite und zur Shinobazu-dōri, hinter der das Gelände der Tokyo-Universität ⑨ beginnt. Gegenüber auf der anderen Straßenseite steht das Yokoyama-Taikan-Gedenkhaus, in dem der in Japan berühmte Vertreter moderner japanischer Malerei die letzten 15 Jahre seines Lebens verbrachte (Do.–So. 10–16 Uhr geöffnet, August und Mitte Dezember–Januar geschl., Eintritt 500 ¥). Von dort ist es nicht weit zum Park des Kyu-Iwasaki-tei mit dem von Josiah Conder entworfenen schlossartigen Herrenhaus der Familie Iwatsuki (Mitsubishi) aus der Meiji-Zeit und ein kurzes Stück weiter zum Yushima Tenjin ⑨.

Restaurants und Cafés im Museum
Das Hotel Okura betreibt ein Café im Hory-uji-Schatzhaus mit Lunch-Menüs für unter 2000 ¥ sowie ein Restaurant im Toyokan. In der sonst geschlossenen Kuroda Memorial Hall gibt es das Sandog Inn Kobeya Café. Alternative: Parkside Café mitten im Park, 8–4 Ueno-köen (9–22 Uhr).

101 Nationalmuseum ★★★ [H4]
東京国立博物館

Das größte und älteste Museum Japans bietet die bedeutendste Sammlung japanischer Kunst und archäologischer Schätze weltweit.

Das aus Gebäuden unterschiedlicher Baustile und Epochen zusammengesetzte Museum besitzt **über 110.000 Objekte,** von denen jeweils 4000 bis 5000 zur gleichen Zeit ausgestellt werden. Hervorragend ist auch die Sammlung **ost-asiatischer Kunst.** Der 1909 im Stil der Meiji-Ära anlässlich der Hochzeit des Taisho-Kronprinzen errichtete **Hyōkeikan-Flügel** wird nur für Sonderausstellungen geöffnet. Der Hauptflügel *(Honkan)* in der Mitte wurde ursprünglich vom britischen Architekten Josiah Conder entworfen, durch das Große Kanto-Erdbeben von 1923 stark beschädigt und durch einen Entwurf von Jin Watanabe im „Teikan-Stil („Kaiserkrone") 1938 wieder-eröffnet. Er enthält herausragende japanische Kunst und zeigt chronologisch deren Entwicklung von der Steinzeit bis ins 19. Jahrhundert.

Im **rechten Flügel** *(Tōyōkan)* werden Kunst und Kunsthandwerk aus China, Korea, Zentral- und Südostasien, Indien und Ägypten präsentiert.

Im minimalistischen, 1999 eröffneten **Hōryuji-Schatzhaus,** entworfen von Taniguchi Yoshio, sind 300 Geschenke an die kaiserliche Familie zu bewundern, zumeist aus dem 7. und 8. Jh., vor allem aus dem Hōryuji-Tempel bei Nara, dem ältesten Holztempel der Welt.

Der **Heiseikan,** 1993 anlässlich der Hochzeit des Heisei-Kronprinzen Naruhito eröffnet, wird normalerweise für Sonderausstellungen genutzt, beherbergt bis zur Renovierung des Hyōkeikan die Archäologische Galerie mit den bedeutendsten Exponaten der Jomon-, Yayoi-, Kofun- und späterer Perioden.

Links vor dem Komplex des Nationalmuseums steht das Eingangstor **Kuromon** (Schwarzes Tor) der Daimyō-Residenz des Fürsten Ikeda, das von Marunouchi hierher gebracht wurde. Im Azekura-Speicher wurden ursprünglich buddhistische Sutren aufbewahrt; es stammt vom Gangoji in Nara. Erwähnenswert sind auch der während der Kirschblüte und Laubfärbung geöffnete Garten mit Teehaus und der Museumsladen.

❯ **Tōkyō Kokuritsu Hakubutsukan,** 13–9 Ueno Park, JR/U: Ueno Park, Ausg., 15 Min., Uguisudani, 10 Min., Tel. 5405–8686, www.tnm.jp, Eintritt: 620 ¥, (Studenten 400 ¥, unter 18, über 70 Jahren frei), Di.–So. 9.30–17 Uhr (Sonderausstellungen bis 18 Uhr)

102 Tokyo Metropolitan Art Museum ★★ [H4]
東京都美術館

Südwestlich des Nationalmuseums 101 steht das 1975 eröffnete, von Kunio Maekawa entworfene Ziegelgebäude des Tokyo Metropolitan Art Museum. Es **enthält 2600 Werke der bedeutendsten japanischen Künstler** der letzten fünfzig

Jahre. Zweimal im Jahr werden diese für jeweils 100 Tage kostenlos in der Museumsgalerie gezeigt. In der übrigen Zeit finden wechselnde Ausstellungen statt.

> **Tōkyō-to Bijutsukan**, 8-36 Uenokōen, JR: Ueno, 7 Min., U: Ueno (Ginza Line), 10 Min., Tel. 3823-6921, www.tobikan.jp/en/guide/index.html, tägl. 9.30-17.30 Uhr, geschl. jeden 1. und 3. Mo., Eintritt frei, Sonderausstellungen: 900 ¥, G: frei

⑩③ National Museum of Nature and Science ★★   [H4]

国立科学博物館

Das 1877 gegründete Museum, erkennbar an dem 30 m langen Modell eines Blauwals vor dem Eingang, ist unglaublich vielfältig: **Naturgeschichte, Fossilien** (darunter Dinosaurierknochen), **Herkunft und Geschichte des japanischen Volkes**, traditionelle und moderne **Handwerkstechniken** bzw. Herstellungsverfahren, z. B. Keramik *(jiki)*, Porzellan *(toki)*, Glas, Japanpapier *(washi)*, Textilien und Lack *(urushi)* werden gezeigt. Des Weiteren sind Flugzeuge zu sehen. Zudem gibt es eine Rakete und einen großen Meteoriten.

Das Gebäude für Ingenieurswissenschaften verfügt über interessante alte Maschinen. Wie alle guten technischen Museen bietet auch dieses Gelegenheit zum Experimentieren und ist daher auch für Kinder interessant. Nicht zu vergessen sind zwei ausgestopfte Pandas (lebendige gibt es im Zoo ⑩⑥ nebenan) und der ausgestopfte Hachikō (s. S. 92).

> **Kokuritsu Kagaku Hakubutsukan**, 7-20 Uenokōen, Di.-So. 9-17 Uhr, geschl.: Ende Juni und zur Jahreswende, Tel. 5777-8600, www.kahaku.go.jp/english, Eintritt: 620 ¥ (Schüler frei). Astronomische Beobachtungen nachts: 310 ¥, G: frei

⑩④ National Museum of Western Art ★★   [H4]

国立西洋美術館

Dieses neben dem National Museum of Nature and Science ⑩③ gelegene Museum, dessen **Hauptgebäude von Le Corbusier** entworfen wurde (sein einziges Werk im Fernen Osten), enthält mehr als 80 Skulpturen, davon 56 von Rodin (gesammelt von Kojiro Matsuka), und 850 Gemälde französischer Impressionisten, vor allem Monet, Gauguin und Courbet. Im Anbau, der von einem Schüler des Meisterarchitekten, Kunio Maekawa, entworfen wurde, sind Gemälde u. a. von **El Greco, Goya, Murillo, Rubens, Tintoretto, Picasso, Ernst, Miró, Dubuffet** und **Pollock** vertreten sowie Zeichnungen bzw. Drucke von Dürer, Holbein, Rembrandt, Picasso, Cézanne, Delacroix. Vor dem Eingang steht, quasi als Erkennungszeichen, eine Kopie des „Denkers" von Rodin.

> **Seiyō Bijutsukan**, 7-7 Uenokōen, JR: Ueno, Parkausg. (Kōen-guchi), 1 Min., U: Ueno (Ginza Line), 8 Min., Tel. 3828-5131, www.nmwa.go.jp/en, Di.-So. 9.30-17, Fr. 9.30-20 Uhr, Eintritt: 430 ¥ (2. und 4. Sa. im Monat frei), Schüler frei

⑩⑤ Tokyo Bunka Kaikan ★   [H4]

東京文化会館

Jenseits des Aufganges vom Bahnhof zum Park, dem Kōen-guchi, steht die **bedeutendste Konzerthalle der Stadt,** die Tokyo Bunka Kaikan. Diese von Kunio Maekawa, einem Schüler Le Corbusiers, entworfene Festhalle wurde zum 500-jährigen Jubiläum von Tokyo als Regierungssitz erbaut. Der große Saal hat 2300 und der kleine 649 Sitzplätze. Hier gastieren **Spitzenorchester,** Oper- und Ballettensembles aus aller Welt, immer wieder auch aus Deutschland. Die Akustik ist berühmt. Eine große Musikbibliothek steht Di.–Sa. von 13 bis 20 Uhr zur Verfügung.

❯ 5–45 Uenokōen, JR: Ueno, Parkausg., 1 Min., U: Ueno (Ginza Line), Ausg.7, 8 Min., Keisei Line, 2 Min., Tel. 3828–2111, www.t-bunka.jp/en

106 Ueno Zoo ★★ [H4]
恩賜上野動物園

Der **älteste und beliebteste Zoo Japans,** der ursprünglich wegen seiner vergleichsweise geringen Größe und Anlage kein Vorbild für Tierhaltung war, konnte mittlerweile beachtliche Zuchterfolge verbuchen. Es gibt 2600 Tiere (464 Tierarten) zu sehen, darunter seit 1972 die berühmten **Pandas** aus China, inzwischen auch einen „Gorilla- und Tigerwald". Die 5-stöckige Pagode, die einst zum riesigen Kan'eiji-Tempelbezirk 107 gehörte und 1631 errichtet wurde und ein Teehaus geben dem Zoo einen japanischen Touch. Wie in den berühmten Gärten der Stadt gibt es auch im Zoo einen modernen Audio-Guide-cum-Navi (**Ubiquitous Communicator).**

❯ **Onshi Ueno Dōbutsuen,** 9–83 Uenokōen, JR: Ueno 5 Min., Tel. 3828–5171, www.tokyo-zoo.net/english/ueno/main.html, Di.–So. 9.30–17 Uhr, Eintritt: 600¥ (Senioren 300¥, Schüler über 13 Jahre 200¥, Kinder und G: frei).

107 Kan'eiji ★ [I4]
東叡山寛永寺円頓院

Der 1621 von Tenkai, einem Vertrauten des ersten Tokugawa-Shōgun Ieyasu, gegründete Tempel der Tendai-Sekte **war in der Edo-Zeit der größte und wichtigs-** te **Tempel der Tokugawas,** er sollte den gefürchteten Nordosten von Edo beschützen. Sechs Shōgune liegen hier begraben, die andern fanden im Zōjōji 24 ihre letzte Ruhestätte. Der Tempelbezirk enthielt einst 30 Gebäude auf einer Fläche, die das gesamte Gelände des **Shinobazu-Teichs,** Ueno-Parks und Bahnhofs umfasste. Erstmals wurde er im großen Meireki-/Furisode-Feuer von 1657 zerstört, zuletzt im sog. Boshin-Krieg 1868/69, als die kaiserlichen Truppen die Herrschaft der Shōgune für immer beendeten.

Heute sind noch Reste des alten Tempels erhalten. Die heutige Tempelhalle wurde vom Kita-in in Kawagoe 153 hierher geschafft, die Pagode steht im Zoo 106, der Tōshōgū-Schrein 108 mit seinen Steinlaternen ist ebenfalls noch erhalten.

❯ Tōeizan Kan'eiji Endon-in, 1–14–11 Uenosakuragi, JR: Ueno 5 Min., Tel. 3821–4440, tägl. 9–16 Uhr, Eintritt frei

108 Ueno-Tōshōgū-Schrein ★★★ [H4]
東照宮

Der Schrein gilt als **Nationalschatz.** Er trägt den gleichen Namen wie sein bedeutenderer „Vetter" in Nikkō 156, und ist Ieyasu geweiht, der dort als „östlicher Sonnengott" residiert. Er wurde 1627, neun Jahre vor dem Schrein in Nikkō, vom Abt Tenkai-sojo und dem Daimyō Todo Takatora errichtet und ist der **bedeutendste Schrein der Tokugawa-Shōgune.**

Wer keine Gelegenheit hat, nach Nikkō 154 zu fahren, kann sich hier einen kleinen Eindruck von der reichen Schnitzkunst und farbenprächtiger Malerei dieser von den Tokugawa so geliebten Schreinarchitektur machen. Zum Teil waren dieselben Schnitzer am Werk, beispielsweise Hidari Jingoro, der „linkshändige Jingoro", der in Nikkō u. a. die weltberühmten „Drei Affen" und die „Schlafende Katze" schuf. Am Kara-mon-Tor (Chinesisches Tor) stammen von ihm u. a. der auf- und der absteigende Drache, die sich der Legende nach zum Durstlöschen in den nahen Shinobazu-Teich begeben.

Die gemalten vier **Löwen an der komplett vergoldeten Fassade der Haupthalle**, Konjuki-den, die unter dem dritten Shōgun Iemitsu 1651 umgebaut und kurz vor dessen Tod fertiggestellt wurde, stammen von dem berühmten Künstler Kano Tan'yu. Das Gebäude wurde wie der Tōshōgū-Schrein in Nikkō im Gongen-Zukuri-Stil der Momoyama-Zeit erbaut. Die 240 Stein- und 50 Bronzelaternen, die den Weg vom großen Torii am Eingang zum Kara-mon-Tor und zur Haupthalle flankieren, waren Geschenke der Daimyōs.

Links neben dem Schrein liegt ein Garten mit rund 200 Arten von Päonien (Pfingstrosen), die je nach Art im Winter (Januar bis Mitte Februar) oder im Frühjahr (Ende April bis Mitte Mai) blühen (Tōshōgū Botan-en, geöffnet zur Zeit der Blüte, Eintritt: 600 ¥, Grundschüler frei). Beim Mitteltor *(naka-mon)* liegt rechts eine mehr als 6 m hohe Steinlaterne, die „Gespensterlaterne" *(obake-dōro)* heißt.

Rechts neben dem Schrein steht die berühmte fünfstöckige Pagode aus dem Jahre 1639, die ursprünglich zum Kan'eiji **107** gehörte und nun auf dem Gelände des Ueno-Zoos **106** steht. Sie ist im japanischen Stil erbaut. Rechts neben

der Pagode befindet sich der Haupteingang zum Zoo.

❯ 9–88 Uenokōen, JR: Ueno, 5 Min., Tel. 3822–3455, Eintritt: 500 ¥ (bis zum Kara-mon am Eingang zum Haupttempel kostenlos), tägl. 9–16.30/17.30 Uhr

109 Kiyomizu Kannondō ★   [H4]

清水観音堂

Der Tempel stammt aus dem Jahr 1698. Er gehörte zum Kan'eiji **107**, der wie der Enryakuji auf dem Hiei-zan in Kyōto den Nordosten der Stadt vor bösen Geistern schützen sollte. Um die Ähnlichkeit noch zu verstärken, wurde der Kiyomizu-Tempel dem gleichnamigen Tempel an den Hängen des Hiei-zan nachgebildet, und der Ueno-Hügel wurde Tōei-zan genannt, östlicher Hiei-zan.

Das Hauptstandbild des Tempels entstammt dem Kiyomizu-dera in Kyōto, es stellt die tausendarmige Kannon (Sen-ju Kannon) dar. Daneben gibt es noch die beliebte Statue der Kosodate Kannon (Beschützerin der Kinder). Dementsprechend wimmelt es dort von Puppen, die von Eltern, deren Wunsch um Kindersegen erhört worden ist, gestiftet wurden. Diese Puppen werden jedes Jahr am 25. September in einer Zeremonie verbrannt (sonst würden es auf die Dauer zu viele).

❯ 1–29 Uenokōen, tägl. 9–16 Uhr

❯ *Kiyomizu Kannondō im Ueno-Park zur Kirschblüte*

Saigo Takamori (1827–1877)

Takamori stürzte mit der Armee des Satsuma- und Chōshū-Klans 1868 im Auftrag des Kaisers das Tokugawa-Shōgunat. Rund 2000 Samurai verschanzten sich allerdings nach dem offiziellen Ende des Shōgunats am 11. April 1868 auf dem Ueno-Hügel, der damals noch den Tokugawa gehörte, und lieferten der Armee am 15. Mai ein letztes Gefecht, bei dem u. a. der Kan'eiji 🔟, der Schutztempel der Tokugawa, zerstört wurde.

🔟 Bentendō ★   [H4]

不忍之池弁天堂

Der hübsche Schrein liegt auf einer kleinen begehbaren Insel in der Mitte des Shinubazu-Teiches, die über Dämme zu erreichen ist. Das achteckige Schreingebäude ist noch nicht alt, wirkt aber als Hintergrund vor den Lotosblüten auf dem Wasser sehr reizvoll. Der gemalte Drache im Innern stammt von Kibo Kodama.

Der Benten geweihte Schrein ist der **Ausgangspunkt der Pilgerroute zu den Sieben Glücksgöttern,** die in vielen Stadtteilen zu finden sind. Im Innern gibt es einen Holzschnitt mit den Glücksgöttern zu kaufen, in den die Pilger die Stempel der besuchten Schreine einsetzen können. Der Zusammenhang des Schreins mit dem Teich ist kein Zufall: Der Biwa-See hat die Form einer *biwa* (Laute), die von Benten gespielt wird.

Das **Fest Nōryō Taikai** (Fest der kühlen Sommerabende) findet während des OBon (s. S. 295) im Benten-dō statt. Auch im Frühjahr, zur Zeit des Kirschblütenfestes Hanami, gibt es ein Tempelfest.

❭ **Shinobazu-ike Bentendō,** 2–1 Uenokōen, JR: Ueno, 7 Min.

🔢 Shitamachi-Kulturmuseum ★★   [H4]

下町風俗資料館

Geht man am südlichen Ufer des Teiches entlang in Richtung Ueno zurück, kommt man am Shitamachi-Kulturmuseum vorbei. Dieses kleine, der **Vorstadtkultur gewidmete Museum** versucht, die Geschichte, Mentalität und Sitten der nichtadligen Bevölkerung Edos anschaulich zu machen. Über **50.000 Gegenstände des täglichen Lebens** von „Downtown"-Tokyo wurden gesammelt, großteils wurden sie von den Bewohnern gespendet.

Die Edoer waren sehr bodenständig und lebenslustig. Einige Häuser wurden im Museum wiederaufgebaut und detailgetreu eingerichtet.

❭ **Shitamachi Fūzoku Shiryō-kann,** 2–1 Uenokōen, U: Keisei-Ueno, 1 Min., JR: Ueno Hauptausg., 5–6 Min., Tel. 3823–7451, Di.–So. 9–16.30 Uhr, Eintritt: 300 ¥,G: frei

🔢 Kyu Iwasaki-tei ★   [H4]

旧岩崎邸庭園

Auch in der Nähe Uenos gibt es einen **hübschen west-östlichen Garten mit Gebäuden,** die 1896 von Josiah Conder entworfen wurden. In dem Garten befinden sich eine Billard-Hütte im Schweizer Stil, ein Wohnhaus im ShoinzukuriStil und das grandiose Herrenhaus im englischen Jakobiner-Stil. Seit 1997 ist der Park, der einst für den dritten Chef des Mitsubishi-Konzerns angelegt wurde, der Öffentlichkeit zugänglich. Der früher geräumige japanische Garten ist verschwunden, geblieben ist eine Rasenfläche mit kleinen Resten des einstigen Areals.

> 1-3-45 Ike-no-hata, U: Yushima (Chiyoda Line), Ausg. 1, 3 Min., Ueno-Okachimachi (Toei Oedo & Ginza Line) 10 Min., Tel. 3823-8340, http://teien.tokyo-park.or.jp/en/kyu-iwasaki, tägl. 9-17 Uhr, Eintritt: 400 ¥ (Senioren 200 ¥)

Kulinarisches

In und neben der **Ameyoko** gibt es eine sehr große Auswahl an einfachen und preiswerten Lokalen, z. B. Kaisen-Don-Lokale.

⑦**224** [H5] **Mitsubachi Honten** ¥, 3-38-10 Yushima. Spezialität: Azuki-(Bohnenmus)-Eis, auch zum Mitnehmen, *kakigori* (Raspeleis mit Sirup) ist ebenfalls beliebt.

⑦**225** [H4] **Niku no ōyama** ¥, 6-13-2 Ueno, tägl. 11-23 Uhr. Preiswerte Fleischprodukte, z. B. *menchikatsu,* Kroketten, Schnitzel zum Mitnehmen oder gleich essen.

◠ *In der Basargasse Ameyoko*

⑦**226** [H4] **Sakura Terrace,** 1-54 Ueno-Kōen, gegenüber dem Bahnhof am Park. Ein Dutzend attraktiver Lokale.

Shopping

Am bekanntesten ist der aus der Nachkriegszeit stammende **Basar Ameyoko** [H4] („Ami-Gasse") direkt westlich neben den Bahngleisen südlich des Bahnhofs Ueno bis zum Bhf. Okachimachi. Meist gibt es Lebensmittel, aber auch alles Mögliche andere, eben ein echter Basar. Südöstlich des Bahnhofs und östlich der Stadtautobahn gibt es parallel zur Shōwa-dōri noch eine Art Koreatown, wo man koreanische Lebensmittel kaufen kann. Östlich des Bahnhofs befindet sich die berühmte Kappabashi-Straße ⑰. An der Südseite der Asakusa-dōri gibt es 60 Geschäfte für buddistischen oder shintoistischen Hausaltarbedarf. Südöstlich des Bhf. Okachimachi und nördlich der Kuramaebashi-dōri liegt die Okazu-Yokochō mit japanischen Lebensmittelgeschäften.

Asakusa und Mukōjima

Hier befinden sich der **älteste und bedeutendste Tempelbezirk Tokyos** ⑬ im teilweise noch traditionellen Stadtviertel und als Gegensatz dazu der **höchste Fernsehturm der Welt** ⑱ auf der anderen Seite des Sumida-Flusses.

Ein bereits im 7. Jahrhundert gegründeter großer Tempelbezirk ist der Hauptgrund für die Existenz dieses Stadtviertels und seinen besonderen Charakter. Hier gab es wegen des stetigen Besucherstroms jede Menge Vergnügungsangebote, und in dessen Nähe wurde auch das berühmt-berüchtigte **Yoshiwara-Viertel** (s. S. 39) verlegt, nachdem es das Shōgunat Ende des 17. Jh. aus Ningyōchō verbannt hatte. Dieses im Norden Asakusas gelegene **Amüsierviertel** mit seinen Theatern, Lokalen und Freudenhäusern war wohl der wahre Grund für die Popularität von Asakusa, hat mit der Modernisierung des Landes jedoch seinen Reiz vollständig eingebüßt. Es gehörte zur Edo- aber nicht mehr in die Tokyo-Zeit. Bei einem der großen Brände im Jahre 1911 wurde es zerstört und gelangte nie wieder zur Blüte. Einige Tempel und Schreine (insbesondere der Jōkanji in Minami-Senju) gedenken der unzähligen, meist jung gestorbenen „Freudenmädchen". Im traditionell auch als Sanya bekannten Viertel leben heute Arbeiter, viele von ihnen Tagelöhner, aber auch Ausländer mit niedrigem Einkommen. Hier stehen denn auch die günstigsten Hotels der Stadt.

Anstelle der Kabukitheater (s. S. 52), die gegen Ende des Tokugawa-Shōgunats ebenfalls hierhin verbannt worden waren und dem Viertel einen zu-

☐ *Asakusa gegenüber steht die Zentrale der Asahi-Brauerei mit der „Flamme d'Or", dahinter der Skytree* ⑱

091to-ml

Bootsfahrten auf dem Sumida-Fluss

Der Sumida-Fluss, die Lebensader Edos, hat mit dem wirtschaftlichen Aufschwung der 1960er- bis 1990er-Jahre viel an Reiz verloren. Allerdings werden die Ufer zunehmend durch Grünanlagen und Promenaden verschönert. Eine Fahrt mit einem der Sumida-Wasserbusse lohnt sich also durchaus.

Die Fahrt beginnt an der Anlegestelle bei der Azuma-bashi-Brücke im Stadtteil Asakusa (Suijo-basu-noriba, Westufer) und führt unter 13 Brücken hindurch zum Hamarikyū-Onshi-Garten und zum Takeshiba-Sambashi-Pier, von wo aus man natürlich ebenfalls die Fahrt antreten kann und in der Regel weniger Andrang vorfindet (Fahrzeit 35 Min., Preis 740 ¥ ohne Eintritt in den Park, Sa. u. So fahren die Wasserbusse alle 20, werktags alle 45 Minuten ab).

Die Komagata-Brücke führt westlich zur Asakusa-dōri und nach Ueno. Hinter der dritten Brücke, Umayabashi, liegen rechts die Lagerhäuser („kura"), in denen während des Shōgunats Reis, der als Steuer bezahlt und mit dem die Samurai entgolten wurden, aufbewahrt wurde. Heute haben sich dort Spielzeug- und Puppengroßhändler niedergelassen. Die nächste Brücke ist die Kuramae-Brücke, hinter der links die Sumohalle, Kokugikan 121 und dahinter das spektakuläre Edo-Tokyo-Museum 120, auftaucht. Anschließend folgen Ryōgoku-Eisenbahn- und die eigentliche Ryōgoku-Brücke, in deren Umgebung sich die Edokko, also die Bürger Edos, an milden Sommerabenden spazierenrudern ließen. Früher kam man nach Überqueren dieser Brücke in eine andere

Provinz, daher der Name Ryōgoku (zwei Länder).

Die nächsten Brücken sind die Sumidagawa-ōhashi des Shuto-Expressway und die blaue Eitai-bashi. Letztere wurde 1696 zusammen mit der Ryōgoku- (1659) und der Shin-ōhashi (1693) als Folge des katastrophalen Großbrandes von 1657 erstmals gebaut. Damals gab es nur eine Brücke im Norden, und viele Menschen kamen um, weil sie nicht über den Fluss gelangen konnten.

Die Chūō-ōhashi führt als erste auf die Insel Tsukudajima, es folgen Tsukuda-ōhashi und die Kachidoki-bashi, 246 Meter lang und eigentlich eine Zugbrücke, die jedoch wegen des vielen Verkehrs nicht mehr bewegt wird. Kurz vor dem Hama-rikyū-Park 18 liegen der Fischmarkt 17 und das Fischereilabor des Tōkai-Distrikts. Die neue „Regenbogenbrücke" (Rainbow Bridge) [G12] wird auf dieser Tour schon nicht mehr unterquert. Dafür gibt es andere Routen.

Natürlich ist auch eine Luxus-Variante dieser Tour buchbar. Die Firmen Abisei (Tel. 3622 9495) und Komatsuya (Tel. 3851 2780) organisieren abendliche Ausflüge in Vergnügungsbooten („yakatabune") mit Essen und Musik, heute allerdings nicht nur mit klassischer Shamisen-Begleitung, sondern auch mit Karaoke. In den größeren Abisei-Booten haben 15 Personen Platz, der Zwei-Stunden-Trip kostet ca. 10.000 ¥ pro Person.

Weitere Bootsfahrten führen zu Zielen an der Tokyo-Bucht, z. B. nach Odaiba.
› Info: www.suijobus.co.jp

NEGISHI

RYUSEN

SENZOKU

307

404

SHITAYA

IRIYA

IRIYA

ASAK

Iguisudani
Station

Kototoi-
dori

KITA-
UENO

Edo Shitamachi
Traditional Crafts
Museum (Galerie
Takumi, Asakusa
Kogeikan)

MATSUGAYA

Hanayashi
Amusemen

372

401

316

233

117

HIGASHI-
UENO

NISHI-
ASAKUSA

354

341

Asakusa

INARICHO

323 227
403   230

346

Kaminarimori-dori

TAWARAMACHI

KAMINA-
RIMON

Ueno
Station

MOTO-
ASAKUSA

Asakusa-
dori

414

Kaiserpalast

ACHIMACHI

346

★ Shibuya
Station

KURAMAE

KOJIMA

Kasuga-
dori

I

J

sätzlichen Aufschwung brachten, wurden Kinos eröffnet. Hier wurde 1930 der erste Film in Japan gezeigt. Wegen der Musikshows, Lokale und Läden hatte das Viertel vor dem Krieg in etwa den Charakter von Shinjuku. Auch das erste Hochhaus der Stadt (Jūnikai, 12 Stockwerke) wurde hier 1890 errichtet. Außer dem Tempelbezirk sind die meisten der einstigen Attraktionen Asakusas vergangen, dafür sind aber neue hinzugekommen.

Asakusa („flaches Gras") konnte seinen **„Downtown-Charakter"** *(shita-machi* = Unterstadt) besser bewahren als andere Stadtviertel. Hier gibt es **noch zahlreiche traditionelle Handwerkerbetriebe** und manche Gasthäuser, die sich seit der Edo-Zeit fast kaum verändert haben. Die jährlichen **Schrein- und Tempelfeste** sind sehr sehenswert; hier geht es ungezwungener und lebhafter zu als in den meisten anderen Stadtteilen. Der Stolz und die Energie der Edokko („Kinder Edos") ist noch zu spüren.

Wer als Tourist zum ersten Mal nach Asakusa kommt, wird dies üblicherweise mit der U-Bahn (Ginza- oder Toei-Asakusa-Line) tun. Man kann aber auch mit dem Wasserbus auf dem Sumida-Fluss (s. S. 169) hierher fahren. In beiden Fällen sind es nur wenige Minuten zur Hauptattraktion des Stadtviertels, dem Tempel Kannon-dō 113.

Im Bezirk Taito-ku gibt es drei Busrundkurse („Megurin", s. S. 155).

Dank des neuen urbanen Zentrums unter dem Tokyo Skytree 118 ist das bisher von Besuchern vernachlässigte Viertel **Mukōjima** interessant geworden. Parallel zu einem Kanal kann man direkt vom Sumida-Park auf den Skytree 118 zugehen oder ab Azumabashi in 15 Min. per Riksha fahren. Kurz vor der Brücke

Spaziergang durch die Umgebung des Kannon-dō-Tempels

Geht man nach Besichtigung des Tempelbezirks vom Niten-mon-Tor des **Asakusa-Schreins** ⑬ in Richtung Osten, gelangt man zum langen, schmalen, direkt am **Sumida-Fluss** gelegenen **Sumida-Park** [J/K4] im Viertel **Hanakawadō**, der zur Zeit der Kirschblüte besonders beliebt ist. Dort findet auch das traditionelle **Bogenschießen** vom Pferderücken aus (Yabusame) statt, und zwar an dem Sonntag, der im Höhepunkt der Kirschblüte liegt, normalerweise am ersten oder zweiten Sonntag im April. Die Reiter müssen im vollen Galopp entlang eines 300 m langen Parcours drei Pfeile auf drei hölzerne Scheiben abschießen, was nicht immer ganz gelingt. Es ist ein eindrucksvolles Bild, die Reiter in ihren altertümlichen Kostümen dahingaloppieren zu sehen, allerdings herrscht immer sehr großes Gedränge (im Herbst auch im Yoyogi Park).

Geht man dann parallel zum Park ein Stück nach Norden, gelangt man zum links auf einem kleinen Hügel gelegenen **Matsuchiyama Shōten** ⑭. Das Viertel westlich des Tempels diente dem vielleicht berühmtesten aller Holzschnitt-Meister Katsushika Hokusai während seiner letzten Lebensjahre als Heimat. Hier befand sich einst auch ein lebhaftes Kabuki-Theaterviertel. An beides erinnern Denkmäler. Wer **Taiko-Trommlern** beim Üben zusehen möchte, kann dies in der Nähe im **Miyamoto Studio** (s. S. 175) tun. Nun geht es zurück zur Kototoi-dōri. Dieser muss man 700 m in westlicher Richtung bis zur überdachten Hisago-dōri, auch Rokko Broadway

genannt, folgen. Jenseits der Kototoi-dōri setzt sich nördlich die Hisago-dōri als Einkaufsstraße Senzoku-dvri fort und führt nach 1 km zum ehemals größten Vergnügungsviertel Edos, Yoshiwara. Seit 1958 ist es geschlossen, und nichts erinnert an die einstige Größe. Entlang der Yoshiwara-Hauptstraße (Naka-no-machi-dōri) gelangt man zum Benten-Schrein mit einem 2,5 m hohen Standbild der Benten, den Frauen geweiht, die hier im Yoshiwara-Viertel beim großen Kantō-Erdbeben im Jahr 1923 ums Leben kamen. Ein Stück weiter liegt der Ōtori-Schrein, in dem es im November bei Riesengedränge die dekorierten Glücksrechen (kumade, „Bärentatzen") zu kaufen gibt, ein beliebter Neujahrsschmuck und Glücksbringer. Der Rückweg führt zur Kreuzung Kokusai- mit Kototoi-dōri und zur Hisago-dōri, in die man rechts (S) abbiegt.

Rechter Hand steht gleich das **Edo Shitamachi Traditional Crafts Museum** ⑯. Weiter entlang dieser Straße kommt man an der nächsten größeren Kreuzung nach 200 m links haltend zum **Hanayashiki Amusement Park** ⑮. Rechts haltend kommt man zur Kokusai-dōri und dem Bhf. Asakusa des „Tsukuba Express". Südlich davon befindet sich rechter Hand das kleine Trommelmuseum (s. S. 175). Nicht weit westlich davon verläuft die **Kappabashi-Straße** ⑰, die ganz auf Gastronomiebedarf eingerichtet ist. Der Spaziergang könnte bis U: Tawaramachi führen oder entlang der Kaminarimon-dōri zurück zu U: Asakusa.

über den Kanal, von der Südseite kommend, steht übrigens ein runder Spiegel, in dem man sich mit dem Skytree spiegelt, eine beliebte und originelle Fotogelegenheit.

⑪⑬ Asakusa-Tempel- und Schreinbezirk ★★★   [J4]

浅草浅草寺

Asakusa ist der beliebteste und lebhafteste Tempelbezirk Tokyos – das galt schon für die letzten 200 Jahre der Edo-Zeit. Das Menschengewimmel macht einen Teil der Attraktivität des Bezirks aus.

Kaminari-mon

Der attraktivste Zugang erfolgt durch das **Kaminari-mon** („Donner-Tor") mit dem 3,30 Meter hohen und 100 kg schweren roten Lampion, einem Symbol des Tempelbezirks.

Das Tor wurde nach dem Krieg wiederaufgebaut, doch die Köpfe der beiden Götterstatuen – links der Donnergott Fūjin, rechts der Windgott Raijin – sind alt. Auf der Rückseite sind die Drachengötter zu sehen.

Nakamise-Gasse

Das Tor bildet den Zugang zur engen, tagsüber fast immer von Menschen gefüllten, 300 m kurzen Gasse Nakamise („Mittel-Läden"), die in der Mitte von der Shin-Nakamise („Neu-Nakamise") gekreuzt wird. Was in den **150 Läden** des Viertels verkauft wird, ist zu einem nicht geringen Teil dasselbe Angebot wie zur Edo-Zeit, darunter auch **Kitsch** und **Krimskrams**. An Feiertagen und Wochenenden herrscht besonders großes Gedränge. In der Edo-Zeit standen hier Souvenirverkäufer mit beweglichen Stän-

den, wie man sie heute noch auf Tempelfesten sieht. Die Geschäfte wurden erst in der Meiji-Zeit errichtet.

Denbō-in-Tempel

Hinter der Querstraße Debōin-dōri liegt links (W) der **Denbō-in**, die Residenz des Abts. Als Kontrast zum geschäftigen Treiben im Einkaufsviertel bietet sich ein Blick von außen auf den sehenswerten, stillen **Garten des Denbō-in** an. Normalerweise kann er leider nur im Zuge von Sonderausstellungen besichtigt werden. Der Garten wurde zu Beginn des 17. Jh., vielleicht sogar schon früher, vermutlich vom großen Gartenbauer Kobori Enshu angelegt. In der Mitte befindet sich ein Teich und an dessen Ufer die älteste Glocke Tokyos aus dem Jahr 1387. In dem abwechslungsreich gestalteten Garten steht noch ein Teehaus, das ursprünglich aus Nagoya stammt, wo es Ende

EXTRATIPP

Originelle Touristeninformation

Das mehrstöcke, von Kengo Kuma entworfene Asakusa Culture Tourist Information Center, das aussieht, als habe man sieben Holzhäuser mit schrägen Flachdächern etwas unordentlich übereinandergestapelt, steht strategisch sehr günstig vor dem Kaminari-mon und damit dem üblichen Ausgangspunkt für den Tempelbezirk. Die Tourist-Info ist selbst zu einer Sehenswürdigkeit geworden. WC, WLAN, Tickets, Ausstellungen, guter Blick vom F8 auf Nakamise und Skytree.

❯ 2–18–9 Kaminarim-on, U: Asakusa (Ginza Line), Ausg. 2 oder A4, Tel. 3842–5566, www.taito-culture. jp/home_e.html, tägl. 9–20 Uhr

096to-ml

des 18. Jh. als Kopie eines abgebrann-
ten Teehauses des berühmtesten aller
Teemeister, Sen-no-Rikyū (1522–1591),
errichtet wurde. Außerdem gibt es noch
zwei schlichte Holzhäuser.

Hōzō-mon

Neben dem Denbō-in steht das Tor
zum eigentlichen Tempelbezirk, das
Hōzō-mon („Schatzhaustor"), wegen der
beiden Schutzgötter *(nio)* auch **Nio-mon**
genannt. An seiner Rückseite hängen
riesige Strohsandalen, die von Reisbauern in Nordjapan gespendet wurden. Die
zwei außen hängenden Laternen wurden
von den Marktleuten des Tsukiji-Fisch-
marktes ⑰ gestiftet, diejenige in der Mitte von Kaufleuten.

Asakusa no Kannon-sama

Der eigentliche **Tempelbezirk** wird
volkstümlich auch „Asakusa no Kan-
non-sama" genannt. Der Legende nach
fanden im Jahre 628 zwei Brüder eines
Tages beim Fischen im Sumida-Fluss
nahe dessen Mündung in ihrem Netz
eine kleine goldene Statue der Kannon,

dem weiblichen Aspekt des Bodhisattva
der Barmherzigkeit. Sie warfen sie wieder in den Fluss, fischten sie aber noch
zweimal heraus. Daraufhin nahmen sie
die Statue zunächst nach Hause mit und
übergaben sie dem Dorfvorsteher Haji-no
Nakamoto. Dieser errichtete der Statue
zu Ehren bald darauf einen Tempel.

Grabungen anlässlich der Restaurie-
rungsarbeiten 1945 brachten in der Tat
Funde aus dem 7. und 8. Jh. zu Tage.
Möglicherweise stammt die Figur aus Korea und wurde von shintoistischen Fein-
den des Buddhismus, der damals in Japan noch ganz jung war, ins Wasser geworfen. Die Statue wird niemals gezeigt,
sie wird in einem goldenen Schrein hinter dem Altar verschlossen aufbewahrt.
Die Luftangriffe des Zweiten Weltkriegs
überstand sie tief in der Erde vergraben.

Die große **Halle Kannon-dō** wurde
1958 in Stahlbeton als Kopie des zerstörten Originals wiederaufgebaut, das
gewaltige Dach kam erst 1973 hinzu.
Die drei großen Lampions in der Vorhal-
le wurden von den Geishas aus Asakusa,
Akasaka und Yanagibashi gestiftet. Auch
viele große Votivbilder *(ema)* aus der
Edo-Zeit hängen hoch oben an den Wänden. Der Drache an der Decke stammt
von Kawabata Ryūshi (1885–1966), einem bekannten Maler.

Die 48 Meter hohe, fünfstöckige, rot-
goldene **Pagode**, ein Nationalschatz wie
die Kannon-dō, enthält eine Reliquie
Buddhas, einen Knochensplitter aus einem Tempel in Sri Lanka. Die Pagode

△ *Blick vom Tempel auf den Vorplatz
mit dem Hōzō-mon*

wurde nach der Zerstörung im Zweiten Weltkrieg 1973 wiedererrichtet.

Der **Weihrauchbrunnen** rechts vor der Haupthalle ist gut geeignet, um die Gläubigen zu beobachten. Sie reiben sich den Rauch an die Stelle, an der sie Beschwerden haben oder eine Verschönerung ersehnen.

Links neben der Haupthalle stehen die beiden kleinen Tempel **Yakushi-dō** und **Awashima-dō**, der Frauenleiden lindern und Handarbeiten fördern soll. Es gibt auch eine sechseckige *Jizō-Kapelle*, eines der ältesten Gebäude der Stadt aus dem 15./16. Jh.

Rechts (O) hinter Kannon-dō steht der **Asakusa-Jinja-Schrein**. Er wird auch *Sanja* („drei Schreine") genannt, da er 1649 im Auftrag des Shōgun Iemitsu zu Ehren der Finder der Kannon-Statue und deren Herrn errichtet wurde. Angesichts der Beliebtheit des Sensōji ist es kein Wunder, dass auch Ieyasu im Schrein verehrt wurde. Die Gebäude *(Honden* = Haupthalle, *Heiden* = Tributhalle, *Haiden* = Gebetshalle) befinden sich noch weitgehend im Originalzustand des 17. Jh., wurden jedoch in der Meiji-Zeit gründlich renoviert. Erwähnenswert sind auch die beiden **Bronze-Buddhas** und der **Benten-Schrein** dahinter mit der Bronzeglocke, die jeden Morgen um 6 Uhr beim Öffnen des Tores und in der Neujahrsnacht geschlagen wird.

Am östlichen Eingang steht das **Nitenmon-Tor** von 1618, durch das das teilweise noch altertümliche Viertel Hanakawado erreicht wird. Manche meinen, dass sich hier der **Charakter Asakusas am besten erhalten** hat.

❯ Sensōji und Asakusa Jinja, 2–3–1 Asakusa, U: Asakusa (Ginza Line), 5 Min, www.sensoji.jp/about/index_e.html, tägl. 6–17 Uhr, im Winter ab 6.30 Uhr

Tokyo für Trommelfans

Das kleine Museum im F4 des Geschäfts zeigt jeweils eine Auswahl seiner **insgesamt mehr als 600 Trommeln aus aller Welt,** vor allem Taikos aus Japan. Man darf auch selbst Hand anlegen und Trommeln ausprobieren. Da das Museum Teil eines Geschäftes für Trommeln und Matsuri-(Fest-)Bedarf ist, kann man dort auch Schlaginstrumente kaufen.

🏛 **227** [J4] **Taiko-no-Shiryō-kan,** Shiryō-kan, Miyamoto Unosuke Shōten, F4, 2–1–1 Nishi Asakusa, Tel. 38425622, Eintritt frei, Mi.–So. 10–17 Uhr

Im Miyamoto Studio kann man Taiko-Trommlern beim Üben zusehen:

⛩ **228** [K4] **Miyamoto Studio,** 6–21–5 Asakusa, Tel. 5603–1661, studio@miyamoto-unosuke.co.jp (Besuch telefonisch oder per E-Mail reservieren), tgl. 10–22 Uhr

🔴 **Matsuchiyama Shōten (Honryu-in)** ★   [K4]

待乳山聖天

Dieser eher ruhige, auf einem kleinen Hügel stehende und von Bäumen umgebene Tempel ist heute ein **Untertempel des Sensōji.** Er soll bereits 595 angelegt worden sein und ist **Shōten** geweiht (auch als Kangiten Soshin bekannt), einer japanischen Variante des Hindugottes Ganesha. Shōten gilt als Schutzgottheit für harmonische Vereinigung, Einheit der Familie, leichte Geburt und blühendes Geschäft. Das Götterbild wird jedoch nie gezeigt. Die zweite verehrte Gottheit ist **Bishamonten,** Gott der Reichtümer und einer der Sieben Glücksgötter *(shichi-fukujin).*

Nahe dem Eingang stehen einige **Jizō-Statuen**, die um 1600 angeblich im Tempelgelände ausgegraben wurden, ihnen gegenüber befindet sich eine zwei Meter hohe Kannon-Statue. Jedes Jahr am 7. 1. findet hier das **Daikon-Rettich-Fest** statt, während dessen mit Miso bestrichener Daikon gratis serviert wird.

❯ 7-4-1 Asakusa, U: Asakusa (Ginza Line), Tel. 3874-2030, Eintritt frei

⑮ **Hanayashiki Amusement Park** ★ [J4]

花やしき

Der bereits 1853 eingeweihte und somit **älteste Vergnügungspark Japans** war zunächst ein Blumenpark. Die ersten Fahrgeschäfte kamen 1872 hinzu. Heute bietet er harmloses Kirmesvergnügen mit 20 Attraktionen. Die Achterbahn ist seit 1953 in Betrieb. Der kleine Park ist ein nostalgisches Relikt der zunehmend verklärten Showa-Zeit.

❯ 2-28-1 Asakusa, U: Asakusa (Ginza Line), 8 Min., Tel. 3842-8780, Mi.–Mo. 10–18 Uhr, Eintritt: 900 ¥ (Kinder 400 ¥), Fahrten extra, Free Pass 2000 ¥

⑯ **Edo Shitamachi Traditional Crafts Museum (Galerie Takumi, Asakusa Kogeikan)** ★ [J4]

江戸下町伝統工芸館

Asakusa ist ein gutes Viertel, um das hochgerühmte traditionelle japanische Handwerk kennenzulernen oder dessen Erzeugnisse vor Ort zu erwerben, und dieses Museum ist ein guter Ort, rund **400 Beispiele der Handwerkskunst** zu studieren, z. B. Fächer, Pinsel, Holzarbeiten, Glas, Messer, Laternen usw. An Wochenenden finden mittags regelmä-ßig Vorführungen einzelner Handwerksmeister statt, die von ihnen geschaffenen Gegenstände werden monatlich versteigert. Das Museum ist vom Asakusa-Tempel ⑬ aus in wenigen Minuten erreichbar.

❯ Edo Shitamachi Dentō Kogeikan, 2-22-13 Asakusa, U: Asakusa (Ginza Line), 15 Min., Tel. 38421990, tägl. 10–20 Uhr, Eintritt frei

⑰ **Kappabashi-dōri** ★ [J4]

Geht man die Asakusa-dōri vom U-Bahnhof Tawaramachi einen Block weiter nach Westen in Richtung Ueno, kommt man nach einigen Minuten zur Kappabashi-dōri. Zuvor fallen auf der Südseite der Asakusa-dōri die vielen Geschäfte mit **shintoistischen und buddhistischen Artikeln** auf. Hier kann man die Hausaltäre und -schreine kaufen, die der Verehrung der verstorbenen Familienmitglieder dienen. Es gibt in diesem Viertel rund 50 dieser zur Straße hin offenen Läden. Dass es in dieser Gegend so viele derartige Geschäfte gibt, hängt damit zusammen, dass hier nach dem Meireki-Feuer viele Tempel angesiedelt wurden.

An der nächsten größeren Kreuzung (bei der zweiten Ampel hinter dem U-Bahnhof) geht es rechts in die **Kappabashi-dōri**, in der es rund **200 Geschäfte mit Gastronomiebedarf** gibt.

Die beliebtesten Souvenirs aus Kappabashi dürften die **Wachsnachbildungen** *(sanpuru)* von japanischen Gerichten sein, die in Lokalen ausliegen. Günstig sind sie aber mit Ausnahme von Schlüsselanhängern oder Kühlschrankmagneten nicht. (Kleine Runde 3–4 km, große 6–7 km).

⑪⑧ Tokyo Skytree ★ ★ ★   **[Karte V]**

東京スカイツリー

Der Skytree ist mit einer Höhe von 634 m der höchste Fernsehturm und das zweithöchste Bauwerk der Welt. Er hat den Tokyo Tower ㉓ mittlerweile als Wahrzeichen der Stadt abgelöst.

Er ist in der Stadt von beinahe jedem Punkt aus zu sehen. An seinem Fuß hat sich auf dem Gelände eines ehemaligen Rangierbahnhofs ein kleines neues Stadtviertel entwickelt: Skytree Town mit dem **Einkaufszentrum Solamachi** oder mit Museen wie dem 2014 eröffneten **Postmuseum** (Solamachi F9, 1–1–2, Oshiage, www.postalmuseum.jp/english, tägl. 10–17.30 Uhr, Eintritt: 300 ¥). Der Name „Skytree" ging übrigens als Sieger aus einem Namenssuch-Wettbewerb hervor.

❯ 1–1–2 Oshiage, Sumida, Oshiage (U: Toei Asakusa, Hanzomon Line), Keisei Oshiage Line, Tōbu Isesaki Line, ab Asakusa zu Fuß ca. 1500 m, Tel. 5302–3470, www.tokyo-skytree.jp. Fahrt zur Besucherplattform Tembo Deck 2060 ¥, zur Plattform Tembo Gallery in 450 m Höhe zusätzlich 1030 ¥ (8–22 Uhr).

Kulinarisches

🍴**229** [J5] **Asakusa Mugitoro** ¥–¥¥, 2–2–4 Kaminarimon, 11–21 Uhr, Tel. 3842–1066. Seit fast 90 Jahren bestehendes Restaurant, in dem es das volkstümliche Gericht aus Reis, Gerste *(mugi)* und geriebenen Bergkartoffeln *(tororo)* gibt, einfaches Lunchbüfett im F1 für 1000 ¥, reichhaltigeres Büfett im F7 (schöne Sicht auf den Fluss mit Skytree) für 2000 ¥.

🍴**230** [J4] **Okomo** ¥¥, F2, 1–10–5, Asakusa, Mo.–Fr. 11.30–15 u. 17–0.30, Sa./So. 11–0.30 Uhr. Ein wie ein balinesisches Resort dekoriertes Izakaya mit vielfältigem Angebot

△ *Der 634 m hohe Skytree*

Mukōjima Hyakka-en

Der Mukōjima Hyakka-en ist ein ganzjährig von Künstlern und Literaten bevölkerter und beim Volk beliebter kleiner Garten für Freunde wilder und gezüchteter Blumen.

› 3-18-3 Higashi-Mukōjima, Bhf. Higashi-Mukōjima (Tōbu-Skytree Line), 8 Min., http://teien.tokyo-park.or.jp/en/mukojima/index.html, tägl. 9-17 Uhr, Eintritt: 150 ¥

an beliebten japanischen Gerichten, auch Okonomiyaki und Monjayaki, Steaks, Gemüse, Eier, Seafood - alles zubereitet auf dem Teppanyaki-Grill.

231 [J4] **Tatsumiya** ¥¥-¥¥¥, 1-35-5 Asakusa, U: Asakusa, Ausg. 1 und 3, Tel. 3842-7373, tägl. 12-14.30 und 17-22 Uhr. Eine Mischung aus formellem Ryōtei und mit Antiquitäten und Kunsthandwerk vollgestopftem Izakaya; abends gibt siebengängiges Kaiseki-Menü bis 20.30 Uhr (Reservierung notwendig), mittags leichter Lunch. Beliebt sind Nabe-Gerichte, z. B. mit Gemüse oder Seafood, Spezialität des Hauses ist das Schweinefleisch-Nabe.

› **Tempura Kinsen** (s. S. 258). Gutes Tempura direkt an der Theke.

232 [J4] **Umezono** ¥, 1-31-12 Asakusa (neben der Nakamise), Tel. 3841-7580, Do.-Di. 10-20 Uhr, geschl.: 2. Di. u. Mi. im Monat. Dieses bereits 1854 eröffnete Lokal ist stadtbekannt für seine japanischen süßen Suppen aus z. B. Klebehirse (zōhi) und Bohnenmus (anmitsu). Besonders beliebt sind oshiruko (süße Bohnenmussuppe) und o-zoni (Gemüsesuppe).

› In den Gassen des **Tempelbezirks** ⑬ gibt es neben Dutzenden Läden auch zahlreiche kleine Lokale. Ein Bummel durch die Gassen lohnt sich auf jeden Fall.

Shopping

An Feiertagen und Wochenenden herrscht in den **150 Läden** des **Asakusa-Kannon-Tempelbezirks** ⑬ besonders großes Gedränge. In der Edo-Zeit standen hier Souvenirverkäufer mit beweglichen Ständen, wie man sie heute noch auf Tempelfesten sieht. Die Geschäfte wurden erst in der Meiji-Zeit errichtet. Auch die Parallelstraßen wie die direkt östlich gelegene Kannon-dōri bieten Attraktionen.

Typischerweise gibt es in der Nakamise-Gasse auch Spezialitäten zum Essen wie z. B. Reisgebäck (o-sembei), Seetang (o-nori) und Gebäck sowie **kunsthandwerkliche Dinge** wie Fächer (z. B. bei Arai Bunsendō, links hinter dem ersten Block), Accessoires und Haarschmuck, Papier, Kimonos, Happi-Coats (Matsuri-Festkleidung), traditionelle Messer und Scheren (z. B. bei Kanesō), Schuhe und Sandalen, Holzkämme (z. B. bei Yonoya in der Denbō-dōri), moderne Souvenirs, Puppen, traditionelles Spielzeug und - eine Rarität - einen Laden für Miniaturspielzeug (Sukeroku, am Ende der Straße rechts).

In der östlich (rechts) gelegenen Parallelstraße kann man das Geschäft Fujiya aufsuchen, das bekannt ist für die 3 x 1 Fuß großen, bunt bedruckten Baumwolltücher (tenugui), die einst zum Reinigen der Hände dienten, heute aber vor allem bei Festen als Stirnbänder verwendet werden. Sie sind vergleichsweise preiswerte und originelle Souvenirs (ab 800 ¥). Bunte Furoshiki zum Einwickeln von Gegenständen sind ebenfalls preiswert.

233 [J4] **Marugoto**, 2-6-7 Asakusa, tägl. 10-23 Uhr. Neue attraktive Shoppingadresse (Lebensmittel, Souvenirs, Fotos im Kimono oder Samurairüstung).

Asakusabashi und Kuramae, Ryōgoku und Fukagawa (Kōtō-ku)

Asakusabashi und Kuramae

Südlich von Asakusa erstrecken sich entlang beider Ufer des Sumida-Flusses lebhafte Stadtviertel, die – mit Ausnahme von Sumo-Fans – **unter Touristen wenig bekannt** sind, aber mit ihrem **Charme der Edo- oder wenigstens Showa-Zeit** durchaus einen Besuch wert sind.

Kuramae und Asakusabashi liegen auf der Westseite des Flusses. **Kuramae** bedeutet „vor den Reisspeichern". Der als Steuer während der Tokugawa-Zeit aus den Provinzen angelieferte Reis wurde hier gelagert und dann an die 20.000 niedrigeren Samurai als Sold verteilt. Diejenigen, denen das Anstellen zu mühsam war, beauftragten die Besitzer von Essständen in der Gegend, für sie den Reis abzuholen. Später entwickelten sich diese zu Reiszwischenhändlern (fudasashi) und gewannen ab 1729 eine Monopolstellung. Den Samurai kauften sie einen Teil ihres Reis-Soldes ab und gaben auch Geld gegen Wucherzinsen.

An der Yanagi-bashi („Trauerweidenbrücke") in **Asakusabashi**, das sich südlich an Kuramae anschließt, gab es früher ein Geisha- und Vergnügungsviertel. Heute legen hier Boote für abendliche Kreuzfahrten auf dem Sumida-gawa an. Asakusabashi ist ein Viertel, in dem Großhändler für Puppen, Spielzeug, Festtagsdekoration u.a. ihre Lager und Geschäfte haben, vor allem entlang der Edo-dōri. Früher wurden die Puppen in Ningyōchō („Puppenviertel") hergestellt.

⑲ Torigoe-Schrein ★ [I5]
鳥越神社

Der Torigoe ist ein beliebter alter Schrein, der bereits 651 gegründet worden sein soll. Er dient dem Schutz vor Krankheiten. Im Juni findet ein beliebtes **Schreinfest** statt. Am bequemsten ist er mit der Taitō-Bus-Ringlinie „Minami-Megurin" ab Bhf. Asakusa erreichbar.

› 2–4–1 Torigoe, Taitō, Tel. 3851–6033, JR: Asakusabashi (Sobu Line), Ausg. A 16, 8 Min., U: Kuramae (Toei Asakusa oder Toei Oedo Line), Ausg. A 17, E 11, 5 Min.

Ryōgoku

Asakusabashi gegenüber auf der anderen Flussseite liegt das ganz **im Zeichen des Sumo-Ringens** stehende Viertel **Ryōgoku**. Von der Yasukuni-dōri über die Ryōgoku-bashi („Zwei-Länder-Brücke") gehend, erreicht man deren Verlängerung, die Keiyō-dōri. Früher verließ man hier Edo und betrat ein anderes Land (koku), heute ist es nur ein anderer Stadtteil: Sumida-ku. Die Sehenswürdigkeiten erreicht man am besten von JR/U: Ryōgoku. Gleich nördlich des JR-Bahn

---

KURZ & KNAPP

Koku: Maßeinheit für Reis

Koku war die alte Maßeinheit für Reis. Ein *koku* umfasste 180 Liter und war unterteilt in 10 *to*, diese wiederum in 10 *sho*. Die großen 1,8-l-Sakeflaschen werden heute noch *sho-bin* genannt. Ein *sho* sind wiederum 10 *go*. Ein *koku* Reis reichte normalerweise ein Jahr lang als Grundnahrungsmittel für eine Person.

hofs bzw. westlich des gleichnamigen U-Bahnhofs stehen die beiden Hauptsehenswürdigkeiten, das spektakuläre **Edo-Tokyo-Museum** ⓬⓪ und nebenan die Sumohalle **Kokugikan** ⓬①.

Nördlich davon liegen zwei **Parks:** der ehemalige Daimyō-Garten **Kyū Yasuda** und der fast nebenan gelegene **Yokoami-chō-Park** ⓬②.

Besonders während der Blüte des Blauregens *(Fuji)* Mitte bis Ende April wird der **Kameidō-Tenjin-Schrein** ⓬④ massenhaft besucht. Aber auch sonst lohnt ein Besuch dieses berühmten Schreins. Bei Interesse fährt man am besten von Ryōgoku eine Station mit der Sōbu Line nach Osten bis Kinshichō und geht von dort in 10 Min. zum Schrein. Auch vom Skytree ⓲ ist er gut zu erreichen.

⌂ *Vergnügungsboote auf dem Sumida-Fluss in Asakusabashi*

Südlich des Bahnhofs Ryōgoku

Zunächst sollte der **Ekō-in-Schrein** ⓬⑤ aufgesucht werden. In dem Viertel um den Schrein befinden sich mehrere der *heya* (japanisch „Raum", deutsch/englisch „Stall") genannten **Trainingsquartiere:** Kasugano, Izutsu und Oshima. Nahe Letzterem kann man die Stelle sehen, an der einst das **Haus von Kira Kozukenosuke** (Kira-tei Ato) gestanden hatte. Dessen Besitzer war es, an dem die berühmten 47 Samurai den Tod ihres Herrn in der Nacht des 15. Dezember 1702 gerächt hatten (s. S. 74). Viel ist jedoch nicht mehr zu sehen: Lediglich einige **Gedenktafeln** und Bilder erinnern an die Begebenheit, zu sehen ist der Brunnen, in dem Kiras Kopf gewaschen wurde und ein kleiner Schrein für die Opfer unter den Bediensteten Kiras.

In der Umgebung von Ryōgoku gibt es viele **Geschäfte für Sumobedarf.**

⑫ Edo-Tokyo-Museum ★★★ [J6]
江戸東京博物館

Eines der besten Museen Tokyos ist dem Erbe Edos und der Geschichte der Stadt gewidmet und bietet zudem spektakuläre Architektur.

Das Gebäude erinnert an ein altes Warenhaus auf vier Säulen und ist über 60 m hoch, etwa so wie einst der Schlossturm im Palast der Shōgune. Das 6-geschossige Museum ist mit allen Mitteln eines Hightech-Museums gestaltet. Behandelt wird die Geschichte und Kultur von Edo und Tokyo bis zu den Olympischen Spielen 1964. U.a. sind eine Nachbildung des hölzernen Nihonbashi, eines alten Kabukitheaters, das Modell des Edo-Schlosses sowie Kleidung, Filme, Dokumente und Gegenstände aus der Zeit zwischen Edo und heute zu sehen.

❯ 1-4-1 Yokoami, Sumida-ku, JR: Ryōgoku (Sobu Line), O-Ausg. 7 Min., U: Toei Oedo Line, Ausg. A2, A3, Tel. 3626-9974, www.edo-tokyo-museum.or.jp/english, Di.-So. 9.30-17, Sa. 9-19.30 Uhr, Eintritt: 600 ¥ (Schüler und Senioren 300 ¥), G: frei

⑫ Ryōgoku Kokugikan ★★ [J6]
両国国技館

Das **Mekka der Sumo-Fans** ist das staatliche, 1984 erbaute **Sumo-Stadion Kokugikan**, direkt nördlich des Bahnhofs Ryōgoku, das Platz für 13.000 Besucher bietet. Der Sumo-Ring kann versenkt werden und dann für andere Events (Boxen, Wrestling, Musikveranstaltungen) genutzt werden. Drei der jährlich sechs 15 Tage dauernden Turniere finden hier statt.

Es gibt ein kleines, dem Sumo gewidmetes Museum, das wochentags kostenlos besichtigt werden kann; während der Turniere haben jedoch nur Zuschauer Zutritt. Die Atmosphäre live mitzuerle-

EXTRATIPP

Sumida Hokusai Museum
Ende 2016 eröffnetes, spektakuläres Museum, das dem genialen Künstler, der auch in Sumida lebte, gewidmet ist.

🏛 **234** [K6] **Sumida Hokusai Museum,** 2-7-2 Kamezawa (wenige hundert Meter östlich des Edo-Tokyo-Museums ⑫), http://hokusai-museum.jp, 9.30-17.30 Uhr, Sonderausstellungen mit Originalholzschnitten 900-1200 ¥, Dauerausstellung mit Reproduktionen ab 300 ¥

ben, ist faszinierend, es geht sehr lebhaft zu (Stehplätze ab 500 ¥, Sitzplätze am Ring bis über 10.000 ¥).

❯ 1-3-28 Yokoami, Tel. 3622-0366), JR: Ryōgoku (Sobu Line), O-Ausg. 7 Min., U: Toei (Oedo Line), Ausg. A2, A3

⑫ Yokoami-chō-Park ★★ [J5]

Der kleine Park beherbergt eine **Gedenkstätte** (Tōkyōto Irei-dō, tägl. 9-16 Uhr) für die über 100.000 Erdbebenopfer und die Opfer der Bombenangriffe auf Tokyo 1944 und 1945, die ebenfalls um die 100.000 Menschenleben gefordert hatten. 1923 hatten sich bei einem Erdbeben Tausende von Menschen hierhin geflüchtet, wurden aber dennoch an diesem damals baumlosen Platz ein Opfer der Flammen und der Hitze. Eine **Pagode** enthält die Knochen von 58.000 Opfern. Auch der etwa 2000 ermordeten Koreaner wurde gedacht – nach dem Erdbeben war das Gerücht aufgekommen, Koreaner hätten die Situation ausgenutzt, Feuer gelegt und Brunnen vergiftet.

❯ 2-3-25 Yokoami, http://tokyoireikyoukai.or.jp/yokoamichopark-en, www.kensetsu.metro.tokyo.jp/kouen/kouennannai/park/english/yokoamicho.pdf

Die Welt des Sumo

Japans rund 2000 Jahre alter National-sport („kokugi") zu Ehren der Götter fin-det im Ausland - nicht zuletzt wegen der exotisch anmutenden Rituale und der auf-regenden, oft nur Sekunden dauernden Kämpfe zwischen zumeist sehr massigen, schnellen Hünen - immer mehr, auch ak-tive Anhänger. Ursprünglich diente Sumo als Opferhandlung, Anklänge daran gibt es heute noch in manchen Schreinen (z. B. Yasukuni ❹). Erst während der Edo-Zeit wurde Sumo professionalisiert.

Elemente des Shintoismus finden sich im Gewand des Schiedsrichters („gyōji"), das dem von Adeligen aus dem 14. Jh. äh-nelt, im Shimmei-Dach über dem Ring, dem Ring („dōyō") selbst, der aus ei-ner quadratischen Plattform von 4,55 m Durchmesser aus festgestampfter Erde mit Stroh besteht. Des Weiteren in den für Shintō charakteristischen Reinigungsze-remonien mittels Salz, das über den Ring geschleudert wird, im dicken Zeremoni-engürtel des Yokozuna aus geflochtenem Seil und gezackten Papierstreifen, beides Shintō-Symbole. Selbst das für Frauen gel-tende Verbot, den Ring zu betreten, rührt daher. Wie wird man wohl heute, da neu-erdings auch Frauen Sumo betreiben, da-mit verfahren: Benötigt man für sie eige-ne dōyōs? Es gibt im Sumo keine Gewichts-klassen, sondern nur eine sehr stark abge-stufte Hierarchie, die in der Banzuke-Liste vor jedem Turnier veröffentlicht wird. Das Durchschnittsgewicht der um die 1,85 m großen Ringer liegt bei etwa 150 kg. Kaum ein erfolgreicher Kämpfer wiegt weniger als 100 kg, die dicksten bringen bis zu 250 kg auf die Waage.

Wenn die Kämpfe auch schnell vorüber sind, ist doch das minutenlange Vorberei-tungsritual vor jedem Kampf wichtiger Bestandteil der Aktion: Das Stampfen mit den Beinen (damit die „kami" aufmerk-sam werden), die erhobenen geöffneten Handflächen (keine Waffen), die wieder-holte Reinigung mit Salz, die scheinbaren Fehlstarts von den weißen Linien in der Ringmitte aus- all das gehört zur psycho-logischen Vorbereitung.

Ziel der Kämpfer ist es, den Gegner aus dem Ring zu schieben, ihn mittels Griff an den Gürtel („mawashi") aus dem Ring zu hebeln oder ihn mit Judo-ähnlichen Wür-fen zu Fall zu bringen. 70 Techniken sind von der Japan Sumo Association zugelas-sen, 48 davon gelten als klassisch. Wer als erster mit einem Körperteil außer den Fußsohlen den Ringboden berührt oder mit einem Körperteil den Ring verlässt, hat verloren. Typisch japanisch ziehen die Ringrichter („shimpan") schon seit Jahr-zehnten im Zweifelsfall Zeitlupenaufnah-men des Fernsehens zur Entscheidungsfin-dung heran. Denn ein Unentschieden ist nicht vorgesehen.

Die Kämpfer stehen sich in den will-kürlich zusammengestellten Gruppen Ost und West gegenüber. Jeder Ringer („sumōtori") muss an den 15 Turnierta-gen einen Kampf pro Tag bestreiten (in den unteren vier Divisionen sind es nur sieben Tage); wer mindestens acht Kämpfe - also die Mehrheit - gewinnt, wird beför-dert („kachikoshi"), ansonsten herabge-stuft („makekoshi"). Gelegentlich gewinnt ein Sieger mit 15 : 0 („zenshō").

Ein Yokozuna, der ranghöchste Kämp-fer, sollte mehrere Turniere hintereinander gewinnen. Er kann diesen Rang nie wieder verlieren; spürt er, dass seine besten Tage vorüber sind, tritt er freiwillig zurück. In einer Zeremonie, der *dampatsushiki*, wird sein Haar in einer emotional stets sehr aufgeladenen Atmosphäre im Ring abgeschnitten. Diese von allen ranghohen Kämpfern ("*sekitori*") bei ihrem Rücktritt durchgeführte Zeremonie verlangt, dass Freunde, frühere Rivalen, Verwandte und Prominente einer nach dem anderen ein wenig vom Haar seiner Ginkgoblatt-Frisur ("*ōi-chōmage*") abschneiden. Mit Anfang 30 hören die meisten Kämpfer auf und eröffnen evtl. eigene Ställe als uneingeschränkte Bosse ("*oyakata*"), falls verheiratet, unterstützt von der Ehefrau ("*okamisan*"), oder betreiben Lokale für "*chankonabe*", das klassische Sumo-Gericht oder treten in Fernsehshows auf.

Es gibt sechs Turniere ("*bashō*") pro Jahr, die am Sonntag nahe dem 10. des jeweiligen Monats beginnen: drei davon in Tokyo (Januar, Mai, September), die anderen in Osaka (März), Nagoya (Juli) und Fukuoka (November).

Die japanischen Kämpfer stammen häufig aus ländlichen Gebieten im Norden (Tōhoku, Hokkaidō) und Südwesten (Kyūshū). Ihre Ausbildung beginnen die jungen Burschen nach der Pflichtschulzeit mit etwa 15 Jahren, indem sie in einen der über 40 Sumo-"Ställe" (jap. heya = Zimmer) ziehen. Anfangs müssen sie neben dem harten Training alle Arten von Arbeiten verrichten, wie z. B. Putzen und Kochen. Je jünger und weiter unten in der Hierarchie, desto früher müssen sie aufstehen. Die jüngsten stehen um 5 Uhr im Ring, die Sekitori kurz nach 8 Uhr.

Die drei Grundarten des Trainings ("*keiko*") umfassen neben dem Rin-

gen unter Gleichrangigen und mit Älteren das Hin- und Herschieben von Älteren durch den Ring ("*butsukari-geiko*") sowie die Routinen von "*shiko*", das charakteristische Stampfen mit den Beinen nach links und rechts, das ungefähr 500-mal pro Tag ausgeführt wird. Dazu gehören weiterhin "*matawari*" (spagatähnlich gegen den Ring sitzen, Oberkörper nach unten drücken) und "*teppō*" (gegen Holzpfeiler in der Ringmitte drücken bzw. ihn mit offenen Händen schlagen).

Das tägliche Training endet gegen 11 Uhr, es folgen das Bad und das Essen: typischerweise *chanko-nabe*, ein Eintopf aus Huhn, Schweinefleisch, Fisch, Tofu, Kohl, Bohnensprossen, Karotten und Zwiebeln. Er wird mit Reis gegessen und ist sehr gehaltvoll. Dazu wird Bier getrunken. Der Nachmittag ist frei. Wer ausgeht, muss korrekt mit Kimono bekleidet sein.

Trotz des harten Trainings und der Aussicht auf Einkünfte erst ab der zweithöchsten Division ("*jūryō*") schließen sich immer wieder auch Ausländer - früher meist Polynesier wegen ihrer Neigung zur Körperfülle - den Ställen an, nicht selten mit großem Erfolg. Der Hawaiianer Akebono (bürgerlich: Chad Rowan) war eine Zeit lang der einzige Yokozuna. Seit Jahren dominieren aber Mongolen mit einigen guten Kämpfern aus dem früheren Ostblock.

Wer die Turniere verfolgen möchte und kein Japanisch versteht, kann im Radio auf Englisch simultan dabei sein (FEN 810 kHz). Auch an Universitäten und anderswo finden zuweilen Amateurturniere statt.

Spaziergang zu den Sieben Glücksgöttern von Fukagawa und

Zwischen der Shin-Ōhashi-Brücke und dem U-Bahnhof Morishita (Toei Shinjuku Line) geht man nach Süden auf das Bashō-Museum (Bashō Kinen-Kan) zu, das am Sumida-Fluss etwa 200 m südlich der Brücke rechter Hand (W) an der Mannenbashi-dōri steht.

Wer die Sieben Glücksgötter von Fukagawa (s. S. 188) besuchen möchte, geht vom Museum entlang einer kleinen Querstraße nach Osten in Richtung Kiyosumidōri und biegt an der vierten Querstraße ab oder folgt vom Bashō-an dem in der Karte eingezeichneten Routenverlauf zum Schrein Fukagawa Shimmei-gū (1-3-17 Morishita), wo sich der Glücksgott Jurōjin „aufhält". Der Schrein wurde vor rund 450 Jahren von Fukagawa Hachiroemon erbaut. Dem Erbauer zu Ehren hatte Ieyasu diesem Viertel den Namen verliehen.

Der nächste Glücksgötterschrein liegt etwas südlich des Onagigawa-Kanals. Man geht zunächst zur Kiyosumi-dōri und biegt dort rechts (S) ab. Hinter der Taka-Brücke hält man sich an der zweiten Querstraße rechts und kommt bei der nächsten Kreuzung zum Fukagawa-Inari-Schrein (2-12-12 Kiyosumi), in dem der Glücksgott Hotei „residiert".

Wenn man vom Schrein die Straße weiter nach Süden geht, kommt man von der nächsten Querstraße nach W Richtung Sumida-Fluss zum Sumo-Stall von Kitanoumi (北の湖部屋, 2-10-11 Kiyosumi), dem mit 46 „Rikishi" (Sumoringer) größten Sumostall überhaupt. Früher stand schräg gegenüber der von Taihō, dem erfolgreichsten Yokozuna der Showa-Zeit, 2013 mit 72 Jahren verstorben. Überquert

man die Kiyosubashi-dōri nach S, kommt man kurz darauf zum Eingang des Kiyosumi-Parks.

Wenn man vom Ein-/Ausgang des Parks rechts (O) entlang zur Kiyosumi-dōri zurück und ein Stück nach rechts (S) geht und in die nächste Querstraße links (O) einbiegt, kommt man nach knapp 100 m zum linker Hand gelegenen Reiganji-Tempel, der u. a. für einen der sechs großen „Jizō" (erkenntlich an Ball und Stab) bekannt ist. Diese beschützten die früheren Eingänge nach Edo. Nebenan steht das sehenswerte Fukagawa-Edo-Museum 🔢. Der U-Bhf. Kiyosumi-Shirakawa (Toei Oedo, Hanzōmon Line) ist ganz in der Nähe in der nördlich parallel verlaufenden Kiyosubashi-dōri.

Geht man an der nächsten (östlichen) Ecke nach rechts (S) und biegt in die nächste Querstraße links (O) ein, kommt man zum rechts gelegenen Schrein Ryūko-in (2-7-5 Miyoshi), in dem der Glücksgott Bishamon verehrt wird. Nun folgt man der Straße etwa 600 m nach O und gelangt so zum modernen Komplex des Museum of Contemporary Art. 300 m südlich des Ryūko-in liegt rechts an der Kiyosumi-dōri ein weiterer Glücksgott-Schrein, Enju-in (1-13-6 Hirano), Daikoku gewidmet.

Die nächsten beiden Glücksgötterschreine liegen jenseits des Sendaiborikawa-Kanals links und rechts. Etwa 180 südlich, 50 m nach links in der Querstraße befindet sich der der Göttin Benten geweihte Fuyuki Benten (22-31 Fuyuki), der früher der Familienschrein der Holzhändlerfamilie Fuyuki war. Geht man zur Kreuzung zurück und 350 m weiter bis zur Kreuzung mit

anderen Sehenswürdigkeiten

der Kiyosumi-dōri und biegt dort rechts ein, kommt man zunächst zum Hōjō-in bzw. Fukagawa Enma-dō. Dieser Tempel wirkt wie aus einem Science-Fiction-Film. Der 3,5 m große Gott des Todes (Enma) residiert in einem modernen Gebäude. Wirft man Geld in eines der 19 Löcher vor dem Standbild, die jeweils ein Anliegen repräsentieren, spricht der Gott zu den Gläubigen; 50 m links des Tempels steht der Shingyōji (2-16-7 Fukagawa), dessen Schrein, ein kleines sechseckiges Gebäude neben dem Hauptschrein, u. a. dem Glücksgott Fukurokuju geweiht ist.

Gut 250 m südlich, jenseits der Stadtautobahn liegt der U-Bhf. Monzen Nakachō (Toei Oedo, Tōzai Line). 250 m östlich von hier geht es links (N) zum bekannten Tempel der Shingon-Sekte, Fukagawa Fudō, und dem benachbarten Eitaiji. Am 1., 15. und 28. jeden Monats gibt es ein Tempelfest, anlässlich dessen die „goma-gi" genannten Wunsch-Hölzchen verbrannt werden, denn der dämonisch wirkende Gott Fudō braucht Feuer als Nahrung.

Etwas weiter östlich befand sich früher das Vergnügungsviertel von Fukagawa, in dem es auch Geishas (s. S. 276) gab. Heute befinden sich hier mehrere gute Lokale. Mittendrin – und das ist kein Zufall – liegt der bedeutendste Schrein Fukagawa, Tomioka Hachimangū, dem Kriegsgott Hachiman geweiht. Hier befindet sich der siebte Glücksgötterschrein des Viertels, Ebisu geweiht. Hier endet der Rundgang. Der U-Bhf. Monzen-Nakachō ist in 5 Min. zu erreichen. (3-4 km, ab U: Morishita, ab Ryōgoku +1 km = 4-5 km).

⑫ Kyū Yasuda Teien ★ [J6]

Dieser **kleine, attraktive Garten** mit Gezeitenteich nahe dem Sumida-Fluss gehörte ursprünglich zu einer Samurairesidenz und anschließend dem reichen Yasuda-Clan (Yoko Ono entstammt ihm), wurde dann aber 1922 der Stadt als Geschenk vermacht und ist nun ein öffentlicher Park mit freiem Eintritt.

❭ 1–12 Yokoami, 9.30–16.30 Uhr, geschl. 29.12.–1.1.

⑫ Kameidō-Tenjin-Schrein ★★ [Karte V]
亀戸天神社

Wie bei anderen Tenjin-Schreinen wenden sich Schüler und Studenten an den Schrein mit Bitte um Bestehen der schwierigen Aufnahmeprüfungen. Dieses Exemplar ist bekannt für die **roten Bogenbrücken** über einen Teich voller Schildkröten *(kame)* und vor allem Glyzinien (Blauregen). Sie machen ihn in den Wochen nach der Kirschblüte zu einer der Hauptsehenswürdigkeiten der Stadt und es herrscht ein Riesengedränge, unter anderem auch mit Imbissständen und traditionellen Musikvorführungen.

❭ 3-6-1 Kameidō, JR: Kameidō oder Kinchichō (Sōbu Line), 10 Min., tägl. 9–17 Uhr

⑫ Ekō-in-Schrein ★★ [J6]

Hier begann 1780 die Tradition der großen **Sumo-Turniere**. Nach dem Meireki-Feuer von 1657 ordnete der Shōgun an, dass dieser Schrein für die Seelen, die keine Familien hatten, die ihrer gedenken würden, errichtet wurde, auch für Opfer von Katastrophen, Gefangene, sogar Haustiere. Auf dem Gelände steht das Denkmal Banninzuka. Dazu gibt es Gedenksteine für Opfer von Erdbeben

1 cm = 150 m
0 ▬▬▬▬ 400 m
© REISE KNOW-HOW 2017

Expressway No 7 Komatsugawasen

CHITOSE TATEKAWA

Shingyōji

KIKUKAWA

Mellero
Theater

HAMACHŌ

237 239

Ohashi- dori

Hamacho
Park

SHIN-
OHASHI

Shin-

350

MORISHITA

Fukagawa
Shimmei-gu

Bashō-Kinenkan

NIHONBASHI-
HAMACHŌ

MORISHITA

7 dori

TOKIWA

Bashō-an und
Inari-Schrein

Fukagawa-Inari
Schrein

Kitabōumi
Sumostall

KIYOSUMI-
SHIRAKAWA

dori

KIYOSUMI

Kyosubashi-

SHIRAKAWA

Reiganji

127 Fukagawa-
Edo-Museum

Shuto Expressway No 9 Fukagawa Line

SAGA

126 Kiyosumi
Garten

236

Ryoko-in

CHŌ

Enju-in

FUKUZUMI

HIRANO

8 EITAI

Shingyōji

FUKAGAWA

Fuyuki Benten

Eitai dori

Kasaibashi- dori

FUYUKI

Ueno
Station

MONZEN-
NAKACHO

399

Kaiserpalast

347

Tomioka
Hachimangū

Shibuya
Station

TOMIOKA

Eitai

J K

und Schiffbrüchen. Auch ein Dieb liegt hier begraben, der wie Robin Hood die Reichen bestahl, um den Armen zu geben. Sein Name war Nezumi-Kozo („Rattenjunge"), und von seinem mittlerweile stark geschrumpften Grabstein schlagen sich diejenigen einen Splitter ab, die ein riskantes Unterfangen vorhaben.

In der Meiji-Zeit gab es auf dem Schreingelände ein erstes festes Gebäude für Sumo-Turniere, das aber leider abgerissen wurde.

Fukagawa (Kōtō-ku)

Dieser Stadtteil erstreckt sich auf der **Ostseite des Sumida-Flusses** südlich von Ryōgoku etwa bis zum Rand der Tokyo-Bucht. In diesem einstigen Händlerviertel befinden sich einige wichtige Tempel und Schreine, darunter die beliebten Schreine der „Sieben Glücksgötter", die es aber auch in vielen anderen Stadtvierteln gibt, dazu Spuren des berühmtesten Haikudichters Matsuo Bashō. Besonders sehenswert sind einige Museen und der Kiyosumi-Garten **126**.

Bashō Kinen-kan und Bashō-an
江東区芭蕉記念館

Das Bashō-Museum (Bashō Kinen-Kan) befindet sich am Sumida-Fluss etwa 300 m südlich der Shin-Ohashi-Brücke. Es enthält Briefe und andere Memorabilien des **berühmtesten Haiku-Dichters, Matsuo Bashō** (1644–1694), ist aber **nur auf Besucher eingerichtet, die Japanisch lesen können**. Bashō (eigentlicher Name Matsuo Munefusa) war einer der bedeutendsten Dichter Japans. Berühmt wurden vor allem seine Haiku und sein Werk „Oku no Hosomichi". Er wurde in eine niedrige Samuraifamilie

Kostenlose Touren durch Fukagawa
Die Seite http://koto-guide.blogspot.jp liefert Informationen zu kostenlosen geführten Touren durch Fukagawa und anderen Zielen in Koto-ku.
EXTRATIPP

geboren, studierte statt Kriegskunst jedoch Zen und chinesische Gedichtkunst. Mit 22 zog er sich aus dem Dienst für die Shōgunatsverwaltung, u. a. Aufsicht über Arbeiten am Kanda-Fluss, zurück, später begann sein Wanderleben. Seine Schüler bauten ihm immer wieder eine Hütte aus Bananenstauden (bashō), daher sein Künstlername.

Das Museum zeigt u. a. Haikus und Handschriften sowie Reisekleidung aus der Zeit Bashōs. Der Platz seines ehemaligen Wohnhauses liegt noch ein paar Hundert Meter weiter südlich, dort wo ein kleiner Inari-Schrein steht. Eine kleine Plattform 20 m weiter mit Bashō-Denkmal und Blick auf den Fluss erinnert an den Ort des Bashō-an. Der Dichter hatte seinen Namen nach dieser Einsiedelei am Fluss gewählt, weil dort Bananenstauden (bashō) wuchsen. Sie befindet sich 50 m nordwestlich der Mannenbashi („Zehntausend-Jahre-Brücke") über den Kanal Onagigawa, erreichbar von einer schmalen Seitenstraße nördlich der Brücke. Dort an einem nicht mehr vorhandenen Teich hatte er wohl einst sein vielleicht berühmtestes *haiku* vom Frosch geschrieben:

furu ike ya	alter Weiher
kawazu tobikomu	Frosch springt hinein
mizu no oto	Geräusch des Wassers

●235 Kōtō-ku Bashō Kinen-kan,
U: Morishita (Toei Oedo und Shinjuku Line), Di.–So. 9.30–16.30 Uhr, Eintritt: 100 ¥

Die Sieben Glücksgötter (Shichi Fukujin)

七福神

Zahlreiche Viertel haben eigene Schreine für die Sieben Glücksgötter. Sie werden vor allem in den Tagen ab Neujahr in der Hoffnung aufgesucht, das mit ihnen verbundene Glück zu finden.

> *Benzaiten,* Göttin der Liebe, der Künste, Literatur, des Wissens und der Musik. Schützt auch vor Naturkatastrophen, spielt eine Biwa-Laute, reitet bisweilen auf einem weißen Drachen oder einer Schlange, steht für Eifersucht, weshalb Eheleute den Schrein nicht zusammen aufsuchen, einzige Göttin unter Göttern (indisch: „Sarasvati").

> *Bishamon,* Gott des Krieges und Schutzgott der Krieger und der Rechtschaffenen. Steht für Autorität, Verteidiger des Friedens, wird meist als Krieger in Rüstung und mit Waffen dargestellt (ind.: „Vaisravanna").

> *Daikokuten,* Gott des Wohlstands und Handels, Schutzgott der Köche und Küchenarbeiter. Wer reich werden will, betet zu ihm. Er trägt Jagdkleidung, sitzt auf Reisballen und trägt einen Sack mit Schätzen über der Schulter, in der rechten Hand hält er einen Holzhammer, Vater von Ebisu (ind.: „Mahakala").

> *Ebisu,* Gott der Fischer und Händler. Sorgt auch für sichere Seefahrt, Wächter der Reisfelder und Landwirtschaft allgemein, beliebtester Glücksgott, Sohn von Daikokuten, wird dargestellt mit Fisch (meist Seebrasse) an der Angel oder unter dem Arm (ursprünglich Shintō).

> *Fukurokuju,* Gott des Glücks, der Weisheit und des langen Lebens. Er trägt einen Wanderstab, an dem eine Schriftrolle befestigt ist. Diese enthält das Wissen der Welt. Fukurokuju trägt oft auch einen Fächer und wird begleitet von einem Reh, Kranich oder einer Schildkröte, Symbole langen Lebens (ursprünglich Daoismus).

> *Hotei,* Gott der Zufriedenheit, des Überflusses und guter Gesundheit. Er trägt meist einen Fächer und einen Reissack, der nie leer wird, auf dem Rücken; zeigt gern seinen dicken Bauch und ein breites Lachen (ursprünglich der Zenmönch Pu-tai, der als Inkarnation des „Maitreya" angesehen wird).

> *Jurōjin,* Gott des langen Lebens. Er teilt sich den Körper mit Fukurokuju und wird oft mit verlängerter Stirn dargestellt (ursprünglich Daoismus).

Die Glücksgötter sind auf einem Schatzschiff („Takarabune") unterwegs. Am Neujahrstag laufen sie in den Hafen ein und die Gläubigen machen sich auf den Weg zu ihren Schreinen. In der Nacht des ersten Tages legen viele ein Bild der Glücksgötter im Schatzschiff unter das Kissen und hoffen auf einen glückverheißenden ersten Traum (erster Traum des Jahres: „hatsuyume"). Es gibt in den Schreinen Bilder oder Figuren zu kaufen, mit denen man sich sein Schatzschiff samt der Glücksgötter zusammenstellen kann.

09gto-d®©Mikos187

126 Kiyosumi-Garten ★★ [J8]
清澄庭園

Der Kiyosumi-Garten wurde 1688 angelegt. Er gehörte ursprünglich zum Anwesen des reichen Holzhändlers Kinokuniya Bunzaemon. 1878 kaufte Yataro Iwasaki, der Gründer des Mitsubishi-Konzerns, das Grundstück. Die Familie schenkte es jedoch ein Jahr nach dem Großen Erdbeben von 1923, als der Garten vielen Menschen Zuflucht bot und ihnen so das Leben rettete, der Stadt.

Im Mittelpunkt des Parks befindet sich ein **Teich mit einem Teehaus** und einer Steinlaterne. Die meiste Zeit blüht irgendetwas, auch im Winter ist es dank der Kiefern überall grün. Eine Besonderheit des Gartens sind die **55**, aus allen Teilen Japans stammenden und seltsam geformten **Felsblöcke.** Das traditionelle Haus am karpfen- und schildkrötengefüllten See ist ein Nachbau des Hauses, in dem 1909 der britische Gesandte Lord Kitchener empfangen wurde.

> **Kiyosumi Teien,** U: Kiyosumi-shirakawa (Toei Oedo Line), 3 Min., tägl. 9–17 Uhr, Eintritt: 150 ¥

127 Fukagawa-Edo-Museum ★★ [K7]
深川江戸資料館

In diesem Museum ist es gelungen, einen kleinen Straßenzug des Stadtviertels Sagachō aus dem Jahr 1840 im Untergeschoss so wirklichkeitsgetreu aufzubauen, dass **man sich um 150 bis 200 Jahre zurückversetzt fühlt,** was durch die raffinierten Licht- und Geräuscheffekte noch verstärkt wird. Man kann diese Häuser auch betreten. Daneben gibt es Dioramen zu Feuern, Zerstörung und Wiederaufbau und Videos über noch lebende traditionelle Handwerker zu sehen.

Im April finden klassische Kamigatamai-Tanzvorführungen statt. Im Sagachō-Viertel gibt es im Oktober zwei traditionelle Veranstaltungen: am 1. So. den Fukagawa-Chikara-Mochi-Wettbewerb, bei dem derjenige gewinnt, der einen 65 kg schweren Reissack am längsten über seinem Kopf zu halten vermag, und *kakunori,* bei dem je zwei Männer einen *kago*

◁ *Teehaus im Kiyosumi-Garten* 126

EXTRATIPP

Bootstour im Yokojikkengawa-Shinsui-Park
Dank freiwilliger Helfer kann man kostenlos mit traditionellen japanischen Booten mitfahren oder diese selbst steuern, wenn man bereits morgens um 10 Uhr da ist.

> 1-1-1 Minamisuna, U: Toyocho (Tōzai Line), http://matcha-jp.com/en/2213

(trad. Palanquin, Tragesitz) über Baumstämme im Wasser tragen müssen.

> **Fukagawa Edo Shiryokan**, 1–3–28 Shirakawa, U: Kiyosumi-shirakawa (Toei Oedo Line), 3 Min., Morishita & Monzen-nakachō je 15 Min., www.kcf.or.jp/fukagawa/english. html, tägl. 9.30–17 Uhr, Eintritt: 400 ¥

Kulinarisches

🍴**236** [K8] **Fukagawa Meshi** ¥¥, 1–6–7 Miyoshi, tägl. 11.30–17 Uhr. Hier kann das bekannte Gericht Fukagawa-meshi (Reis mit einer Soße aus Asari-Muscheln in Miso eingekocht) bestellt werden, das früher ein Gericht ärmerer Menschen war.

> **Katleya** (katoreya, s. S. 267). Seit 1927 bestehende Bäckerei. Hier wurde das im ganzen Land beliebte *kare-pan* (mit Currygemüse gefülltes Brot, eine Art gefüllter Krapfen) erfunden, das hier in einer milderen und einer schärferen Variante erhältlich ist.

🍴**237** [J7] **Kyōkin** ¥¥, 2–18–2 Morishita, tägl. 11.30–15 u. 17.30–20.30 Uhr. Beliebtes, über 100 Jahre altes klassisches Soba-Lokal, Spezialität: Soba mit geriebenem Rettich.

🍴**238** [J6] **Marutama** ¥, 2–11–1 Ryōgoku, JR: Ryōgoku, Mo.–Sa. 11.30–14.30 u. 17.30–21 Uhr. Eines der besten Rämenlokale. Leichte Hühnerbrühe, die 6 Std. gekocht wird, *marutama rämen* mit zartem *chashu* (Schweinefleisch), *kaedama* (Portion Nudeln Nachschlag).

🍴**239** [J7] **Yamariki** ¥, 2–18–8 Morishita, www.yamariki.com, tägl. 17–22 Uhr. Seit 1924 im Geschäft, beliebtes Izakaya mit ungewöhnlichen Gerichten, u. a. Eintopfgericht Nikomi mit Innereien, Miso, Wein *(sakura)*, dazu Knoblauchbrot, aber auch Sashimi, Tofu, Gemüse, dazu einige westliche Gerichte.

Attraktionen an der Tokyo-Bucht

Auf dem aufgeschütteten Land am Rand der Tokyo-Bucht wird in Zukunft noch manches geschehen: moderne, neue Stadtviertel, Ausstellungsgelände und Super-Wolkenkratzer befinden sich in Planung. Entstanden sind bereits eine **Reihe von Attraktionen für Konsum und Freizeit.** Die größten befinden sich südöstlich von Fukagawa. Es gab sogar Pläne, die Bucht ganz zuzuschütten, was aber heftigen Widerstand seitens Teilen der Bevölkerung hervorrief.

128 Tokyo Disney Resort ★★★ [Karte V]

Seit seiner Eröffnung 1983 ist das besonders für Familien geeignete Disney Resort unter Japanern populär.

Das dritte Disneyland weltweit besteht aus einem knapp 83 ha großen Park, der in **sieben Themengebiete** unterteilt ist: World Bazar, Adventureland, Westernland, Critter Country, Fantasyland, Toontown und Tomorrowland. Neben wechselnden Attraktionen gibt es **tägliche Paraden** und bergeweise Souvenirs zu kaufen. Disneyland wurde zuerst erweitert um Ikspiari, ein Disney-Einkaufszentrum im Basarstil mit 140 Läden, Kino und Theater. Danach öffnete der **Tokyo Disney Sea Park** seine Tore, er ist den Geschichten und Legenden der Meere

▷ *Im Tokyo Disney Resort*

und der Seefahrt gewidmet und gruppiert sich um sieben thematisch unterschiedliche Häfen: Mediterranean Harbor, American Waterfront, Port Discovery, Lost River Delta, Arabian Coast, Mermaid Lagoon und Mysterious Island.

> 1–1 Maihama, Urayasu-shi, Chiba-ken, Tel. 3366-5600, außerhalb Tokyos: 0473-54-000, www.tokyodisneyresort.jp/en, Mo.–Fr. 9–22, Sa./So. 8–22 Uhr, jahreszeitliche Schwankungen

> **Anfahrt:** JR: Maihama (Keiyō Line), U: Urayasu und von dort mit Shuttle-Bus. Bus: ab Tokyo Station (Yaesu-Ausg., hinter dem Tekka Bldg., 35 Min., 600 ¥, Kinder 300 ¥). Busse verkehren auch ab Ueno, Yokohama, Haneda und Narita-Flughafen (s. S. 320).

> Der **Eintritt** ist für Disneyland und Disney-Sea gleich, gilt aber nur für einen der Parks: 1-Tages-Ticket: Erw. 6400 ¥ (Schüler 5500 ¥, Kinder 4200 ¥), 2-Tages-Ticket: 11.000

¥, 3-Tages-Ticket: 14.200 ¥, 4-Tages-Ticket: 16.500 ¥, Kinder entsprechend weniger; daneben gibt es noch den **Starlight Passport** (Sa./So. nach 15 Uhr, Resort-Kalender beachten!) für 5000 ¥ (4400 ¥, 3500 ¥) und den **After 6 Passport** (wochentags nach 18 Uhr, Resort-Kalender beachten!) 3400 ¥ (gleicher Preis für alle). Bei hohem Besucheraufkommen müssen Gäste ohne datiertes Ticket am Eingang warten.

⑫⑨ **Yumenoshima** ★ [Karte V]
夢の島熱帯植物館

Yumenoshima ist ein **künstliches Tropenparadies** mit 4500 Gewächsen unter einer 28 m hohen Riesenkuppel. Es umfasst 1500 m² Fläche und hat bei 25 °C eine Luftfeuchtigkeit von 90 %. Die Wärme entsteht als ein Abfallprodukt einer nahe gelegenen Industrieanlage. Der

101to-dr©Peoplesmile

Besucherandrang ist groß, werktags ist es erträglicher. Am Innengerüst kann man an Wochenenden ggf. Kletterern zusehen.

❭ **Yumenoshima Nettai Shokubutsukan**, 2-1-2 Yumenoshima, JR: Shin-Kiba (Keiyō Line, Rinkai Line), U: Yūrakuchō Line), 15 Min., Tel. 3522-0281, www.kensetsu.metro.tokyo.jp/kouen/kouennannai/park/english/yumenetu.pdf, tägl. 9.30-17 Uhr, Eintritt: 250 ¥ (Senioren 120 ¥)

⓭⓪ Tokyo Sealife Park mit Meeresaquarium ★★ [Karte V]
葛西臨海水族園

Im Kasai-Rinkai-Park befindet sich das sehenswerte große **Meeresaquarium** *(suizoku-en)* mit schönem Blick auf die Tokyo-Bucht. Am besten gleich morgens kommen, da tagsüber großer Andrang herrscht. Der Park ist auch beliebt bei Spaziergängern, Liebespaaren und Vogelfreunden.

❭ **Kasai Rinkai Suizoku-en**, 6-2-3, Rinkai-chō, JR: Kasai Rinkai Kōen (Keiyō Line), 5 Min., Tel. 3869-5152, www.tokyo-zoo.net/english/kasai/main.html, Eintritt: 700 ¥ (Senioren 350 ¥, Schüler 250 ¥), tgl. außer Mi. (Do. falls Mi ein Feiertag ist) 9-17 Uhr

◰ *Die gläsernen Kuppeln des Yumenoshima-Gewächshauses* ⓬⓽

ENTDECKUNGEN IN DER UMGEBUNG

034to ml

Die Umgebung Tokyos bietet in jeder Himmelsrichtung hervorragende landschaftliche und kulturelle Attraktionen, einige davon gehören zum UNESCO-Weltkulturerbe. Man könnte leicht Wochen und Monate mit Ausflügen in die nähere und weitere Umgebung verbringen.

Allein die **Präfektur Tokyo** bietet mit ihren Bergen (s. S. 196) im Westen und den Tokyo-Inseln bereits sehr attraktive Ziele. **Ibaraki** lockt mit dem erloschenen, von Reisfeldern umgebenen Vulkan **Tsukuba-san**. Die Präfektur **Chiba** bietet lange Strände entlang der Pazifikküste und auf der großen **Bōsō-Halbinsel** (s. S. 230) im Südosten unzählige kleine Berge in idyllischer Bauernlandschaft. Dort lockt v. a. der **Nokogiriyama** 🔴 mit seinen buddhistischen Kunstschätzen. Südlich von Tokyo schließt sich die Präfektur Kanagawa mit **Yokohama** (s. S. 197), der zweitgrößten Stadt Japans, an. Diese attraktive Stadt läßt sich von Tokyo aus bequem erreichen und erkunden. Auch Ziele an der kleinen **Miura-Halbinsel** bieten lohnende Ausflugsmöglichkeiten, z. B. eine Klippenwanderung um das Kap Tsurugi. Die ehemalige Hauptstadt **Kamakura** (s. S. 210) an der Shōnanküste sollte jeder gesehen haben, wenigstens einen halben Tag Zeit sollte man sich nehmen, besser wäre ein ganzer Tag zusammen mit der nahen Insel **Enoshima** (s. S. 216). Im Südwesten schließen sich die berühmten Ziele **Hakone**, die **Izu-Halbinsel** und der majestätische **Fuji-san** 🔴 an, letztere gehören zur Präfektur **Shizuoka**. Im Nordwesten gibt es in den Bergen der Prä-

fekturen **Saitama** und **Gumma** zahllose Tourenmöglichkeiten. Im Norden liegt ein Hauptziel aller Tokyo-Besucher: die prachtvollen Weltkulturerbestätten der Schreine und Tempel von **Nikkō** 🔴 in reizvoller Vulkanlandschaft, aber das ist bei Weitem nicht alles …

Das **dichte Netz der (Privat-)bahnen** führt, in Verbindung mit gelegentlich notwendigen Busfahrten, bis an die Ausgangspunkte für **Wanderungen und Bergbesteigungen**. Wer mit dem Auto unterwegs ist, hat es bequemer, ist aber nicht immer schneller. Wer nur sonntags Zeit hat, muss morgens und bei der Rückkehr mit langen Staus rechnen. Auch die Züge sind dann fast so voll wie während der werktäglichen Rushhour. Wer unter der Woche oder wenigstens samstagmorgens losfährt, hat mehr vom Tag. Aber das fröhliche Treiben japanischer Familienausflüge mit den Picknicks unterwegs mitzuerleben, hat auch seinen Reiz.

Das Gebiet um Tokyo ist touristisch wohl so **gut erschlossen** wie kein anderes in Japan. Zum Kennenlernen der Landschaften gibt es dementsprechend ein großes Angebot an organisierten Fahrten von Tokyo aus. Die beschriebenen Ausflugsziele lassen sich jedoch auch sehr gut als Ein- bis Zwei-Tagestouren individuell erschließen. Sehr nützlich und günstig sind dafür die verschiedenen **Eisenbahntickets**, die hier kompakt vorgestellt werden.

In den **TIC** (s. S. 325) gibt es Infomaterialien zu Ausflügen, z. B. die Broschüre „Short Term Travel from Tokyo Guidebook" sowie zu einzelnen Zielen.

◁ *Vorseite: die Yokohama-Bay-Brücke*

▷ *Vom Bahnhof Hota geht es los zum Nokogiriyama* 🔴

Eisenbahntickets

> **Tokyo Wide Pass:** drei Tage hintereinander gültig, Kosten: 10.000 ¥ (6–11 J. 5000 ¥), www.jreast.co.jp/e/kantoareapass. Mit dem Ticket lohnen sich vor allem Tagesfahrten zu weiter entfernten Zielen in Kantō, für die man dann auch die gebührenpflichtigen Express-züge bzw. Tōhoku-Shinkansen-Züge bis zur Gebietsgrenze benutzen kann.

> Der **JR East Pass** wurde inzwischen in verschiedene Tickets zu unterschiedlichen Preisen und mit unterschiedlicher Geltungs-dauer aufgeteilt. Infos: www.jreast.co.jp/e/eastpass.

> **Mehrtagestickets** der privaten Eisenbahnlinie Odakyu ab Shinjuku (www.odakyu.jp/english): Hakone Freepass: 2–3 Tage, 5000/5500 ¥, Fuji Hakone Pass: 3 Tage, 7200 ¥, Ito-kanko Freepass: 2 Tage, 4400 ¥, auch Tōkai-Busse ab Ito auf der Izu-Halbinsel können damit benutzt werden; Tanzawa-Oyama Freepass: 2 Tage, 1480/2140 ¥ inkl. Seilbahn), Enoshima Kamakura Freepass: 1 Tag, 1430 ¥, Enoshima 1-Day Passport: 1940 ¥. Kinderpässe kosten die Hälfte.

> **Keikyū** verkehren zwischen Tokyo, Haneda Airport und der Miura-Halbinsel südlich von Yokohama und bieten attraktive Kombitickets: z. B. das Misaki Maguro Ticket (3030 ¥) inkl. Zug- und Busfahrten, Essen zum Thema Tunfisch, Aktivitäten wie Bootfahren. Man kann unterwegs Zwischenstopps einlegen, z. B. in Yokohama. Zusammengerechnet spart man gut 2000 ¥. Infos: www.haneda-tokyo-access.com/en/info/misakimagro/index.html.

> **Discounttickets** der privaten Eisenbahnlinie Keiō (www.keio.co.jp/english/index. html): für die Toei-Linien in Tokyo 700 ¥ sowie zu den Vergnügungsparks Yomiuri-Land 3700 ¥, Tokyo Summerland, Sanrio Puroland je 4000 ¥ inkl. Eintritt. Discountticket der privaten Eisenbahnlinie Tōbu (www.tobu.co.jp/foreign) für Nikkō und Umgebung, z. B. 2-Day Nikkō Pass für 2500 ¥.

> „Seishun18": gilt an fünf frei wählbaren Tagen während der drei Ferienperioden (März bis Anfang April, Ende Juli bis Anfang September und 24. Dezember bis 7. Januar) für ganz Japan, allerdings ohne Shinkansen und zuschlagpflichtige Expresszüge, Kosten: 11.500 ¥.

Bergtouren in der Umgebung von Tokyo

Japan besteht zu 80 % aus Gebirgen. Die Ebene von Kantō mit dem Ballungszentrum Tokyo ist zwar die größte des Landes, aber die Berge sind auch vom Stadtzentrum nicht weiter als 50 km entfernt. Bergwandern und Bergsteigen sind in Japan Volkssport. Es gibt ein dichtes Netz von Wanderwegen, zu deren Beginn („tozanguchi") man mit dem Zug und ggf. anschließend weiter mit dem Bus gelangt. Die Bahntickets (s. S. 343) eignen sich für die An- und Rückfahrt zu vielen Zielen. Es gibt daneben aber auch Ziele, die mit anderen Bahnlinien erreicht werden.

*Der Hausberg Tokyos ist der 599 m hohe **Takao-san,** von Shinjuku mit der Keiō Line in 50 Min. bis Takaosan-guchi direkt zu erreichen. Jedes Jahr wird er von 3 Mio. Menschen bestiegen. Der altehrwürdige Tempel Yakuō-in der Shingon-Sekte in Gipfelnähe ist sehr sehenswert. In den TIC gibt es ein Faltblatt mit allen Details. Der **Kumotori-Yama** ganz im Westen Tokyos ist mit 2018 m der höchste Berg der Präfektur. Die Tanzawaberge südwestlich von Tokyo bieten sehr beliebte Wanderziele, vor allem im Herbst zur Laubfärbung. Am bekanntesten ist der Pilgerberg **Oyama,** auf den der Tanzawa-Oyama Freepass der Odakyu Railway zugeschnitten ist. Die kleinen **Ōku-Musashi-Berge** zwischen Hannō und Chichibu lassen sich ab Ikebukuro mit der Seibu-Ikebukuro Line erreichen. Wegskizzen gibt es in Ikebukuro am Eingang zur Bahnlinie. Die Berge um **Nikkō** (s. S. 224) und die Vulkane des **Nasu-dake** lassen sich mit dem Tokyo Wide Pass (s. S. 195) und per Bus erreichen, dazu kann man sogar per Tohoku-Superexpress bis Utsunomiya bzw. Kuroiso anreisen. Der doppelgipfelige **Tsukuba-san** in Ibaraki kann mittels Tsukuba Express mit dem Ausflugsticket Tsukuba kippu bequem erreicht werden, und zwar ab Akihabara oder Asakusa. Auf der **Bōsō-Halbinsel** (s. S. 230), die zu*

103to-ml

104to-ml

Yokohama
横浜市

Yokohama ist mit einer Bevölkerung von rund 3,2 Millionen und einer Fläche von 430 km² die **zweitgrößte Stadt Japans.** Auch heute noch ist in der Nachbarstadt Tokyos eine internationale Atmosphäre zu spüren, die bereits in der Zeit, als Yokohama das **japanische Tor zum Westen** war, vorhanden war. Heute betritt jedoch kaum noch ein Reisender im Hafen Yokohamas erstmals japanischen Boden – mit Ausnahme einiger weniger, die, wie einst der Autor, mit dem Schiff von Sibirien herüberkamen.

Der großzügige, weltoffene Geist, der modische Stil und eine spürbare Kultiviertheit der Bewohner gehören heute wie damals zum Wesen Yokohamas. Für Japaner gilt die Stadt als **modern** – und immer noch **ein wenig exotisch**, wobei es die europäischen Stilelemente der Wende vom 19. zum 20. Jahrhundert sind, die das Exotische ausmachen, und nicht etwa die wegen ihrer über 100 guten Restaurants bekannte Chinatown ⓲.

Die **Attraktionen** Yokohamas liegen in der **Nähe zum Wasser** und in den **Parks** und in den **hervorragenden Einkaufsvierteln** um den Hauptbahnhof in **Motomachi, Isezakichō** und **Chinatown.** Manche werden von den historischen Relikten, den Museen oder den modernen, spektakulären Sehenswürdigkeiten wie dem futuristischen städtebaulichen Projekt **Minato Mirai** angezogen. Aber selbst für Liebhaber alter und bedeutender Tempel, Schreine und Landschaftsgärten hält Yokohama einiges bereit. Der Wohlstand der Stadt ist auf die hier angesiedelte **Industrie** und den Hafen zurückzuführen, über den u. a. Autos,

*Chiba gehört, gibt es neben dem Nokogiri-yama auch die vom Bhf. Iwai aus erreichbaren kleinen Berge **Iyo-ga-take** mit seinem felsigen Gipfel und der ebenfalls doppelgipfelige **Tomi-san.** Die **Miura-Halbinsel** südlich von Yokohama bietet ebenfalls hübsche Wanderungen, z. B. auf den **Takatoriyama** zwischen Bhf. Jimmuji und Oppama, oder ganz im Süden die Klippenwanderung um das **Kap Tsurugi** herum. Schließlich müssen auch die Tokyo- bzw. **Izu-Inseln** erwähnt werden, deren Vulkane bis auf den aktiven von Miyakejima durchwegs bestiegen werden können.*

❯ *Die Website http://japanhike.word press.com bietet eine große Auswahl an Bergtouren in ganz Japan. Die Links „Kanto hikes" und „Hyakumeizan" („hundert berühmte Berge") geben Details für Touren in der Nähe von Tokyo.*

⌃ *Blick vom „Frauen-Gipfel" des Tsukuba-san in Ibaraki ins Umland*

⌕ *Spektakulärer Aussichtsbalkon am Nokogiriyama ⓲ auf der Bōsō-Halbinsel*

Fernseher und Kameras exportiert und Öl, Maschinen sowie Sojabohnen importiert werden. Yokohama gehört mit dem Süden Tokyos und dem dazwischen liegenden Kawasaki (s. S. 210) zu der an der Tokyo-Bucht gelegenen Keihin Industrial Zone. Hier stehen neben Ölraffinerien Stahl- und Autowerke sowie Fabriken für chemische Erzeugnisse, Elektrogeräte, Nahrungsmittel und vieles mehr.

Geschichte

Yokohama („Seitenstrand") boomte ab Mitte des 19. Jh., als es noch ein kleines Fischerdorf mit kaum 100 Häusern war. Als 1853 der amerikanische **Commodore Perry** mit seinen „schwarzen Schiffen" unweit Yokohamas aufkreuzte und damit Japans Öffnung für den internationalen Handel nach über 250 Jahren selbstgewählter Isolation erzwang, begann der Aufstieg Yokohamas zur **bedeutendsten Hafenstadt des Landes,** denn bereits sechs Jahre später gehörte der Ort zu den ersten fünf Häfen, die für den Handel mit der Außenwelt freigegeben wurden. Die Regierung hatte diesen damals völlig unbedeutenden Ort mit seinem seichten, für große Schiffe ungeeigneten Strand gewählt, um die ausländischen Händler vom Tōkaidō und vor allem von Edo fernzuhalten. Doch die Bedeutung Yokohamas wuchs durch die Nähe zu Tokyo, das 1868 Hauptstadt wurde, sehr schnell. Das 30 Kilometer entfernte Yokohama wurde **Tokyos Tor zum Westen,** verbunden durch die erste Eisenbahnlinie nach Shimbashi (s. S. 62).

Kein Wunder, dass in dieser Stadt manche im Westen selbstverständlichen oder eben erst entwickelten Einrichtungen ihre **japanische Premiere** erlebten.

Die Ausländer wurden ab 1859 zunächst in **Kannai** (wörtl. „innerhalb des Kontrollpostens") angesiedelt und Chinesen wurden als Angestellte und Handwerker angeheuert. So entstand die berühmte **Chinatown** ⑬⑨. Nach einem Großbrand im Jahre 1866 („Schweinestallfeuer") zogen die Ausländer hinauf auf die Anhöhe des „Bluff", wie in Tokyo auf Japanisch ebenfalls *Yamate* genannt. Dort entstand die neue Ausländersiedlung. In **Kangai** in der Umgebung des Bhf. Yokohama wurden diejenigen Japaner angesiedelt, die für die Ausländer arbeiteten.

Viele der ersten Westler in Japan gaben etlichen Gebäuden aus dieser Zeit eine europäische Prägung. Yokohama wurde wie Tokyo während des **Großen Kanto-Erdbebens 1923** (40.000 Tote) und während der Luftangriffe am Ende des Zweiten Weltkriegs fast völlig zerstört – und anschließend großzügig wiederaufgebaut. Den Hafen laufen heute übrigens regelmäßig große Kreuzfahrtschiffe an, sofern sie unter der Bay Bridge hindurchpassen.

Rundgang durch Yokohama

Einen Besuch des recht kompakten Stadtzentrums von Yokohama beginnt man am besten von einem der zentralen Bahnhöfe **Sakuragichō** (Minato Mirai 21) oder **Kannai** (Stadtzentrum, Chinatown, Yamashita-Park) aus. Für die Stadtbesichtigung steigt man am Bhf. **Yokohama** in die JR Negishi Line um und fährt eine oder zwei Stationen weiter nach **Sakuragichō** oder **Kannai.** Für die Besichtigung sind alle Stationen der Mina-

tomirai Line (Minato Mirai, Bashamichi, Nippon Ōdori und Motomachi-Chukagai) relevant.

Für den hier beschriebenen Rundgang wurde der **Bhf. Sakuragichō als Ausgangspunkt** gewählt. Blickt man vom Bahnhof nach Nordosten, sieht man sofort mehrere moderne Hochhäuser. Am auffälligsten und höchsten ist der 70-stöckige **Landmark Tower,** der mit 296 Metern zweithöchste Wolkenkratzer Japans. Er wurde von dem amerikanischen Architekten *Hugh Stubbins* entworfen. Dieses ist nur eines von vielen Gebäuden des städtebaulichen Projekts Minato Mirai („Hafen der Zukunft"). Auf 186 ha **künstlich aufgeschüttetem Land** sollen einmal um die 190.000 Menschen arbeiten und 10.000 Menschen leben. Gebaut werden deshalb neben dem Büro- und Hotelhochhaus des Landmark Tower und dem eleganten halbmondförmigen **Pa-**

cifico Yokohama mit dem Yokohama Grand Inter-Continental Hotel und einem Konferenzzentrum diverse Hochhäuser mit Apartments, Einkaufszentren (z. B. **Mark IS** mit **Orbi Yokohama,** dem ersten der Natur gewidmeten Museum mit virtuellen Landschaftsdarstellungen im F5, 3–5–1 Minato Mirai) und Parks, die teilweise schon fertig sind, nebenan steht der dreigeteilte **Queens-Tower** (eine der Hallen überrascht mit einem turmhohen deutsch-japanischen Schiller-Zitat). Gegenüber steht ein Riesenrad, das zum Vergnügungspark **Cosmo World** gehört. Ursprünglich war es an einem anderen Ort geplant, der Lagewechsel war jedoch notwendig geworden, weil die Fahrgäs-

◿ *Auf dem Dach des Yokohama International Passenger Terminals*

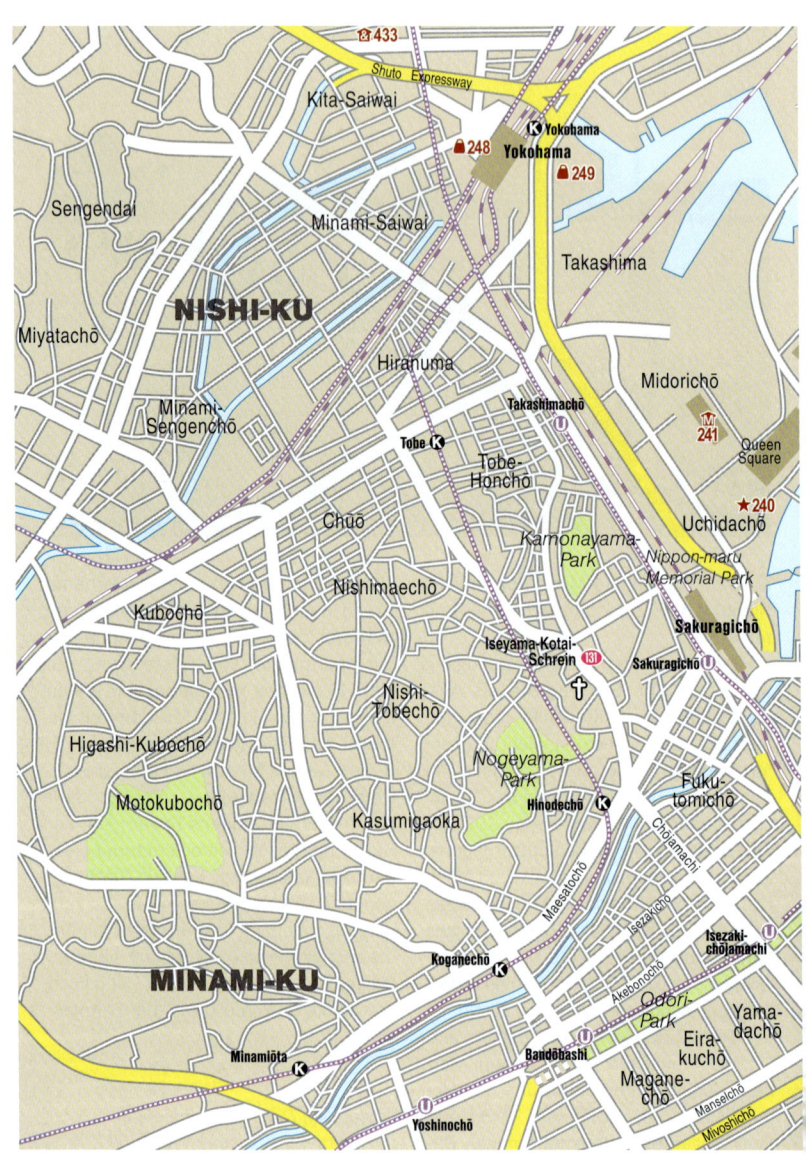

🚗 433

Shuto Expressway

Kita-Saiwai

🄺 Yokohama
🏨 248 **Yokohama**
🏨 249

Sengendai

Minami-Saiwai

Takashima

NISHI-KU

Miyatachō

Hiranuma

Midorichō

Minami-
Sengenchō

Takashimachō

Ⓜ
🅖 241

Tobe 🄺

Tobe-
Honchō

Queen
Square

Chūo

Kamonayama-
Park

★ 240
Uchidachō
*Nippon-maru
Memorial Park*

Nishimaechō

Kubochō

Iseyama-Kotai-
Schrein 131

Sakuragichō

Sakuragichō Ⓤ

Nishi-
Tobechō

✝

Higashi-Kubochō

*Nogeyama-
Park*

Fuku-
tomichō

Motokubochō

Kasumigaoka

Hinodechō 🄺

Chōjamachi

MINAMI-KU

Maesatochō

Isezakichō

Isezaki-
chōjamachi Ⓤ

Koganechō 🄺

Akebonochō

*Odori-
Park*

Yama-
dachō

Minamiōta 🄺

Bandōbashi Ⓤ

Eira-
kuchō

Magane-
chō

Manselchō

Yoshinochō Ⓤ

Miyoshichō

0 ——————— 500 m
© REISE KNOW-HOW 2017

Karte I: Yokohama
Liste der Karteneinträge Seite 363

Rinkœ-Park

Conference
Center

Cupnoodles
Museum
132

Shinko-Pier

245

*Akarenga
Park*
133

Osanbashi-Pier

Motomachi-
Kitanaka-Dōri
Honchō
Minaminaka-Dōri

Bashamichi

Seidenmuseum
134

*Yamashita-
Park*

Yamashita-Pier

135

NYK Maritime Museum
und NYK Hikawa Maru

Kannai

Nihon-œdōri

Yamashitachō

Marine Tower
136

Kannai

*Yokohama
Park*

137 Yokohama Doll Museum

Stadion

244

**YOKOHAMA
CHINA TOWN**

139

Motomachi

*Minatano-
Mieru-Oka-
Park*

Shin-Yamashita

Ausländer-
friedhof
138

243

250

Ishikawachō

*Motomachi-
Park*
242

Ishikawachō

Yamatochō

Bahnhof Negishi

*Yamate-
Park*

NAKA-KU

EXTRATIPP

Hafenrundfahrten
Von der Anlegestelle rechts der Hikawa
Maru ⑬⑤ starten Bootstouren:

› **Marine Shuttle,** alle 90 Min. von 10.30–
  18.30 Uhr, 90 Min. Rundfahrt, 2200 ¥

› Hier legt auch die **Sea Bass** an,
  die zwischen Bhf. Yokohama und
  Yamashita Park hin- und herfährt, 700 ¥.

› Hafenrundfahrt durch **Yokohama Ferry-
  port,** 45 Min., Erw. 900 ¥, Tel. 201–0821,
  –9121

te sonst den Hotelbewohnern im Land-
mark-Tower in ihre Suiten hätten schau-
en können. Apropos Sicht: Wer die großartige Aussicht vom F70 im Landmark
Tower genießen will, kann dies am besten von einem der Restaurants in F68/
F70 tun oder kostenpflichtig von der
Aussichtsetage.

Besichtigt werden können das **Yokohama Museum of Art** mit Gemälden,
Skulpturen und Fotografien und der **Nippon-maru Memorial Park** mit dem **Yokohama Port Museum** (s. S. 204), wo das
ausgediente Segelschulschiff „Nippon
Maru" im Trockendock liegt. Mehrmals
im Monat werden seine Segel gesetzt,
ein großartiger Anblick.

Gegenüber dem Hafenbecken mit dem
Schiff liegt das Einkaufszentrum **Yokohama World Porters.**

Den Rundgang beginnt man am besten mit dem attraktiven Promenadenweg
(**Kishamichi**). Er führt entlang einer früheren Bahnlinie hinüber zu diesem überaus beliebten Viertel mit dem erwähnten
Einkaufszentrum, dem o.a. Riesenrad
Cosmo World, dem kostenlosen **Museum
für ausgewanderte Japaner** im Gebäude
von JICA Yokohama (Japan International
Cooperation Agency), dem **Cupnoodles
Museum** ⑬② und den immer vollen Läden
und beliebten Lokalen in den ehemaligen **Warenhäusern I und II** ⑬③ (*Akarenga
Sōko*). Der Promenadenweg führt östlich
weiter zum Yokohama International Passenger Terminal mit Park am **Ōsanbashi
Pier** (schöner Blick auf die Stadt und Fuji-san ⑮① und natürlich auf den Hafen).
Das **Seidenmuseum** ⑬④ mit TIC steht
gleich nebenan. Vom Terminal, an dem
häufig Kreuzfahrtschiffe anlegen, ist es
nicht weit zum besonders zur Mittagszeit beliebten **Yamashita-Park.** Mehrere

106to-ml

△ *Minato Mirai (s. S. 197)
mit dem Riesenrad Cosmo World*

Hotels haben sich die Top-Lage vor dem Park gesichert, darunter Hotel Yokohama, Continental Yokohama, New Grand und Star Hotel. Am Rand des Parks liegt, für immer verankert, das **Museumsschiff „Hikawa maru"** ⑬⑤.

Nahe dem südöstlichen Ende des schmalen Parks steht der 106 Meter hohe **Marine Tower** ⑬⑥, ein Wahrzeichen der Stadt und der **höchste Leuchtturm der Welt.** Von der Beobachtungsplattform bietet sich ein ausgezeichneter Blick auf die Innenstadt mit Chinatown ⑬⑨ und dem Hafen mit der 860 m langen Bay-Brücke zwischen Honmoku- und Daikoku-Pier. Etwas östlich des Turms steht das bekannte **Puppenmuseum** ⑬⑦, untergebracht in einem modernen Haus, das an ein Schloss erinnern soll.

Südöstlich des Marine Towers schließt sich jenseits der Stadtautobahn an den Yamashita-Park zunächst der **French Hill** (ehemalige französische Kaserne) an, gefolgt vom **Harbor View Park** (Minato-no-mieru-Oka-kōen) auf einem Hügel, auf dem früher einmal britische Garnisonstruppen untergebracht waren. Er bietet, wie der Name sagt, einen guten Blick über den Hafen, aber auch auf die Stadt. Westlich schließt sich an den Park der **Ausländerfriedhof Gaijin-bochi** ⑬⑧ mit schöner Hanglage an. Dementsprechend ist er ein beliebter Vordergrund für Souvenirfotos der Skyline von Yokohama.

Erwähnenswert ist das **Yamate-Museum** im ältesten erhaltenen Holzhaus im Stil der Meiji-Zeit auf dem Bluff. Es zeigt, wie Ausländer in Yokohama nach der Öffnung des Hafens lobten, mit europäischen Antiquitäten, Möbeln, Kleidung, Holzschnitten aus der Zeit. Auf dem Bluff gibt es noch Kirchen, z. B. die **Christ Church on the Bluff** (Yamate Church), Missionsschulen und Wohnhäuser aus dieser Zeit. An den Ausländerfriedhof mit seinen über 4000 Gräbern, in denen viele westliche Pioniere des neuen Japan ruhen, schließt sich der **Motomachi-Park** an. Von dort geht es hinunter nach **Motomachi.**

Unten, zu Füßen des Yamate-Viertels, erstreckt sich das **Einkaufszentrum Motomachi** entlang des Nakamura-Flusses (mit der Stadtautobahn darüber) zwischen dem Bhf. Ishikawachō und dem Hafen. Wegen der Mischung aus Boutiquen und anderen Läden, Cafés und Lokalen ist es besonders bei jungen Leuten beliebt.

Besucher Yokohamas zieht es fast immer auch in die **Chinatown** ⑬⑨. Von Chinatown gelangt man in wenigen Minuten durch den Yokohama Park, dem ersten Park im westlichen Stil mit großem Stadion, zum Bhf. Kannai der JR Negishi Line. Von dort aus kann man zurück zum Bhf. Yokohama und nach Tokyo gelangen.

★**240** [Karte I] **Landmark Tower**

🏛**241** [Karte I] **Yokohama Museum of Art,** 3–4–1 Minato Mirai, 10–18 Uhr, 300 ¥, Kinder 100 ¥

🏛**242** [Karte I] **Yamate-Museum,** 247, Yamatechō, 200 ¥, Di.–So. 11–16 Uhr

🛡**243** [Karte I] **Einkaufszentrum Motomachi**

⑬① **Iseyama-Kotai-Schrein** ★   **[Karte I]**

伊勢山皇大神宮

Wie der Dai Jingū in Tokyo ⑦⑥ ist dieser auf dem Iseyama-Hügel befindliche, 1870 errichtete Schrein ein Stellvertreter des Großen Schreins von Ise in Yokohama ⑬① und damit der wichtigste Schrein der Präfektur Kanagawa, deren

Nippon Maru und Yokohama-Hafenmuseum

Das 1939 in Dienst gestellte **Segelschul-schiff** der Handelsmarine diente in unterschiedlichen Funktionen bis 1984, seither liegt es als Museum im Trockendock am Eingang in das Stadtviertel Minato Mirai 21. Einmal pro Monat werden auf der Viermastbark die Segel gesetzt. Kinder können einen Kadettenkurs absolvieren. Das Schiff ist Bestandteil des Hafenmuseums.

❯ Sakuragicho (JR Negishi), www.nippon-maru.or.jp/guidebook/guidebook-english. pdf, Di.–So. 10–17 Uhr, Eintritt: Kombiticket (Schiff und Hafenmuseum): 600 ¥, Senioren und Schüler 400 ¥, nur Schiff/ Hafenmuseum 400 ¥ (250 ¥)

Hauptstadt Yokohama ist. Jede Präfekturhauptstadt hat solch einen Stellvertreterschrein, in dem die Sonnengöttin als Urmutter und Schutzpatronin Japans verehrt wird. Der Iseyama-Schrein ist in klassischer Schreinarchitektur errichtet und wird vor allem an Neujahr und zur Kirschblüte massenhaft aufgesucht, sonst ist es hier eher ruhig.

❯ Iseyama Dai Jingū, 4, Miyazaki-cho, Nishi-ku, www.iseyama.jp (jp., aber einige schöne Bilder), JR: Sakuragichō (Keihin Tohoku Negishi Line, Municipal Subway Line), Hinodecho (Keihin Kyuko Line), Minatomirai (Minatomirai Line), Tel. 241–1122, 9–17 Uhr

132 Cupnoodles Museum ★ [Karte I]

カップヌードルミュージアム

Das Cupnoodles Museum ist **das erste Museum seiner Art.** Momofuku Ando ist der Erfinder der **Instantnudeln,** die auf der ganzen Welt beliebt sind, besonders aber in Ost- und Südost-Asien. Das beweisen die 3000 Produktetiketten, die das wohl besonders für Kinder interessante Museum zeigt. Sie können in der Schaufabrik selbst Instantnudeln herstellen (300/500 ¥ extra) und quasi Nudeln im Herstellungsprozess spielen (300 ¥ extra). Erwachsene und Kinder können sich auch ihr eigenes Paket Instantnudeln zusammenstellen (300 ¥ extra).

❯ 2–3–4 Shinko, Naka-ku, Bhf. Minatomirai und Bashamichi (Minatomirai line) 8 Min., Sakuragichō (JR Negishi Line), 12 Min., Tel. 345–0918, www.cupnoodles-museum.jp/ english/index.html, Mi.–Mo. 10–18 Uhr, Eintritt: 500 ¥ (Schüler und Kinder frei)

133 Yokohama Red Brick Warehouse I & II ★ [Karte I]

横浜赤レンガ倉庫

Das Warehouse ist ein beliebtes **Einkaufszentrum** in zwei Häusern aus den Jahren 1911 und 1913. Die beiden Häuser dienten früher als Lagerhäuser der Zollverwaltung. Es gibt Geschäfte, Cafés, Galerien und einen kleinen Theater-/ Konzertsaal mit 300 Sitzplätzen.

❯ Yokohama Akarenga Sōko 1 & 2, 1–1–1, Shinko, Naka-ku, JR: Sakuragichō/Kannai (Keihin-Tohoku Negishi Line), Tel. 211–1515

134 Seidenmuseum ★ [Karte I]

シルク博物館

Im Silk Center Building befindet sich das Silk Museum. Es ist das **einzige Seidenmuseum in Japan.** Hier wird der komplette Prozess der Seidenherstellung vorgestellt. Die attraktiven Seidenprodukte sind alle für den Verkauf bestimmt. Im Erdgeschoss befindet sich eine Touristeninformation.

› **Silk Hakubutsukan,** 641–0841, Nihon Odori (Minato Mirai Line), 3 Min., JR: Sakuragichō/Kannai (Negishi Line), 15 Min., http://silkcenter-kbkk.jp, tägl. 9–16.30 Uhr, Eintritt: 500 ¥ (Senioren 300 ¥, Schüler 200 ¥, Kinder 100 ¥)

⑬⑤ NYK Maritime Museum und NYK Hikawa Maru ★   [Karte I]
氷川丸

Das zweigeteilte Museum gehört der Schifffahrtslinie **Nippon Yūsen Kaisha (NYK).** Diese ist Teil des Mitsubishi-Konzerns und zählt zu den größten Reedereien der Welt. Das der NYK und der japanischen Schifffahrt gewidmete Museum befindet sich etwa 15 Min. entfernt vom ehemaligen Frachtschiff **Hikawa Maru,** das inzwischen zum Museum gehört.

Das Schiff kann gesondert besichtigt werden. Es schipperte von 1930 an dreißig Jahre lang 245-mal zwischen Japan und Seattle über den Pazifik. Seine bekanntesten Passagiere waren Charlie Chaplin und Kanō Jigorō, Begründer des Judo-Kampfsports, der an Bord während der Heimreise nach Japan verstarb. Das Schiff transportierte u. a. auch Juden via Japan (bevor das Land in den Krieg eintrat) nach Kanada und in die USA! Danach operierte die Hikawa Maru als Hospitalschiff. Nach dem Krieg benutzten es die amerikanischen Besatzer für Truppentransporte zurück in die USA. Bis 1960 brachte es noch wie zuvor Passagiere über den Pazifik, aber der zunehmende Luftverkehr machte es unrentabel. Ab 1961 wurde es zunächst als Jugendherberge genutzt, danach diente es als Museum. Die Übernahme durch NYK rettete das Schiff vor dem Verfall.

› 3–9 Kaigan-dōri, Bashamichi, 2 Min., JR: Kannai, 8 Min., www.nyk.com/rekishi/e/index.htm, Di.–So. 10–17 Uhr, Eintritt: Kombiticket 500 ¥ (Senioren und Schüler 300 ¥), nur Schiff 300 ¥ (200/100 ¥)

⑬⑥ Marine Tower ★   [Karte I]
横浜マリンタワー

Der mit einer Höhe von 106 m **höchste Leuchtturm der Welt** bietet vom F30 einen guten Blick auf Stadt und Hafen. Es gibt wie üblich Lokale und Läden, meist für Souvenirs und O-miyage (Mitbringsel).

› 15, Yamashitacho, JR: Ishikawacho (Keihin Tohoku Negishi Line), 15 Min., Motomachi-Chukagai (Minato Mirai Line) Ausg. 4, 1 Min., http://marinetower.jp/eng.html, tägl. 10–22.30 Uhr, Eintritt: 750 ¥

⑬⑦ Yokohama Doll Museum ★   [Karte I]
横浜人形の家

Das Yokohama Doll Museum ist ein Puppenmuseum mit 1300 seltenen Puppen aus 140 Ländern. Gezeigt werden Videos über die Herstellung von Puppen u. a.

› Yokohama Ningyo no Ie, 18, Yamashita-cho, JR: Ishikawacho, Motomachi-Chukagai, Tel. 671–9361, http://doll-museum.jp (jp.), tägl. 10–18.30 Uhr, geschl. jeden 3. Mo. im Monat, Eintritt: 400 ¥ (Kinder 150 ¥)

⑬⑧ Ausländerfriedhof ★★ [Karte I]
外国人墓地

Der berühmte alte Ausländerfriedhof Gaikokujin Bochi liegt in schöner Hanglage und bietet einen tollen Blick auf die Stadt. Dementsprechend ist er ein beliebter Hintergrund für Souvenirfotos. Etwa 4000 Ausländer aus der Zeit, als sich ab Mitte des 19. Jh. erst in Kannai und später auf dem Bluff zahlreiche Fremde in Yokohama angesiedelt hatten, liegen hier begraben. Mit den für Japaner exotischen Grabsteinen und Kreuzen auf den Gräbern von Amerikanern, Briten, Deutschen, Franzosen, Holländern, Schweizern und Russen ist er eine der bekanntesten Sehenswürdigkeiten der Stadt.

› **Gaikokujin Bochi**, 96, Yamatechō, Moto-machi-Chukagai (Minatomirai Line) 8 Min., www.yfgc-japan.com/history_e.html, Tel. 622–1311, Eintritt: frei, Di.–So. 10–17 Uhr, geöffnet: März bis Dezember

🔴139 Chinatown ★★   [Karte I]

横浜中華街

Die Chinesen wurden hier, in der mittlerweile **größten Chinatown des Landes**, 1863 angesiedelt, weil im benachbarten Stadtteil Kannai ursprünglich die Ausländer residierten und arbeiteten. Die Chinesen wurden als Bedienstete und Handwerker aus China herübergeholt, weil sie sich bereits besser mit Ausländern auskannten. Hinzu kamen auch Exilanten, die sich gegen die Manchu-Herrschaft auflehnten, darunter die berühmten Revolutionäre **Dr. Sun Yat-sen und Chiang Kai-shek.** Heute leben hier etwa **2500 Chinesen.**

Diese betreiben rund 500 Läden, teilweise für Kunsthandwerk und für traditionelle chinesische Medizin sowie viele Restaurants und Bars (s. S. 208). Hier kann man erwartungsgemäß sehr gut authentisch chinesisch essen, wobei die guten Restaurants teuer sind. Die Eingänge ins Viertel wurden mit vier nach den Himmelrichtungen benannten **prächtigen Toren** geschmückt.

Der **Tempel Kantei-Byo** ist der Haupttempel des Viertels und dem Schutzgott Sangokushi geweiht. Typisch chinesisch soll er sich um Glück und gute Geschäfte kümmern.

› **Yokohama Chūkagai**, 118–2 Yamashita-cho, JR: Ishikawacho (Keihin-Tohoku Negishi Line), Motomachi-Chūkagai (Minatomirai Line), 5–10 Min., www.chinatown.or.jp/e

🔴140 Sankei-en ★★★

三溪園

Dieser 170.000 m² große Garten gehörte einst *Hara Tomitaro,* einem der reichsten Männer Yokohamas. Er ist der **schönste Landschaftsgarten Yokohamas.** Er verfügt über einen inneren und einen äußeren Garten. In beiden Gär-

◁ *Eingangstor in die Chinatown*

107to-ml

EXTRAINFO

Tagestickets ab Tokyo

> **Minatomirai Ticket ab Shibuya** 840 ¥ (Kinder 420 ¥). Anfahrt mit Tōkyū-Toyoko Line und zurück nach Shibuya, in Yokohama einen Tag lang Benutzung der Minato Mirai Line. Das Ticket kann man an jedem Tokyoter Bhf. der Linie kaufen.

> **Yokohama One Day Kippu ab Shinagawa** 1090 ¥ (Kinder 550 ¥). Anfahrt mit Keihin Kyūko Line (Keikyū) bis Bhf. Yokohama und zurück. In Yokohama kann man Yokohama Shiei (U-Bahn), Shiei Bus, Minato Mirai Line, den 100 ¥-Community-Bus und die 100 ¥-Busse der **Akaikutsu** („Roter Schuh")-Ringlinie, die verschiedene Sehenswürdigkeiten anfährt, einen Tag lang benutzen. Das Ticket kann man an jedem Keikyū-Bhf. mit Ausnahme Sengakuji kaufen.

> Auch per **Schnellboot** kann man aus Tokyo anreisen: ab Hinode Pier bzw. ab Lalaport in Funabashi nach Minato Mirai Sanbashi, Kosten: 2600 ¥ bzw. 2400 ¥.

yokohamajapan.com/events informieren. Auch über die TIC in Tokyo bzw. direkt beim Yokohama Convention & Visitors Bureau (Tel. 045 2212111, www. welcome.city.yokohama.jp) können Informationen über Yokohama gewonnen werden.

Anreise

Vom Bhf. **Tokyo** fährt alle 15 Min. ein Zug der Tōkaidō oder Yokosuka Line bis **Yokohama Station** (Fahrtzeit: 30 Minuten, Kosten: 460 ¥). Alle 10 Min. gibt es einen Zug der Keihin Tōhoku Line nach **Kannai** (45 Min, 540 ¥). Kannai ist der am günstigsten gelegene Bahnhof für einen Bummel durch das Stadtzentrum, Chinatown ⑮ und den Yamashita-Park.

Vom Bhf. **Shinagawa** kann man alle 10 Min. mit der Keihin Kyūkō Line bis Bhf. Yokohama fahren, der Expresszug **Tokkyū** braucht nur 22 Min. (230 ¥).

Vom Bhf. **Shibuya** geht es alle 40 Min. mit der Tōkyū Toyoko Line zum Bhf. Yokohama (40 Min., 160 ¥).

Stadtverkehr

Bus

Die **Akai-Kutsu-Ringlinie** fährt alle wichtigen Sehenswürdigkeiten an (Kosten: 100 ¥, Kinder 50 ¥, Tagesticket 300 ¥) und ist im **Yokohama One Day Ticket** inbegriffen. Es gibt zwei Ringlinien (Minato Mirai, Mo.–Fr. 10–18 Uhr, alle 40 Min., Sa./So./F. bis 19 Uhr, alle 30 Min. und Motomachi mit Harbor View Park; Mo.–Fr. 10–19 Uhr alle 20 Min., Sa./So./F. alle 15 Min.).

Taxi

Man kann sich für 2 ½ Std. ein **Taxi mieten** (Tel. 623–8884). Der Service kostet zwischen 8800 ¥ für kleine und

---

ten stehen zusammengetragene historische und andere alte Häuser, auch einige Bauernhäuser. Der Garten ist um zwei Teiche herum angelegt. Berühmt ist der Blick über einen der Teiche hinweg auf die **dreistöckige Pagode Rinshunkaku**. Ein Besuch lohnt sich zu jeder Jahreszeit.

> 58–1, Honmoku Sannotani, Naka-ku, JR: Negishi (Kein-Tohoku Negishi Line), Tel. 621–0634, Eintritt: 500 ¥, tägl. 9–17 Uhr

Praktische Reisetipps Yokohama

Informationen

Über besondere **Feste** und Ereignisse in Yokohama kann man sich über www.

9500 ¥ für große Taxis. 1 Std. kostet 3600/3800 ¥. Man sollte vorher nachfragen, ob der Fahrer Englisch spricht.

Boot

Vom Bhf. Yokohama O-Seite (Anlegestelle gegenüber dem Sōgō Department Store) kann man alle 30 Min. per Boot zwischen 10 und 18.30 Uhr mit der **Sea Bass** in 15 Min. zum Yamashita-Park fahren. Dies ist vielleicht der schönste Weg von Yokohama Station in die Stadtmitte (Kosten: 450 ¥).

Kulinarisches

Chinatown 139

Chinatown lebt von den chinesischen Restaurants und Geschäften. Für den schnellen Hunger gibt es aber auch sehr interessante Snacks zum Mitnehmen. Lokale zu finden ist in dem Gassengewirr fast unmöglich, kaum ein Name ist in lateinischen Buchstaben wiedergegeben, am besten lässt man sich von den wegen der riesigen Konkurrenz angebotenen Ermäßigungen anlocken, reichhhaltige Mittagsbüfetts gibt es ab 1500 ¥.

244 [Karte I] **Ryūjū Hanten** ¥, 147 Yamashita-chō, tägl. 9–1 Uhr, Lunch 11.30–14.30 Uhr. Preiswertes und reichhaltiges Lunchmenü (Krabben, Tintenfisch, Gemüse auf Reis, dazu Suppe) für nur 500 ¥.

▷ Shopping in den Akarenga-Einkaufszentren 133

Café

245 [Karte I] **Cha-no-ma**, Akarenga 2, F3, Mo.–Fr. 11–23, Sa./So. 11–5 Uhr. Café mit Bett zum Relaxen, offene Küche, günstige Speisen und Desserts und **Breizh Café** mit bretonischen Lunchgerichten und **Café Berube** mit leckeren Snacks *Creamcheese Kare Pan* oder *Marugoto Ebi Kare Pan* (Shrimps und Curry im Brötchen; beide 270 ¥).

Lunch oder Dinner

246 Rinka-en ¥¥¥, 52–1 Honmoku-sannotani, Naka-ku, Tel. 621–0318 (Reservierung notwendig), Bus ab Yokohama/Sakuragicho/Negishi, tägl. 12–20 Uhr. Exquisite japanische Kaiseki-Gerichte in einem traditionellen, 600 Jahre alten Haus der Ashikaga-Zeit von der Izu-Halbinsel mit einem schönen Garten, bewertet mit einem Michelin-Stern, Lunch-Menü 4000 ¥, Dinner ab 10.500 ¥. Eignet sich für ein besonderes Lunch oder Dinner vor bzw. nach einem Besuch des Sankei-en.

247 Shin-Yokohama Rāmen Museum, 2–14–21 Shin-Yokohama, Yokohama City Subway bis Shin Yokohama, Ausg. 8, www.raumen.co.jp/english, Mo.–Fr. 11–22, Sa./So. 10.30–23 Uhr, Eintritt: 300 ¥ (Kinder 100 ¥, Senioren über 60 frei). Hier dreht sich alles um Rāmen, man kann Gerichte von Filialen einiger der bekanntesten Rāmen-Lokale im Land kosten.

Shopping

An und um den Bhf. **Yokohama** befindet sich das größte und beliebteste **Einkaufszentrum** Yokohamas. Wer nur zum Shopping kommt, braucht die Umgebung des Bahnhofs nicht zu verlassen und muss keinen Schritt auf die Straße setzen: Alle wichtigen Kaufhäuser und Läden sind **unterirdisch** zu erreichen. Verlässt man den Bahnhof nach Osten, geht man durch die unterirdische Einkaufs-

passage **Porta** (Porta Underground) am **Lumine** vorbei zum modernen und riesigen **Sōgō Department Store**, eines der größten Kaufhäuser der Welt. Nebenan steht das Sky Building, ebenfalls mit zahlreichen Geschäften.

Vom Westausgang aus erreicht man das noch größere unterirdische Einkaufszentrum **Joinus**, das mit Odakyu, Okadaya More's und Cial verbunden ist und an das die Kaufhäuser **Takashimaya** sowie andere Geschäfte angeschlossen sind.

Geht man vom Bhf. **Sakuragichō** in südöstlicher Richtung über die Benten-Brücke über den Ōka-Fluss und parallel zur Bahn bis zur Kaufhausfiliale Marui, erreicht man die links abzweigende **Einkaufsstraße Basha-michi** (Pferdewagenweg), die rot gepflastert ist und mit ihren altmodischen Telefonzellen und Straßenleuchten den Eindruck einer Straße des 19. Jahrhunderts erwecken soll. Die beliebte Einkaufsstraße ist gewissermaßen eine Fortsetzung der 1,3 km langen

Fußgängerzone **Isezakichō** mit **500 Geschäften**, die von Marui unter der Bahn hindurch (Nordausgang) nach Südwesten führt. Die Minato Mirai Line fährt direkt zum Bhf. Bashamichi.

🔒**248** [Karte I] **Joinus**, 1–4 Minami-Saiwai, tgl. 10–21Uhr

🔒**249** [Karte I] **Sōgō Department Store**, 2–18–1 Takashima, tgl. 10–20 Uhr, Restaurants bis 23 Uhr

Unterkunft

☎**433** [Karte I] **Kanalian** ⌄, 16–5, Daimachi, Kanagawa-ku (nahe JR: Yokohama W-Ausg. 10 Min.), Tel. 313-6442, http://kanalian. com. Eines der wenigen Guest Houses in Yokohama, in attraktivem renovierten Wohnhaus, geführt vom freundlichen, reiseerfahrenen Lee. Versteckt gelegen, Hinweisschilder beachten.

☎**250** [Karte I] **Yokohama Hostel Village** ⌄, 4–81, Sueyoshi-chō, Naka-ku, JR: Ishikawa-cho, Tel. 252-1311, http://yokohama. hostelvillage.com/en. Relativ günstig gelegenes Hostel.

Kawasaki

川崎市

Hinter diesem bei uns als Motorradmarke bekannten Namen steckt **Japans neuntgrößte Stadt** (1,2 Millionen Einwohner), die genau zwischen Tokyo und Yokohama liegt. Da sie in erster Linie eine **Industriestadt** ist, kommen Touristen selten auf die Idee, ihr einen Besuch abzustatten. Dennoch hat sie einige Sehenswürdigkeiten zu bieten.

Während der Edo-Zeit entwickelte sich Kawasaki um seine Poststation und vor allem den heute noch bedeutenden Tempel **Kawasaki Daishi** 141 herum. Ab 1913 wurde auf neu gewonnenem Land an der Tokyo-Bucht eine **Industriezone** angelegt. Der Hafen gehört zu den größten des Landes. In Sachen **Nachtleben** hat Kawasaki angesichts der großen Zahl von Firmen einiges zu bieten. In der Umgebung des Bahnhofs kann man gut shoppen.

141 Kawasaki-Daishi-(Heikenji)-Tempel ★★ [Karte V]

川崎大師 (平間寺)

Der sehr beliebte **große Tempelkomplex** dient dem Schutz vor Unglück. An Neujahr besuchen ihn 2 bis 3 Mio. Menschen. In der Nähe befindet sich der Kanayama-Schrein (Wakamiya Hachimangu), in dem u. a. ein Riesenphallus zu sehen ist. Anfang April findet dort ein Fest statt, das wegen seiner Parade von Phallusschreinen auch von Ausländern gern besucht wird (Einzelheiten hierzu erfährt man in jeder Touristeninformation.

❯ Anfahrt: Keihin-Kyuko Daishi Line bis Kawasaki Daishi Bhf., 133 ¥

Kamakura

鎌倉市, 江の島

Kamakura ist ein **Muss für Tokyo-Besucher, Hauptstadt Japans im 12. Jahrhundert** mit bedeutenden Zen-Tempeln und Schreinen, umgeben von den Hügeln der „Kamakura-Alpen"; **Enoshima** gilt mit seinen **zahlreichen Attraktionen** als „Insel für Verliebte".

Wer das Herz der japanischen Kultur sehen will, muss bekanntlich nach Kyōto fahren, einschließlich eines Abstechers nach Nara. Vor den Toren Tokyos gibt es jedoch ein Ziel, das denen, die aus Zeit- oder anderen Gründen keine Gelegenheit haben, Kyōto und Nara zu besuchen, einen kleinen, aber sehr lohnenden Ersatz bieten kann. Für die Besichtigung der Stadt sollte mindestens ein halber Tag eingeplant werden.

Kamakura, am nordwestlichen Rand der Miura-Halbinsel gelegen, war unter dem ersten Shōgun Minamoto Yoritomo 1192 an Stelle von Kyōto zum Sitz der Militärregierung (*bakufu*) bestimmt worden und blieb bis 1333 faktisch Hauptstadt Japans.

Der aus China eingeführte Zen-Buddhismus erlebte dank seiner asketischen Strenge und Schlichtheit folgerichtig eine erste große Blüte während der Kamakura-Zeit. So kann man heute noch einige der wichtigsten Zen-Tempel aus jener Zeit, die meist der Rinzai-Sekte angehören, aber auch eine Reihe anderer Tempel und Schreine besichtigen, nicht zu vergessen natürlich das **berühmteste Standbild Japans**, den **Großen Buddha** Daibutsu 142.

Eine Besonderheit der Stadt sind kleine Ausfallsträßchen mit sogenannten *kiridōshi*, kleine in den Fels gehauene

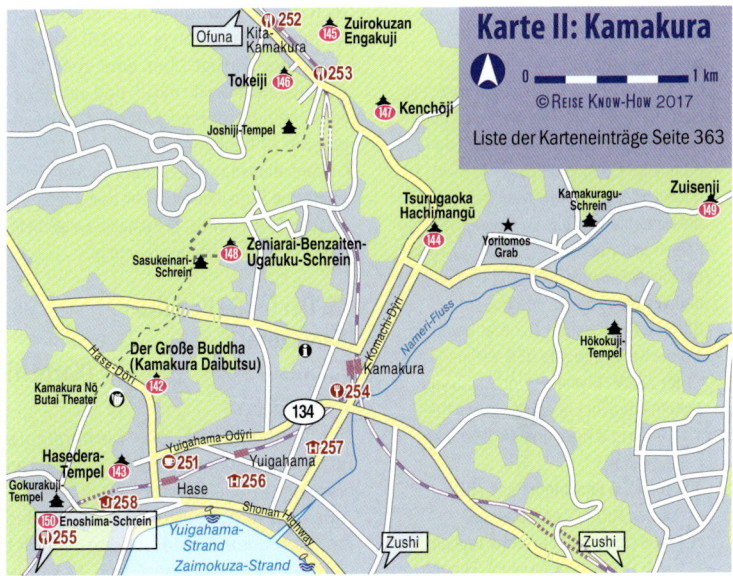

Karte II: Kamakura

0 ———————————— 1 km

© REISE KNOW-HOW 2017

Liste der Karteneinträge Seite 363

Pässe, die zum Teil schon 800 Jahre alt sind. In und um Kamakura gibt es dazu reizvolle Wanderwege in den liebevoll „Kamakura Alps" genannten Hügeln, die steiler sind, als es ihre geringe Höhe vermuten lässt.

Wer keine organisierte Halbtagestour bucht und etwas mehr Zeit mitbringt, kann beispielsweise mit der Bahn (Yokosuka-Line) von Tokyo aus zum eine Station vor dem Zentrum gelegenen **Bahnhof Kita-Kamakura** fahren. Von dort lässt sich Kamakura quasi von hinten über zwei beliebte Wanderwege sehr reizvoll „aufrollen", denn in der näheren Umgebung dieses Bahnhofs stehen mehrere bekannte Tempel. Die Hauptachse der Stadt ist jedoch der Zugangsweg vom Meer zum Hachiman-Schrein.

Kamakura entdecken

Wer gerne **wandert**, sollte unbedingt die Besichtigungen von Tempeln und Schreinen mit den bezeichneten Wanderwegen, z. B. **Daibutsu Hiking Course** (大仏ハイキングコース) zwischen Bhf. Kita-Kamakura und Großem Buddha ⑫ und umgekehrt und/oder den längeren **Tenen Hiking Course** (天園ハイキングコース) zwischen Kita-Kamakura und dem Tempel Zuisenji ⑭ gehen. Man kann auch drei Wanderwege mit dem **Gionyama Hiking Course** zwischen Yagumo-Jinja und Hagidera zu einer Tagestour kombinieren. Fährt man lieber mit dem **Fahrrad**, kann man ein größeres Besichtigungspensum schaffen und gleichzeitig einige der berühmten schmalen, alten

EXTRAINFO

Anreise nach Kamakura und Enoshima

Die Anreise erfolgt ab Tokyo (JR Yokosuka Line, ca. 1 Std., 900 ¥). Man kann auch nur bis Ofuna fahren und von dort den Kamakura Enoshima Pass (s. S. 343) nutzen oder den Tokyo Wide Pass z. B. für die Kombination Tokyo – Nokogiriyama – Fähre nach Yokosuka – Kamakura. Hierbei müsste nur der Betrag für die Fähre und ggf. derjenige für den Bus zum JR-Bhf. Yokosuka zusätzlich bezahlt werden.

❯ Free Kankyo Tegata 550 ¥ (Kinder 280 ¥) Tagespass innerhalb von Kamakura für Enoden zwischen Kamakura und Hase und die Busse in Kamakura

❯ Kamakura Enoshima Pass 700 ¥ (Kinder 350 ¥), Tagespass zwischen Ofuna und Fujisawa, inbegriffen JR Ofuna bis Kamakura, Enoden Fujisawa bis Kamakura und Shonan-Monorail zwischen Ofuna und Shonan-Enoshima

❯ Information: www.city.kamakura.kanagawa.jp/kamakura-kankou/en

❯ Kostenlose geführte Wanderungen freitags (Englisch/Französisch)

Sträßchen mit ihren *kiridōshi* befahren, für viele ein echter Höhepunkt. Abseits der geschäftigen Hauptstraße mitten durch Kamakura und der Küstenstraße sind die meisten Straßen sehr ruhig. Man kann auch direkt zum Bahnhof Kamakura fahren, zu Fuß durch die Stadt gehen und für weiter vom Bahnhof entfernte Tempel den Bus bzw. die Enoden-Bahn zwischen Kamakura und Fujisawa nutzen, wobei die meisten Besucher nur

bis Katase-Enoshima für einen Besuch der beliebten Insel (s. S. 216) fahren. Kamakura verfügt über eine sehr gute touristische Infrastruktur und ist angesichts seiner überschaubaren Größe angenehm zu besichtigen.

❯ Informationen zu den zahlreichen Tempeln und Schreinen gibt www.asahi-net.or.jp/~QM9T-KNDU, zu Kamakura allgemein siehe http://en.kamakura-info.jp.

142 Der Große Buddha (Kamakura Daibutsu) ★★★ [Karte II]

高徳院(大仏)

Der Daibutsu ist die berühmteste Buddhastatue der Welt und Kamakuras einziger Nationalschatz.

Das 13 m hohe Bronzestandbild des meditierenden Amida-Buddha befindet sich seit 1252 an dieser Stelle. Es wurde von Ono Goroe oder Tanji Hisamoto gegossen und war einst mit Blattgold bedeckt. Bis 1495 stand es in einer Tempelhalle, wie sein größerer Bruder in Nara (im Tōdaiji). Seit einer Springflut in jenem Jahr jedoch sitzt der Buddha im Freien, wodurch die starke Wirkung von vollkommener Harmonie, Ruhe, gesammelter Kraft, Abkehr von weltlichen Leidenschaften wie Gier, Neid und Eifersucht noch stärker zur Geltung kommt. Der 93 Tonnen schwere Große Buddha steht im Tempelbezirk des Kōtoku-in, der zur Jodo-Sekte gehört und insgesamt sehr sehenswert ist. Man kann dem Buddha übrigens in seinem Inneren ganz profan in den Kopf steigen.

❯ Kotokoin Daibutsu, 4–2–28 Hase, Hase (Enoden) 10 Min., Tel. 22–0703, www.kotoku-in.jp/en/about/about.html, Eintritt: 200 ¥, tägl. 8–17.30 Uhr

⑭ Hasedera ★★★ [Karte II]
長谷寺

Der Hasedera-Tempel ist einer der bekanntesten Tempel Kamakuras. Von ihm bietet sich ein schöner Blick über die Hügel und die Bucht von Kamakura.

Im Tempel befindet sich eine hölzerne Statue der elfköpfigen Kannon aus dem Jahre 721. Aus dem gleichen Baum wurde vom Mönch Tokudo eine zweite Statue geschnitzt, die im Hase-Tempel in Nara steht. Der Legende nach übergab der Mönch eine der beiden Statuen dem Meer, auf dass sie sich ihren Standort selbst aussuche. Und so sei sie nach Kamakura gekommen.

Fast noch berühmter ist der Tempel wegen der **ungezählten steinernen Jizō-Figuren** mit ihren roten Lätzchen und dem mitgegebenen Spielzeug. Es handelt sich um Andenken an verstorbene, vor allem ungeborene, also abgetriebene Babys (in Japan waren Anti-Baby-Pillen bis 1999 illegal, Abtreibungen dagegen an der Tagesordnung). Hier wird ihrer Seelen gedacht. Jizō ist u. a. der Schutzpatron der Kinder.

Nach traditioneller Auffassung werden die Kinder nach dem Tod zum Fluss Sai-no-Kawara gebracht, wo sie die Hexe Shozuka-no-Baba daran hindern will, ins Paradies zu gelangen. Sie zwingt die armen Kinder, Steintürme zu bauen, die sie aber immer wieder zerstört und stiehlt ihnen die Kleidung. Die Jizō verstecken die Kleinen in ihrem weiten Gewand und bringen sie ans Ziel. Die Lätzchen stehen für die Kinder-Kleidung und die Steine im Schoß für die Steintürme.

❯ 3-11-2 Hase, Hase (Enoden), 5 Min., Tel. 22-6300, www.hasedera.jp/words/english/ e1.html, Eintritt: 300 ¥, tägl. 8-17.30 Uhr

⑭ Tsurugaoka Hachimangū ★★★ [Karte II]
富岡八幡宮

Der 1063 in Zaimokuza gegründete und dem Kriegsgott Hachiman geweihte Schrein wurde 1180 von Minamoto no Yoritomo an den heutigen Ort verlegt. Er war die **Keimzelle Kamakuras** und ist auch heute noch das **Herz der Stadt.** Die Prozessionsstraße Wakamiya Oji verlief vom Meer bis zu dem auf einem Hügel gelegenen Schrein. Die Stadt entwickelte sich links und rechts von dieser Straße. Einst war er der Schutzschrein der Kamakura-Shōgune und der Samurai. Heute hilft er, Liebe zu finden, dazu Gesundheit und ein langes Leben, akademischen Erfolg, Sicherheit im Verkehr und Wohlstand im Haushalt – kein Wunder also, dass er jährlich von 2,5 Mio. Menschen besucht wird! Die in Rot und Weiß gehaltene Haupthalle (Hongu) steht auf dem höchsten Punkt des Geländes und wurde im Stil der Edo-Zeit errichtet. Vor der Treppe zum Hongu steht die kleine Halle Maiden. Hier finden Zeremonien (u. a. Hochzeiten) statt und werden Tänze aufgeführt. Es gibt mehrere Teiche, einen Päoniengarten (Eintritt: 500 ¥) und ein Schreinmuseum (Eintritt: 200 ¥).

❯ 1-20-3 Tomioka, JR: Kamakura (Yokosuka Line), O-Ausg. 10 Min., www.tsuruoka-ha chimangu.jp, 5-21 Uhr, im Winter ab 6 Uhr

⑭ Zuirokuzan Engakuji ★★ [Karte II]
瑞鹿山円覚興聖禅寺

Der Engakuji, Nummer zwei der fünf großen **Zen-Tempel** Kamakuras, wurde 1282 gegründet. Seine **Reliquienhalle Shariden** mit ihrem Doppeldach (enthält

einen chinesischen Quarzschrein mit einem Zahn Buddhas) stammt noch aus dem Gründungsjahr und ist somit das **älteste Zen-Gebäude Japans**. Berühmt ist auch die Tempelglocke aus dem Jahre 1301. Daisetsu Suzuki, einer der im Westen bekanntesten Zen-Gelehrten, lebte hier bis zu seinem Tod 1966.

❯ 409, Yama-no-uchi, JR: Kita-Kamakura (Yokosuka Line), Tel. 0467 22-0478, Eintritt: 300 ¥, tägl. 8-16.30 Uhr

🔴146 Tōkeiji ★★ [Karte II]
松岡山東慶寺

Gegenüber dem Engakuji auf der anderen Seite der Bahngleise liegt der bekannte „Scheidungstempel" Tōkeiji, ein Zweigtempel des Engakuji 🔴145 . Damals gab es keine Möglichkeit für Frauen, sich scheiden zu lassen. Der Tempel war so etwas wie ein **Frauenhaus**: Wer es schaffte, sich in ihn hineinzuflüchten – es genügte, wenn die Flüchtenden ihre Sandalen

△ Aufgang zum Tsurugaoka-Hachimangū 🔴144

über das Tor warfen – konnte sich nach zwei, drei Jahren Nonnendasein als geschieden betrachten. Auf der Rückseite befinden sich Gräber einiger berühmter Japaner. Südlich neben dem Tōkeiji steht ein weiterer Tempel, der 1281 gegründete Jochiji. Dieser befindet sich am Beginn des Daibutsu Hiking Trail.

❯ 1367 Yamanouchi, JR: Kita-Kamakura (Yokosuka Line), 3 Min., Tel. 22-1663, www.tokeiji.com/english, tägl. 8.30-17 Uhr, Eintritt: 100 ¥, Schatzhaus 300 ¥

🔴147 Kenchōji ★★ [Karte II]
建長寺

Etwa 20 Min. südöstlich des Bahnhof Kita-Kamakura auf dem Weg in die Stadt liegt in einem bewaldeten Tal der größte **und bedeutendste der fünf Zen-Tempel Kamakuras**. Er wurde 1253 vom chinesischen Priester Tao Lung (Rankei Doryu) im Stil buddhistischer Tempel der südlichen Sung-Dynastie gegründet, brannte 1415 ab und wurde im 17. Jh. originalgetreu wiederaufgebaut. Zu den Schätzen gehören die 1225 gegossene **Glocke** und eine **Holzstatue des fünften**

Kamakura-Shōgun Hōjō Tokiyori. Der Tempel untersteht der Rinzai-Sekte. Der Tenen Hiking Trail zum Kakuonji beginnt an seiner Rückseite. Man muss also vorher Eintritt bezahlen.

> 8, Yama-no-uchi, JR: Kita-Kamakura (Yokosuka Line), 20 Min., Tel. 22–0981, www.kenchoji.com (jp), Eintritt: 300 ¥, tägl. 8.30–16.30 Uhr

⓲ Zeniarai-Benzaiten-Ugafuku-Schrein ★★ [Karte II]
銭洗弁財天宇賀福神社

In diesem originellen Schrein soll man – besonders im Jahr der Schlange – im Quellwasser einer Grotte sein **Geld waschen** und es somit auf wundersame Weise vermehren. Minamoto Yoritomo, der erste Kamakura-Shōgun, soll in einem Traum die göttliche Botschaft erhalten haben, das Wasser für den Frieden der Welt zu opfern.

> 2-25-16 Sasuke, JR: Kamakura (Yokosuka Line), W-Ausg., 25 Min., Tel. 25–1081, Eintritt frei, tägl. 8–16.30 Uhr

⓳ Zuisenji ★★ [Karte II]
錦屏山瑞泉寺

Am nordöstlichen Stadtrand liegt am Ende des Tenen Hiking Trail über den Tendai-san (141 m) der Zuisenji. Er wurde 1327 von Musō-Soseki bzw. Musō-Kokushi gegründet. Sein aus natürlichem Fels, Sand und Wasser bestehender und von Bergen umgebener Garten im Momijigayatsu („Tal der herbstlichen Ahornblätter") gilt als **schönster Zen-Garten Kamakuras,** weshalb der Tempel auch als Blumentempel bekannt ist.

> 710 Nikaido, JR: Kamakura (Yokosuka Line), 20–30 Min, Bus Richtung Daitonomiya ab

Haltestelle Nr. 4 am Bhf. bis Haltestelle Kamakura-gu, von dort 15 Min., Tel. 22–1191, www.kamakura-zuisenji.or.jp/en/index.html, Eintritt: 200 ¥, tägl. 9–16.30 Uhr

Information und Fahrradverleih

Die Stadt kann gut mit dem Fahrrad erkundet werden, das u. a. gleich beim **Tourist Information Center** (TIC, Tel. 23–3050, –3350) gegenüber dem Bahnhof Kamakura ausgeliehen werden kann (1–1 Komachi, tägl. 9–17 Uhr, ab 600 ¥ für 1 Std. u. 1600 ¥ pro Tag). Die **für die Ausflüge nötige Karte mit Begleitheft** gibt es für 200 ¥ im TIC.

Kulinarisches in Kamakura

⊃251 [Karte II] Bergfeld, 2-13-47 Hase, tägl. 10.30–18.30 Uhr. Deutsche Bäckerei u. Café, beliebt: Meatpie.

⓵252 [Karte II] En ¥¥¥, F2, 501 Yamanouchi, Tel. 0467 23–6232, tägl. 11.30–14 u. 17–19 Uhr. Mit einem Michelin-Stern ausgezeichnetes Restaurant vor dem Engakuji-Tempel in Kita-Kamakura, vom Fensterplatz im F2 blickt man auf den Byakurochi-Teich des Tempels. Sehr gute, innovative japanische Küche. Sehr empfehlenswert sind u. a. gegrillte Forelle oder Auberginen *(takiawase)* mit Bambussprossen.

⓵253 [Karte II] Hachinoki Kita-Kamakura ¥¥, 350 Yamanouchi, www.hachinoki.co.jp/foods/eatin, tägl. 11.30–15 u. 17–19 Uhr. Kamakura ist ein guter Ort, um die vegetarische Tempelküche Shojin Ryōri kennenzulernen. Ein Michelin-Stern, man sitzt bequem an Tischen.

⊘254 [Karte II] Yukkohan ¥, 5–10 Onari-machi, tägl. 10–15 Uhr. Hausgemachtes O-bentō und Snacks wie Hamburger, gut zum Mitnehmen auf die Besichtigungstour.

Enoshima
江の島

Enoshima ist eine durch einen 600 m langen Damm mit dem Festland verbundene **Insel mit zahlreichen Attraktionen:** Tempeln, Schreinen, Grotten, Aquarium und einem Botanischen Garten. Einst war es ein beliebtes Ziel von Flitterwöchnern, als diese sich noch keine Reisen nach Guam, Hawaii oder anderswohin leisten konnten. Mit der kleinen Enoden-Eisenbahn fährt man üblicherweise von Kamakura an der Küste entlang bis zum Bhf. Katase-Enoshima und geht von dort zu Fuß in gut 10 Min. zur Insel.

150 Enoshima-Schrein ★★★
江島神社, 裸弁財天

Der Enoshima-Schrein besteht aus drei Schreinen: zunächst dem 1206 gegründeten, 1675 neu errichteten und im Jahr 1976 renovierten Hetsunomiya, dem **Hauptschrein der Göttin der Liebe,** des Glücks und der Schönheit. Er befindet sich hoch oben auf der Insel. Es gibt dort linker Hand in einem kleinen Tempel zwei berühmte Statuen der Benten, vor allem die der nackten Benzaiten *(hadaka Benzaiten,* sie entspricht der Hindugöttin Saraswati). Der mittlere Schrein, der leuchtend rote Nakatsunomiya, steht hinter dem Hetsunomiya und wurde bereits 853 gegründet. Ein Stück weiter hinten steht schließlich der Ōkutsunomiya, der hinterste Schrein. Der übliche Weg führt über mehrere Treppen nach oben. Es gibt aber auch ein kostenpflichtiges System von Rolltreppen (360¥) für die Auffahrt.

❯ 2–3–8 Enoshima, www.asahi-net. or.jp/~QM9T-KNDU/enoshima.htm, Eintritt frei, der kleine Tempel für die „Nackte Benten" und eine andere Bentenfigur kostet jedoch 150¥ Eintritt

111to-ml

Kulinarisches in Enoshima

🍴**255** Bitcho Honten ¥¥, 1–6–7 Enoshima, tägl. 11–21 Uhr. Hier gibt es die Spezialität der Insel: *Shirasu*, winzige Fische mit Krabben auf Reis.

Unterkünfte in der Region

🏠**256** [Karte II] **Kaihin-sō** ¥¥¥, 4–8–14 Yuigahama, Tel. 0467 22–0960, www.kaihinso.jp. Elegantes, im Stil der Taisho-Romantik im westlichen Stil 1924 als Wohnhaus erbautes und denkmalgeschütztes Haus am Meer. Zwei Zimmer im westl. Stil, der Rest im Anbau japanisch.

🏠**257** [Karte II] **Kamakura Central Guesthouse** ¥, 2–22–1 Yuigahama. 2013 eröffnetes Guesthouse, sehr sauber, freundliches Personal, 10 Min. zu Fuß südl. Bhf. Kamakura in Strandnähe.

🏠**258** [Karte II] **Kamakura-Hase** ¥, 5–11 Sakanoshita, Tel. 0467–24–3390. Kleine Jugendherberge mit 12 Betten.

Fuji-Hakone-Izu-Nationalpark

🔴**151** Fuji-san (Berg Fuji) ★★★   [Karte III]

富士山

Der Fuji ist der höchste Berg und das Symbol für Japan. Seit 2013 steht er auf der UNESCO-Weltkulturerbe-Liste.

Die Hauptattraktion des Fuji-Hakone-Izu-Nationalparks ist der berühmte Berg Fuji-san, mit 3776 m Höhe **höchster, schönster** und **heiligster Berg Japans**. Er ist ein Ausdruck fast vollkommener Harmonie, ein Berg, der sich mit den Jahres- und Tageszeiten verändert. Einmal im Leben sollte man ihn besteigen, heißt es. Aber das Sprichwort geht noch weiter: „ ... wer es ein zweites Mal tut, ist töricht". Der Autor war schon dreimal oben. Der Name soll sich von einem Ainuwort für „Feuer" *(fuji)* ableiten – der Vulkan ist bisher 18-mal ausgebrochen, zuletzt im Jahre 1707. Ein neuer **Ausbruch** wird sicher kommen, denn trotz des Fehlens von Schwefeldämpfen und Erdbeben gilt der Vulkan noch als geologisch aktiv. Er liegt am Schnittpunkt der Pazifischen mit der Philippinischen Platte.

Seit der Berg, die **Seen und Schreine** wegen ihrer religiösen und kulturellen Bedeutung zum UNESCO Weltkulturerbe zählen (nicht, wie man annehmen könnte, zum Weltnaturerbe – dazu waren die Eingriffe in die Natur zu massiv), hat der Rummel um den Fuji noch deutlich zugenommen. Übrigens: Ausländer sagen fälschlicherweise gern Fujiyama, Japaner immer: Fuji-san (das Zeichen für Berg kann –*san* oder –*yama* ausgesprochen werden).

EXTRAINFO

Achtung: Nur im Sommer!

Im Winter besteht auf dem Fuji-san die Gefahr von **Neuschneelawinen,** auch sind die **Wege und Flanken meist vereist** und ohne Steigeisen nicht begehbar. Zu dieser Zeit gibt es auch keinerlei offene Hütten oder Schuträume. Ausländer sind bereits gestorben, weil sie das nicht wussten und von falschen Voraussetzungen ausgingen!

◁ *Aufgang zum Enoshima-Schrein* 🔴**150**

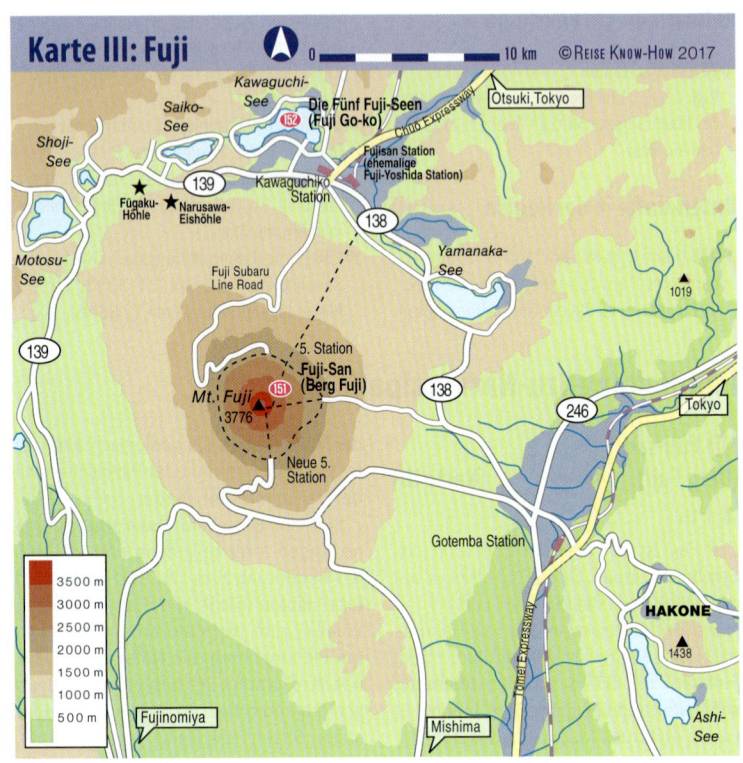

Karte III: Fuji

Hinweise zur Besteigung

Die Besteigung des Berges sollte nur in der Sommersaison erfolgen (s. S. 217). Vom 1. **Juli bis Mitte September** ist der Berg „offiziell geöffnet". Auch von Mitte Juni bis Anfang/Mitte Oktober können jedoch sommerliche Verhältnisse angetroffen werden, der Berg ist dann schneefrei. Die meisten **Hütten** sind außerhalb der offiziellen Saison jedoch fest verrammelt, nicht einmal Winterräume gibt es. Anfang Juli kann noch so viel Schnee liegen, dass nicht alle Wege gleichzeitig

geöffnet werden können oder noch geräumt werden müssen.

Der erste **Schnee** fällt meist Mitte Oktober und bleibt im oberen Teil des Berges ab etwa November liegen. Die Wege sind dann nicht mehr zu begehen. Von Bergsteigern, die z. B. für den Himalaya trainieren wollen, wird der Fuji gerade deshalb auch im Winter (Januar, Februar) bestiegen, aber nur mit entsprechender Ausrüstung. Im Frühjahr, etwa Ende Mai/Anfang Juni, kann man auf den oberen Hängen auch **Skifahren**, aber dann taut auch schon bald der letzte Schnee und der Berg präsentiert sich im sommerlich-braunen Kleid.

Ausrüstung und Verpflegung

Obwohl der Berg hoch ist, lässt er sich im Sommer problemlos ohne besondere Ausrüstung besteigen. Einfache **Joggingschuhe** genügen, allerdings sind sie für den Abstieg über die Aschehänge nicht optimal. Wer für die Knöchel festeres Schuhwerk braucht, wird mit Wander- oder Trekkingstiefeln auskommen. Gamaschen sind für den Abstieg nützlich. Ansonsten empfiehlt sich je nach Zeitpunkt ein **Pullover oder Anorak**, für Kälteempfindliche zusätzlich eine Mütze und Handschuhe. Regen- und Sonnenschutz sind ebenfalls ratsam. Die **Durchschnittstemperatur** liegt im Sommer bei 5 bis 6 °C. Für den Nachtaufstieg ohne Mondlicht ist eine Stirn- oder Taschenlampe notwendig, **nachts** können auch im Sommer die Temperaturen unter Null fallen.

Am besten bringt man sich die eigene **Verpflegung** und Getränke mit. Einfache Gerichte wie Curryreis und Nudelsuppen gibt es zwar in den Hütten unterwegs und auf dem Gipfel, der Preis ist aber der Höhenlage angepasst. An der 5. Station gibt es mehrere **Geschäfte**, die außer Souvenirs auch Kekse und andere Verpflegung (auf japanischen Geschmack ausgerichtet und wesentlich teurer als im Tal) anbieten. Bei Busanreise z. B. ab Shinjuku deckt man sich am besten vor der Abfahrt ein. Eine freiwillige „Wegreinigungspauschale" von 1000 ¥ wird seit 2014 erhoben. Toilettenbenutzung unterwegs kostet ausnahms- und verständlicherweise 100 ¥, **Toilettenpapier** sollte man selbst mitbringen.

Aufstiegsrouten und Details

Die üblichen Anstiegsrouten auf den Fuji sind alte Pilgerwege, die in **zehn Stationen** *(gome)* unterteilt sind. Die meisten der jährlich rund 500.000 Gipfelbesteiger fahren aber mit dem **Bus** bzw. **Pkw** auf der guten Straßen von Norden (Fuji Subaru Line ab Fuji-Yoshida bzw. Kawaguchiko) oder von Süden (ab Fujinomiya oder Mishima) zur **5. Station** *(go-gome)* in ca. **2300 bzw. 2400 m** Höhe. Die Fujinomiya-Route ist die kürzeste, aber von dort sieht man unterwegs den begehrten Sonnenaufgang nicht.

Der **Höhenunterschied** von den sich um den Berg herum gruppierenden **Seen** 152 bis zum Gipfel beträgt fast 3000 m. Zu Fuß sind es von dort etwa **18 Kilometer**, ab der 5. Station verbleiben die 6 bis 8 steilsten. Für den Anstieg auf den klassischen Routen der Edo-Zeit vom Fuß des Berges kann man drei Routen wählen: Murayama, die älteste, Suyama und Yoshida, die beliebteste: Auf ihr sind es 11 km vom Fuji-Sengen-Schrein, der auch Teil des Weltkulturerbes ist, bis zur 5. Station.

Wer aus Tokyo kommt, wird in der Regel den Aufstieg von Norden wählen. Die Gotemba- und Subashiri-Route im Osten bieten gute Sandrutschen für den Abstieg und den Sonnenaufgang kann man von überall her sehen. Die neue 5. Station *(shin-go-gome)* oberhalb Gotemba liegt jedoch nur auf 1440 m Höhe, die der Subashiri-Route auf 1980 m. Für den Aufstieg sind sie entsprechend mühsam und nur zu empfehlen, wenn man weniger Trubel will. Manche Besteiger rasten unterwegs ein paar Stunden in einer der zahlreichen **Hütten** am Weg. Oberhalb der 7. Station gibt es mehr als nur eine Hütte pro Station, am Kawaguchi-

112to-ml

Weg etwa 25, am Mishima-Weg 11, am Gotemba-Weg dagegen nur 3.

Der Aufstieg erfordert je nach Kondition 4 bis 8 Std. reine Gehzeit für die gut 1400 Meter Höhenunterschied ab der 5. Station. Wer langsam und gleichmäßig aufsteigt, wird keine Probleme mit der Höhe bekommen. Im Sommer sind die Nachtaufstiege beliebt, geht es doch darum, rechtzeitig zum **Sonnenaufgang** am Gipfel zu stehen und der roten Scheibe – wenn oder falls sie über dem Wolkenmeer auftaucht – ein „Banzai" entgegenzurufen. So oder so ist das Farbspiel des Sonnenaufgangs sehr eindrucksvoll.

Bis zur 7. Station kann man auch **reiten** (12.000 ¥). Der Aufstiegsweg im ständigen Zickzack ist recht fest, nicht wie das auf Vulkanen sonst sehr mühsame Gehen auf loser Asche, ab und zu benutzt man die Hände. Für den Abstieg gibt es auch aus Sicherheitsgründen eine eigene Route.

Oben am **Kraterrand**, am Ende des Kawaguchi-Weges, gibt es ein kleines Dorf mit Steinhütten, in denen sich Lager, Esslokale, Getränkeautomaten, ein Shintō-Schrein und sogar ein Postamt befinden.

Der Weg **um den Krater herum** lohnt bei guter Sicht. Dann überschreitet man auch den höchsten Punkt Japans: den Buckel, auf dem die seit 2004 automatisierte **Wetterbeobachtungsstation** steht. Die Umrundung des Kraters (Durchmesser 800 m, Tiefe 200 m, Rundweg 3,5 km) dauert etwa eine Stunde. Insgesamt lassen sich leicht 2 bis 3 Stunden auf dem Gipfel zubringen. Der **Abstieg** ist in 1 bis 3 Stunden zu bewältigen. Wer in großen Schritten über die **Aschenhänge** herunterrutscht, ist in gut einer Stunde am Parkplatz, wer brav im Zickzack dem Weg folgt, braucht 2 bis 3 Stunden.

Hütten am Fuji-san

Die Übernachtungsmöglichkeiten in den Hütten **oberhalb der 5. Station** sind sehr einfach, aber nicht billig: 3800 ¥ ohne Verpflegung, 4800 ¥ Halbpension. Die Hütte Unjokaku („Über den Wolken") an der 5. Station (E-Mail: unjyo-kaku@fujikyu.co.jp) kostet mit Halbpension 6000 ¥ und ist von Mitte April bis Mitte November geöffnet.

◁ *Wahrzeichen Japans: der Fuji-san* **15**

⒀ Die Fünf Fuji-Seen (Fuji Go-ko) ★★★ [Karte III]

Der Besuch der berühmten fünf Seen, die im Bogen vom Nordosten bis Nordwesten **zu Füßen des Fuji** liegen, ist am bequemsten mit dem Auto durchzuführen, zumal dann auch die Sehenswürdigkeiten abseits der Panoramastraße (Nr. 138) besucht werden können. Es gibt jedoch auch organisierte Bustouren bzw. normale Busverbindungen von Ort zu Ort.
> Infos: www.japan-guide.com/e/e6900.html

Yamanaka-See

Er ist mit einer Wasserfläche von 6,5 km² der **größte der fünf Seen.** Hier kann man segeln, windsurfen, Wasserski fahren, rudern, wandern, Tennis oder Golf spielen und im Winter Schlittschuhlaufen oder an den Hängen der umgebenden Berge und skilaufen.

Von Hirano am östlichen Ufer lässt sich der 1413 m hohe **Ishiwari-yama**, ein hervorragender Aussichtsberg, in gut einer Stunde auf dem „Ishiwari Hiking Course" besteigen (ab dem Schrein **Ishiwari-Jinja**). In Verbindung mit dem „Ohira Hiking Course", der am nordwestlichen Ufer an der Odeyama-Bushaltestelle beginnt und über den 1295 m hohen **Ohira-yama** führt, lässt sich eine etwas längere Wanderung durchführen.

Zwischen Mitte Oktober und Februar kann man vom See den „Diamond Fuji" bewundern: Die Sonne steht dann vor ihrem Untergang kurz genau über dem Gipfel des Fuji ⒂. Fotografen sind ganz verrückt nach dieser Chance.
> **Anfahrt:** Der See ist mit Fuji Kyūkō Bus z. B. ab Bhf. Fuji-san oder Gotemba erreichbar, www.vill.yamanakako.yamanashi.jp.e.kh. lip.transcr.com.

Kawaguchi-See

Der 6,1 km² große Kawaguchi-See bietet vom Nordufer aus den **schönsten Blick auf den Fuji** ⒂. Im Sommer kann man sich in seinem Wasser nach der Bergbesteigung wunderbar den Vulkanstaub abwaschen und schwimmen. Bootfahren und Segeln sind im Sommer sehr beliebt, im Winter Schlittschuhlaufen und Skifahren an den nahen Hängen. Eine **Seilbahn** führt auf den Tenjo-Berg (1080 m). Von dort bietet sich ein grandioser Blick über den See auf den Fuji. Im See liegt die kleine **Insel Unoshima** mit einem Schrein, der der Göttin Benten (Liebe und Schönheit) geweiht ist. Der See ist per Bus und Zug erreichbar, z. B. mit dem Tokyo Wide Pass (s. S. 195).

Saiko-See

Der 2,1 km² kleine See gilt als der fischreichste. Im Frühjahr und Herbst kann man angeln. Hier gab es früher die grünen Algenbällchen (marimo), heute kann man sie nur noch im Akan-See auf Hokkaido finden. Am Südufer liegt die **Narusawa-Höhle**, in der eine bestimmte, am Kopf stark behaarte Fledermausart lebt; auch gibt es sehenswerte Lavaformationen. Der Fuji ist von hier nicht zu sehen.

Shoji-See

Der Shoji-See ist mit 0,87 km² der kleinste der fünf Seen. Er gilt als der romantischste. An seinem Südufer führt der Shoji-Pfad durch den **Urwald Aokiga-hara**, der auf der verwitterten Lava des Fuji-Ausbruchs von 864 gewachsen ist. Hier sind schon manche umgekommen, die sich im Wald verirrt hatten bzw. ihn zu Selbstmordzwecken bewusst aufsuchen. Eine beliebte Wanderung führt auf den **Eboshi** (1257 m).

Motosu-See

Der tiefblaue Motosu-See ist mit 133 m der tiefste. Hier kann man im Frühjahr und Herbst Forellen angeln.

Information

> **Fuji Visitor's Center:** Tel. 0555–72–0211,www.city.fujiyoshida.yamanashi.jp/div/english/html
> Die **TIC** bieten umfangreiches Informationsmaterial, www.fujigoko.net
> **Fuji-Besteigung:** http://wikitravel.org/de/Fuji
> **Geführte Touren:** www.fujimountainguides.com
> **App „Fujisan Activities"** der Präfektur Yamanashi (kostenlos für iOS und Android)

Anreise

> **Direktbus von Tokyo** ab Shinjuku Bus Terminal in 2,5 bis 3 Std. bis zur 5. Station. Tickets (einfach 2700 ¥) gibt es vor Ort, Reservierungen sind aber auch in Reisebüros möglich. Abfahrt gegen 19 Uhr, Rückfahrt von der 5. Station gegen Mittag am nächsten Tag. Information: Fuji-Kyūkō Railway, Tel. 03 3352–5487, Keiō-Teito-Railway, Tel. 03 3376–2222.
> Zwischen **1.07. und 31.10.** ist das **Mount Fuji Round Trip Ticket** (JR Express) für 5500 ¥ (Kinder 2750 ¥) erhältlich. Es gilt zwei Tage, man kann mit ihm bis zur 5.Station fahren.
> **Zug:** Normalerweise gibt es mit JR East-Zügen der Chūō Line alle 30 bis 60 Min. einen Zug von Shinjuku nach **Ōtsuki** (normal: 1220 ¥, Express: 1 Std., 2820 ¥). Von dort fährt alle 20 bis 40 Min. ein Zug der **Fuji-Kyūkō Line** nach **Kawaguchi-ko** (Dauer: 50 Min., 980 ¥). Die Direktzüge an Sonn- und Feiertagen (z. B. hin 8.15, zurück 15.45 Uhr, 2200 ¥) benötigen insgesamt 2,5 Std. Mit dem **Tokyo Wide Pass** (s. S. 195) muss man nichts extra zahlen, da die Benutzung der Fuji-Kyūkō Line inbegriffen ist.
> **Bus von Kawaguchi-ko** zur 5. Station (Fuji-Kyūkō) von Mitte April bis November, 55 Min., 1500 ¥. Zwischen Tokyo (v. a. Shinjuku) und Kawaguchi-ko verkehren täglich 10 bis 16 Busse (1450 bzw. 1650 ¥).

Unterkunft in Kawaguchi-ko und Fuji-Yoshida

🏠**259** **Den's Inn** ⱽ, 2853–1, Kawaguchi, Fuji-Kawaguchiko-machi. Kostenloser Fahrradverleih, im F1 Café, moderne Ausstattung, freundlich und sauber, ruhige Lage am See, Superblick auf Fuji-san, vom Bhf. mit Retro-Bus (380 ¥) bis Music Forest.

🏠**260** **Fuji Yoshida** ⱽ, 2–339 Shimo-Yoshida Honchō, Tel. 0555–22–0533. Kleine JH mit 13 Betten, 10 Min. von Bhf. Shimo-Yoshida, Zimmer mit Tatami. Internationalen Herbergsausweis mitbringen oder vor Ort beantragen.

🏠**261** **Kawaguchi-ko** ⱽ, 2128 Funatsu, Tel. 0555–72–1431. 30 Betten, privates Haus, 5 Min. von Bhf. Kawaguchi. Internationalen Herbergsausweis mitbringen oder vor Ort beantragen.

🏠**262** **Minshuku Fugakuso** ⱽ, 1774 Kodachi, Fuji-Kawaguchi-ko, E-Mail: fugakusou@yahoo.co.jp. Sehr freundlicher Service, Do. 19 u. 21 Uhr Teezeremonie, zahlreiche Lokale, Läden, *kombini* in der Nähe.

🏠**263** **Mt. Fuji Hostel Michael's** ⱽ, F2, 3–21–37 Shimo-Yoshida, Fuji-Yoshida, 5 Min. v. Bhf. Gekkoji. Sehr freundlicher Service und sauber. Schöner Blick auf Fuji-san. Im F1 Café und Pub, zwei Schlafsäle à 5 Stockbetten, ein Tatami-Zi, kleine EZ und DZ.

153 Kawagoe – das kleine Edo ★★★   [Karte V]

川越市

Kawagoe ist ein bei Touristen beliebtes Städtchen mit sehenswerten erhaltenen Bauwerken der Edo-Zeit.

Die Sehenswürdigkeiten der Stadt, die noch alte Speicherhäuser, Läden, einen Glockenturm, Tempel und ein Schloss aus der Edo- und Meiji-Zeit enthält, sind alle zu Fuß ab dem Bahnhof erreichbar. Man kann aber auch den Koedo Loop Bus (eine Fahrt 180 ¥, Tageskarte 500 ¥) und den Koedo Famous Locations Loop Bus (Tageskarte 300 ¥) nutzen.

Gebäude wie in Kawagoe gab es einst auch in Tokyo, dort sind sie jedoch durch Erdbeben und Krieg zerstört worden. Für ausländische Besucher gibt es u. a. die Möglichkeit, in Sommerkimonos *(Yukata)* durch die **historischen Viertel** zu spazieren, sich an Kalligrafie zu versuchen, Samurairüstung anzulegen oder traditionelle Bonbons herzustellen. Berühmt ist das große **Fest am 3. Oktoberwochenende**, dann herrscht großes Gedränge, aber dann sieht man auch die für japanische Feste typischen prunkvollen **Festwagen.**

❭ **Kawagoe,** Tobu-Tojo Line ab Ikebukuro, Express 26 Min., 450 ¥ bzw. JR: Saikyo Line im Rapid ab Shinjuku oder Ikebukuro direkt in ca. 45 Min., 650 ¥, oder zunächst nach Omiya und dort umsteigen in die Kawagoe Line, weitere Anreisemöglichkeiten ab z. B. Shibuya, Haneda und Yokohama.

❭ **Kawagoe City Tourist Information,** Tel. 049 222–5556, www.koedo.or.jp/foreign/english

Kura-no machi Ichibangai mit Toki-no-kane

Kura sind feuerfeste Speicherhäuser. Sie gehörten früher zu jedem Anwesen. In Kawagoe werden sie heute als Wohnhäuser und Geschäfte genutzt. Die „Ichibangai" ist die **Haupteinkaufsstraße der Altstadt.** Es gibt zahlreiche Läden für traditionelle Erzeugnisse. Die Straße vermittelt den Eindruck japanischer Städte vor über hundert Jahren. Der Toki-no-kane ist das Wahrzeichen Kawagoes. Er stammt aus dem Jahre 1893 und wurde seit der frühen Edo-Zeit nach jedem

113to-fo©hayden

▷ *Kleine Pagode in Kawagoe*

Brand wieder aufgebaut, insgesamt viermal. Die Glocken ertönen viermal täglich zwischen 6 und 18 Uhr alle drei Stunden. Erwähnenswert ist in dieser Straße noch das aus dem Jahr 1792 stammende Osawa-Haus. Es gehörte einem wohlhabenden Kimonohändler und gilt als das älteste Lagerhaus der Stadt. Am westlichen Rand der kleinen Altstadt verläuft neben dem Tempel Kenryu-ji die 80 m kurze Gasse **Kashiya Yokocho**, hier gibt es Bonbons und andere Süßigkeiten, aber auch Reisgebäck zu kaufen.

Kita-in-Tempel

Gut 500 m südöstlich der Altstadt steht der aus der Heian-Zeit stammende Tempel, der während des Tokugawa-Shōgunats von Bedeutung war. Einige Gebäude stammen aus dem Edo-Schloss, darunter das Haus, in dem der dritte Shōgun Ietmitsu geboren wurde. Gern besucht wird die Sammlung der 500 Schüler Buddhas (gohyaku rakan), hier sind 538 Steinfiguren mit individuellem Gesichtsausdruck zu sehen. Jeden 28. eines Monats gibt es im nördlich nebenan stehenden Narita-Zweigtempel Narita-san Kawagoe Betsuin einen Flohmarkt.

Honmaru Goten

Vom rund 700 m östlich der Altstadt gelegenen Kawagoe-Schloss steht nur noch die kleine Haupthalle. Kawagoe hatte die Aufgabe, Edo von Norden zu beschützen. Deshalb hatte hier ein treuer Gefolgsmann des Shōgunats seinen Sitz.

Kulinarisches

Kawagoe gilt als **Hauptstadt der Süsskartoffel**. Bei uns sind sie beliebt geworden, in Japan sind sie für ältere Menschen eine Erinnerung an die Kriegs- und Nachkriegszeit. In Kawagoe benutzt man sie für vielerlei Gerichte, für Nudeln (Soba, Udon), aber auch für Nachspeisen. Die andere Spezialität ist Aal (unagi). Eine gute Idee in „Klein-Edo" ist Lunch in einem der klassischen Gasthöfe, **Ryōtei**, in die man in Tokyo ohne Begleitung selten hineinkommt. In Kawagoe sind sie absolut erschwinglich:

🍴**264** Hatsuneya Garden ¥¥, 1-9-8 Motomachi, www.hatsuneya.jp (jp.), Do.-Di. 11.30–21 Uhr. Großes Ryōtei mit Restaurant, Grill und Café.

🍴**265** Sasagawa ¥¥, 5-19 Otemachi, www.kawagoe.com/sasagawa, Mo.-Sa. 11.30–14 u. 17–21 Uhr. Günstiges Ryōtei.

🔴**154** Nikkō ★★★　　[Karte IV]

日光市

Nikkō ist die **größte kulturelle Sehenswürdigkeit in der Umgebung Tokyos**. Hier befinden sich die **UNESCO-Weltkulturerbestätten** Tōshōgū-Schrein 🔴**156** und Rinnōji 🔴**155**, dazu beeindruckende Natur: **Kegon-Wasserfall**, Chūzenji-See mit Vulkan Nantai-san, Yu-no-ko mit Shirane-san.

Ein Ausflug nach Nikkō lohnt schon wegen dessen atemberaubend schöner Umgebung, die durch die Lage in einem Gebirgstal zu Füßen des Vulkans **Nantai-san** (2484 m), umgeben von heißen Quellen und dem herrlich gelegenen **Chūzenji-See**, von dem in 1300 m Höhe der berühmte Kegon-Wasserfall 100 Meter in die Tiefe stürzt, geprägt ist. Das

Hinterland von Nikkō, **Oku-Nikkō**, hält weitere Highlights bereit: die sumpfige Hochebene zwischen dem Chūzenji- und Yu-See (Yu-no-ko), **Senjō-ga-hara**, und den etwas luxuriösen Thermalort **Yumoto**, Ausgangspunkt für die Besteigung des höchsten Berges der Umgebung, des 2578 m hohen **Shirane-san**. Ein ziemliches Stück dahinter liegt ein berühmtes Wandergebiet, die Sumpflandschaft auf der Hochebene **Oze-ga-hara**.

Die berühmteste Sehenswürdigkeit von Nikkō ist jedoch von Menschenhand errichtet: das Mausoleum für **Tokugawa Ieyasu** 156, den ersten der großen Shōgune und Begründer der Dynastie der Tokugawa-Familie, die Japan vor seiner Öffnung nach außen fast 260 Jahre lang regiert hatte. Der **Tōshōgū-Schrein** ist die **prachtvollste Anlage in Japan**, viele seiner Bauwerke sind durch ihre Barockfülle gekennzeichnet, die im starken Kontrast zur Bescheidenheit des Zen stehen. Die Anlage ist Ausdruck der Macht der Tokugawa und als solche zu verstehen: Alle Daimyō mussten sich an den Kosten beteiligen (und wurden u.a. so daran gehindert, selbst allzu reich zu werden). Einer von ihnen, Matsudaira Masatsuna, ließ die einst 200.000 Japan-Zedern (Kryptomerien) zwischen 1625 und 1651 pflanzen, sein „bescheidener" Beitrag zu den Gesamtkosten. Heute kann man noch rund 13.000 dieser inzwischen über 300 Jahre alten Bäume, die eindrucksvolle Alleen bilden, bewundern.

Der Besuch der Stadt, die rund 30.000 Einwohner hat, wird oft als Tagestour durchgeführt, aber es empfiehlt sich wenigstens eine **Übernachtung**, möglichst in einem Ryōkan am Chūzenji-See. Wenn möglich, sollte man wegen der Besu-

cherscharen Wochenenden und Feiertage meiden. Wer nur einen Tag Zeit für Nikkō hat, wird sich mit dem Besuch des Tōshōgū-Schreins und einer schnellen Fahrt hinauf zum Chūzenji-See mit Besichtigung des Kegon-Wasserfalls begnügen müssen.

Im Hinterland gibt es eine große Zahl reizvoller Wandermöglichkeiten, für die man mehrere Tage ansetzen sollte (mit Übernachtung in einem der vielen kleinen Thermalbäder).

❯ **Infos zur Stadt:** http://nikko-jp.org/english/index.html

⌂ *Im Tōshōgū-Schrein* 156

Die wichtigsten Schreine und Tempel von Nikkō

Wenn man vom Bahnhof in etwa 15 Minuten talaufwärts durch den mit Ryōkan und Souvenirläden vollgestopften Ort geht, gelangt man zur rot lackierten, **heiligen Shinkyō-Brücke** über den Fluss Daiya. Der Legende nach soll der Priester Shōdō (735–817) auf dem Rücken zweier Schlangen den Fluss überquert haben. Nun führt die Straße rechts am Fluss vorbei. Geradeaus geht es (per Bus) in Richtung Chūzenji-See.

Hinter der Brücke beginnt der breite Weg (Omotesandō) durch den Zedernwald zu den berühmten Tempeln und Schreinen. Insgesamt besteht der Komplex aus 103 Gebäuden mit sakraler Bedeutung. Als Erstes taucht der **Rinnōji** 155 auf:

155 **Rinnōji mit Taiyu-in** ★★★ [Karte IV]
輪王寺　大ゆ院

Der Rinnōji ist der größte Tempelbezirk der Stadt.

Er gehört der Tendai-Sekte an, der erste Tempel wurde der Überlieferung nach bereits 848 nach dem Modell eines Tempels auf dem Hiei-san bei Kyōto errichtet. Teil des Rinnōji ist auch Daiyu-in, das **Mausoleum für den dritten Shōgun Iemitsu**, wie der gesamte Tempelbezirk **UNESCO-Weltkulturerbe**.

Die **Halle der drei Buddhas** (Sambutsu-dō) stammt aus dem Jahr 1648. Auf die Tempelanlage, zu der der üppige Garten Shōyō-en gehört, folgt der 13 m hohe Bronzepfeiler Sorintō, mit 10.000 eingeschlossenen buddhistischen Schriften ein Symbol des Weltfriedens. Den fast neun Meter hohen Torii aus Granit durften in der Feudalzeit nur Samurai, Daimyōs und die Shōgune selbst durchschreiten.

Weiter links im Wald steht das erwähnte Mausoleum für den Enkel Ieyasus (der den Bau des Tōshōgū 156 initiiert hatte): der ebenfalls sehr sehenswerte Taiyuin (Daiyu-in), ähnlich im Stil, aber schlichter als der Tōshōgū.

> 2300 Sannai, Tel. 0288 54-0531, von den Bahnhöfen zu Fuß 15 bis 20 Min. oder Tōbu Bus von den Bahnhöfen JR bzw. Tōbu Nikkō, Discount Tagesticket 500 ¥ für beliebig viele Fahrten bis zur Omotesandō. Wer nur einmal bis zur Shinkyō-Brücke will, kann ein Einzelticket für 310 ¥ nehmen. Tägl. 8–17 Uhr (Winter 16 Uhr), Eintritt: Sanbutsudō (400 ¥), Taiyuin (550 ¥), Treasure House und Shōyōen (300 ¥/100 ¥.

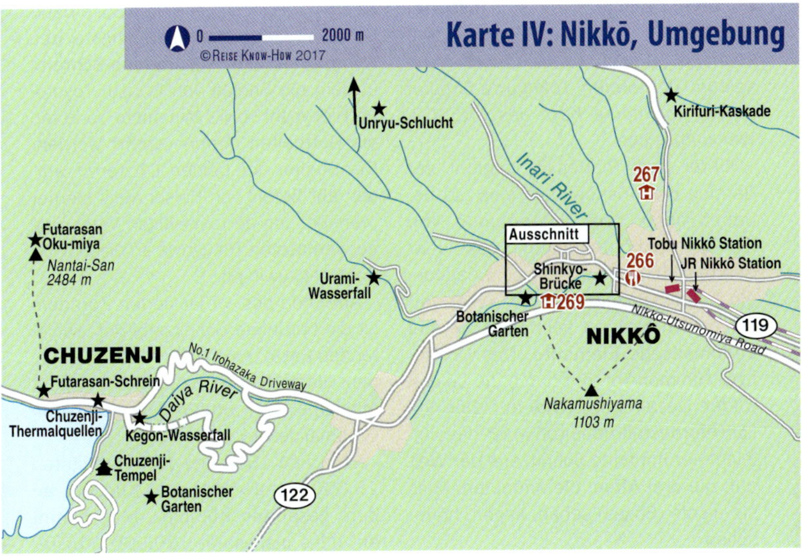

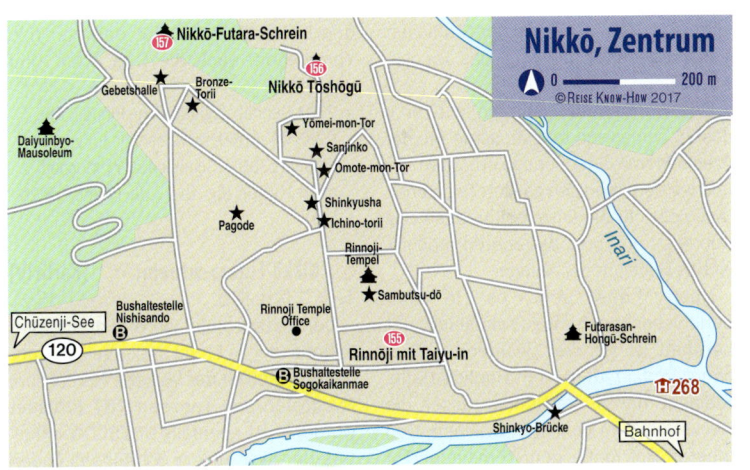

Karte IV: Nikkō, Umgebung

© Reise Know-How 2017

0 — 2000 m

- ★ Unryu-Schlucht
- ★ Kirifuri-Kaskade
- Inari River
- 267
- Ausschnitt
- ★ Shinkyo-Brücke
- Tobu Nikkō Station
- JR Nikkō Station
- 266
- 269
- ▲ Futarasan Oku-miya
- *Nantai-San 2484 m*
- ★ Urami-Wasserfall
- Botanischer Garten
- **NIKKÔ**
- Nikko-Utsunomiya Road
- 119
- **CHUZENJI**
- No.1 Irohazaka Driveway
- ★ Futarasan-Schrein
- Daiya River
- Chuzenji-Thermalquellen
- Kegon-Wasserfall
- *Nakamushiyama 1103 m*
- Chuzenji-Tempel
- ★ Botanischer Garten
- 122

Nikkō, Zentrum

© Reise Know-How 2017

0 — 200 m

- ▲ Nikkō-Futara-Schrein
- 157
- ★ Bronze-Torii
- Gebetshalle
- 156
- Nikkō Tōshōgū
- ★ Yōmei-mon-Tor
- ▲ Daiyuinbyo-Mausoleum
- ★ Sanjinko
- ★ Omote-mon-Tor
- ★ Shinkyusha
- ★ Pagode
- ★ Ichino-torii
- Rinnoji-Tempel
- ★ Sambutsu-dō
- Inari
- Bushaltestelle Nishisando
- Ⓑ
- Rinnoji Temple Office
- ●
- Chūzenji-See
- 120
- 155
- **Rinnōji mit Taiyu-in**
- ★ Futarasan-Hongū-Schrein
- Ⓑ Bushaltestelle Sogokaikanmae
- 268
- Shinkyō-Brücke
- Bahnhof

156 Nikkō Tōshōgū ★★★ [Karte IV]
日光東照宮

Tōshōgū ist das weltberühmte Mausoleum des ersten Tokugawa-Shōgun Ieyasu und heute Kern des UNESCO-Weltkulturerbes.

Hinter dem Rinnōji 155 beginnt der Bereich des Tōshōgū-Schreins (so benannt nach dem Totennamen von Ieyasu, Tōshō-daigongen, „östlicher Sonnengott"). Links steht eine Pagode, ein buddhistisches Symbol – hier verschmelzen bewusst **shintoistische und buddhistische Elemente.** Das Omote- bzw. Niō-mon-Tor fällt durch die beiden wilden Deva-Könige *(Niō)* auf. Der heilige Pferdestall dahinter weist die vielleicht berühmteste Schnitzerei der Welt auf: die **drei Affen,** die andeuten, dass sie nichts (Böses) sehen, sagen, hören sollen.

Weiter geht es in den mittleren Hof mit Glocken- und Trommelturm. Die Bronzelaterne (1636) wurde von der Grafschaft Holland gestiftet und zeigt das Tokugawa-Wappen verkehrt herum.

Der **Yōmei-mon** („Sonnenlicht-Tor"), das im chinesisch beeinflussten Stil der Azuchi-Momoyama-Periode erbaut wurde und vor dem man den ganzen Tag stehen und vielleicht die Einzelheiten des völlig überladenen Tores betrachten möchte, ist das Highlight der Anlage.

Nach links geht es in den buddhistischen Tempel **Yakushidō,** der berühmt ist für den **„weinenden Drachen"** *(naki-ryu)* in der Honjidō-Halle: Klatscht man in die Hände, rasselt die Decke mit dem gemalten Drachen. Den inneren Hof hinter dem Yōmei-mon-Tor durften einst nur noch Daimyō und hohe Samurai betreten. Das an den Hof anschließende weiß-goldene Kara-mon-Tor ist ebenfalls im chinesischen Stil erbaut. Dahinter steht das **Allerheiligste** des Komplexes, **der Misoradono-Schrein,** in dem die Seelen von Ieyasu, Toyotomi Hideyoshi sowie Minamoto Yoritomo als Gottheiten *(kami)* verehrt werden. Die Seelen der beiden Letzteren wurden auf Befehl von Kaiser Meiji hierher „verlegt", um der einseitigen Verehrung der verhassten Tokugawa an diesem Ort entgegenzuwirken.

Am Ende des rot lackierten Korridors ist die berühmte Schnitzerei der „schlafenden Katze" (von Hidari Jingoro) zu sehen. Hinter dem Tor Sakashita-mon geht man über 207 Stufen zum schlichten Grabmal des Ieyasu.

Zwischen 1634 und 1636 arbeiteten 15.000 Handwerker und Künstler an dem gesamten Komplex. Man nimmt an, dass insgesamt 100.000 Arbeiter am Bau des Schreins mitgewirkt haben. **Achtung:** einige wichtige Gebäude werden bis 2019 renoviert, darunter das Yomei-mon, auch die Drei Affen sind verhüllt!

❯ 2301 Sannai, Zugang: siehe Rinnōji, Tel. 0288 54–0560, www.toshogu.jp/english, Eintritt: 1300 ¥ (Schüler 450 ¥), Museum of Art 1000 ¥, tägl. 8–17 Uhr (Winter bis 16 Uhr).

157 Nikkō-Futara-Schrein ★★ [Karte IV]
日光二荒山神社

Der Futara-Jinja ist ein **dreiteiliger Schrein,** der zu Ehren dreier Vulkan-Gottheiten, nämlich der Vulkane Nantai-san, Nyoho-san und Taro-san 767 errichtet wurde. Er ist ebenfalls UNESCO-Weltkulturerbe, zwei weitere Schreine befinden sich am Fuß des Berges am Chūzenji-Sees und auf dem Gipfel des Vulkans. Die Gebäude des Hauptschreins in Nikkō

■ Karte Seite 226

EXTRATIPP

Spaziergänge und Wanderungen von Nikkō aus

In unmittelbarer Nähe des Städtchens gibt es mehrere Möglichkeiten, Rundwanderungen zun unternehmen. An den Ständen der Touristeninformation in den beiden Bahnhöfen oder im Nikkō Kyōdo Center (Nikkō Tourist Information Center) gibt es das Faltblatt „Nikkō Historical Walking Map", auf dem zwei je 5 km lange Rundwege, der Kanman-Pfad (im Flusstal des Daiya oberhalb der Shinkyō-Brücke) und der Takino'o-Pfad (um die UNESCO-Weltkulturerbe-Tempel und die Schreine herum zu weiteren Heiligtümern) mitsamt den Sehenswürdigkeiten erklärt werden.

sind schlicht und die ältesten in Nikkō, die Haupthalle stammt aus dem Jahre 1619.

❯ 2307 Sannai, Tōbu Bus von den Bahnhöfen JR bzw. Tōbu Nikkō, Tel. 0288 54–0535, Eintritt: 200 ¥ (Schüler 100 ¥), tägl. 9–17 Uhr (Winter bis 16 Uhr)

Praktische Reisetipps Nikkō

Anreise

Die Anreise nach Nikkō erfolgt üblicherweise mit der **Tōbu-Linie von Asakusa** nach Tōbu-Nikkō in einem der direkten Züge mit weniger als stündlichem Abstand. Die Fahrzeit beträgt je nach Zugtyp ca. 2 Stunden. Der Nikko City Area Pass kostet 2670 ¥. Man kann auch mit **JR-Zügen** fahren, z. B. von **Ueno** nach Utsunomiya und dort umsteigen nach Nikkō. Nach Utsuno-

miya fahren unterschiedliche Züge, auch der Tohoku-Shinkansen (Superexpress) hält dort, ist aber wegen des hohen Zuschlags sehr teuer. Ab Utsunomiya gibt es stündliche Zugverbindungen nach Nikkō (einfach 720 ¥). Mit dem **Tokyo Wide Pass** (s. S. 195) muss man nichts extra zahlen und kann ab Tokyo auch den Shinkansen bis Utsunomiya benutzen. Der Pass erlaubt auch den Abstecher nach Kinugawa (Tōbu Nikkō Line).

Kulinarisches

Die lokale Spezialität ist **Yuba**, so etwas wie die „Milchhaut" bei der Tofu-Herstellung. Yuba gibt es gekocht in Sojasoße und Ingwer, frittiert in Miso, als Suppe u. a.

🍴**266** [Karte IV] **Sun Field** ¥¥, Shimo-hatsuishi-machi 818, direkt an der Hauptstraße, 1000 m vom Bhf. Tōbu Nikkō, tägl. 10–18.30 Uhr. Kleines Café und Restaurant. Hier gibt es leckere, aus mehreren Gerichten bestehende Yuba-Sets.

Unterkunft

🏨**267** [Karte IV] **Nikkō Park Lodge** ¥, 2828–5 Tokorono, www.nikkoparklodge.com. Man fühlt sich wie in einer Hütte: freundlich, gemütlich, ruhige Lage am Berg, allerdings keine Lokale und Läden in der Nähe, dafür isst man in der Lodge sehr gut.

🏨**268** [Karte IV] **Nikkorisō** ¥, 1107 Kamihatsu-ishimachi, http://nikkorisou.com/eng.html. Sehr freundlich und preiswert, Besitzer Hiro kocht für alle, 25 Min. zu Fuß vom Bhf., aber nah an den Schreinen und Tempeln.

🏨**269** [Karte IV] **Turtle Inn Nikkō** ¥, 2–16 Takumi-chō, www.turtle-nikko.com. Ruhig und günstig am Botanischen Garten gelegen, 7 Min. vom Bhf. mit Bus.

116to-ml

Bōsō-Halbinsel (Chiba)

房総半島

Die Bōsō-Halbinsel, die zur Präfektur Chiba gehört und die Ostseite der Tokyo-Bucht begrenzt, bietet nicht nur lange, oft leere **Strände am Pazifik** und ungezählte **kleine Berge**, die zum Wandern einladen, sondern auch – kein Wunder angesichts der Nähe zu Tokyo – eine ganze Reihe touristischer und kultureller Attraktionen.

Ein eigenes Fahrzeug wäre bei den Entdeckungs- oder Ausflugsfahrten von Vorteil, aber – wie immer in Japan – kommt man auch mit Zug und Bus ans Ziel. Trotz der Nähe zu Tokyo ist die Bōsō-Hantō noch recht ruhig geblieben. Nur von Golf-

plätzen wimmelt es geradezu, über 20 gibt es allein nahe Narita-Flughafen.

Am besten eignet sich der drei Tage gültige Tokyo Wide Pass (s. S. 195) für einen Besuch. Er erlaubt dann nämlich auch Fahrten auf der Miura-Halbinsel mit der JR Yokosuka Line, nachdem man die Tokyobucht mit der Fähre von Kanaya nach Kurihama gequert hat (der Preis für die Fähre – 720 ¥ – ist allerdings nicht im Pass enthalten).

158 Nokogiriyama mit Nihonji ★★★   [Karte V]

鋸山 & 日本寺

Dieser Berg (329 m), dessen japanischer Name „Sägeberg" bedeutet und auf seine gezackte Kammlinie zurückzuführen ist, bietet **Natur und Kultur satt**. Bereits seit über 1300 Jahren befindet sich hier der **Tempelbezirk Nihonji** (Japan-Tempel), der jetzt zur Soto-Zen-Sekte gehört.

◠ *Blick vom Felsgipfel des Iyo-ga-take auf den doppelgipfeligen Tomi-san, am Horizont Fuji-San* 151

Er wurde bereits 725, also in der Nara-Zeit auf Befehl des Kaisers gegründet. Im Laufe der Jahrhunderte wurden kleine und große Figuren aus dem Fels gehauen, aber auch von anderswo hergebracht, wie die aus dem vulkanischen Gestein der Izu-Halbinsel geformten Figuren der 1500 Arhat. Am spektakulärsten ist der **Große Buddha** *(Nihonji Daibutsu), der* 31 m hoch ist und damit der **größte Steinbuddha Japans** ist. Er stellt den Yakushi Nyorai, also den Buddha des Heilens, dar und wurde von Ōno Jingorō mit dessen 27 Lehrlingen in dreijähriger Arbeit von 1780 bis 1783 geschaffen.

Sehr beeindruckend ist auch die 100 Fuß hohe Kannon, die in eine riesige Nische der senkrechten Felswand gemeißelt wurde. Beide wurden 1966 restauriert. Die sog. Bonso-Glocke stammt von 1321. Ein von Indien gespendeter Ableger des heiligen Bodhibaumes aus Bodhgaya wurde 1989 eingepflanzt, überlebte aber die japanischen Winter nicht. Die Haupthalle wurde zu Beginn der Meiji-Zeit wie zahlreiche andere Tempel zerstört und später wieder aufgebaut. Sie brannte 1939 ab und soll wiedererrichtet werden.

Man kann entscheiden, wie man den Berg besuchen möchte: zuerst zu Fuß vom Bhf. Hamakanaya (wo der Express Sazanami nicht hält) zu einem kleinen Schrein (ggf. nach dem Weg fragen) oder kürzer von der Talstation der Seilbahn steil bergauf durch den Wald zum Eingang in den Tempelbezirk direkt bei der 100-Fuß-Kannon (40–50 Min.) und somit in der Gipfelregion oder vom Bhf.

Hota aus, wo der Express „Sazanami" (JR Uchibo Line) hält, in 1500 Metern nach Süden zum Beginn des Weges auf den Berg. Hier betritt man bald den Tempelbezirk und hat dort zahlreiche Wegmöglichkeiten (Karte wird am Eingang mitgegeben). Oben gibt es verschiedene, teils spektakuläre Aussichtspunkte, an der Bergstation der Seilbahn auch ein Restaurant und einen Laden. Oder man entscheidet sich für die Seilbahn, die den Besucher in 4 Min. bequem hinauf oder hinunter bringt. Da der Tempelbezirk auf der anderen Seite des Berges fast bis ins Tal reicht, empfiehlt sich jedoch eher

117tc-ml

▷ *Die 100 Fuß hohe Kannonstatue in einer Felsnische am Nokogiriyama*

118to-ml

eine einfache Fahrt und man muss sich entscheiden, ob man mit der Bahn lieber hinauf oder hinunter möchte.

Der Berg ist zwar nicht hoch, aber er hat doch einen echten Gipfel. Dieser ist noch gut 20 Min. zu Fuß vom Rurikō-Aussichtspunkt über mehrere Buckel hinweg entfernt. Der offizielle Wanderweg beginnt auf der Hota-Seite und führt am Nokogiriyama-Stausee vorbei auf dem bezeichneten Rindō (Waldweg) über den Gipfel und im Abstieg an ehemaligen Steinbrüchen vorbei nach Kanaya.

❯ **Nihonji:** 184 Motona, Kyonan, Awa District, Tel. 0470 55–1103, Eintritt: 600 ¥ (Kinder 400 ¥), geöffnet 9–17 Uhr

❯ Hamakanaya oder Hota (JR Uchibo Line, am besten Special Express „Sazanami", ab Tokyo 90 Min., hält in Hota, nicht in Hamakanaya), mit eigenem Auto bis zum kostenlosen Parkplatz am Beginn des Tempelbezirks auf der Hota-Seite oder auf Mautstraße bis in die Gipfelregion.

❯ **Seilbahn:** 4052–1 Kanaya, Futtsu Shi, Tel. 0439 69–2314, www.mt-nokogiri.co.jp/pc/p130000.php, einfache Fahrt 500 ¥, hin und zurück 930 ¥ (Kinder 250/450 ¥), tägl. 9–17 Uhr (im Winter bis 16 Uhr), bei starkem Wind gesperrt

❯ **Fähre** über die Tokyobucht zwischen Kurihama und Kanaya, 720 ¥, am Hafen Einkaufszentrum mit Lokalen, Abfahrt jede Stunde ca. 15 bis 20 Min. nach der vollen Stunde, www.tokyowanferry.com

△ *Kleiner Tempel auf dem Weg zum Gipfel des Nokogiriyama* 🄬

TOKYO ERLEBEN

Tokyo für Kunst- und Museumsfreunde

Museen

Es gibt Hunderte von Museen, große öffentliche, daneben bedeutende private Kunstmuseen und Galerien, aber auch jede Menge winzige, oft in Firmen oder größere, in Institutionen untergebrachte themenbezogene Museen. Da, wo sie am Weg von Stadtteilrundgängen liegen, wird auf sie hingewiesen oder sie werden als Sehenswürdigkeiten im Detail erwähnt. Oder es wird auf Websites verwiesen, die – wie in Shinjuku – eine größere Zahl von Minimuseen auflisten. Wer gern Museen besucht und genug Zeit mitbringt, sollte sich unbedingt den **GRUTT Pass** *(Guruto Pass)* zulegen. Er wird jedes Jahr neu angeboten und kann in den wichtigsten Museen und z. B. bei **Tokyo Tourist Information** im Rathaus ⓺ für nur 2000 ¥ erworben werden und ist zwei Monate lang gültig. Der Pass ermöglicht je einen freien oder ermäßigten Eintritt in 78 Museen, Kunstgalerien, Zoos und anderen Institutionen (www.rekibun.or.jp/grutto/pdf/grutt_pass2014.pdf). Allein im **Ueno-Park** (s. S. 161) und seiner Umgebung gibt es mehrere wichtige Museen (G = Grutto Pass, G: frei bedeutet: mit dem GRUTT Pass freier Eintritt). Die Website www.tokyoartbeat.com widmet sich Kunstevents in Tokyo.

◁ *Vorseite: Pause unter Kirschblüten*

Kunst und Kultur (meist japanisch)

⓴ [G9] **ADMT Advertising Museum.** Das einzige Museum für Werbung in Japan lohnt definitiv einen Besuch (s. S. 65).

⓽⓽ [H3] **Asakura-Chōso.** Das Museum für den berühmten Künstler verfügt auch über einen schönen Garten mit Teehaus (s. S. 158).

⓻⓵ [D4] **Eisei Bunko Museum.** Hier lassen sich einige von der Regierung ausgezeichnete „nationale Schätze" und „bedeutende Kulturobjekte" begutachten (s. S. 132).

🏛270 [G8] **Idemitsu Museum of Arts (Idemitsu Bijutsukan),** Teigeki Bldg., F9, 3 – 1 – 1 Marunouchi, www.idemitsu.co.jp/museum, Eintritt: meist 1000 ¥, Di.–So. 10 – 17, Fr. 10 – 19 Uhr. Bedeutende Sammlung asiatischer Kunst, schöner Blick aus F9 auf den Kaiserpalast (G: 200 ¥ ermäßigt).

⓺⓸ [A7] **Kostümmuseum.** Bedeutendes Museum für Modefans (s. S. 124).

⓵⓵ [H7] **Mitsui Memorial Museum.** Wechselnde Ausstellungen japanischer Keramik (G: frei, s. S. 43).

⓹⓽ [D9] **National Art Center Tokyo.** Wechselnde Kunstausstellungen (G: 100 ¥, s. S. 118).

⓵⓪⓵ [H4] **Nationalmuseum.** Größtes und ältestes Museum Japans mit der bedeutendsten Sammlung japanischer Kunst und archäologischer Funde weltweit (G: 100 ¥, s. S. 162).

⓹⓪ [C9] **Nezu Museum.** Kunstmuseum vor allem mit Bezug zur Teezeremonie, mit sehenswertem Garten und mehreren Teehäusern (s. S. 103).

⓺⓹ [A7] **Schwertmuseum.** Museum für Fans von Samurai-Schwertern (s. S. 125).

❯ **Sumida Hokusai Museum.** 2016 eröffnetes spektakuläres Museum zu Ehren des großen Künstlers (s. S. 181).

❯ **Suntory Museum of Art** (s. S. 117). Wechselnde Kunstausstellungen.

37 [C12] **Teien-Kunstmuseum.** Reizvolles Museum in Art-Déco-Villa mit schönem Garten (G: frei, s. S. 83).

❯ Tokyo Metropolitan Museum of Photography (s. S. 85). Fotoausstellungen (G: manche Ausstellungen frei).

70 [D4] **Tsubouchi Memorial Theatre Museum.** Sehenswertes Museum für Theaterfans (s. S. 131).

Ⓜ271 [C10] **Yamatane Museum of Art,** 2–34–4 Hiroo, tägl. 10–17 Uhr, Eintritt: 1000 ¥. Erstes auf Nihonga – Malerei im japanischen Stil – spezialisiertes Museum (G: 200 ¥).

Moderne Kunst

28 [E14] **Hara Museum of Contemporary Art.** Hier wird moderne amerikanische und japanische Kunst gezeigt (s. S. 74).

60 [D10] **Mori Art Museum.** Ausstellungen bedeutender Künstler (G: ermäßigt, s. S. 118).

❯ National Museum of Modern Art (s. S. 28). japanische und westliche Maler des 20. Jh. (G: frei, Sonderausstellungen ermäßigt).

102 [H4] **Tokyo Metropolitan Art Museum.** Galerie der bedeutendsten modernen japanischen Künstler (G: teils frei, teils 100 ¥ ermäßigt, s. S. 162).

Westliche Kunst

104 [H4] **National Museum of Western Art.** Der westlichen Kunst gewidmetes Museum (G: 80 ¥ ermäßigt, s. S. 163).

Ⓜ272 [B6] **Seiji Togo Memorial Sompo Japan Museum of Art,** 1–26–1 Nishi-Shinjuku, Sompo Japan Main Bldg., F42, tägl. 10–18 Uhr, Eintritt: 1000 ¥. Einige berühmte Werke des Impressionismus, darunter die „Vase mit zwölf Sonnenblumen" van Goghs (G: 20 % ermäßigt bei best. Sonderausstellungen).

Wissenschaft und Technik

77 [E4] **Druckereimuseum.** Dieses spannende Museum ist der aufwendigen traditionellen Druckkunst gewidmet (s. S. 134).

66 [D7] **Feuermuseum.** Insbesondere für Kinder interessantes Museum (s. S. 125).

31 [H14] **Museum of Emerging Sciences and Innovation.** Dieses Museum wagt einen Ausblick in die Zukunft (G: frei, s. S. 77).

30 [H14] **Museum of Maritime Science.** Meereskundemuseum in Gestalt eines Schiffes (G: frei, ohne Sonderausstellungen, s. S. 77).

▵ *Nationalmuseum* **101** *im Ueno-Park*

021tto-ml

103 [H4] **National Museum of Nature and Science.** Der japanischen Natur und den Naturwissenschaften gewidmet (G: frei, Sonderausstellungen 100 ¥ ermäßigt, s. S. 163).

75 [E5] **Museum of Science.** Interessantes Technikmuseum einer Tokyoter Universität (s. S. 134).

22 [F9] **NHK Broadcasting Museum.** Großes Museum zur Entwicklung des Rundfunks (s. S. 66).

273 [B13] **Parasitologisches Museum,** Meguro Kiseichūkan, Di.–So. 10–17 Uhr, 4-1-1 Shimo-Meguro, Eintritt frei. Ungewöhnliches Museum, das sich mit dem Phänomen Parasitologie beschäftigt. Erklärungen leider nur Japanisch.

274 [F6] **Science Museum,** 3, Kagaku Gijutsu-kan, tägl. 9.30–16.50 Uhr, Eintritt: 720 ¥, Tel. 3212–8544, www.jsf.or.jp. Größtes Museum für Naturwissenschaften, besonders geeignet für Familien, da viel Gelegen-

heit zum Spielen und Ausprobieren besteht. Wesentliche Bereiche sind Computer, Landwirtschaft und Raumfahrt (G: frei).

Kunsthandwerk

275 [J4] **Amuse Museum,** 2-34-4 Asakusa, Tel. 5806–1181, tägl. 10–18 Uhr, Eintritt: 1080 ¥. Privates Museum mit 30.000 Objekten: Textilien, Holzschnitte, Teezeremoniedemonstration u. a. (G: frei).

9 [H7] **Bank of Japan Currency Museum.** Münzmuseum der Japanischen Nationalbank (s. S. 43).

116 [J4] **Edo Shitamachi Traditional Crafts Museum.** Beliebtes Museum für traditionelles Handwerk (s. S. 176).

🔼 *Im Schau-Studio des NHK Broadcasting Museum* **22**

69 [C4] **Färberei-Museum.** Hier erfährt man alles über das Färben von Kimonos (s. S. 131).

276 [D13] **Hatakeyama Museum,** 2-20-12 Shirokanedai, www.ebara.co.jp/csr/hata keyama/english.html, Tel. 3447-5787, U: Takanawadai (Toei Asakusa Line), Ausg. A2, 5 Min., Shirokanedai (Namboku Line), Ausg.1, 10 Min., Di.-So. 10-16.30 Uhr, Eintritt: 500 ¥. Das private Museum für asiatische Keramik und Teezeremonie-Utensilien befindet sich in einem gehobenen Wohngebiet. Es wurde 1964 zum Gedenken an den Industriemagnaten Issey Hatakeyama, Spross einer Daimyōfamilie, eröffnet und enthält eine exquisite Sammlung ostasiatischer Keramik. Es ist besonders für Freunde japanischer Teezeremonien interessant. Es werden viermal jährlich in wechselnden Ausstellungen nur 40 bis 50 Objekte ausgestellt. Nebenan befand sich früher das berühmte Restaurant Hannya-en, das einer luxuriösen Wohnanlage weichen musste.

89 [Karte V] **Kita City Asukayama Museum.** Sehr schönes Museum, in dem Holzschnitte gezeigt werden (s. S. 145).

90 [Karte V] **Paper Museum.** Papierherstellung hat in Japan eine lange Tradition. In diesem Museum kann man sich mithilfe von Workshops selbst an dieser hohen Kunst versuchen (s. S. 145).

277 The **Japan Folk Craft Museum (Nippon Mingeikan),** 4-3-33 Komaba (Meguro-ku), Bhf. Todai-mae (Keio Inokashira Line), W-Ausg., 7 Min., www.mingeikan.or.jp/ english, tägl. 10-17 Uhr, Eintritt 1100 ¥. Der Volkskunst gewidmetes Museum mit 17.000 Objekten der Volkskunst aus Japan und anderen Ländern, wechselnde Ausstellungen.

278 [A9] **Töpfereimuseum (Toguri Bijutsukan),** 1-11-3 Shōtō, Bhf. Shinsen (Keio-Inokashira Line) 5 Min., JR: Shibuya, U:

Hanzomon (Ginza Line), Ausg. Hachikō, 10 Min., Tel. 3465-0070, www.togurimuseum.or.jp, tägl. 10-17.30 Uhr, Eintritt: 1030 ¥ (G: frei). Kleines privates Museum für Freunde asiatischer Töpferkunst mit 7000 Porzellangegenständen aus China, Korea und Japan, die in wechselnder Auswahl gezeigt werden.

47 [B9] **Ukiyo-e Ōta Memorial Museum of Art.** Bedeutendstes Museum für Holzschnittkunst im ganzen Land (s. S. 102).

Geschichte und städtische Kultur Edos/Tokyos

120 [J6] **Edo-Tokyo-Museum.** Spektakuläre Architektur in einem der besten Museen Tokyos (G: frei, Sonderausstellungen 20 % ermäßigt, s. S. 181).

127 [K7] **Fukagawa-Edo-Museum.** Zeitreise in ein kleines Stadtviertel der Edozeit (G: frei, s. S. 189).

111 [H4] **Shitamachi Museum.** Beliebtes und anschauliches kleines Vorstadtmuseum, der Alltagskultur Edos gewidmet (G: frei, s. S. 166).

Kunstgalerien

Tokyo besitzt Hunderte von Galerien. Allein in der Ginza soll es mehr als 200 geben, teilweise winzig und nur aus einem Raum bestehend und schwer zu finden (s. S. 52). Daneben gibt es über das ganze Stadtgebiet verstreut bedeutende Galerien, hier eine Auswahl:

Nicht-spezialisierte Galerien

279 [B10] **D47 Museum,** F8, Shibuya Hikarie, 2-21-1 Shibuya, 11-20 Uhr. Kein Museum, sondern kostenlos zugängliche Galerien mit Kunst aus den 47 Präfekturen.

280 [C6] **P3 – Art and Environment,** Bankizan Tochoji Zentempel, Annex Buil-

Mitaka Ghibli Museum

Das Mitaka Ghibli ist ein **Wallfahrtsort für Freunde der Anime-Kultfilme von Hayao Miyazaki.** Das am Rande des weitläufigen Inokashira-Parks gelegene Museum ist bei den Tokyotern so beliebt, dass die Reservierungen rechtzeitig vor einem Besuch am Computerterminal Lappi der Lawson Convenience Stores getätigt werden müssen. Die Website erklärt, wie das geht. Die Eintrittskarte, die man bei Vorlegen der Reservierung erhält, ist ein Stück Film.

Das Museum wirkt selbst wie aus einem der Filme des Studio Ghibli entsprungen; es gibt einen Leseraum und ein kleines Filmvorführungstheater, in dem ein kurzer Film des Studios zu sehen ist. Der **Katzenbus** ist bei Kindern sehr beliebt. Der Museumsladen ist immer voll. Lassen Sie sich nicht einen Bummel durch den Park und den Vorort Koenji entgehen.

288 Mitaka no Mori Jibli Bijutsukan, 1–1–83 Shimorenjaku, Mitaka, JR: Mitaka (Chuo Line), S-Ausg., 15 Min. entlang dem Kanal Tamagawa Josui „Waterworks", alternativ gibt es einen Community Bus vom Bhf. zum Museum (210 ¥, hin und zurück 320 ¥, Kinder 110 ¥, hin und zurück 160 ¥), Tel. 0570 055–777, www.ghibli-museum.jp/en, Mi.–Mo. 10–18 Uhr, Eintritt: 1000 ¥, Kinder 100–700 ¥

Tobacco and Salt Museum

Das Tobacco and Salt Museum ist von Shibuya in die Nähe des Skytree **118** auf das Gelände von Japan Tobacco umgezogen. Gezeigt werden in großzügigem, modernem Arrangement Gegenstände und Dokumente zur Geschichte des Tabaks und der Salznutzung.

289 Tobacco and Salt Museum, Yokokawa (Japan Tobacco), www.jti.co.jp/Culture/museum_e/index.html, Di.–So. 10–18 Uhr, Eintritt: 100 ¥, Tel. 3476–2041

---

ding, F1, 4–34–1 Yotsuya, U: Shinjuku Gyoenma, 8 Min., Tel. 3353–6866, http://p3.org/ENG/nonflash.html, tägl. 10–18 Uhr. Ausstellungen, Video- und Klanginstallationen.

281 [C9] Spiral, Aoyama-dōri, 5–6–23 Minami-Aoyama. Von Fumihiko Maki entworfenes Gebäude mit mehreren Galerien, dazu Café, Laden, Kino, Theater, Musik.

282 [A7] Tokyo Opera City Art Gallery, 3–20–2 Nishi-Shinjuku (Hatsudai, Keio New Line), www.operacity.jp/en/ag, Di.–Do., So. 11–19, Fr./Sa. 11–20 Uhr. Ausstellungen zu Architektur, Design und Mode.

283 [C9] Vacant, 3–20–13 Jingūmae, Harajuku, www.vacant.vc, Di.–So. 1–22 Uhr. One-Stop-Kulturzentrum: Theater, Galerie, Buch- und Flohmärkte, Ausstellungen, Lokal.

Architektur und Design

> **21_21 Design Sight** (s. S. 117). Bedeutende Galerie in Tokyo Midtown.

284 [D9] Gallery Ma, Toto Nogizaka Bldg., 3F, 1–24–3 Minami-Aoyama. Bedeutende Galerie für Architektur.

Fotografie

285 [C7] Place M, Kindai Bldg., F3, 1–2–11 Shinjuku, www.placem.com, tägl. 12–19 Uhr. Bedeutende und aufstrebende Künstler.

286 [B6] Shinjuku Ophthalmologist Gallery, 5–18–11 Shinjuku, www.gankagarou.com. Fotografie, Installationen, Video.

287 [H8] Zeit-Foto Salon, 3–5–3 Kyobashi, Tel. 3535–7112, www.zeit-foto.com, Di.–Fr. 10.30–18.30, Sa. 10.30–17.30 Uhr. Bedeutende Fotogarfie-Galerie.

0221o-ml

Künstler der Gegenwart

290 [B10] **8/Art Gallery/Tomio Koyama Gallery**, F8, Shibuya Hikarie, 2-21-1 Shibuya. Kunst aus Japan und Übersee.

291 [D9] **Calm & Punk Gallery**, 1-15-15 Nishi-Azabu, www.calmandpunk.com, tägl. 11-19 Uhr. Vielseitige Ausstellungen junger Künstler.

292 [B10] **Nanzuka**, B1, 2-17-3 Shibuya, Di.-Sa. 11-19 Uhr. Viel beachtete alternative Kunstgalerie.

293 [E9] **Ota Fine Arts**, 3F, 6-6-9 Roppongi. Hier stellen die besten japanischen Künstler der Gegenwart aus.

294 [E10] **Take Ninagawa**, 2-12-4, F1, Higashi-Azabu, Tel. 5571-5844, www.takeninagawa.com, Di.-Sa. 11-19 Uhr. Bunt, poppig, Subkultur.

295 [B9] **Tokyo Wonder Site**, 1-19-8 Jinnan, Shibuya, Tel. 3463-0603, www.tokyo-ws.org/english. Zentrum der Stadtverwaltung für die Förderung junger Künstler und kultureller Veranstaltungen.

Tokyo für Architekturinteressierte

Tokyo ist für den Berliner Architekturprofessor Ulf Meyer (s. S. 243) die **totale Stadt**, die Hauptstadt Asiens, wenn nicht der Welt, nicht nur, weil sie die mit Abstand größte Metropole der entwickelten Welt ist. Er hält sie für die erste Stadt, die die **Zukunft** der immer stärker urbanisierten Menschheit **vorwegnimmt**, sie umgebe einen vollkommen, sei unentrinnbar, eine wunderbare Katastrophe. In einer Stadt, in der das Grundstück im Schnitt zehnmal wertvoller ist als selbst das teuerste darauf denkbare Gebäude, habe Architektur keinen Anspruch auf Dauer. In Tokyo – so Meyer – wer-

▢ *Tokyo - ein Mekka für Architekturfans*

de deshalb stets das Unbaubare gebaut. Monumente entstehen dabei allerdings nicht.

Anders als in den großen europäischen Metropolen gibt es in den meisten asiatischen Großstädten heute keine erhaltenen architektonisch bedeutsamen Ensembles mehr. Das gilt auch für das erdbeben- und feuergeplagte Tokyo.

Immer wieder wurde die Stadt **aufs Neue aufgebaut**, doch der Wiederaufbau nach dem Krieg war wie ein Wildwuchs, nicht gesteuert durch detaillierte Stadtplanung. Erst anlässlich der Olympischen Spiele 1964 wurden die Stadtautobahnen angelegt und große Verbindungsstraßen ausgebaut. Dabei wurde auf ästhetische Bedürfnisse wenig Rücksicht genommen, wie das Beispiel Nihonbashi ⓬ („Japan-Brücke") zeigt. Das ursprünglich zur Abwehr von Angreifern angelegte, **verwirrende Straßen- und Gassensystem** wurde jedoch nie grundlegend verändert. In den ersten Jahrzehnten nach Kriegsende nahm man wenig Rücksicht auf die Umwelt. Es ging vor-

rangig darum, die Industrialisierung voranzutreiben und neuen Wohnraum zu schaffen.

Seit den 1980er-Jahren wurde jedoch die **Umweltverschmutzung** deutlich **verringert** und die Bürger erhielten viele kleinere und gelegentlich auch größere Grünanlagen, Fußgängerpromenaden und andere Verbesserungen ihrer Wohnumgebung (es gibt heute immerhin mehr als 7000 Parks im Stadtgebiet). Auch in Tokyo gibt es wie in anderen Metropolen die Tendenz der **ständigen Erneuerung der Fassaden**. Alles wird anspruchsvoller, dem gegenwärtigen Stilempfinden angepasster und mit mehr Hightech ausgestattet. Die Regierung rechnet mit einer Lebensdauer der Bürogebäude von 15 bis 30 Jahren.

Traditionelle Bauweise

Beispiele traditioneller Architektur findet man noch überall in den **Tempel- und Schreinbezirken**. Besonders in Stadtteilen der früheren *Shita-machi* (Unterstadt, Downtown) wie Asakusa (s. S. 168), Ningyō-chō, aber auch oberhalb davon findet man noch Reste alter **Laden- und Wohnhäuser**. Ihr Fortbestand ist allerdings auf Dauer bedroht.

Die **traditionellen**, in Holzskelettbauweise errichteten **Wohnhäuser** stehen in Bezug zur umgebenden Natur und sind hervorragend an das Klima angepasst konstruiert. Die langen feuchtheißen Sommer Japans verlangen nach Häusern, durch deren Räume die Luft

◁ *Fujimi-Wachturm im Inneren Palastgarten*

zirkulieren und somit eine leichte Kühlung schaffen kann. Genau das ist der Fall bei japanischen Wohnhäusern: Sie lassen die Luft unter dem leicht erhöhten Fußboden hindurchstreichen und, da die Wände mittels Schiebetüren beliebig geöffnet werden können, auch überall durch die Räume zirkulieren.

Gegen die Sonne und den häufigen Regen schützt das große, an allen Seiten heruntergezogene Dach. **Holz** als Baumaterial ist angenehm im Sommer und wärmend im kurzen, trockenen Winter, wie er für Tokyo und den größten Teil Japans typisch ist. Auch widersteht die elastische Holzbauweise in Verbindung mit den verputzten Bambuswänden den häufigen Erdbeben besser als Stein- oder Ziegelhäuser.

Moderne Wohnviertel

Die **heutigen Wohnhäuser** Tokyos und der Vorstädte sind in der Regel so klein und stehen so eng beieinander, dass nur **wenig Platz für Gärten** bleibt. Topfpflanzen wie die berühmten Bonsai vor den Häusern sind vielfach Ersatz für nicht oder kaum vorhandene Gärten. Die durchschnittliche Wohnfläche beträgt 60 m². Die Wohn- und Geschäftsviertel der Stadt sind alles andere als schön. Und doch wird das Auge immer wieder überrascht und belohnt, denn **Schönheit** offenbart sich in Tokyo nicht in monumentaler Stadtplanung, sondern vielfach **im Kleinen.**

⌂ *Eisberg – das spektakuläre ehemalige Audi Forum Tokyo [B9] in Harajuku*

Meilensteine moderner Architektur

Die moderne Architektur hielt Einzug mit Beginn der Meiji-Restauration (1868), als **westliche Architekten** und Ingenieure ins Land gerufen wurden, um den Anschluss an die westliche Welt auch baulich einzuleiten. Anfangs wurde westliches Design mit japanischer Holzbauweise kombiniert, noch sichtbar in der Villa des **Kyū-Furukawa-Gartens 9.** Um die Wende vom 19. zum 20. Jh. entstanden größere Steingebäude in westlichem Stil. Beispiele in Tokyo sind die **Bank of Japan** (1896, 9), der **Akasaka Detached Palace** (1909, [D8]) und der **Bahnhof Tokyo** (1914) 6, die von Katayama Tōkuma bzw. Tatsuno Kingo geschaffen wurden.

EXTRATIPP

Informationen zur Architektur Tokyos

Im T.I.C. (s. S. 325) ist das **Faltblatt** „Contemporary Architecture in Japan" mit genauen Informationen zu den bedeutendsten japanischen Architekten und ihren Bauten in Japan erhältlich. Es kann auch im PDF-Format heruntergeladen werden.

Im Internet gibt es einen kostenlosen globalen Online-Architekturführer. Für Tokyo sind 244 Objekte mit Foto, Text und Kartenlokalisation aufgeführt (www.mimoa.eu/browse/projects/Tokyo). Er lässt sich auch als PDF-Datei herunterladen.

Gleichzeitig entstand eine Gegenbewegung, die **asiatischere Formen** verlangte. Die amerikanischen Architekten Antonin Raymond und Frank Lloyd Wright sowie ihr deutscher Kollege Bruno Taut kamen nach dem Ersten Weltkrieg nach Japan und trugen sehr stark zur Wertschätzung der traditionellen Architektur in Japan wie im Westen bei. Seit dem Ende des Zweiten Weltkrieges finden die großen japanischen Architekten bis heute auch **international Beachtung**, weil sie traditionelle und moderne Elemente har-

monisch zu vereinigen vermögen. **Metabolismus** ist eine in Japan entstandene Architekturform, die eine Abkehr von traditioneller Bauweise und vom westlichen Vorbild bedeutete. Die nächste Generation japanischer Architekten rebellierte dagegen und schuf Gebäude des *International Style* und der Postmoderne mit eigener Prägung.

Mit dem Bauboom der 1980er-Jahre ergab sich die Chance, funktionale Gebäude mit künstlerischer Formgestaltung durchzusetzen (während die Masse der Gebäude in Tokyo und anderswo rein funktional ist). Beispiele dafür sind neben der monumentalen „Kathedrale" des **Tokyo Metropolitan Government** 🌀 in Shinjuku), das **Tokyo International Forum** ❶, die funktionale und doch ästhetisch ansprechende Halle des **Tokyo Metropolitan Gymnasium** (1990) oder das

⌂ *Cocoon [B6]: der Turm des Mode-Gakuin-College in Shinjuku*

Spiral Building in Aoyama (1985), das symbolhaft für die gesamte Architektur Tokyos stehen kann: stilistisch zerstückelt und doch voller Lebenskraft.

In Europa gibt es großartige **Städte am Wasser**. Edo wurde direkt an der Bucht von Edo gebaut. Von O-daiba aus sieht man die Silhouette Tokyos, aber man sieht auch, dass sie nie als Metropole am Wasser gebaut wurde. Mit aufgeschüttetem Land wurde das Wasser ja auch immer weiter von Edo weggedrängt. Es gab sogar ernsthafte Ideen, die ganze Tokyobucht zu verbauen.

Städtebau, wie wir ihn von London, Paris, Berlin und auch New York kennen, ist in Tokyo nie als dreidimensionale Kunstform verstanden worden. Es gibt nur wenige große, zusammenhängende Grundstücke, die städtebaulich entwickelt werden konnten wie Roppongi Hills ⑥⓪, Tokyo Midtown ⑥⑦, charakteristischer für Tokyo sind das, was Architekten als Mini-Hochhäuser bezeichnen, noch prägender sind die winzigen, eng zusammenstehenden Wohnhäuser, die Tokyo zu einer eher flachen Stadt machen.

Zukunftsvisionen aus der Zeit der Bubble-Ära

Der Reiz Tokyos liegt im Charme seiner unzähligen Dörfer, aus denen die Megalopolis zusammengewachsen ist. Doch das Experimentierfeld der gegenwärtigen und wohl auch künftigen Stadtplanung liegt auf künstlich aufgeschütteten Inseln in der Tokyo Bay. Sir Norman Fosters **MillenniumTower**, der zu einer 840 m hohen „vertikalen Ginza" mit Raum zum Wohnen, Arbeiten und Leben für 50.000 Menschen durch ein von ihm entwickeltes, roboterhaftes *Automatic*

Building Construction System (ABCS) errichtet werden soll, existiert erst als Modell, weil das Geld zum Bauen (10 Mrd. Euro) noch fehlt. Aber diese für Japan typische raumsparende Lösung ist nicht die einzige Mega-Idee in der Architektur. Es gibt bereits Entwürfe für eine 3000 m hohe **Pyramidenstadt**, in die Wolkenkratzer gehängt werden, oder gar einen **künstlichen Fuji-san**, der dem Original ⑮⓵ an Höhe gleichkommt. Diese Ideen erscheinen verrückt, sind aber charakteristisch für die Energie und Vitalität dieser Stadt.

Literaturtipps

❯ **Ulf Meyer: Architekturführer Tokio,** DOM Publishers 2010, 248 Seiten. 200 der aus architektonischer Sicht wichtigsten und interessantesten nach dem Krieg errichteten Gebäude werden großformatig in Farbe und Text vorgestellt.

❯ **Momoyo Kajima, Junzo Kuroda, Yoshiharu Tsukamoto: Made in Tokyo,** Kajima Institute Publishing Co. 2001, englisch, 192 Seiten, Paperback. Während der o.a. Architekturführer herausragende und architektonisch interessante Gebäude vorstellt, sind es in diesem Band eher Objekte des Alltags, die Architekten am liebsten ignorieren würden, die aber charakteristisch für Tokyo sind, aus Platzmangel und Notwendigkeit geboren. Der Führer porträtiert in S/W die urbane Situation der Hauptstadt, ohne Sinn für Ästhetik geboren. Die Autoren nennen sie *B-Grade, no good,* japanisch: Dame-Architektur, die Tokyo jedoch stärker prägt als die Schaustücke.

Tokyo für Genießer

Tokyo ist ohne Zweifel eine, wenn nicht *die* **kulinarische Hauptstadt der Welt**, es gibt zwischen 100.000 und über 150.000 Lokalen, keine Stadt der Welt hat außerdem mehr Restaurants, die mit **Michelinsternen** ausgezeichnet wurden. Und jede Küche der Welt ist vertreten. Wer will, kann für umgerechnet 1 Euro satt werden oder locker mehr als 300 Euro für eine Mahlzeit ausgeben. Getränke wie **grüner Tee oder Wasser** kosten in der Regel nichts, **Trinkgeld** ist unüblich!

Japanische Esskultur

Aus einer Küche, die ursprünglich nur das Wenige verwenden konnte, was die Umgebung hergab – Reis, regionales Gemüse und Meeresfrüchte aller Art einschließlich Algen und Seetang – hat sich innerhalb eines Menschenalters ein **Universum an Gaumenfreuden** entwickelt, das allein in Tokyo schon unerschöpflich ist. So soll es dort mehr als 50.000 nur auf Rāmen (s. S. 262) spezialisierte Lokale geben. Dabei empfinden Japaner die Hauptstadt noch nicht einmal als das einzig lohnende Schlemmerparadies.

Die Verwendung hochwertiger, frischer Zutaten ist ein absoluter Grundsatz, wobei **regionale und saisonale Produkte** bevorzugt werden. Der Eigengeschmack der Speisen soll voll zur Geltung kommen. Die französische Nouvelle Cuisine war eine an Europa angepasste Variante der japanischen Küche – Imitation einmal andersherum.

Da diese Küche **leicht bekömmlich und gesund** ist, erfreut sie sich inzwischen auch im Ausland großer Beliebtheit. Spezialitäten wie **Sushi** waren für Japan-Reisende einst fast ein Horror. Der Gedanke an roh gegessen Fisch hatte etwas Abschreckendes, selbst für Leute, die sich nichts beim Verzehr von Tartar und Mettbrötchen denken oder genussvoll Austern zu schlürfen vermögen. Nun gilt Sushi auch bei uns längst als ausgesprochen hippe Delikatesse und wird deshalb häufig selbst in chinesischen und anderen asiatischen Lokalen – leider meist in minderer Qualität – angeboten.

Aber die Japaner wären nicht, was sie sind, wenn sie nicht stets **offen für kulinarische Einflüsse** von außen gewesen wären. Ein flüchtiger Bummel durch die Stadtviertel in Tokyo zeigt, wie populär auch die amerikanischen **Fast-Food-Lokale** und daraus entstandene Mischformen mit japanischem Touch geworden sind, wie Mosburger (s. S. 249). Am beliebtesten ist freilich immer noch traditionelles japanisches Fast Food, z. B. Soba, Udon, Rāmen (alle s. S. 262).

◁ *Lunch in einem der zahlreichen Restaurants der „Ginza Lion"-Kette*

Sehr preiswert oder kostenlos essen und trinken

Selbst in Tokyo gibt es Essen **appetithäppchenweise kostenlos**, allerdings auffallend weniger als früher, und zwar in den Lebensmittelabteilungen der Warenhäuser. Ein Rundgang durch zwei bis drei solcher Abteilungen kann kleine Mägen schon sättigen. Anders als bei uns, wo es nur gelegentlich mal Kostproben gibt, ist es im servicebewussten Japan selbstverständlich, dass das Angebotene probiert werden kann. Manche Spezialität lässt sich so unverbindlich vorkosten. Allerdings sind wir Ausländer in dieser Hinsicht schon fast berüchtigt. Man sollte nicht ausschließlich und hemmungslos kosten, sondern auch das eine oder andere kaufen.

In den *kombini* (s. S. 284) kann man preiswerte Snacks erwerben, z. B. **O-nigiri** (mit O-Nori – pergamentartige Meeralgenblätter – umwickelte gefüllte dreieckige Reisklöße) für ca. 100 ¥, beispielsweise *tsuna-mayo* = Tunfisch-Mayonnaise; sie eignen sich hervorragend für kleine Zwischenmahlzeiten. Die Nori-Blätter sind separat verpackt, damit sie knusprig bleiben. Auch Sandwiches und mit Hackfleisch gefüllte warme Teigklöße, *nikuman* genannt, sind beliebt. In Lebensmittelabteilungen oder Bäckereien gibt es u. a. **kare-pan**, mit Currysoße gefüllte, krapfenähnliche Brottaschen, die bis etwas über 200 ¥ kosten. Überhaupt gibt es in **Bäckereien** ein riesiges Angebot an *kashi-pan*, Brotspezialitäten.

Viele preiswerte **Fertiggerichte** gibt es in den Supermärkten und den Lebensmittelabteilungen der Kaufhäuser meist **ab 18 Uhr,** manchmal schon früher, um 20 bis 30 % günstiger als sonst. Nach anfänglichen Widerständen haben sich auch die *kombini* diesem bei Kunden beliebten Service angeschlossen.

Wer **preiswert etwas trinken** möchte, kauft in Supermärkten, *kombini* oder an Automaten ein. Manche *kombini* verfügen über ein paar Stühle und Tische zum Verzehr vor Ort. Alkoholische Getränke sind in solchen **Izakaya** (s. S. 248) günstig, die einen Einheitsbetrag (meist um die 300 ¥) für Getränke und Gerichte verlangen oder mit ihren **nomihōdai** (Getränkeflatrates) werben.

Die kleinen, in Tokyo meist rund um die Uhr geöffneten **Convenience Stores,** **kombini** genannt (s. S. 284), die es mittlerweile tausendfach gibt, bieten westliche und japanische Fertiggerichte und Snacks vor allem für berufstätige Frauen und Singles beiderlei Geschlechts, ebenso wie die Lebensmittelabteilungen der Kaufhäuser und Supermärkte.

So beliebt Gemüse bester Qualität ist, echte **Vegetarier** sind in Japan sehr selten: Nicht einmal 1 % der Bevölkerung rechnen sich dazu. Es gibt nicht einmal einen Begriff dafür, man benutzt *bejitarian* (von engl. *vegetarian).* Der japanische Begriff *saishokushugisha* schließt den Verzehr von Fisch und Meeresfrüchten nicht aus. *Sōshoku* („Pflanzenfresser") auf Männer angewandt meint Schwächling. Rein vegetarische Küche empfinden Japaner als Armenküche, die sie mit dem gewachsenen Wohlstand nach dem Krieg gern hinter sich gelassen haben. In großen Städten gibt es jedoch echte vegetarische und sogar einige wenige vegane Lokale. Die hochpreisige buddhistische Tempelküche *shōjin ryōri* und manche chinesischen buddhistisch-vegetarischen Lokale, auch die meisten indischen Restaurants, bieten Ersatz. Fleischgenuss ist im buddhistisch geprägten Japan übrigens erst seit 1872 offiziell gestattet.

Essen im Restaurant – einige Tipps

In Japan werden im Schaufenster vieler Restaurants Wachsmodelle der angebotenen Gerichte mit Preisangabe ausgestellt, das gilt jedoch nicht für hochklassige Restaurants. Die Auswahl durch die Kunden geschieht sehr häufig nach der Attraktivität der Modelle, die es übrigens in der Kappabashi ⑰ für viel Geld zu kaufen gibt. Wer kein Japanisch kann, braucht bei der Bestellung nur noch auf das Modell zu zeigen und „kore o kudasai" („Geben Sie mir dies bitte") zu sagen. Manche Lokale begnügen sich mittlerweile mit der weit preiswerteren Darstellung der Speisen auf Fotos, was aber irgendwie billig wirkt.

In Restaurants sollte man am Eingang warten, bis ein Platz zugewiesen wird. Meist gibt es draußen oder im Foyer Wartebänke. Die meisten Lokale verfügen über Tische mit Stühlen/Bänken. Traditionelle Lokale allerdings bieten Zimmer oder Abteile mit Tatamimatten und niedrigen Tischen, an denen man auf Kissen Platz nimmt. Diese Form nennt man „zashiki". Manche Lokale verfügen über beide Tischformen. Die bequemen „horigotatsu" (Vertiefung unter dem niedrigen Tisch) stellen einen echten Kompromiss dar, allerdings sind diese nicht in jedem Lokal vorhanden.

Hat man Platz genommen und sich entschieden, ruft man die Bedienung mit „Sumimasen" heran oder betätigt die Klingel am Platz. In manchen Lokalen gibt es kein gedrucktes Menü. „O susume wa?" bedeutet: „Was können Sie empfehlen?" Man kann die Auswahl auch dem Chef/der Chefin überlassen und sagt „o makase". Das Essen wird meist gut sein, aber auch teuer. Japaner nennen in Bars,

in denen man essen kann, dann gern ihr Budget für den Abend, z. B. 3000 ¥.

Wer bei der Auswahl im Lokal keine Experimente wagen möchte, bestellt einfach das Standardmenü („teishoku"), das es bisweilen in den drei Qualitätsabstufungen „Standard", „Deluxe" und „Spezial" („nami", „jō", „tokujō") gibt, wobei „tokujō" mehr Beilagen beinhaltet.

In den meisten Lokalen bezahlt man an der Kasse am Ausgang, manchmal, vor allem in einfacheren Lokalen, Firmen- und Universitätskantinen, muss man jedoch vorher - meist am Automaten - bezahlen und den Bon beim Bestellen abgeben. Das ist etwas schwierig, weil man vorher wissen muss, was man essen möchte. Achten Sie ggf. auf die Nummer des gewünschten Gerichtes, zur Not können Sie auch um Hilfe bitten: „Sumimasen. Oshiete kudasai." („Entschuldigung. Zeigen Sie es mir bitte.") Beim Weggehen sagt man: „gochisōsama" („es hat gut geschmeckt").

Um ein bestimmtes Lokal allein oder mithilfe von Passanten zu finden, ist es ratsam, sich z. B. im Hotel die Adresse auf Japanisch aufschreiben zu lassen. In den englischen Zeitungsanzeigen erscheinen die Adressen ebenfalls auf Japanisch. Lokale sind häufig sehr schwer zu finden. Deshalb enthalten die Adressenangaben für Lokale immer Stockwerksangaben. Günstige Lokale finden sich in Einkaufszentren und unterirdischen Einkaufspassagen großer Bahnhöfe. Viele kleine Lokale benutzen den kurzen, meist blauen Vorhang, den „noren", um anzuzeigen, dass sie geöffnet sind, Izakaya (s. S. 248) u. a. benutzen für diesen Zweck rote Lampions.

Die meisten Lokale bieten mittags günstige Menüs („teishoku") an. Wer davon Gebrauch macht, kann sich trotz begrenzten Geldbeutels auch in gute Lokale, in denen das Abendessen sonst ein Mehrfaches kosten würde, wagen. So kosten Mittagsmenüs häufig nicht mehr als 500 bis 1000 ¥, in guten Lokalen zwischen 1000 und 2000 ¥. Allerdings ist es zwischen 12 und 13 Uhr meist sehr voll. Abends kann man Menüs in Family Restaurants u. a. aber auch für etwa 1000 ¥ bekommen. Lunch-Buffets (jap. „baiking" bzw. „tabehōdai") sind gut und vergleichsweise preiswert, meist muss man hier zwischen 1500 und 3000 ¥ bezahlen. Sehr häufig sind einige nichtalkoholische Getränke inklusive.

In Uni-Mensen und Kantinen der großen Firmen und Behörden kann man nicht nur preiswert essen, man bekommt auch einen Einblick in das Leben von Studenten, Angestellten und Beamten. Manche Firmen und Behörden verlangen jedoch wegen stärkerer Sicherheitsbedenken als vor „9/11" am Eingang den Dienstausweis. Eine gute Adresse zum Kennenlernen solcher Kantinen ist die im Rathaus in Shinjuku 63.

„LO" bedeutet „last order". Meist kann man bis eine halbe Std. vor Schließung des Lokals bestellen, bei aufwendigen Gerichten bleibt weniger Zeit.

Spartipp: Viele Restaurants bieten etwa 10 % Ermäßigung für ausgedruckte oder ausgeschnittene Coupons. Die Website www.sunnypages.jp bietet u. a. diese zum Ausdrucken an. „Time Service" bedeutet Ermäßigung für begrenzte Zeit.

Achtung: Englische Menüs erleichtern zwar die Auswahl, enthalten in vielen Lokalen jedoch nur einen Teil des Angebotes und oft in ungenauer Übersetzung.

Während für einheimische Küche bei uns im Grunde ein Lokaltyp genügt, vielleicht unterteilt nach Hausmannskost und gehobener Küche, gibt es allein für die japanische Küche, *washoku,* die seit 2013 dem UNESCO-Weltkulturerbe zugerechnet wird, mehr als **zwei Dutzend spezialisierter Lokaltypen,** von denen die meisten im Folgenden kompakt und mit Lokalvorschlägen vorgestellt werden sollen.

Leider ist es nicht immer einfach, angesichts des ungewohnten Adressensystems und der für die meisten unlesbaren Schrift bestimmte Lokale zu finden; aber es bleibt ja der Trost, gleich nebenan die Auswahl zwischen Dutzenden anderer Restaurants zu haben. Wie fast überall gilt der Grundsatz: Wo es voll ist, kann man von guter Qualität ausgehen. Da **Lunchmenüs** fast immer deutlich preiswerter als **Abendmenüs** sind, bieten diese eine gute Gelegenheit, sich auch mal in Restaurants zu wagen, die sonst außerhalb des Budgets liegen, auch wenn sie dann nicht das zeigen, wofür die Küche des jeweiligen Lokals bekannt ist. Man sollte jedoch die Mittagszeit zwischen 12 und 13 Uhr in Lokalen vermeiden, die mittags bevorzugt von Büroangestellten aufgesucht werden. Wer bereits gegen 11.30 oder kurz nach 13 Uhr kommt, hat größere Chancen auf einen Sitzplatz.

Lokalketten für den sehr preiswerten Einstieg in die japanische Küche

Wer die japanische Küche kennenlernen möchte, dafür aber nicht viel Geld ausgeben möchte, findet hier Empfehlungen für beliebte, zuverlässige Lokalketten. Denken Sie daran: Die Konkurrenz ist in Japan riesig. Die Anbieter können es sich nicht leisten, Qualität und Service zu vernachlässigen – zum Wohl der Kunden!

Cafés

Die beliebtesten Cafés sind die Filialen von **Doutor, Excelsior, San Marco, Café de Crié.** Man bekommt guten Kaffee und einen Snack für etwa 500 ¥, der Kaffee selbst kostet ab 200 ¥. Einige *kombini* wie Famima/Family Mart oder Cisca bieten häufig Sitzplätze und Kaffee ab 100 ¥, dazu gibt es preiswertere Snacks.

Gute alte **Kissaten** mit dem Charme der Showa-Zeit sind die **Café-Renoir-Filialen,** allerdings sind die Gäste fast ausschließlich männliche Salarymen, die oft rauchen. Raucherabteilungen haben jedoch noch fast alle Lokale, auch die Cafés.

Izakaya

Preiswerte und bekannte Lokalketten für die beliebten Izakaya-Kneipen sind: **Shirokiya, Tengu, Uotami und Watami.** Sie befinden sich meist in Bahnhofsnähe; Gerichte und Getränke kosten um die 300 ¥. Die riesige Auswahl an Gerichten bietet eine gute Gelegenheit, die japanische Küche und japanische Snacks kennenzulernen, aus Kostengründen am besten zu mehreren.

Rindfleisch auf Reis

Matsuya, Sukiya, Tokyo Chikara Meshi, Yoshinoya sind große Ketten für Gyūdon (Rindfleisch mit Zwiebeln auf Reis) für um oder unter 300 ¥ und zahlreiche andere Gerichte. Yoshinoya besteht seit 1899 und ist der Marktführer; die Filialen in der Nähe von Bahnhöfen sind leicht zu finden. Tokyo Chikara Meshi kredenzt u. a. *Yaki Gyūdon* (gegrilltes Rindfleisch mit Soße auf Reis) ab 280 ¥, ist aber in der Stadt weit weniger vertreten. Alle bieten natürlich auch Curryreis-Gerichte ab 300 ¥. Da japanisches Rindfleisch *(wagyū)* sehr teuer ist, importieren diese Ketten ihr Rindfleisch.

Restaurantketten für westliche Gerichte mit japanischem Touch

❯ **Saizeria,** eine preiswerte und sehr erfolgreiche Family-Restaurant-Kette bietet in über 750 Lokalen italienisch beeinflusste Gerichte ab 300 ¥ (www.saizeriya.co.jp, jap. aber

☐ *Bentō-Laden im Bhf. Tokyo* ❺ *: Fertiggerichte für die Reise*

mit bebildertem Menü), ein Glas Rotwein kostet hier nur 100 ¥.

› **Mosburger,** japanische Fastfoodkette für Hamburger mit Elementen einheimischer Esskultur (http://www.mos.co.jp/english/)

Soba-(Buchweizen-) Nudeln

Fuji Soba, Komoro Soba: Ketten für preiswertes Soba, meist in Bahnhofsnähe, manchmal nur Stehlokale, ab 270 ¥

Sushi

Heiroku-, Genki-, Kappa-, Kura-sushi und **Sushiro** sind beliebte Ketten für Kaiten-Sushi (s. S. 255). Ein Sushi-Paar bzw. ein Teller kostet 108 ¥, manchmal weniger und in manchen Ketten für bestimmte Gerichte mehr; vom Platz aus kann man per Computer gezielt bestellen, im Zentrum Tokyos sind Filialen dieser Ketten weniger zu finden, aber andere preiswerte Kaiten-sushi-Lokale gibt es in allen Lokalzentren. Am einfachsten sind die Lokale mit Einheitspreis, da werden dann nur die Teller gezählt, meist automatisch, indem man sie in einen Schlitz gibt.

Tempura

Tendon Tenya: Kette für preiswerte Tempuragerichte ab 450 ¥, an allen wichtigen Orten vertreten (www.tenya.co.jp/english). Leider sind die Tempurateile nicht so knusprig wie direkt von der Theke.

Udon-Nudeln

Hanamaru-Lokale sind ideal für *Sanuki Udon* (frisch zubereitete weiße Weizennudeln mit leckerer Brühe) ab 130 ¥, dazu kostenlos per Selbstbedienung *tenkase* (Tempurakrümel), Sesamkörner, frisch geriebener Ingwer, Wasser und/ oder Tee. Das einfachste und preiswerteste Gericht heißt *kake sho* (klein) – *chū* (mittel) kostet 200 ¥. Curryreis mit Nudeln (fünf Varianten zur Auswahl) gibt es für 500 ¥ (www.hanamaruudon.cn, www.hanamaruudon.com/global/english).

Gourmetrestaurants

Wer sich verwöhnen lassen möchte und auch mal in Sternerestaurants speisen will, kann sich vorab bereits hier informieren: http://gm.gnavi.co.jp. Der **Michelin-Führer Tokyo, Yokohama** ist auf Englisch auch im Buchhandel erhältlich. Einige wenige Adressen wurden in den Führer mit aufgenommen, u. a. weil sie günstige Lunchmenüs anbieten. Zum Lunch kann man ggf. ohne Reservierung kommen, zum Abendessen muss die Reservierung oft Monate im Voraus erfolgen. Man kann auch auf andere Weise Gourmetküche kennenlernen: Die **Ore-no-Lokale** bieten Sterneküche zu teilweise unglaublichen Preisen. Der Trick: Die Gäste essen im Stehen an der Theke oder an Bistrotischen, an einem Abend wird das Restaurant so mehrfach

Preiskategorien
Preise für ein Menü ohne Getränke und Steuer:

¥	bis 1000 ¥
¥¥	1000–2500 ¥
¥¥¥	über 2500 ¥

Gastro- und Nightlife-Areale
Bläulich hervorgehobene Bereiche in den Karten kennzeichnen Gebiete mit einem dichten Angebot an Restaurants, Bars, Klubs, Discos etc.

Dashi

Japanische Brühe (dashi) besteht meist aus Bonitoflocken (katsuobushi), braunem Seetang (kombu), auch getrockneten Sardinen (neboshi); für die vegetarische Brühe werden hauptsächlich kombu und getrocknete Shiitake-Pilze verwendet. Der volle Geschmack von Dashi wird umami (aromatisch, herzhaft, rund, voll) genannt, eine der fünf Grundgeschmacksrichtungen, und ist wichtigste Grundlage der japanischen Küche.

sehr voll, das rechnet sich. Begonnen hat Gründer Takashi Sakamoto („Book-Off", s. S. 284) mit französischer und italienischer Küche, jetzt kommen immer mehr Lokale mit japanischer Küche hinzu: Kappō, O-den, Soba, Yakiniku und Yakitori, vor allem in der Ginza (s. S. 47). Unter www.oreno.co.jp/en/restaurant ist eine Liste seiner Lokale und Details zu den Menüs zu finden, allerdings ist abends ebenfalls eine rechtzeitige Reservierung sicherheitshalber zu empfehlen oder sogar notwendig. Eine Unterform sind B-Gourmetlokale (B-kyu gurume). Hier werden häufig lokale Spezialitäten kredenzt, die schmecken und preiswert sind, aber nicht aus Spitzenzutaten bestehen.

296 [G9] **Ore-no-Dashi** ¥, F1, 7–6–6 Ginza, Tel. 3571 6762, 11–15 u. 16–23 Uhr. Hier gibt es die Hausmannskost O-den in feinen Varianten ab 100 ¥, dazu auch leckere japanische Küche.

297 [G8] **Ore-no-Soba** ¥, B1, 5–1 Ginza, Tel. 6274 6894, Mo.–Sa. 11–15 u. 16–23, So./F bis 22 Uhr. Feine japanische Küche, dazu Soba und Udon.

Japanische Küche

Regionale Spezialitäten: Kyōdo-ryōri

Spezialitäten aus unterschiedlichen Regionen finden sich in Tokyo in großer Anzahl. Gerichte aus Hokkaidō schmecken anders als solche aus Okinawa; die Küche Kyōtos ist feiner als die kräftigere Tokyoter Küche. Eine kulinarische Entdeckungsreise durch die Regionen ist ein köstliches Gaumen-Abenteuer. Erkennbar sind Restaurants mit regionaler Küche am Namen, an einem Symbol (Bär mit Lachs im Maul steht z. B. für Hokkaidō) oder einfach an der rustikalen Ausstattung, die ihnen den Charakter eines inaka-ya, eines ländlichen Gasthauses, geben sollen.

Eine preiswerte Möglichkeit, regionale Küche kennenzulernen, bieten die sog. **Antenna Shops** (s. S. 39), in denen man oft auch kleine Gerichte essen kann.

298 [B5] **Haruko** ¥–¥¥, 1–10–1 Hyakunin-chō (am Ende des Lokalblocks westlich neben den Gleisen in Shin-Okubo), Tel. 3368–4677, Mo.–Fr. 17–24, Sa. 16–24 Uhr. Einziges authentisches Ainu-Restaurant in Tokyo, sehr lebhaft und beliebt, preiswerte Gerichte wie Ohaw (Suppe mit Lachs, Kombu und viel Gemüse), Hirschsteak, Pfannkuchen mit kitopiro (wilder Lauch, ähnlich Bärlauch).

299 [H8] **Hokkaidō Foodist** ¥, 2–2–1 Yaesu, Tel. 3275–0770, http://foodist.co.jp, tägl. 10–20 Uhr. Hokkaidō-Antenna-Shop, preiswerte Hokkaidō-Gerichte, im selben Laden Supermarkt für Produkte von dort.

300 [B10] **Kyōmachi Koi Shigure** ¥¥, The Prime Bldg., F4, 2–29–5, Dōgenzaka, Tel. 3463–8866, tägl. 17–23 Uhr. Gute Kyōto-Küche in Shibuya.

301 [F5] **Shima** ¥, 2–4–7 Fujimi, JR: Iidabashi, vom W-Ausg. links, vorbei am Koban, nach

Denny's links um die Ecke 50 m, ganz in der Nähe vom Tokyo Dai Jingū **76**, Tel. 3261–0206, Mo.–Sa. 11.30–13.40 u. 17–22.30 Uhr. Kleines bodenständiges Lokal mit authentischer Okinawa-Küche zu sehr günstigen Preisen, allerdings sitzen die Gäste recht unbequem an winzigen Tischchen. Das tut der Stimmung jedoch keinen Abbruch.

Japanische Haute Cuisine: Kaiseki-Ryōri

Die Kaiseki-Ryōri entwickelte sich ursprünglich aus leichten Zwischenmahlzeiten im Rahmen der Teezeremonie. Der Name leitet sich wohl von den warmen Steinen *(seki)* her, die sich Mönche während des Meditierens auf den leeren Magen *(kai)* legten. Das Prinzip der Küche ist die Verwendung von **absolut frischen, möglichst naturbelassenen, der jeweiligen Jahreszeit entsprechenden Zutaten höchster Qualität.** Die ästhetische Anordnung der Speisen folgt konsequent den Kriterien von *wabi* (Einfachheit, Stille) und *sabi* (unaufdringliche Eleganz). Die Arrangements reflektieren die Natur, für Japaner der größte aller Künstler. Jeden Mo-

nat wechseln Menüs, Zutaten, Garnierungen und das Geschirr entsprechend dem jahreszeitlichen Charakter. Generell beginnt ein Menü mit einem Appetithappen, dann folgen Sashimi (s. S. 255), ein geköcheltes, ein gegrilltes, schließlich ein gedünstetes Gericht, aber das ist nur das Minimum, es können auch mehr als ein Dutzend Gänge sein.

Die Lokale, in denen Kaiseki-Ryōri bevorzugt gegessen werden sollte, sind **Ryōtei**, elegante Restaurants im Stil traditioneller Wohnhäuser. Ein klassisch gestalteter Garten gehört immer dazu. Das Innere erfüllt die höchsten Ansprüche an japanischer Ästhetik. Die Bedienung *(nakai-san)* ist in schlichte, elegante Kimonos gekleidet. Koto und ähnliche traditionelle Musik tragen zur besonderen Atmosphäre der kultivierten Ruhe in diesen Inseln

*⌂ Restaurant mit Blick auf den Hamarikyū-Garten im F45 des Caretta Shiodome, wo sich auch das Advertising Museum **20** befindet*

fernab der Großstadthektik bei. Reservierung ist in den guten Restaurants unumgänglich, in der Regel sogar die Einführung durch Stammgäste. Das gilt vor allem für Ausländer. Wegen der besonderen Etikette beim Genuss der Kaiseki-Ryōri ist es ohnehin empfehlenswert, das erste Mal in Begleitung eines einheimischen Kenners zu kommen. Billig ist das Vergnügen selbstverständlich nicht, man muss mit mindestens 15.000 ¥ (ohne Getränke) rechnen. Die Gerichte sind sehr arbeitsintensiv zubereitet. Auch **Ryokan** und gute Minshuku bieten die Möglichkeit, diese Küche zu genießen.

Ausgezeichnete Kaiseki-Ryōri gibt es weitaus erschwinglicher auch in guten Hotels, obwohl ein Ryōtei wegen des Gesamterlebnisses zu bevorzugen ist. Wer Kaiseki-Ryōri kennenlernen will, aber auf den Geldbeutel achten möchte, bestellt am besten ein Kaiseki-Menü (*kaiseki-teishoku*) als Lunch, in der Regel ab 4000 ¥ oder noch kompakter als O-Bentō in der Lackschachtel (Jubako, ab 2000 ¥).

302 [H9] **Yasai Kaiseki Nagamine** ¥¥¥, 4-9-5 Ginza, Tel. 3547-8083, Mo.–Sa. 11.30–14.30 und 17–22 Uhr, So./F geschlossen. Kaiseki in erster Linie vegetarisch ist ungewöhnlich, aber deswegen nicht günstiger. Der Lunch in diesem bekannten Lokal ist jedoch erschwinglich (3200 ¥).

Neue Japanische Küche

303 [B8] **Keisuke Matsushima** ¥¥¥, Park Court Jingūmae, F1, 1-4-20 Jingūmae (Tipp: am Lawson rechts vorbei den Weg hinauf zum Eingang nehmen), Tel. 5772-2091, www.restaurant-i.jp, tägl. 11.30–15 u. 18–22 Uhr. Sternekoch Matsushima Keisuke hat nach seinem Restaurant in Nizza nun auch in Tokyo ein feines Restaurant mit minimalistischem Dekor gleich neben dem Tōgō-Schrein eröffnet, in dem es französische Cuisine mit japanischem Touch gibt. Es werden nur Produkte aus Tokyo und Kantō verwendet, Lunch ab 2800 ¥, Dinner ab 9000 ¥.

☑ *Einkaufsstraße für Senioren: Togenuki-Jizō-dōri* **87** *bei Sugamo*

01.4to-ml

Gourmet-Lokale mit Theke: Kappō

Kappō steht für *katsu* (schneiden) und *pō* (kochen). Hinter der Theke der oft gemütlichen, kleinen Lokale *(ko-ryōriya)* stehen in der Regel Meisterköche, die alle Feinheiten der japanischen Küche beherrschen. Auch in Kappō-Lokalen werden saisonale Spezialitäten bevorzugt. *Ko-ryōriya* sind ähnlich wie *Kappō* kleine Spezialitätenlokale, die meist *washoku* servieren. Die Gäste sitzen hier häufig auf Tatami-Matten.

📍**304** [H7] **Kappō Nihonbashi Toyoda** ¥¥-¥¥¥, 1-12-3, Nihonbashi-Muromachi, Tel. 3241-1025, Mo.-Sa. 11.30-14.30 u. 17-22 Uhr. Kappō Cuisine, Chef Hashimoto arbeitete als Koch an der japanischen Botschaft in Berlin, Kaiseki-Lunchmenü 1700 ¥, abends 7000 ¥.

📍**305** [B6] **Nakajima** ¥-¥¥¥, B1, Hihara Bldg, 3-32-5 Shinjuku, tägl. 11.30-14 u. 17.30-22 Uhr. Innovative Kappō-Küche, ein Michelin-Stern, einfache Lunch-Menüs ab 800 ¥ (bis 5250 ¥). Am besten kommt man mittags kurz nach Öffnung des Lokals.

📍**306** [G9] **Ore no Kappō** ¥¥, 8-8-7 Ginza, Tel. 6280-6948. Mo.-Sa. 15-23, So./F. bis 22.30 Uhr. Gourmet-Lokal mit Sterneküche im Stehen, Reservierung notwendig.

Buddhistisch-vegetarische Kost: Shōjin-Ryōri

Aus der Verpflichtung der Buddhisten, nur vegetarisch zu essen, die freilich praktisch nur von Mönchen und Nonnen eingehalten wird, hat sich eine eigene Küche entwickelt, die in ihrer Ästhetik der Kaiseki-Ryōri sehr ähnelt. **Tofu** bildet die Grundlage dieser sehr vielfältigen Kochkunst. Kein Lebewesen inkl. Pflanzen darf prinzipiell für diese Küche geopfert werden, also gibt es auch kein Wurzelgemüse, sondern nur, was über der Erde wächst. In Tempeln, in denen man übernachten kann, gibt es grundsätzlich Shōjin-Ryōri. *Shōjin* heißt „geistig voranschreiten". Am elegantesten ist die in Zen-Tempeln der Rinzai-Sekte entwickelte Küche. Es gibt einige Varianten, z. B. die *Sansai-Ryōri,* bei der vor allem Wildpflanzen aus den Bergen verwendet werden, und *Fucha-Ryōri,* die sich in chinesischen Tempeln während der Ming-Dynastie entwickelte.

📍**307** [J3] **Bon** ¥¥¥, 1-2-11 Ryusen, Tel. 3872-0375, Mo.-Fr. 12-15 u. 17.30-21 Uhr. Exquisite Fucha-ryōri, vegan, Service und Interieur hervorragend, Lunch Box 3450 ¥ (nur Mo. bis Fr.), Lunch 5000 ¥, Menüs ab 6000 ¥.

📍**308** [I3] **Sasa-no-yuki** ¥¥¥, 2-15-10 Negishi, Tel. 3873-1145, www.sasanoyuki.com. Dieses noch aus der Edo-Zeit stammende Tofu-Restaurant gilt als eines der besten in Tokyo.

📍**309** **Takao-san Yakuo-in Restaurant** ¥¥-¥¥¥, Takao-chō 2177, Hachioji-shi, nahe dem Gipfel des Takao-san (s. Bergtouren S. 196), Tel. 042 661-1118 (Reservierung notwendig, www.takaosan.or.jp/english), nur Lunch: tgl. 11-14 Uhr. Vegetarische Tempelküche, Shōjin-Ryōri-Menü für 2800 ¥ *(Tengū-zen)* und 3800 ¥ *(Takao-zen).*

Izakaya

Unter die Kategorie der meist kleinen Rote-Laterne-Lokale *(aka-chōchin),* in denen man gemütlich isst und trinkt, fallen v. a. die beliebten Izakaya, die heute großteils als Ketten (z. B. Tsubohachi, Watami) operieren und stets in der Nähe der größeren Bahnhöfe zu finden sind. Sie bieten häufig für Gerichte und Getränke einheitliche Preise um die 300 ¥. Eine Variante sind die **Nomiya,** wo es mehr ums Trinken als ums Essen geht. Das Symbol, an dem man sie oft erkennt, sind dickbauchige, stehende Dachse mit Hut und Reiswein-fläschchen *(tokkuri)* in der Hand.

🍶**310** [I7] **Sasashin** ¥, 2–20–3 Nihonbashi-Ningyōchō, U: Suitengumae, Ausg. 7; Ningyocho, Ausg. A1 u. A3, Tel. 3668–2456, tägl. bis 22.30 Uhr. Beliebtes, lebhaftes, meist volles Izakaya, gut sind u. a. Sashimi, gegrillter Fisch, gebratener Tofu.

🍶**311** [H6] **Tsuki no Shizuku** ¥–¥¥, Akihabara Dai Bldg., Ekimae Plaza F3, 1–18–18, So-to-Kanda, JR: Akihabara. Gutes, preiswertes Izakaya.

Japanisch-chinesische Küche: Chūka-Ryōri

Es gibt in Tokyo viele Restaurants mit authentischer chinesischer Küche, in denen ausgezeichnet gegessen werden kann. Bekannte und gute Lokale befinden sich vor allem in der Chinatown 🔴**139** von Yokohama, aber genauso in der Ginza und in Shinjuku.

Hier ist jedoch die Rede von der volkstümlichen und ebenso preiswerten Variante, wie man sie in den einfachen Lokalen *(shokudō)* findet. Chūka-Ryōri ist voll an den japanischen Geschmack

angepasst, aber sowohl die Namen als auch die Zusammensetzung der Grundgerichte verraten die Herkunft. Manche Gerichte wie etwa Maultaschen *(Gyōza)* schmecken in Japan besser als im Ursprungsland. Erkennbar sind diese Lokaltypen an den chinesischen Mustern der Wachsmodellschalen. *Chahan,* gebratener Reis, ist auch beliebt. Eine gehobenere Variante bietet Gerichte mit gesundheitsfördernder Wirkung:

🍶**312** [F10] **Mihousai** ¥¥–¥¥¥, 1–10–1 Shiba-daimon, U: Onarimon (Toei Mita Line), Tel. 3433–1095. Chinesische Küche mit medizinischer Wirkung *(yakuzen),* aber auch beliebte Standards wie Mabō Tōfu und Beef Ramen (1000 ¥), abends Menüs ab 8000 ¥.

Japanisch-westliche Küche: Resutoran/Yōshoku-ya

Genau wie die chinesische Küche wurde auch die westliche an den japanischen Geschmack angepasst. Erkennbar sind die Restaurants, die solche Gerichte anbieten, am Wachsmodellen in der Auslage, mithilfe derer die Speisen dargestellt werden. Es ist interessant, in den meist für die ganze Familie gedachten Familienrestaurants einmal westliche Gerichte à la Japan zu kosten. Die Zusammenstellung der Gerichte ist für unseren Geschmack bisweilen etwas eigenartig: Spaghetti mit Tomatensoße und Frikadelle, Kartoffelsalat und Würstchen im Hot-dog-Brot, Schnitzel-Burger, Hayashi-, Omu- und Curry-Reis. Menüs kosten hier unter oder um die 1000 ¥. Empfehlens- und preiswerte Ketten sind Ginza Lion (s. S. 52) und Saizeriya.

◁ *Omu-Raisu – gebratener Reis, umhüllt von Omelette mit Demi-Glace-Soße*

🔵313 [G8] **Saizeriya Ginza** ᵛ, Ginza-Inz F2, Ginza-nishi 3–1, tägl. 11–23.15 Uhr

🔵314 [H7] **Taimeiken** ᵛᵛ, 1–12–10 Nihonbashi, Tel. 3271–2461, tägl. 11–20.30 Uhr. Eines der klassischen besseren Restaurants für westliche bzw. japanisierte westliche Küche der frühen Showazeit (seit 1931). Die Gerichte sind weniger preiswert als z. B. bei Ginza Lion (s. S. 52), aber mittags sieht man, wie beliebt das Restaurant mit seinem nostalgischen gehobenen Flair immer noch ist.

Eine kleinere Ausgabe sind die **Sunakku** (Snacks), in denen kleine Gerichte wie Spaghetti, Hot Dogs, Hamburger, Sandwiches und Desserts angeboten werden. Nacht-Snack-Lokale sind in Wirklichkeit Bars, die mit diesem Begriff die Sperrstunde umgehen.

Sushi-Lokale (Sushi-ya)

Sushi-Restaurants sind meist kleine, blitzsaubere Lokale mit aus dem hellen Holz der japanischen Zypresse gefertigten Theken und Mobiliar. Unter der gekühlten Glasvitrine der Theke liegen Fisch und Meeresfrüchte des Tages bereit. Sushi-Lokale erkennt man am **blauen Türvorhang** *(noren)* mit den Schriftzeichen für „Sushi" oder einfach mit schlangenförmig langgezogenem „shi" der Hiragana-Silbenschrift.

Drinnen bedient dann der *sushi-ya-san* mit seinem weißen Kittel und dem um den Kopf gebundenen und zusammengerollten Handtuch *(hachi-maki)* seine meist an der Theke sitzende Kundschaft mit der Routine einer langen Ausbildung. Der spezielle Sushi-Reis wird mit Essig, etwas Zucker und Salz gemischt und zu kleinen Happchen geformt, darauf kommt dann etwas Wasabi und der Fisch u. a. Diese heute übliche Art heißt *Edomae-* bzw. *Ni-*

giri-Sushi und stammt aus der Edo-Zeit. Die Qualität eines Lokals zeigt sich nicht nur an der selbstverständlichen Frische der Zutaten, sondern auch an der Vielfalt des Angebotes und der mehr oder weniger großzügigen Belegung der Reishappen und am Preis. **Sashimi** (Scheiben von rohem Fisch u. a. garniert mit feinst abgeschälten und in Streifen geschnittenem Rettich, dazu wie beim Sushi Wasabi und Sojasoße) geht den meist paarweise gereichten Sushihappen voraus. Es gibt für Kenner eine bestimmte 6er-Reihenfolge (rot, weiß, blau, gekocht, weich, fest, knackig) oder man bestellt *ichi-nin-mae* („für eine Person").

Zum Sashimi bzw. Sushi wird gern **Sake** getrunken, ansonsten passt **Bier**. **Grüner Tee**, der im Sushi-ya *agari* heißt, wird zusammen mit Scheiben aus eingelegtem Ingwer mehrfach zwischendurch, gewissermaßen zur Neutralisierung der Geschmackssinne, gereicht.

Außer *Nigiri-sushi* gibt es noch zahlreiche weitere Arten von Sushi, z. B. *Chirashi-sushi,* bei dem bunt belegte Stücke von rohem Fisch auf Reis in einem Lackkästchen serviert werden. **Maki** sind Rollen, die mit Gurke, Fisch usw. gefüllt werden, und mit Reis, umrollt von O-Nori-Blättern. Sushi bezeichnet zunächst den speziellen Reis. Fisch und Meeresfrüchte müssen nicht dazu gehören.

Die preiswerteste Art, Sushi kennenzulernen, sind die **Fließband-Sushi-Ketten** *(kaiten-sushi),* die in Japan sehr ordentliche Qualität bieten, zumal man sich vom Tisch aus ohne Mehrkosten frische Happen bestellen kann, die dann in modernen Lokalen auf einem separaten Band direkt an den Tisch geschickt werden. Kleinere neue Lokale verzichten ganz auf das Fließband und liefern die Teller auf diese Weise zu ihren Gästen. Es gibt solche mit einheitlichem Preis oder unterschiedliche Preise für unterschiedliche Teller. Grünen Tee zapft man sich am Tisch, Ingwer liegt zur Selbstbedienung bereit. Mit normalem Appetit gibt man so kaum mehr als 1000 ¥ für 10 Häppchenpaare aus. Eine halb scherzhafte, halb ernst gemeinte Empfehlung ist übrigens, Sushi nicht mittwochs und sonntags zu essen, weil der Fischmarkt in Tsukiji **17** sonntags und jeden zweiten Mi. geschlossen ist.

315 [B10] **Sushi Ouchi** ¥¥-¥¥¥, 2-8-4 Shibuya, Tel. 3407-3543, tägl. 12-13.30 u. 17-21.30 Uhr. Ausgezeichnetes Sushi-Lokal, in dem nur natürliche Zutaten verwendet werden, kein gezüchteter Fisch; der freundliche Chef Ouchi Hisashi stammt aus der Präfektur Fukushima, das Interieur lehnt sich an Bauernhäuser an und ist mit Volkskunst dekoriert. Lunch-Set ab preiswerten 1500 ¥, Dinner 2100 ¥, der Wunsch *ittengo-nin-mae* (1 ½ Portionen) wird gern geäußert.

Japanisches Fondue: Sukiyaki/Shabu-Shabu

Es gibt eigene auf Sukiyaki und Shabu-Shabu spezialisierte Lokale, oft erkennbar am Kuhsymbol, die sehr teuer sind,

vor allem wenn sie bestes marmoriertes Wagyū (s. S. 258) anbieten. Es hat sich außerdem eingebürgert, dass zum Sukiyaki gern Wein oder Reiswein getrunken wird. In Familienrestaurants kann man ein Sukiyaki-Menü auch weitaus preiswerter bestellen. Sukiyaki ist unter Ausländern **neben Sushi und Tempura das vielleicht bekannteste japanische Gericht**, das von Einheimischen jedoch nur im Winter gegessen wird.

Der Name leitet sich von Pflugschar *(suki)* und braten *(yaki)* ab, weil es früher, als der Verzehr von Rindfleisch aus religiösen Gründen verboten war, heimlich auf der Pflugschar von den Bauern zubereitet worden sei, heißt es.

Mit der Öffnung Japans nach außen ab 1872 wurde von Kaiser Meiji jedoch der Verzehr von Rindfleisch als Symbol für den Fortschritt propagiert.

Die rohen Zutaten sind: hauchdünne Rindfleischscheiben, Chrysanthemenblätter *(shungiku),* Glas- oder Konyakunudeln, schräg geschnittener Lauch, Pilze, vor allem Shiitake oder Enoki, Chinakohl, Tofu u. a. Wer von einer Zutat Nachschlag möchte, sagt, auf diese zeigend: *"o-kawari o kudasai".*

Im flachen Topf wird zunächst etwas vom Fleisch angebraten, man kann aber auch gleich einen Teil der anderen Zutaten hinzufügen. Dann wird die Spezialsoße *warishita* (hergestellt aus Sojasoße, süßem Reiswein, evtl. auch Seetang) zugegeben und das Essen kann nach kurzem Köcheln beginnen: Entweder die Bedienung oder die Gäste geben die Zutaten nach Belieben in den Topf. Nach dem Garen werden sie mit den Stäbchen herausgenommen, in eine Schale mit verquirltem Ei getunkt und mit Reis gegessen.

KURZ & KNAPP

Sushi-Begriffe

> **Meerrettichsenf (wasabi):** *namida* („Tränen")
> **Salz (o-shio):** *nami no hana* („Wellenblüten")
> **Sojasoße (o-shōyu):** *murasaki* („Purpur")
> **eingelegter Ingwer (shoga):** *gari* („Futter")
> **Stäbchen (o-hashi):** *o-te-moto* („Fingerspitzen")
> **Grüner Tee (o-cha):** *agari*

Auf Wunsch wird das Fleisch zu Beginn kurz in Butter angebraten oder vor dem Anbraten in eine Marinade, die Weißwein enthält, gelegt.

Varianten sind **Jingisukan-yaki** (benannt nach Dschingis Khan), mit Lammfleisch, Paprika und Pilzen und **Udonsu-ki**, mit Udon-Nudeln, Krebs, Kammmuscheln und Gemüse.

Eine nicht minder beliebte Variante des Sukiyaki ist **Shabu-Shabu**, das erst nach dem Krieg erfunden wurde und vor allem bei Ausländern sehr beliebt ist. Es wird im „Mongolischen Feuertopf" *(hoko-nabe)* zubereitet. Die Flüssigkeit im Topf ist eine Art Brühe aus *kombu* (Seetang), in der die Zutaten kurz gegart werden. Danach tunkt man sie in Sesamsoße mit Zwiebelwürfeln oder in eine Soße aus Bitterorangen *(ponzu)*. Das Fleisch ist so dünn geschnitten, dass es nur einige Male in der Brühe hin- und hergewedelt wird, was ein leicht zischendes Geräusch macht: *shabu-shabu*. Zum Abschluss kommen oft flache Nudeln *(kiri-men)* in die Brühe, die dann als Nudelsuppe serviert wird. Als Getränke eignen sich Bier, Reiswein, grüner Tee und trockener Rotwein. Viele Ausländer essen anschließend gern Eis aus grünem Tee *(matcha aisu kuriimu).*

🔊**316** [J4] **Asakusa Imahan** ¥¥-¥¥¥, 3–1–12, Nishi-Asakusa, Kokusai-dōri, Tel. 3841–1114, www.asakusaimahan.co.jp/english, tägl. 11.30–21.30 Uhr. Die Imahan-Restaurants sind bekannt für hochwertige Wagyū-Rindfleischgerichte wie Sukiyaki und Shabu-Shabu.

🔊**317** [C2] **Sainoan** ¥¥, Lumine, Ikebukuro (W-Ausg.), 1–11–1 Nishi-Ikebukuro. Lunchbüfett im F9,

🔊**318** [C9] **Yama Warau** ¥¥, F2, 4–9–4 Jingumae, Tel. 5413–3967. Sukiyaki oder Shabu-Shabu, auch allein geeignet.

Frittierte Meeresfrüchte und Gemüse: Tempura

Tempura gehört zu den berühmtesten japanischen Gerichten, der Name stammt jedoch **von portugiesischen Missionaren**, die Ende des 16. Jahrhunderts eine Vorform dieses köstlichen Gerichts mit ins Land brachten. Die Japaner haben das Gericht gern angenommen und mit der ihnen eigenen Hingabe vervollkommnet. Es gibt viele kleine, einfache, aber auch elegante auf Tempura spezialisierte Lokale. Die Holzfassade mit Schiebetür und der blaue Vorhang mit dem Zeichen für Himmel *(ten)* sind typische äußere Kennzeichen für gehobene Tempura-Lokale. Am besten ist, wie so oft, der Lokaltyp, wo die Gäste an der Theke sitzen, dem Koch zusehen und die fertigen Stücke noch brutzelnd auf dem mit Reispapier belegten Bambusrost serviert bekommen.

Der **Ausbackteig** *(koromo),* der so unnachahmlich locker wird, besteht lediglich aus Ei, gekühltem Wasser und Mehl. Aber wie er hergestellt und die Stücke darin eingetaucht werden, daran erkennt man den Meister. Kenner behaupten, sie könnten allein am fertigen Teigmantel sehen, ob jemand ein Anfänger mit gerade drei bis fünf Jahren Erfahrung oder ein Meister ist.

Auch das **Öl** (in Tokyo in guten Lokalen Sesamöl) muss die richtige Temperatur haben, was der Koch mit seinen Kochstäbchen prüft. Die Zutaten werden so geschnitten, dass sie optisch am besten zur Geltung kommen, Auberginen z. B. fächerförmig. Die fertigen Stücke werden dann in die Spezialsoße *(tentsuyu,* aus Dashi und Sojasoße mit *mirin,* süßem Reiswein) getaucht, in die noch geraspelter Rettich und Ingwer kommen.

Zum Menü gehört ein Salat aus Seetang oder Berggemüse, Misosuppe, Reis und natürlich die nach und nach servierten Tempurastücke: Krabbenschwänze, Meeraal, Stint, Aubergine, Karotte, Pilze und Perillablatt *(Shisō)*, das nur auf einer Seite in Teig getaucht wird. Erst werden die kleineren, dann die größeren Stücke serviert.

Kleinere Menüs sind **Tendon**, zwei Krabben-Tempura auf Reis mit Soße, und *Tenju*, Krabben- und Gemüse-Tempura auf Reis in Lackschachtel. *Misoshiro* gehört immer dazu.

🗐**319** [K4] **Tempura Kinsen** ￥￥, 2–16–1, Hanakawado, U: Asakusa, 5 Min., Tel. 3841–6380, Mo./Di., Do., Sa. 11.30–14, Mo./Di., Do.–Sa. 17–21, So. 11.30–20 Uhr. Empfehlenswertes Lokal für gutes Tempura direkt an der Theke.

🗐**320** [B6] **Tsunahachi** ￥￥, 3–31–8 Shinjuku, Tel. 3352–1012, www.tunahachi.co.jp/en, tägl. 11–22.30 Uhr. Ausgezeichnete und recht preiswerte Tempura-Gerichte.

Fleisch von der Eisenplatte oder vom Grill: Teppanyaki bzw. Yakiniku

Das Grillen *(yaki)* von Fleisch auf einer heißen Eisenplatte *(teppan)* wurde erst nach dem Krieg **unter amerikanischem Einfluss** eingeführt; davor wurde nur *okonomiyaki* so zubereitet. Entscheidend für den Chef *(itamae)* ist das **Küchenmesser** *(hōchō)*, und damit geht er meisterhaft um, wie jeder der rund sechs bis zehn Gäste, die vor ihm an der Theke vor dem Grill sitzen, bestätigen wird. Auch darin liegt der Reiz von Teppanyaki und anderen Zubereitungsarten: Man **verfolgt die gesamte Zubereitungsprozedur** von Steak, Fisch oder anderen Gerichten und bekommt das Essen sofort nach Fertigstellung auf den Teller. Da Fleisch, vor allem das der heimischen Wagyū-Rinder (eingestuft in A, B, C und 1 bis 5, Spitze: A5), in Japan sehr teuer ist, gehören Lokale, die Teppanyaki oder das koreanisch beeinflusste Yakiniku anbieten, zu den teureren. Als Soßen stehen u. a. Soja- und Sesamsoße und geriebener Meerrettich zur Verfügung. Außer der üblichen Zubereitungsart *(regular = futsū)* kann man die Zutaten z. B. auch in Butter *(batā-yaki)*, Sherry *(sherii-yaki)* oder auf dem Drahtgrill *(ami-yaki)* garen lassen. Außer Rind- oder Schweinesteak gibt es auch Huhn, Leber, Tintenfisch, Krabben, Krebs, Hummer, Seeohr oder Kammmuschel.

Dazu werden Nudeln und verschiedene Gemüse serviert, beispielsweise Gemüse der Jahreszeit *(kisetsu no yasai)* oder grüne, flache Erbsen *(saya-endo)*. Auch Pilze, z. B. dünne champignonähnliche *shimeji,* sind im Angebot. Als Getränk passen sowohl Wein als auch Bier vom Fass und Sake. Die Lokale sind bisweilen – wie Sukiyaki-Lokale (s. S. 256) – an einem Kuhsymbol zu erkennen. Ihr Äußeres ist oft „westernhaft" bzw. rustikal westlich.

🗐**321** [D12] **Karashi** ￥￥￥, 3–19–5 Shirokanedai, zwischen JR: Meguro und U: Shirokanedai, östl. Stadtautobahn S-Seite, Tel. 5423–5424, tägl. 17.30–23 Uhr. Entspanntes Restaurant für die seltene Kombination von hochpreisigem Teppanyaki und volkstümlichem Okomiyaki, die bekanntlich beide am Teppan-Grill zubereitet werden. Es gibt jahreszeitliches Gemüse, Seafood, Steaks und Okonomiyaki, viel Wert wird auf die Qualität der Zutaten gelegt, weniger auf raffinierte Rezepte. Teppanyaki-Menü ab 4700 ￥.

Pfannkuchen: Okonomiyaki

Am häufigsten findet man Okonomiyaki als Imbiss *(yatai)* bei Tempelfesten, in Einkaufsvierteln gibt es jedoch auch spezielle Pfannkuchen-Lokale, erkenntlich an den oft orangefarbenen Plastikbuchstaben, die *o-ko-no-mi-yaki* („Grillen wie es beliebt") bedeuten. Sie sind **besonders bei jungen Leuten populär**, zumal sie recht preiswert sind.

Man sitzt dort entweder an einer langen Bar, hinter der die Grillplatte *(teppan)* steht, und lässt sich bedienen oder bereitet die Okonomiyaki am Tisch selbst zu, eine ungezwungene und zuweilen **recht lustige Angelegenheit.**

Bei der Selbstbedienung wird wie bei unseren Pfannkuchen etwas Teig auf der Platte ausgebreitet, auf den man nach Belieben Zutaten gibt, sodass dann ein Zwischending zwischen Pfannkuchen und Pizza entsteht. Man bestellt sich die Hauptzutat, z. B. Austern, Krabben, Krabben mit Ei, Schweinefleisch oder Tintenfisch und bekommt dazu im Topf oder Schüssel den Teig, Kohl, Zwiebeln, Ingwer u. Ä. Das Gas unter der Platte wird angezündet, die Platte mit dem Ölpinsel bestrichen. Auf die Zutaten kann man beim Zubereiten schon die dicke Worcestersoße *(o-sōsu)* oder Sojasoße *(o-shōyu)* geben, zum Schluss kommen gehackte Nori-Blätter und geraspelter, getrockneter Bonito *(katsuo-bushi)* darauf. Mit dem Spatel wird der Teig festgedrückt und am Schluss der Pfannkuchen zerteilt. Darüber gibt man wieder Soße oder Mayonnaise.

Im Sommer, wenn es an der Platte heiß wird, sollte man eher die Theke bevorzugen, wo es moderne Formen der Pfannkuchen gibt *(modan-yaki)*, wie üblich spektakulär zubereitet: Beispielsweise werden zwei ganze Eier auf die Platte geschlagen, die Schalen entfernt, dann kommt Teig drauf und das Ganze wird um 180 Grad gedreht. Eine Variante, die aus Tsukudajima in Tokyo stammt, ist **Monja-yaki.** Diese ist weicher und die Zutaten sind feiner zerkleinert. Okonomiyaki wird oft auch „japanische Pizza" genannt.

❯ **Monja Kondō Honten** (s. S. 62), 3–12–10 Tsukishima, Tel. 3533–4555, tägl. 17–21.30 Uhr. Seit 1950 geöffnet, Monja für nostalgische 700 ¥.

🍴**322** [D10] **President Chibo** ¥¥–¥¥¥, 6–15–25 Minami-Azabu, U: Hiroo, Tel. 6408–5230, tägl. 11.30–15 u. 17–23 Uhr. Lebhafte Atmospäre, Okonomiyaki nach Osaka-Art, Steaks, Seafood, Gemüse – alles wird direkt vor dem Gast zubereitet.

🍴**323** [J4] **Sometaro** ¥¥, 2–2–2 Nishi-Asakusa, U: Tawaramachi (Ginza Line), Di.–So. 12–22 Uhr. Ein Relikt aus der Edozeit, Okonomi-yaki zum Selbermachen, gut für große Gruppen.

Panierte Schweineschnitzel mit Weißkohl: Tonkatsu

Seit der bis dahin aus religiösen Gründen verbotene Verzehr von Fleisch 1872 von Kaiser *Meiji* zugelassen wurde, gibt es panierte Schweineschnitzel *(ton-katsu)*. Sie werden neben anderen panierten Zutaten in eigenen Lokalen, **Tonkatsu-ya**, oder – etwas vornehmer – an Spießen paniert in **Kushiage-ya** angeboten. Ein Hinweis zum Auffinden der Restaurants ist ein **Schwein als Dekoration** oder das Zeichen für Schwein *(ton)*. Angestellte gehen gern mittags in diese beliebten und häufig recht preisgünstigen Lokale, Familien abends. *Katsu* kommt von *katsuletto* (Kotlett), *katsu* bedeutet aber auch „gewinnen", was zu Wortspielen Anlass gibt.

Bestellt wird meist ein **Menü** *(teisho-ku)*, das aus in Streifen geschnittenem, mit *panko* paniertem Schnitzel auf einem Bett aus Weißkohlschnipseln besteht, dazu die Triade (Miso-)Suppe, Reis und eingelegtes Gemüse. Auf das Schnitzel wird etwas von der dick-süßlichen Variante der Worcestersoße *(o-sōsu)* gegeben. Statt des oft fetthaltigen *ton-katsu* kann man auch Filetschnitzel *(hire-katsu)*, Lende *(rōsu-katsu)* oder paniertes Hacksteak *(menchi-katsu)* bestellen.

Hängt man an den Namen für das Fleisch die Silbe „-don" an, so erhält man dieses Gericht auf einer Schale Reis serviert, garniert mit Ei, Erbsen und Zwiebeln. Wird Schweinefleisch in Streifen geschnitten und mit Ingwer (ohne Panade) gebraten, heißt das *shōga-yaki*. Beliebt sind auch Kartoffelkroketten *(korokke)*, die gern mit Maiscremesoße serviert werden. Andere panierte Gerichte enden auf „-furai" (von engl. *fried)*, beispielsweise *kaki-furai* (panierte Austern) oder *ebi-furai* (panierte Garnelen).

🔊**324** [C12] **Tonki** ¥¥, 1–1–2 Shimo-Meguro, JR: Meguro, W-Ausg., 16–22.45 Uhr. Hier wartet jeder zunächst auf Einlass in das blitzsaubere, helle Lokal mit den ganz in Weiß gekleideten Köchen. Praktisch jeder bestellt das Standard-Tonkatsu-Menü mit Schweineschnitzel, Weißkohlsalat, Suppe, Reis, Tsukemono, Tee, äußerst effizientes System, die u-förmige Theke um die Küche fasst 30 Gäste.

🔊**325** [B10] **Tokyo Tonteki** ¥–¥¥, 2–22–10 Shibuya, tägl. 11–15.30 u. 18–23 Uhr. Statt Tonkatsu (Schweineschnitzel) gibt es in Schweinefett gebackenes Schnitzel, garniert mit Knoblauchflocken und Weißkohl für 1000 ¥.

Spieße vom Holzkohlegrill: Yakitori

In der Nähe der Bahnhöfe, besonders in Yūrakuchō unter den Bahngleisen [G8], gibt es die kleinen Yakitori-ya, die am **leckeren Geruch und den roten Laternen** leicht erkennbar sind, in großer Zahl. Der Holzkohlegrill steht oft draußen, drinnen ist dann mitunter nur Platz für eine Handvoll Kunden – zumeist Angestellte benachbarter Firmen, die sich vor der Heimfahrt noch einen kleinen Snack mit ein paar Gläsern Bier gemeinsam mit ihren Kollegen gönnen. Entsprechend lebhaft geht es in diesen **preiswerten Lokalen** zu.

Gegrillt wird eine **reiche Auswahl an Fleisch**, meist Hühnerfleisch inkl. Innereien und Gemüse. Üblich sind kleine schaschlikähnliche Spießchen *(kushi)*, wo neben dem Fleisch noch Lauch, Ginkgo-Nüsse, Paprika, Pilze oder Wachteleier gegrillt werden. Vor dem Grillen (am besten über der Glut der Steineiche, die acht Stunden hält) werden die Spieße in eine Würzsoße oder Salz und Pfeffer *(shio-zaki)* getaucht. Hinterher tunkt man sie in eine süße Sojasoße.

Die etwas vornehmere Variante der Yakitori-ya sind die **Okariba-yaki**, in denen Geflügel und Wild (während der Jagdsaison) in traditionellen Räumen mit Tatamimatten serviert werden. Spieße kosten in einfachen Lokalen oft 90 bis 100 ¥, in besseren ca. 250 ¥.

🔊**326** [E10] **Ganchan** ¥¥, 6–8–23 Roppongi, Tel. 3478–0092, Mo.–Sa. 17.30 bis 1.30, So. bis 24 Uhr. Lebhaftes, bunt dekoriertes Yakitori-Lokal für knapp 15 Gäste.

🔊**327** [D6] **Yakitori Ogawa** ¥¥, Wind Arakichō F1, 9–1 Arakichō, U: Yotsuya Sanchōme, Tel. 5315–4630, tägl. 17–24 Uhr. Eines der Top-Yakitori-Lokale, günstiges Einsteigermenü („tasting course") für 2000 ¥.

🔊**328** [H7] **Zenya Rensō Honten** ¥, Tokyo San-kei Bldg., B2, 1–7–2 Ōtemachi, www.zenya ren.jp, tägl. 11.30–14 u. 17–23 Uhr. Auch bei Ausländern belieber Yakitori-Park, Spie-ße ab 180 ¥, 3er-Sets ab 540 ¥.

Grillen am Herd: Robata-yaki

Der **Grillherd** *(robata),* an dem der oder die Chefs werkeln, ist umgeben von bunt arrangierten appetitlichen, rohen Zuta-ten. Er **erinnert an die Feuerstelle in al-ten Bauernhäusern**, an denen gekocht wurde und um die herum man an kalten Winterabenden saß. In den Bergen gibt es sie noch gelegentlich. An den Wänden der Lokale hängen rustikale Utensilien: getrocknete Feldfrüchte, Reisstrohum-hänge und -sandalen sowie allerlei Ge-rätschaften. Von außen sind sie sowohl an **Dekorationen, die an ein Bauern-haus erinnern**, erkenntlich, als auch an den **roten Laternen mit einem kleinen Dach**. Die Bediensteten tragen *Happi-coat* (Festkleidung) und/oder *Yukata*. Sie wiederholen, teilweise im Chor (!), jede Bestellung der Gäste und reichen sie ih-nen an langen Schiebern hinüber, was zu einer lauten, lustigen Atmosphäre nach Art eines Schreinfests führt. Vom Charak-ter her sind diese Lokale eher Kneipen (Izakaya).

Die Zutaten umfassen fast alles, was in Japan auf den Tisch kommen kann. Man beginnt am besten mit ein paar Ge-müsespießen oder einer kleinen Portion Fleisch-Kartoffel-Eintopf *(niku-jaga),* ge-folgt von köstlichem, gegrilltem Fisch. Kartoffeln mit Butter *(jaga-batā)* oder ge-grillte Maiskolben schmecken gut dazu.

Japaner beenden auch das opulenteste Mahl mit Reis, eingelegtem Gemüse und Tee. Den Reis gibt es u. a. in den Variatio-nen gegrillte Reiskugeln *(yaki-onigiri)* und Reissuppe *(o-cha-zuke)* aus Reis, grünem Tee, saurer Pflaume und ggf. Lachs. Wer dann noch Hunger hat, kann *gomoku-ka-mameshi* bestellen: Reistopf garniert mit fünf Zutaten, z. B. Huhn, Krebs, Krabben, Pilzen und Gemüse.

🔊**329** [E9] **Inakaya East** ¥¥¥, 5–3–4 Roppon-gi, www.roppongiinakaya.jp/en/index.html, tägl. 17–22 Uhr. Hochpreisiges Robata-yaki mit Theke um offene Küche, gutes gegrilltes Seafood.

🔊**330** [G8] **Robata** ¥¥¥, 1–3–8 Yūrakuchō, U: Hibiya, Ausg. 4A, Tel. 3591–1905 (Reser-vierung empfehlenswert), tägl. 17–23 Uhr. In diesem Restaurant werden die Gerich-te gern dem Chef überlassen *(o-makase),* man nennt das Budget für den Abend, es gibt Fisch mit Gemüse, Rind- oder Schwei-nefleisch, Seafoodsalat u. a., alles serviert auf ausgesuchtem Porzellan oder Keramik aus ganz Japan, Gerichte ab 1000 ¥, Dinner um die 4000 bis 5000 ¥. Das Restaurant ist voll von Kunst und Volkskunst, man sitzt an einer riesigen Theke, trinkt Sake oder Wein, für Gruppen gibt es separate Zimmer im F2 und F3.

⌂ *Yakitori-Lokal unter den Bahngleisen in Yūrakuchō*

Nudeln

Soba und Udon

Die Leidenschaft der Japaner für Nudeln ist kaum geringer als die für Reis. Hier ist die Rede von den als japanisch geltenden **Buchweizennudeln** *(soba)*, die grau bis graubraun sind und sehr rustikal aussehen, sowie den dicken, weicheren **Weizennudeln** *(udon)*, die ursprünglich aus Ōsaka stammen. Es gibt auch grüne Buchweizennudeln, die ihre Farbe vom grünen Tee haben, sie werden „*cha-soba*" genannt. Das Aussehen der *soba* kam der Ästhetik des Zen-Buddhismus seit jeher sehr entgegen und entspricht überhaupt dem japanischen Bedürfnis nach *sabi*, schlichter Eleganz. Die auf „*-men*" endenden Nudeln, z. B. Rāmen, werden als chinesische Nudeln bezeichnet, für sie gibt es eigene Lokale (siehe rechts).

Nudeln werden gern als leichte **Zwischenmahlzeit im Stehen** *(tachi-gui* = stehend essen) als japanisches Fast-Food vor allem in Bahnhöfen gegessen. Der Vorhang im Eingang der Lokale lässt nur den Blick auf die Beine frei. Dort kostet die Schale voll Soba oder Udon oft unter 300 ¥.

Es gibt aber auch die **rustikal-elegante Variante**, wo in eigenen Lokalen, z. T. auf Tatami-Matten sitzend, am liebsten handgemachte Nudeln *(te-uchi)* verspeist werden. Die Herstellung geschieht oft vor den Augen der Gäste.

In der kühlen Jahreszeit gibt es Schüsseln voller dampfender Soba oder Udon in köstlich-heißer Brühe. Obendrauf kommt je nach Wunsch eine bestimmte Garnierung. Die einfachste Variante ist *kake* (Nudeln, Soße, Lauchzwiebeln) oder *mori* (dasselbe kalt, meist im Sommer genossen), *tanuki* („Marderhund")

kommen mit Tempurakrümeln *(tenka-su)*, *kitsune* („Fuchs") mit gebratenem Tofu, *tsukimi* („Mond ansehen") mit Ei, *kakiage* („Öl frittiert") mit frittiertem Gemüse u. a. Man bestellt mit einer dieser Bezeichnungen und dazu Soba oder Udon.

Im Sommer werden die *mori-soba/udon* auf einem Bambusrost *(zaru)* serviert, zusammen mit der kalten Brühe *(tsuke-jiru)*, der Garnierung und dem heißen Nudelwasser. Geriebener Meerrettich und fein geschnittene grüne Lauchzwiebelringe werden in die Brühe gegeben. Dort hinein taucht man die Nudeln, über die man vorher noch die gehackten Nori-Blätter gestreut hat.

Es gibt übrigens eine lustige Variante, *Wanko-Soba* aus der nördlichen Provinz Iwate, bei der die Bedienung hinter dem Essenden steht oder sitzt und so lange Nudelbällchen aus kleinen Schüsseln in die Suppenschale kippt, bis der Gast sie mit dem Deckel verschließt.

📷**331** [H6] **Kanda Matsuya** ⚐, 1–13 Kanda-Sudachō, Mo.–Fr. 11–20, Sa. und an Feiertagen bis 19 Uhr. Klassisches Soba-Restaurant, Mori-/Kake-Soba 650 ¥.

📷**332** [H6] **Kanda Yabu Soba** ⚐, 2–10 Kanda-Awajichō, Tel. 3251–0287, tägl. 11.30–19.30 Uhr. Über 130 Jahre altes klassisches Soba-Restaurant im Edo-Stil, Bestellung der Kunden wird zur Küche gesungen, man betritt das Haus durch einen kompakten Garten, Seiro Soba (zehn Teile Buchweizen, ein Teil Weizen).

Rāmen

Eine sehr beliebte Nudelart sind Rāmen, **gelbe chinesische Eiernudeln** *(chūka-men)*, für die es eigene Lokale und Lokalketten gibt. Allein in Tokyo soll es 50.000 davon geben! Oft sind sie an der langen Warteschlange vor dem Lokal zu erkennen. Hier bekommt man Riesenschüsseln mit köstlicher Brühe und passenden Zutaten, neben Schweinebratenscheiben *(chāshū)* z. B. auch Sojabohnensprossen, Lauchzwiebelringe, Maiskörner, Knoblauch und etwas Butter – ausgezeichnete Wärmespender im Winter oder Kraftfutter nach durchtanzter Nacht. Es gibt meist die Varianten *miso-*, *shōyu-* oder *shio-rāmen*, häufig auch *kare-* (Curry) *rāmen*. Gebratene *gyōza* oder *chahan* (s. Chūka-Ryōri S. 254) werden gern als Beigericht gegessen. Die typische Tonkotsu-Brühe, charakteristisch für Hakata- bzw. Kyūshū-Rāmen, wird aus Schweineknochen, Fleisch und Gemüse stundenlang zubereitet, *torigara* mit Hühnerfleisch; in manchen Lokalen wird die Brühe auch aus Sardinen *(niboshi)* oder getrocknetem Bonito *(katsuo bushi)* hergestellt. Meist kostet eine Schale zwischen 500 und 700 ¥, je nach Zutaten, z. B. *zembu nose* (mit allem) auch 900 ¥.

🎧**333** [E13] **Sodai Keisuke** ⱽ, Lokal Nr. 7, 3–26–20 Takanawa, unterhalb der Gleise, Ausg. Takanawa, geöffnet: tägl. 11–23 Uhr. Innovative Rämen mit Brühe aus sieben Sorten Miso und Bambuskohle, dazu *Chashu* (Schweinebratenscheiben), Schalotten, o-*Nori*.

🎧**334** [H8] **Tokyo Ramen Street** ⱽ, B1, Bhf. Tokyo, Yaesu-Seite, S-Ausg. Ichi-ban-gai Minami-dōri (First Avenue South Street), www.tokyoeki–1bangai.co.jp/ramenstreet (jp), tägl. 11–22.30 Uhr. Acht berühmte Lokale bieten ihre Rämen für ca. 1000 ¥ an.

◿ *Die Lokale der Hanamaru-Kette (s. S. 249) bieten leckere, preiswerte Nudeln*

Ramen selber machen lernen kann man hier:
- **335** [B9] **Ramen Experience Tokyo (1)**, Harajuku, 4–32–5 Jingumae, www.ramen-tokyo.com, 2500 ¥. Filiale in Akihabara:
- **336** [H6] **Ramen Experience Tokyo (2)**, B1 und F1, 1–15–5 Soto-Kanda

Reisgerichte (inkl. Curryreis)

In den volkstümlichen Esslokalen *(Shokudō)*, die in jedem Viertel zu finden sind und in denen man einfach und preiswert isst, kann man neben Nudelgerichten meist auch ebenso einfache Reisgerichte bestellen. Dabei deuten die auf *-don* oder *-domburi* endenden Gerichte auf japanischen Ursprung und die auf *-raisu* (von engl. „rice") endenden Varianten auf meist westlichen Ursprung hin. Am bekanntesten sind **Curry Rice** (einst für die Marine kreiertes sättigendes und wohlschmeckendes Gericht, sie bilden einen eigenen Lokaltyp). **Hayashi** (eine Art Gulasch) und **Omu-Rice** (mit Fleisch und Gemüse gemischter Reis, ummantelt von fluffigem oder dünnem Omelett, übergossen mit Demi-glace-Soße). Auch die zur japanisch-chinesischen Küche gehörenden Gerichte wie *chahan* sind dort oft zu finden. *Kaisen-don* ist roher Fisch oder Meeresfrüchte auf Reis. All diese Speisen sind ein **guter, preiswerter Einstieg in die japanische Küche** und erfordern wenig Risikobereitschaft. Grundlage ist immer Reis, darauf kommt die Garnierung. Die landesweit vertretenen Ketten Sukiya, Yoshinoya, Matsuya liefern sich regelrechte Preiskriege zum Vorteil der Kunden und bieten vor allem *Gyū-don* (importiertes Rindfleisch mit Zwiebeln auf Reis) an, zu Preisen um oder sogar unter 300 ¥. Es gibt **Teishoku-ya**, in denen es preiswerte japanische Menüs mit Reis gibt, die meisten Betriebs- und Uni-Kantinen bieten diese an. **Hambāgu-ya** (Hamburger-Lokal) bieten Frikadellen, oft mit Ei, auf Reis. Zahlreiche Restaurants spezialisieren sich auf Curry-Reis (*kare-raisu*).

📍**337** [B10] **Murugi** ¥, 2–19–2 Dogenzaka, Sa.–Do. 11.30–15 Uhr. Alteingesessenes Curryreis-Lokal, nach fast 70 Jahren im Geschäft immer noch sehr beliebt, nicht zuletzt wegen der üppigen Portionen. Gerne bestellt wird *tamago-iri* (mit gekochtem Ei).

📍**338** [H9] **Nakaya** ¥, Bldg. 8, 6–27–1 Tsukiji, Tel. 3541–0211, tägl. 6–13.30 Uhr. Große Portionen, frisches Seafood auf Reis *kaisen-don* (Jakobsmuschel, Seeigel, Lachskaviar, Tunfisch u. a.).

📍**339** [D5] **Takada Bokusha** ¥, 1–101 Totsukachō, Tel. 3202–2376, Mo.–Sa. 11–20.30 Uhr. Seit 1905 bestehendes Restaurant, besonders günstig: *hayashi rice* nur 770 ¥, Menü mit Kaffee oder Tee 1000 ¥.

📍**340** [I7] **Tamahide** ¥¥, 1–17–10 Ningyōchō, in der Amazake Yokochō westlich der Ningyochō-dōri, U: Ningyōchō, Mo.–Fr. 11.30–16 u. 17–21, So. 16–20 Uhr.

Lunch: besonders beliebt und berühmt *Oyako-don* (Reis mit Huhn und Ei), Ingwersuppe, abends: Sukiyaki mit Huhn statt Rind.

In dem traditionellen Lokaltyp **Kamameshi-ya** wird ein gusseiserner Topf *(kama)* in die Öffnung eines kleinen Ofens gesetzt. Allerdings sind die mit dem charakteristischen Holzdeckel bedeckten Töpfe heute eher aus Keramik als aus Gusseisen. Durch Hinzufügen verschiedener Zutaten lässt sich ein sättigendes, leckeres Mahl zubereiten. Es gibt spezielle Kamameshi-Lokale, aber die Kasserolen werden bevorzugt auch in Yakitori-ya angeboten, da mit Spießchen und Häppchen allein der Hunger kaum gestillt wird.

Beliebte Zutaten sind: Bambussprossen, *gomoku* (fünf Zutaten), Huhn, Kastanien, Krabben, Krebs, Lachs, *matsutake* (Kiefernpilz), Seeohr, Shiitake-Pilze und Venusmuschelfleisch.

📍**341** [J4] **Ganso Kamameshi Haru** ¥¥, 1–14–9 Asakusa, U: Asakusa, 5 Min., Tel. 3842–1511, tägl. 11–21.30 Uhr. Seit über 70 Jahren wird hier *kamameshi* serviert! Lunch 2000 ¥, engl. Speisekarte.

Eintopf: Nabe-mono

Diese Art zu kochen entstammt den traditionellen Bauernhäusern, in denen ein Topf über der Feuerstelle *(irori)* an einem Haken hing. In den *Nabe-mono-ya,* die an großen Kesseln oder Wachsmodellen mit arrangierten Zutaten im Keramiktopf oder einfach am rustikalen Äußeren erkennbar sind, ist noch etwas von der ländlichen Atmosphäre erhalten.

Eine der Hauptzutaten ist in der Regel Fisch, aber auch Huhn, seltener Rind-

Der Eintopf der Sumo-Ringer: Sumo Chanko-nabe

Von nichts kommt nichts, auch **Sumo-Kämpfer** sind anfangs schlank. Da es aber beim professionellen Sumo keine Gewichtsklassen gibt, hilft außer jahrelangem hartem Training im „Stall", dem sich der „Lehrling" anschließt (s. S. 183), vor allem kräftige Kost, die schnell ansetzt, um so zur nötigen Muskelmasse zu kommen. Zu den täglichen 10.000 Kilokalorien tragen vor allem der Eintopf der **Chanko-nabe**, aber auch Bier bei.

Die Brühe des Eintopfs besteht aus Essig, Sojasoße und Zucker; die wichtigsten Zutaten sind Karotten, Kohl, Tofu und Zwiebeln. Bestellt wird nach der Hauptzutat: Fisch *(sakana)*, Huhn *(tori-niku)*, Krabben *(ebi)*, Rind- oder Schweinefleisch *(gyu-/buta-niku)*. Daran wird dann einfach „chanko" angehängt. Abergläubische Sumo-Ringer essen allerdings kein Fleisch von Vierbeinern, denn wenn sie im Kampf den Boden mit einem anderen Körperteil als ihren

Fußsohlen berühren, haben sie schon verloren. Chanko-nabe-Lokale haben eindeutig **Sumo-Charakter;** hinter der Theke steht denn auch meist ein ehemaliger Ringer. Als Folge ihres langen Gemeinschaftslebens gelten Ringer als gute Unterhalter, sie können gut kochen und singen, und viele machen nach der aktiven Zeit ein Lokal auf. Manche haben sogar einen Sumo-Ring in der Mitte des Lokals, wo manchmal Schaukämpfe ausgetragen oder Übungen vorgeführt werden.

343 [J6] **Kawasaki** ¥¥¥, 2-13-1 Ryōgoku, JR: Ryogoku, W-Ausg., Tel. 3631-2529, Mo.-Sa. 17-22 Uhr. Eines der besten Chanko-nabe-Lokale in Tokyo, kein Fleisch von Vierbeinern.

344 [J5] **Yoshiba** ¥¥, 2-14-5 Yokoami, Tel. 3623-4480. Chanko-nabe mit ihren traditionellen 17 Zutaten rund um einen Sumoring, in dem bisweilen Yobidashi geübt wird.

---

fleisch; dazu gibt es frisches Gemüse. Man bestellt je nach Zutat mit speziellen Begriffen und hängt daran -nabe an, z. B. Lachs mit Kartoffeln *Ishikarinabe,* mit Kabeljau heißt er *tara-nabe,* mit Austern *dote-nabe,* mit Meerbrasse ohne Gräten *suki-nabe,* mit Gräten *chiri-nabe,* Fisch mit Udon bestellt man als *udon-suki,* Gemüse mit Huhn oder Fisch als *yose-nabe.* Am Ende wird die nun noch köstlichere Brühe als Reisporridge *(zōsui)* oder mit Udon-Nudeln gegessen. Es gibt Nabe auch mit Wild und Pferdefleisch.

342 [I7] **Yamato** ¥¥, 2-8-3 Ningyochō, Tel. 3666-7330, Mo.-Sa. 11.30-13.30 u. 17-22 Uhr. Spezialität: Nabe mit Rind- und Wildschweinfleisch, zum Abendessen Reservierung empfohlen.

Brühe mit Einlage: O-den

Auf den ersten Blick hat O-den wenig Attraktives: In einer **trüben, braunen Brühe** schwimmen weißlich-bräunliche Zutaten wie Tofu, mehrere Sorten Fischkäse, braune gekochte Eier, Rettich und Kartoffeln. Auch Geruch und Geschmack sind gewöhnungsbedürftig. Wenn man jedoch erst einmal auf den Geschmack gekommen ist, wird man O-den mit Genuss verzehren.

Wer in ein O-den-Lokal geht, bekommt freilich weit mehr, als nur die Brühe selbst. Ein komplettes Menü, *teishoku,* umfasst neben dem eigentlich O-den auch noch Miso-Suppe *(akadashi),* Appetithappen und gekochtes Gemüse *(o-hitashi).* Am besten, man bestellt *moriawase* (Standardmischung).

Spezielle O-den-ya sind eher selten, am häufigsten sind die Essensstände *(yatai)* in der Nähe der Bahnhöfe, wo man für wenig Geld zwischendurch einen Teller isst und dazu vielleicht noch warmen Sake trinkt. O-den gibt es in Supermärkten für die Zubereitung zu Hause und in den vielen *kombini*.

🚇 **345** [E10] **Oden Fukushimaya** ¥–¥¥, 2–1–13 Azabu-Juban, Mi.–Fr. 11–14 u. 15–19.30 Uhr, Sa./So. durchgehend. Seit 100 Jahren im Geschäft, typische japanische Winterkost.

Gegrillter Aal: Unagi

Wie die Yakitori-ya sind auch die Unagi-ya meist **kleine Lokale** (der Vorhang zeigt meist das Hiragana-Zeichen für „u" in Form eines Aals). Kenner bevorzugen wilden Aal, dessen Fleisch weniger zart und fettreicher ist.

Die **Grillprozedur** ist besonders in Tokyo recht **aufwendig:** Nach dem ersten Grillen wird der Aal gedünstet und abgewaschen, daraufhin nochmal in die süßliche Marinade *tare* getaucht und erneut gegrillt. Dadurch werden der Geschmack verfeinert und der Fettgehalt verringert. Auch die gegrillte, knusprige Rückengräte und die feste Leber kann man essen. Die Gäste würzen das Fleisch oft noch zusätzlich mit japanischem Pfeffer *(sansho)*.

Da Aal sowohl schwer zu **fangen** als auch zu züchten ist, ist er nicht billig. Er wird immer frisch angeliefert. Vergleichsweise preiswert ist er bei der Kaiten-Sushi-Kette Kura Sushi (980 ¥).

Es gibt für einen kleineren, dem Aal verwandten Fisch, die **Schmerle**, eigene Lokale, in denen vor allem die Spezialität *Yanagawa-nabe,* Eintopf aus Schmerle, mit Ei und Gemüse im Keramiktopf gebacken, serviert wird. Ein Gericht besonderer Art ist Jigoku-(„Höllen"-)nabe, wobei die noch lebenden Schmerlen in kochend heißes Wasser mit Tofu geworfen werden: Sie flüchten in den Tofu und werden mit diesem gekocht – sicher nicht im Sinne des Tierschutzes.

🚇 **346** [J5] **Komagata Dojo** ¥¥, 1–7–12 Komagata, tägl. 11–21 Uhr. Berühmtes Lokal im Edostil, spezialisiert auf Schmerle, Menü ca. 2500 ¥, einzelne Gerichte unter 1000 ¥.

🚇 **347** [J8] **Unagi Kappō Kanematsu** ¥¥, 1–8–13 Tomioka, Tel. 3642–6170, tägl. 11–22 Uhr. Aal-auf-Reis-Menü, klassisch und sehr beliebt.

Giftiger Kugelfisch: Fugu

Nur Köche mit Sonderlizenz dürfen den Kugelfisch zubereiten, weil bereits winzige Mengen seines in der Leber und einigen anderen Eingeweiden vorkommenden Giftes Tetrahydrotoxin tödlich wirken. Der im *Fugu-ya* (erkenntlich an Laternen in der Form des Fisches, der getrockneten Haut bzw. Abbildungen des Kugelfisches auf dem Türvorhang) servierte Fisch stammt in der Regel vom kaum giftigen Toso-Fugu, der zudem nur im Winter (der sichersten Zeit) gefangen und zubereitet wird. In der Saison kommt er direkt von Shimonoseki, am Westzipfel Honshus, per Superexpress nach Tokyo. Gern wird Fugu gemeinsam mit Eintopfgerichten *(nabe)* gegessen. Es gibt über 30 spezialisierte Fugu-ya, aber über 2000 Lokale servieren in Tokyo den kostbaren Fisch.

🚇 **348** [H4] **Torafugu** ¥¥–¥¥¥, 6–7–13 Ueno, www.torafugu.co.jp/en. Kette mit 30 Lokalen in Tokyo, hier der Ableger in Ueno. À la carte ab 1000 ¥, Menüs ab 4500 ¥.

🚇 **349** [D10] **Usuki Fugu Yamadaya** ¥¥¥¥, 4–11–14 Nishi-Azabu, Tel. 3499–5501. Eines der besten Fugu-Restaurants der Stadt, mit drei Michelinsternen ausgezeichnet, zeitlose Eleganz, Menüs ab 20.000 ¥.

Backwaren: Kuchen, kashi-pan und andere Brotspezialitäten

Erst seit 150 Jahren gibt es Bäckereien im westlichen Sinn. *Pan* bedeutet Brot, es kam mit den portugiesischen Missionaren im 16. Jh. ins Land. Heute gehören japanische Kuchen und Torten mit zur Weltspitze. Ein Gang durch das depachika eines beliebigen großen Kaufhauses zeigt dem Besucher, was der Hang zu Perfektionismus und Wettbewerb vermögen. Daneben gibt es Brotspezialitäten, wie wir sie nicht kennen. Es begann mit *anpan* (weiches Brötchen mit Azukibohnenmusfüllung), erstmals von Kimuraya hergestellt. Heute versteht man unter kashi-pan nicht nur süße, sondern auch herzhafte Backwaren. Am bekanntesten ist *karē-pan,* mit japanischem Curry gefüllter Krapfen; beliebt sind auch Hot-Dog-Brötchen gefüllt mit Yakisoba, Kroketten, Schnitzel, natürlich auch Würstchen. Ein Blick in eine Bäckerei zeigt, dass der Fantasie der Bäcker fast keine Grenzen gesetzt sind. Hervorragend ist auch japanischer Toast, *shoku-pan.* Bekannte Backwaren-Ketten sind: Anderson, Fujiya, Kōbeya. Diese Webseite empfiehlt gute Bäckereien in der Stadt: www.kananet.com/panya-tokyoeng.htm.

🔒**350** [J7] **Katleya (katoreya),** 1-6-10 Morishita, Tel. 3635-1464, tägl. 7-19 Uhr. Seit 1927 bestehende Bäckerei. Hier wurde das im ganzen Land beliebte *Kare-pan* (mit Curry gefülltes Brot, eine Art gefüllter Krapfen) erfunden.

💊**351** [G8] **Kimuraya Pan** ⊻, 4-5-7 Ginza, U: Ginza, Tel. 3561-0091, tägl. 10-21.30 Uhr. Auf acht Stockwerken gibt es Lokale, Cafés und eine Bäckerei, unter Einheimischen berühmt für das Anpan-Brot (gefüllt mit Azuki-Bohnen), Kimuraya war die erste Bäckerei in Tokyo!

Imbiss und Snacks

Yatai

In Tempel- und Schreinbezirken, vor allem anlässlich von Festen, in Parks wie dem Ueno-Park (s. S. 161) und anderswo begegnet man immer wieder den überdachten Imbiss-Ständen. Heute tauchen sie immer häufiger in der Nähe von Bahnhöfen auf und nennen sich *yaitaimura* („Yatai-Dorf").

Lunchpakete: O-Bentō

Möglicherweise sind die Japaner die eigentlichen Erfinder des Fast-Food: verpackte Essenspakete *(o-bentō)* gibt es seit Jahrhunderten, auch wenn sie ursprünglich, vor allem unter armen Leuten, hauptsächlich aus Reiskugeln mit einer eingelegten sauren Pflaume und außen herum Salz oder o-nori bestanden.

Es gibt eigene Läden, Bentō-ya, z. B. im Bahnhof von Tokyo **5**, Ueno [I4] oder Shinjuku **62**, wo man nicht nur die örtliche Spezialität, sondern auch alle möglichen anderen kaufen kann, ohne verreisen zu

◁ *Yakisoba (gebratene Nudeln) sind ein beliebter Snack, auch auf Festen*

müssen. Meist bestehen sie aus Reis, Gemüse und Fisch, aber in jeweils anderer Zusammenstellung und oft in attraktiver Verpackung. Daneben gibt es spezielle Läden für übliche, regional nicht spezifische O-Bentō ab 300¥, z. B. *Hoka-hoka-bentō* und *Hotto-motto,* wo es auch normale Gerichte zum Mitnehmen gibt. Beliebt sind auch die Kaisen-don-Bentō, also roher Fisch oder Meeresfrüchte auf Reis für 500¥ (z. B. bei den Filialen von Donmaru). O-bentō wird oft zur Lunchzeit am Straßenrand für Angestellte oder auf dem Campus von Universitäten feilgeboten, meist kosten sie „one coin", also 500¥.

Internationale Küche

Spezialitätenlokale mit mehr oder weniger authentischer ausländischer Küche gibt es jede Menge. Die Speisekarten sind in der Regel neben Japanisch und der Sprache des Herkunftslandes auch in Englisch gedruckt. Es gibt viele **chinesische Restaurants.** Sehr empfehlenswert sind die zahlreichen, unter Japanern beliebten **koreanischen** Lokale. Es gibt sowohl sehr preiswerte, volkstümliche Lokale als auch hochklassige Restaurants. Häufig sind sie unter der Kategorie **Yaki-niku** bekannt.

Sehr beliebt sind **französische** Restaurants, von denen es in Tokyo angeblich über 2000 geben soll. Nicht wenige von ihnen – auch das ist typisch japanisch – sind besser als vergleichbare in Frankreich. Viele französische Spitzenköche stehen in Tokyo am Herd. Hier gibt es z. B. **doppelt so viele französische Restaurants mit drei Michelinsternen wie in Paris.**

Auch **italienische** Restaurants sind immer häufiger vertreten und seit vielen Jahren „in". Frauen gehen zum Lunch gern chic französisch oder italienisch essen. Und es gibt mehr als **18 deutsche** Lokale: Japaner und Japanerinnen lieben die romantisch-laute Bier- oder Weinkelleratmosphäre, da wird gesungen und geschunkelt.

In einer Stadt wie Tokyo gibt es natürlich auch all die anderen ausländischen Spezialitäten – kurz aus der **ganzen Welt.**

Cafés

Westliche Cafés: Kissa-ten

Cafés im westlichen Stil heißen *Kissaten, Kohi-Shoppu* (Coffeeshop), *Kohi-ten* oder Tea Room. Dort kann man westliche Gerichte, Süßspeisen wie Kuchen, Pudding und Eiscreme bestellen.

Echte Cafés konzentrieren sich wie bei uns auf Kaffee, Tee und heiße Schokolade. Die Portionen sind zwar einerseits recht teuer, aber meist von guter Qualität, und die Gäste dürfen so lange bleiben, wie sie wollen: lesen, einander kennenlernen, geschäftliche Besprechungen durchführen – und Musik hören. Unter den mittlerweile mehr als 70.000 Cafés haben sich viele auf eine Musikrichtung (Pop, Jazz, Klassik) spezialisiert. Manche Jazz- oder Pop-Kissa bieten sogar Livemusik. **Renoir** ist eine bekannte Kette mit komfortablen Café-Lounges voller (rauchender) Salarymen. Es gibt inzwischen auch zunehmend ambitionierte Cafés mit ehrgeizigen Baristas.

Immer beliebter werden die preiswerten **Cafés bekannter japanischer Ketten** wie Café de Crié, Doutor, San Marco und Pronto, wo Kaffee und kleine Snacks wie Sandwiches oder Kuchenteile nur geringfügig mehr als je 200¥ kosten.

Themencafés und -restaurants

Bizarrere Varianten warteten mit **Videospielen an den Tischen** auf oder mit Bedienung, die „oben ohne" oder „unten ohne" *(no-pan-kissa)* trägt. Letztere haben jedoch an Beliebtheit längst wieder verloren. Neu hinzugekommen sind Katzen- und immer neue andere Tiercafés, in denen Tiere darauf warten, von Gästen gestreichelt zu werden, in der Regel kosten sie Eintritt (Vorschläge: http://animalcafes.com). Die Maid Cafés (s. S. 153) sind derzeit auch „in". Wie dem auch sei, auch die ausgefallensten Kundenwünsche werden in Japan erfüllt. Die **Themencafés** folgen internationalen Trends, entstehen aber auch neu vor Ort.

○352 [G9] **Alice in Wonderland Café,** Taiyo (Sun) Building, F5, 8-8-5 Ginza, Mo.-Do. 17-24, Fr./Sa. bis 4, So. bis 23 Uhr. Die Räume sind dekoriert wie Szenen aus dem Buch bzw. Film.

○353 [B6] **Christon Café,** F8, 5-17-13 Shinjuku., 17-23 Uhr, Fr./Sa. und vor F bis 4 Uhr. Hier fühlt man sich wie in einer Kirche.

○354 [J4] **Jungle Café Owl no Mori,** 1-22-3 Asakusa, 10-21 Uhr, Eintritt 890 ¥, Kinder 540 ¥, Getränke ab 100 ¥. 30 Eulen (17 Arten) in Dschungelambiente dürfen überwiegend gestreichelt werden. Ein Hit unter den neuen tierischen Themencafés.

🔊355 [E8] **Ninja Akasaka** ᵛᵛ, Akasaka Tokyu Plaza, F1, 2-14-3 Nagatachō, Tel. 5157-3936, Mo.-Sa. 17-1 (Einlass bis 22.30), So./F bis 23 (Einlass bis 21.45 Uhr. Ninjas servieren originelle Gerichte ab 1000 ¥ im Dunkeln, sehr beliebt bei Ausländern.

🔊356 [B6] **Ranse no Koshitsu Sengoku Ruyuden,** T-Wing Building, 4F, 1-6-2, Kabukichō, Mo./Di. 17-24, Fr./Sa. 17-23, So. 17-23.30 Uhr. Lokal für Samurai-Fans, Thema: Sengoku-Zeit, Rüstungen und Familienwappen, Bedienung spricht Englisch.

△ *Werbung für ein „Maid Café" in Akihabara (s. S. 148)*

❯ **Robot Restaurant** (s. S. 127). Zwei verrückte Shows pro Abend. Eine einfache Bento-Box gibt es zum Eintritt (um 16 Uhr 6000 ¥, abends 8000 ¥!) dazu.

🔊357 [A10] **Shibuya Prison Hospital Alcatraz,** Harvest Building, F2, 2-13-5 Dōgenzaka, Mo.-Do., So. 17-23, Fr./Sa. 17-3.30 Uhr. Paare werden in Handschellen in ihre „Zellen" geführt, Gruselshow, Getränke aus Spritzen und in Plasmabeuteln u. a.

○358 [G9] **Vampire Café,** La Paix Building, F7, 6-7-6 Ginza Chuo-Ku, U: Ginza, B5, tägl. 17-23 Uhr. Italienisch-französische Küche mit blutrotem Vampirdekor und -thema.

🔊359 [C12] **Zauo Meguro** ᵛ⁻ᵛᵛ, Sun Felista Meguro F5, 2-27-1 Kami-Osaki, www.zauo.com/en/shop. Fisch zum Selbstangeln.

Japanische Cafés: Kanmi-kissa

Die Cafés im japanischen Stil haben einen eher traditionellen Charakter. Hier sind Frauen meist unter sich. Männer gehen höchstens in Begleitung von Frauen hinein. Es gibt viele traditionelle Süßigkeiten wie beispielsweise *Anmitsu* (Gelatinewürfel aus Seetang, süße Sojabohnenpaste, Früchte), *Kaki-gōri* (Raspeleis mit Sirup, im Sommer zu empfehlen) oder *O-shiruko* (Bohnenpastensuppe mit Reiskuchen-Stücken).

Getränke

Wasser (Mizu)

Dort, wo es angeboten wird, ist das **generell weiche Wasser** überall genießbar, die Chlornote, die aus den Tokyoter Wasserleitungen stammt, kann allerdings den Geschmack beeinträchtigen. Wasser wird in Lokalen stets **kostenlos** serviert, heute meist von gutem Geschmack und nicht aus der Leitung.

Tee (O-Cha/Kō-Cha)

Tee, der einst als Medizin aus China eingeführt worden war, **spielt** bekanntlich in der japanischen Kultur **eine große Rolle**. Er wird stets dem Gast – zu Hause wie im Lokal – gleich nach seiner Ankunft, immer wieder zwischendurch und vor dem Aufbruch eingeschenkt und ist immer im Service inbegriffen. Tee ist die Grundlage japanischen Essens: einfach, nahrhaft, ästhetisch. Er neutralisiert den Geschmack, ist erfrischend und durststillend, allerdings leicht bitter.

Der charakteristische, allgegenwärtige **grüne Tee** (*o-cha*) wird nicht wie der schwarze Tee (*kō-cha*, wörtlich: „roter Tee") fermentiert, sondern gedämpft und erhitzt. Dadurch oxidiert er nicht. Anders als der schwarze Tee sollte der grüne Tee nicht so heiß (80 °C) überbrüht werden. *O-cha* wird nie mit Milch, Zucker oder Zitrone, sondern nur pur genossen. Man trinkt ihn aus henkellosen Tassen oder Bechern (manchmal mit Deckel), indem man das Gefäß *(chawan)* mit der freien Hand unten abstützt und ihn in kleinen Schlucken zu sich nimmt. Diese Regel der Etikette gilt besonders für Frauen. Als Erfrischungsgetränk gibt es grünen Tee auch verdünnt mit Fruchtgeschmack, Honig u. a. Es gibt rund 20 Arten von grünem Tee, der für die Teezeremonie **pulverisierte Tee** heißt **Matcha**.

Calpis und andere alkoholfreie Getränke

Calpis ist ein sehr beliebtes nicht-alkoholisches Getränk aus **fermentierter Milch**; es schmeckt angenehm süß-sauer und wird in verschiedenen Geschmacksrichtungen angeboten. Man trinkt es sowohl mit heißem als auch mit eiskaltem Wasser. Daneben gibt es preiswerte isotonische Getränke wie Aquarius, Dakara, Vitamin Water, etc. Energydrinks wie Lipovitan gibt es in Japan schon seit den 1960er-Jahren.

Reiswein (Sake)

Dieses aus **Reis mit gemalzter Reishefe und Wasser** fermentierte Getränk mit einem Alkoholgehalt von 15–16 % soll den Japanern um 300 v. Chr. von den Göttern verraten worden sein, d. h. zeitgleich mit dem Beginn des Nassreisanbaus. Sake, auch *Nihon-Shu* (Japan-Wein) genannt, ist trotz der Konkurrenz immer noch eines der beliebtesten Getränke. Er wird bei Festen und zu so beliebten Gerichten wie *Yaki-tori* reichlich genossen.

Seine Herstellung, die der des Bierbrauens ähnelt, dauert fast zwei Monate und war früher auf den Winter beschränkt. Insgesamt sind **4000 Marken** im Angebot. Der Sake aus Niigata gilt ebenso wie der Reis als herausragend.

Sake wird nicht besser durchs Altern. Allgemein unterscheidet man zwischen *ama-kuchi* (süßmundig), *chūo-kuchi* (mittel) und *kara-kuchi* (trocken-mundig). Reiswein wird in drei Klassen angeboten, die in erster Linie durch den Alkoholgehalt bestimmt sind, je mehr Alkohol, desto besser: *tok-kyū* (spezial), *ik-kyū* (1. Klasse), *ni-kyū* (2. Klasse).

Reiswein wird im Allgemeinen körperwarm *(nuru-kan,* 40 °C) oder heiß *(atsu-kan,* 60 °C) getrunken. Man trinkt aus kleinen, oft flachen Schälchen. Im Sommer schmeckt er auch **kalt**, z. B. „on the rocks" oder mit einer Gurkenscheibe. Traditionell wird Sake jedoch kalt aus einem Zedernholzkästchen (*masu,* mit etwas Salz) getrunken. Die bunten, strohumwickelten Fässer in Tempeln und Schreinen sind übrigens von Firmen gestiftet und werden bei passender Gelegenheit geleert. Inzwischen ist Sake Kult, selbst im Ausland gibt es Sake-Bars, in denen ausgesuchte Sakesorten kalt genossen und von Sake-Sommeliers empfohlen werden.

Es gibt einen **süßen Reiswein, „mirin"**, der normalerweise nicht getrunken, sondern zum Kochen verwendet wird. **Amazake** (süßer Sake) wird aus fermentiertem Reis hergestellt. Dazu wird der Pilz Kōji zu gekühltem, gekochtem Vollkornreis gegeben. Die Enzyme des Pilzes zerlegen die Stärke des Reises in Zucker. Die Masse wird mit Wasser verdünnt und aufgekocht, geriebener Ingwer passt gut dazu.

Bier (biiru)

Dieses im 19. Jh. von deutschen Brauern in Japan eingeführte Getränk hat längst Sake als **beliebtestes alkoholisches Getränk** überflügelt. Es ist geschmacklich mit unserem Pils vergleichbar, also eher herb. Einzelheiten auf S. 86. Bier wird auch – bis 22 Uhr – an Automaten in Dosen verkauft. Flaschen enthalten 0,6 l Bier und kosten ab 200 ¥, in Lokalen ist ein Bier selten unter 350 ¥ zu haben. Bestellt wird es vom Fass *(nama)* und kommt dann in Krügen *(jokki)* verschiedener Größe oder in der Flasche *(bin).*

Whisky (uiskii)

Whisky wird am liebsten mit Wasser verdünnt *(mizu-wari)* getrunken. Im Winter recht beliebt ist die **heiße Variante** *(oyu-wari).* In ihren Stamm-Bars (einschließlich Karaoke-Bars) haben die Gäste ihre eigenen, mit Namen versehenen Flaschen im Regal stehen. Es heißt, dass die ersten von Suntory hergestellten japanischen Whiskysorten nur verdünnt genießbar waren. Aber als Perfektionisten haben die Japaner diesen Makel längst ausgeglichen. Die besten japanischen Whiskys können sich heute mit den besten schottischen Single Malts messen. Die Preise für einen einheimischen Whisky liegen zwischen 500 und 700 ¥, für importierte um 100 ¥ höher (pro Glas). Im Supermarkt ist Whisky recht preiswert.

Schnaps (shōchū)

Schnaps wird in Japan wie bei uns aus **Getreide oder Kartoffeln** destilliert, ist trocken und farblos, hat aber nur etwas über 20 % Alkohol. Lange Zeit galt er als Arme-Leute-Getränk, heute ist er „in".

Schnaps wird sowohl pur als auch als *high-ball* mit Sirup, Soda und Eis getrunken, was recht erfrischend schmeckt, alternativ mixt man ein Fertiggetränk mit 1% Alkohol, das *hi sour* heißt, oder Hoppy (Getränk mit Biergeschmack mit 1% Alkohol) mit Shōchū. Auch halb und halb mit heißem Wasser wie bei Whisky *(oyuwari)* mögen ihn viele. In Supermärkten gibt es ihn in einfacher Qualität literweise für unter 1000 ¥.

Aus *shōchū* wird übrigens der köstliche, süß-saure **Pflaumenwein** *(ume-shu)* ähnlich wie unser Rumtopf hergestellt: eine Lage saure Japan-Pflaumen *(ume),* darüber eine Lage Zuckerbrocken, darauf *shōchū* usw.

Wein (budō-shu)

Wein hat eine sehr junge Tradition in Japan, ist aber **inzwischen sowohl beliebt als auch von recht guter Qualität.** Die bekanntesten einheimischen Weine kommen aus der Gegend von Kōfu (westlich des Fuji-san **151**), beispielsweise aus Katsunuma, oder aus Tokachi (Hokkaidō). Dort trinken ihn die Menschen – nach Sakeart – gern aus 1,8-Liter-Flaschen. Deutsche Weine sind erwartungsgemäß unverhältnismäßig teuer. Fern der Heimat muss man nicht Liebfrauenmilch trinken. Apropos Frauen: Sie trinken gern Wein, meist Rotwein.

Getränkeautomaten

Wohl in keinem Land sind Getränkeautomaten so allgegenwärtig wie in Japan: An fast jeder Ecke, in Zügen, in Hoteletagen und auf manchen Berggipfeln stehen sie, statistisch ein Automat für 20 Personen, also mehr als 6 Millionen. Kalte und warme Getränke kosten meist 110 ¥, Bier etwas über 200 ¥.

EXTRATIPPS

Lecker vegetarisch

❯ **Shibuya:** Kuumba du Falafel und Nagi Shokudō (s. S. 94)
❯ **Harajuku, Aoyama:** Nataraj (s. S. 105)
❯ **Roppongi, Azabu:** Chien-Fu (s. S. 118), Eat More Greens (s. S. 119)
❯ **Shinjuku:** Tamanegi-Honpo Sasuraiya (s. S. 128)
❯ **Ginza:** Yasai Kaiseki Nagamine (s. S. 252)

Dinner for One

Die Soba-, Udon-, Gyūdon-Lokale werden überwiegend von Singles, meist jungen Männern, aufgesucht. Alle Lokale mit Theke eignen sich dafür im Grunde. Izakayas (s. S. 248) dagegen machen mehr Spaß zu mehreren, weil man ohne Mehrkosten zahlreiche Gerichte kosten kann.

Für den späten Hunger

Japaner lieben Rāmenlokale (s. S. 262), soweit sie lange genug aufhaben. In Vergnügungsvierteln wie Roppongi, Shinjuku und Shibuya haben zahlreiche Rāmenlokale rund um die Uhr geöffnet. *Kombini* (s. S. 284) bieten immer Snacks rund um die Uhr, Fastfoodlokale sind häufig 24 Std. geöffnet.

Lokale mit guter Aussicht

In fast allen Hochhäusern gibt es teure Lokale, die schöne Aussicht bieten. Das **Restaurant Luke** im Sei Roka Tower (s. S. 60) und das **Sky Restaurant Chinzan-sō** im F25 des **Bunkyo Civic Center 84** bieten das zu moderaten Preisen, vor allem zum Lunch. Das Sky Restaurant gehört übrigens zum Luxushotel Chinzan-sō mit dessen berühmtem Garten **73**.

Tokyo am Abend

Nachtleben

Wenn die Dämmerung über die Megalopolis hereinbricht und die vielfarbigen Neonlichter aufleuchten oder zu pulsieren beginnen, ist dies der Auftakt für ein an Facetten und Nuancen **überreiches Spektrum an nächlichen Betätigungsmöglichkeiten** und Vergnügen.

Nicht jede Spielart ist dem Abenteuer oder Zerstreuung suchenden Touristen zugänglich, selbst für viel Geld nicht. Das ist charakteristisch für Japan und natürlich erst recht für Tokyo. Man will *Gaijin* (Ausländer) nicht überall haben. In einer Stadt mit **mehr als einer Million Studenten** gibt es andererseits genug Angebote für den schmaleren Geldbeutel, die auch budgetbewussten Besuchern der Stadt offenstehen. Die im Kapitel „Zur richtigen Zeit am richtigen Ort" ab S. 290 genannten Informationsquellen gelten gerade auch für das abendliche Tokyo.

In der Umgebung eines beliebigen Bahnhofs lockt ein unüberschaubares Angebot an Lokalen und Lokälchen, entweder für exquisite Abendessen oder für kleine Snacks und ein paar Getränke.

Auffällig sind die prächtigen **Pachinko- und die Karaokepaläste** (s. S. 275), in denen sich die sangesfreudigen Japaner mit perfekter Technik ihr Selbstbewusstsein aufpäppeln, wenn sie zum Applaus der anderen Gäste mit oft in der Tat wohlklingenden, geübten Stimmen populäre Lieder zum Besten geben. Das alles sind harmlose Vergnügen, die für Tokyo und ganz Japan charakteristisch sind. Aber natürlich ist das nur eine Seite des Nachtlebens.

Smoker's Guide
Viele Lokale verfügen über eigene Raucherbereiche. Viele aus dem Westen bekannte Ketten haben aber keine Raucherplätze. In bestimmten Bereichen der Stadt darf nicht geraucht werden.

Vergnügungsviertel

Seit Langem haben sich einzelne Stadtteile auf ein bestimmtes Publikum eingerichtet. Shinjuku (s. S. 120) und Shibuya (s. S. 87) gelten als volkstümlicher und damit preiswerter als andere Viertel; vor allem in **Shibuya** verkehren viele junge Menschen, die nicht das große Geld haben. Sie gehen gern in Grüppchen aus und bleiben in den Izakaya (s. S. 248), Bars und Klubs unter sich. **Kabukichō** in **Shinjuku** ist jedoch eindeutig auf Erwachsene eingerichtet, und ein großer Teil der Angebote ist eindeutig sexorientiert, das benachbarte Viertel **ni-chōme** (2-chōme) hat sich auf **Schwule und Lesben** spezialisiert. In Harajuku (s. S. 96) verkehren modebewusste Teenager, durch Aoyama und vor allem entlang des Omotesandō ④⑨ flanieren Erwachsene, vor allem OL *(office ladies)*, die deutlich mehr Geld zur Verfügung haben. Mode wird hier ernst genommen und präsentiert. Man sitzt in Straßencafés à la Paris oder Schwabing.

Der nächste Teil des nächtlichen Austobens findet dann möglicherweise in den Bars, Discos und Klubs von **Roppongi** (s. S. 113) und **Azabu** (s. S. 113) statt. Ausländer und jüngere Tokyoter, die diese Art abendlicher Unterhaltung bevorzugen und gern die Nacht durchfeiern, findet man hier in großer Zahl. Generell wird in Japan allerdings die Auffas-

142to-dr©Radzian

sung vertreten, dass die Besucher von Diskotheken nicht über 30 Jahre alt sein sollten. **Achtung:** Wer von **Schleppern**, das können auch Damen sein, die man gerade erst kennengelernt hat, in eine unseriöse Bar geführt wird, erlebt beim Bezahlen gerade in Roppongi bisweilen eine unliebsame Überraschung, Vorsicht ist also geboten.

Auch in der **Ginza** gibt es fast alles: Varietés, Nachtklubs, überhaupt jede Menge Klubs, unzählige Bars und Lokale, erstklassige Restaurants. Aber die Ginza zieht abends vor allem Firmenangestellte an, von denen viele in den Klubs ihr Spesenkonto belasten dürfen (das in der anhaltenden Rezession freilich stark geschrumpft ist). Da, wo sie nicht selbst „bluten" müssen, spielen die Preise keine Rolle. Man lädt in den eigenen Klub ein oder wird eingeladen. Ausländer und sogar Einheimische, die nicht persönlich in einen solchen Klub eingeführt werden, müssen mit extrem teurem Lehrgeld rechnen, wenn sie überhaupt eingelassen werden: In solche Klubs gehe man wohlweislich nur mit einem Stammgast. Überhaupt ist es typisch für japanische Bars und Klubs, dass sie von der Beziehung zwischen *Mamasan* (Kluboder Barchefin) bzw. deren Hostessen und den zumeist männlichen Kunden leben, während unsere Bars mehr von der Interaktion zwischen den Gästen gekennzeichnet sind. Weitere Zentren des Nachtlebens sind **Ikebukuro**, in geringerem Maße **Asakusa**, **Ebisu**, **Shimbashi** und **Ueno**.

Am Ende der jeweiligen Stadtteilbeschreibungen finden sich Tipps für Bars, Klubs, Discos und Lokale für wohl fast jeden Geschmack.

◪ *Auf ins abendliche Vergnügen – hier in Shinjuku-Kabukichō [B6]*

Bevorzugte Lokale der Tokyoter

Im Mittelpunkt abendlicher Unterhaltung stehen zweifellos Essen und Trinken. **Männliche Angestellte** und zunehmend auch weibliche, die nach der Arbeit mit ihren Kollegen vor der Heimfahrt noch gemeinsam einige Snacks und Getränke zu sich nehmen wollen und selbst dafür zahlen müssen, gehen gern in kleine, preiswerte Lokale, die allgemein *„aka-chōchin"* („roter Lampion", so benannt nach den außen hängenden Lampions, die aber nichts mit Sex-Business zu tun haben) oder „Izakaya" genannt werden. Das Äußere spielt keine Rolle, wenn nur die Stimmung gut ist. Eine etwas raue Atmosphäre herrscht vor. In Gruppen gehen junge Frauen auch gern in Izakaya und trinken Bier. *Gōkon* und *Kompa* sind Bezeichnungen für Kuppelparties in Izakaya, bei denen je ein Mann und eine Frau mehrere Bekannte mitbringen, die sich noch nicht kennen und so sitzen, dass jeder Mann links und rechts eine Frau sitzen hat und umgekehrt.

Ansonsten bevorzugen **weibliche Angestellte** oder **Pärchen** eine gepflegte Umgebung und gehen z. B. gern in französische oder italienische Gourmetrestaurants.

Wenn hochrangige **Politiker** oder Geschäftsleute wichtige Gespräche hinter geschlossenen Türen führen wollen, tun sie das in Japan oft in der eleganten Atmosphäre der Ryōtei. Geld spielt dabei keine Rolle.

Karaoke

Ursprünglich wurden in Karaoke-Bars, einer **japanischen Erfindung**, Tonbänder gespielt, die nur die Instrumentalversion der Musik enthielten. Die Solomelodie wurde zu der Hintergrundmusik ins Mikrofon gehaucht *(Karaoke* heißt wörtlich „leeres Orchester").

Heute wird mit technischen Tricks zur Verschönerung der Stimme nachgeholfen, und auf einem Bildschirm sieht der/die Singende den Song als Video-Clip. Unten läuft der Text vorbei, das jeweils zu singende Wort wird hervorgehoben. Wer die Melodie kennt, braucht beim Singen also nur den Text abzulesen. Es gibt inzwischen auch ein großes Angebot an englischen Songs.

Karaoke hat sich über die Jahrzehnte stark verändert. Heute gibt es **Karaokepaläste** mit einzelnen Zimmern (Karaoke-Box) für kleinere Gruppen von Kollegen, Freunden, wo nicht nur gesungen, sondern auch gegessen und getrunken werden kann. Es gibt selbst Mini-Zimmer für eine Person und große Räume für über 100 Gäste, die meisten sind nicht besonders eingerichtet, typisch sind bequeme Sofas rund um einen Tisch; manche sind designorientiert, in einigen kann man (für nicht wenig Geld) im Bad singen. Wer über Nacht bleibt, kann in Karaokeboxen sogar auf den Sofas schlafen.

Pachinko-Spielhallen

Pachinko, **eine japanische Nachkriegserfindung**, eine Art senkrechter Flipper, ist ein schwer verständliches Phänomen, über das schon ganze Abhandlungen geschrieben wurden: Was ist die Faszination dieser **stumpfsinnigen Freizeitbetätigung** zwischen klappernden Kugeln in Hunderten von gleichartigen Automaten, umgeben von Höllenlärm und Zigarettenrauch? Früher wurden Stahlkugeln per Hand einzeln auf die kurze Reise zwischen Nägeln hindurch geschickt, heute geht es automatisch, wobei die Ge-

Dienerinnen der Unterhaltung – Geishas und Hostessen

Untrennbar mit traditioneller japanischer Abendunterhaltung verbunden sind die Geishas (wörtlich: „Kunst-Person"), welche bei Banketts zur Unterhaltung der Gäste bestellt werden - freilich eine Unterhaltung im klassischen Sinn: Sie singen alte Lieder, begleitet von der dreisaitigen „shamisen", oder tanzen traditionelle Tänze. Zu ihrer langen Ausbildung, die meist schon in der Kindheit beginnt, zählt neben vielen Fertigkeiten der klassischen Kultur auch die Kunst der Plauderei, die heikle Themen vermeidet, aber auf schickliche Weise anzüglich sein darf und die Stimmung der „Party" hebt oder dämpft, sollte sie aus den Fugen zu geraten drohen.

Geishas werden unterstützt von Geisha-Lehrlingen, den „hangyoku". Wenn sie von ihren Stammhäusern, den Okiya, abgeholt werden, geschieht dies auch heute bisweilen noch mit der „jinrikisha", der guten alten Riksha, die heute in Asakusa wieder für Touristen-Rundfahrten populär geworden ist.

Die Gebühr für den Auftritt einer Geisha heißt je nach Ryōtei „Blumen-", „Taschen-" oder „Weihrauchgeld". Unter umgerechnet etwa 500 Euro geht nichts. Mit den Kunden zu schlafen, gehört nicht zu den geforderten Dienstleistungen.

Unter den 60.000 bis 70.000 Geishas in Japan gibt es aber auch die „makurageishas", die „Kissen-Geishas", die vor allem in Badeorten anzutreffen sind. Wer mit ihnen das Kopfkissen teilt, zahlt das „Kopfkissengeld". Hochklassige Geishas haben nur wenige ausgewählte Liebhaber, die für ihren Unterhalt angemessen sorgen, aber auch über sie stolpern können, wie vor Jahren ein Premierminister.

Diese klassische Form der Unterhaltung durch Geishas ist für jüngere Männer heute, vom Preis ganz abgesehen, nicht mehr zeitgemäß. Damen, die Männer heutzutage zu unterhalten pflegen, brauchen keine lange Ausbildung mehr: Die Hostessen („hosutesu"), wie sie genannt werden, lächeln freundlich, betreiben Smalltalk, geben Feuer, schenken Drinks ein, flirten (zumeist) unverfänglich und schmeicheln so dem Selbstbewusstsein ihrer Gäste. In Nachtklubs wird ihre Anwesenheit am Tisch in der Regel nach der Zeitdauer berechnet.

Auch Hostessen sind keine Prostituierten, die es in Japan ja offiziell nicht geben darf. Viele unter ihnen sind verheiratet, und manche haben nichts gegen einen Flirt, der sich zu einem Verhältnis auswachsen kann. Es gibt unterschiedliche Arten von Hostessen: die professionellen mit Berufsstolz, die halbprofessionellen, die mit ihrem Job dennoch ihre Haupteinkünfte beziehen, und die Gelegenheits-Hostessen, Teenager und Studentinnen.

Die Bars, in denen sie bevorzugt arbeiten, hießen lange Zeit „arusaro" - ein typisch japanisches Kunstwort, eine Verschmelzung der Begriffe „arubaito" (Arbeit, Job) und „saron" (Salon). Es gibt sie noch, aber der Begriff ist nicht mehr zeitgemäß, „Kyabakura" (eine Form von Hostessenklubs) sind heute modern, aber nicht eben günstig.

schwindigkeit mittels Drehknopf geregelt wird. Fallen Kugeln in die geöffneten *tulips,* quillt unten Nachschub – weitere Kugeln – heraus. Bleibt nach dem Spiel eine Schale voller Kugeln übrig, werden sie vorn an der Kasse im Zählautomaten gezählt, und dieser „Gewinn" wird dann gegen billige Konserven, Getränke etc. „verrechnet", die nebenan in Geld getauscht werden können. Auf den Boden gefallene Kugeln aufzuheben, gilt als unfein. *Pachin* ist übrigens Lautmalerei für das Geräusch der Kugeln.

Die zahlreichen Pachinko-Hallen sind neben den Hallen mit Computerspielen auch tagsüber beliebte Unterhaltungsstätten und ein Milliardengeschäft, das sich die Yakuza-Organisationen nicht entgehen lassen; 70 % der Hallen sind allerdings in koreanischem Besitz, manche dienen sogar **nordkoreanischer Devisenbeschaffung.** Die Automaten gehen mit der Zeit und werden immer raffinierter und attraktiver, fast wie Videospiele.

143to-dr©Almauritskaya

Konzert- und Theaterkultur

Die Liebe der Japaner zu westlicher **klassischer Musik** ist bekannt. Es gibt als Folge des großen Interesses und der massenhaften Beschäftigung mit westlicher Musik viele inzwischen weltberühmte japanische Interpretinnen und Interpreten. In europäischen Spitzenorchestern sind zahlreiche Japaner/innen vertreten. Wer in der Welt der Musik einen Namen hat, kommt auch nach Tokyo und spielt dann meist vor ausverkauften Konzert-

sälen. Das gilt ebenso für **Ballett** und **Tanztheater.**

Traditionelles japanisches Theater sind **Nō, Kabuki,** das Puppentheater **Bunraku,** auch noch **Rakugo** als Ein-Mann-(sehr selten Ein-Frau-)Theater. Das Avantgarde-Theater (angura von Underground), das in den 1960er-Jahren bis Anfang 1970 seine Blüte hatte, gibt es kaum noch. **Butoh-Tanz** wird jedoch immer noch gelegentlich aufgeführt.

↻**360** [B9] **AiiA 2.5 Theater,** 2–1–1 Jinnan, Kōen-dōri Richtung Yoyogi, http://aiia-theater.com (jap.). Für Freunde von Manga, Anime und Videospielen. Es werden vor allem Musicals aufgeführt. Mit einer Spezialbrille (1000 ¥ Leihgebühr) kann man Untertiel auf Englisch sehen.

⌂ *Pachinko - aus unserer Sicht ein seltsames Freizeitvergnügen - ist ein Milliardenbusiness*

362 [A10] **Bunkamura Theater Cocoon,** 2–24–1 Dogenzaka, Tel. 3477–9111. Theater für modernen Tanz. Ballett, Flamenco u. a.

363 [G9] **Kanze-Nō-Theater,** Ginza Six, B3, 6–10 Ginza. Das bekannteste Nō-Theater in Tokyo. Eröffnung nach Umzug im April 2017.

364 [A7] **New National Theater,** 1–1–1 Honmachi, Tel. 5351–3011. Drei Bühnen für unterschiedliches Publikum, moderne Interpretationen westlicher Dramen, Tanztheater u. a.

365 [B10] **Nō-Theater im Cerulean Tower,** 26–1 Sakuragaoka-cho, in Bahnhofsnähe

366 [H9] **Shimbashi Embujo,** 6–18–2 Ginza, Tel. 3541–2600. Klassisches japanisches Theater, in dem es um den Konflikt zwischen Liebe und Pflicht geht, sog. Super-Kabuki, eine modernere, dramatischere Form des Kabuki als im traditionelleren Kabuki-za.

367 [E9] **Suntory Hall,** 1–13–1 Akasaka, U: Roppongi-Itchome, Namboku Line, Ausg. 3, Tel. 3505–1001, www.suntory.com/culturesports/suntoryhall, Kartenverkauf Mo.–Sa. 10–19, So. 10–18 Uhr. Konzertsaal mit hervorragender Akustik, die große Orgel stammt aus Österreich. Einmal im Monat Do. mittags 30 Min. kostenlose Orgelrezitationen.

368 [H4] **Suzumoto Engeijō,** 2–7–12 Ueno, Chūō-dōri, U: Ueno-Hirokōji, A3, Tel. 3834–5906, tägl. 12–16.30 und 17–21 Uhr. Das älteste Rakugo-Theater Tokyos, untergebracht in einem modernen Gebäude.

Rock, Pop und Jazz

Jazz ist neben der klassischen Musik die beliebteste westliche Musikform in Japan. Seit den 1920er-Jahren gehört Jazz zur japanischen Musikszene. Da gab es die Big Bands bis in die 1950er-Jahre, als die Zeit der Tanzpaläste nach amerikanischem Vorbild ihrem Ende entgegenging. In den 1960ern fanden die einheimischen Musiker Anschluss an den modernen Jazz. Eine große Zahl von Jazzklubs entstand. Jazz wurde zum Medium der Jungen und der liberalen Intellektuellen. Danach, parallel zur gesellschaftlichen Entwicklung, wurden die Klubs luxuriöser und für junge Menschen auf Dauer zu teuer. Jazzklubs finden sich vor allem in **Roppongi** und **Aoyama**.

Rock und **Pop** folgen ebenfalls dem internationalen Trend. Die japanische Popmusik wird oft von den umliegenden asiatischen Ländern, wo man die weicheren, romantischeren Lieder des Asia-Pop bevorzugt, kopiert. Sehr beliebt sind Teenager-Sängerinnen *(idols = aidoru)* oder Gruppen, bei denen es weniger um Stimmqualität als um das durch Medien angeheizte Gesamtspektakel geht. Außer J-Pop hat auch K-Pop in Japan begeisterte Anhängerinnen, dabei handelt es sich um koreanische Boygroups. Die meisten Gruppen werden von der Agentur Johnny & Associates ausgebildet und gemanagt.

Die **Rockmusik** ist in der Regel weniger hart als bei uns, aber vertreten sind alle möglichen Stilarten (Literaturtipp: Quit Your Band! Ian F. Martin, awai books, 2016). Beliebt sind außerdem **Folk**, **Reggae**, **Salsa** und **Samba**. Aber auch in der **Technoszene** mischen japanische DJs heute international voll mit. Kein Trend, keine Mode bleibt unbemerkt und vieles führt zur Bildung von Subkulturen.

Der Musikmarkt wird zu 80 % von **einheimischen Interpreten** abgedeckt.

Exporte japanischer Musik in die westliche Musik finden kaum statt. Ab und zu haben oder hatten Interpreten oder Gruppen wie zum Beispiel Kitarō oder Shōnen Knife auch international Erfolg. Man erwartet von japanischen Popmusikern einen exotischen, orientalischen

Touch, sonst haben sie international kaum eine Chance.

- 🕑**369** **AgeHa**, 2-2-10 Shin-Kiba, Tel. 5634-1515, www.ageha.com, geöffnet: Fr./Sa. Größter Klub Tokyos, DJ & live, direkt an der Tokyo-Bucht, Außenbereich unter Zelt, Schwimmbad, u. a.
- ❭ **Blue Note.** Berühmtester Jazzklub Japans (s. S. 105).
- ❭ **Shinjuku Pit Inn.** Einer der ältesten Jazzklubs (s. S. 128).
- ❭ **Womb.** Einer der größten Klubs in Tokyo, bekannt für seine Lasershows (s. S. 95).

◩ *Shamisen-Konzert im Kameidō-Tenjin-Schrein* 🔴**124**

◩ *Rochband im Ueno-Park*

Tokyo für Kauflustige

Rund **200 Warenhäuser** mit teilweise gigantischen Ausmaßen und **über 200.000 Geschäfte**, die jeden Tag geöffnet haben, machen aus Tokyo ein **Schlaraffenland für Kauflustige.** Japaner sind die wohl anspruchsvollsten Konsumenten der Welt und bereit, für Spitzenqualität viel Geld auszugeben. Daneben gibt es ein wachsendes Angebot an attraktiver Mode und Alltagsprodukten zu Discountpreisen. In den sagenhaften **100-¥-Läden** findet man Tausende Produkte, mit denen man sich fast komplett einrichten könnte! Nicht zu vergessen das **Universum traditioneller Handwerkserzeugnisse**, die es nur in Japan gibt.

Die meisten Geschäfte befinden sich grundsätzlich in der Nähe der großen Bahnhöfe. Hier stehen die größten Warenhäuser. Sie tragen die Namen der gleichnamigen Bahnlinien, die hier beginnen oder enden. Die Umgebung jedes Bahnhofs in Tokyo bietet im Grunde das komplette Angebot einer Groß- oder Kleinstadt. Das gilt gerade auch für die Vorstädte und Vororte, wo sich die Wohnsiedlungen und Schlafstädte für Tokyo um die Bahnhöfe herum ansiedelten. Manche von ihnen – besonders westlich von Shinjuku und Shibuya – sind im Laufe der Zeit so attraktiv geworden, dass Kauflustige extra aus dem Zentrum dorthin fahren. Wo keine Warenhäuser stehen, haben sich in oder in unmittelbarer Nähe der Bahnhöfe moderne Einkaufszentren entwickelt.

Einige Stadtteile haben sich auf bestimmte Käuferschichten spezialisiert, die sogar extra aus Ost- und Südostasien angereist kommen: **Shibuya** (s. S. 87) und **Harajuku** (s. S. 96) ziehen eindeutig modebewusste Teenager und junge Erwachsene an, **Aoyama** wurde zum Modezentrum der Erwachsenen, **Akihabara** bietet alles, was die Welt an Elektronik und an Elektrogeräten produziert und dazu seit Jahren Manga und Anime, die auch im Nakano Broadway im gleichnamigen Vorort und auch im Vorort Asagaya gut vertreten sind; die **Ginza** (s. S. 47) ist das gehobene Einkaufsviertel der anspruchsvollen und begüterten Erwachsenen schlechthin, bedient aber auch jün-

gere Konsumenten und weist zusätzlich allein rund 200 Kunstgalerien auf. Büchernarren kommen aus ganz Japan auf der Suche nach bestimmten Titeln unter den zehn Millionen gebrauchter und antiquarischer Bücher in über 160 Geschäfte rund um den U-Bahnhof Jimbochō [G6] und seit einigen Jahren auch verstreut über die Stadt und Vororte in die Filialen von Book-off (s. S. 284). **Roppongi** weist zwei komplett neu geschaffene Mikrostädte auf mit Hotels, Geschäften, Restaurants, Kinos, Lokalen, Gärten, Museen in Roppongi Hills **60** und Tokyo Midtown **57**. Der auf einer künstlichen Insel in der Tokyo-Bucht entstandene Stadtteil **Odaiba** (s. S. 75) bietet alles, was sich Familien, aber auch junge Menschen zum Einkaufen, Essen und zur Freizeitgestaltung wünschen könnten. Die **Erzeugnisse traditioneller Handwerkskunst** findet man allerdings meist in kleinen spezialisierten Läden verstreut über die ganze Stadt und insbesondere in Asakusa (s. S. 168). Die **Stadtteilbeschreibungen** enthalten jeweils eine Auflistung besonders interessanter Geschäfte.

An **Regentagen** kann man am besten in und um die zahlreichen Tokyoter Bahnhöfe shoppen gehen, allen voran die JR-Bhf. Tokyo, Shinjuku, Shibuya, Ikebukuro, dazu die U: Ginza und Roppongi. Auch die Umgebung des Bhf. Yokohama ist hierfür hervorragend geeignet. Ganze Stadtviertel oder weitläufige unterirdische Passagen voller Lokale und Läden ermöglichen einen Einkaufsbummel, bei dem man nicht nass wird.

◁ *Nakamise-Einkaufsstraße im Asakusa-Tempel* **113**

Handeln

In Japan gelten Fixpreise, Handeln ist **nicht üblich**. Ansatzweise gelingt dies allenfalls in **Akihabara** (Elektronik) oder entlang der Bahngleise zwischen Ueno und Okachimachi in der Basarstraße **Ameya Yokochō** (kurz: Ameyoko) [H4], besonders im Handel mit Koreanern (von denen in Japan mehr als eine halbe Million leben). Auf manchen Märkten, z. B. anlässlich von Tempelfesten und überall da, wo es bunt und laut zugeht, selbstverständlich auf **Flohmärkten** (s. S. 286), selten genug auch beim Kauf von Antiquitäten, ist die Frage nach einem Nachlass üblich. Erwartungsgemäß chancenlos ist Handeln in Kaufhäusern *(depāto)* und in „normalen" Geschäften, das gilt auch für den größten Fischmarkt der Welt **17**, der zugleich auch ein Großmarkt ist.

Preise

Generell sind die Preise für Konsumprodukte in Japan wegen des traditionellen Vertriebssystems mit mehreren Zwischenhändlern, denen feste Preise garantiert werden, im internationalen Vergleich recht hoch. Der einheimische Markt hat sich grundsätzlich gegen ausländische Konkurrenz abgeschottet. Diese hat es schwer, in Japan Fuß zu fassen, es sei denn, sie bietet besondere Erzeugnisse in Spitzenqualität. Aber nach dem Platzen der „bubble", der Spekulationsblase in den 1990er-Jahren, gibt es nicht nur mehr Discountprodukte, sondern auch Geschäfte für Gebrauchtwaren, was früher undenkbar war. Davon profitiert die stark anwachsende Kette „Book-off" (s. S. 284).

Mehrwertsteuer

2014 wurde die Mehrwertsteuer von 5 % auf 8 % erhöht, im **Herbst 2017, vielleicht auch erst 2019** erfolgt evtl. nochmals eine Erhöhung auf 10 %. Die groß angegebenen Preise sind zurzeit ohne MwSt., die kleinen in Klammern die tatsächlichen Preise. Das ist etwas nervig, weil man gefühlsmäßig mehr bezahlt als zunächst wahrgenommen. Nach jahrelanger Deflation und stabilen Preisen ist seit 2014 somit ein genereller Preisanstieg im öffentlichen Nahverkehr und in den Geschäften zu verzeichnen, damit einhergehend geringere Kauflust, sodass Lokale oft doch noch die alten Preise beibehalten.

Elektronikprodukte – lohnt der Kauf?

Ob sich der Kauf von japanischen Elektronikerzeugnissen, heute auch vielfach „Made in China", in Tokyo lohnt, hängt stark vom Wert des Euro ab; bei 140 ¥ pro Euro kann das in großen Discountkaufhäusern wie **Bic Camera** oder **Yodobashi** durchaus der Fall sein. Diese und andere Kaufhäuser bieten eigene Punktekarten an, die den Einkauf nochmals um 10 % billiger machen, da man bei jedem Einkauf Punkte sammelt und damit andere Produkte oder Zubehör weit günstiger oder bei entsprechendem Punktestand umsonst erstehen kann. Allerdings muss man sich entscheiden, ob man Punkte sammeln oder sich lieber die Mehrwertsteuer auszahlen lassen will.

Man sollte sich vorab über den Preis des gewünschten Produktes informieren. Die Elektronikkaufhäuser liefern sich kräftige Konkurrenz; mal ist dasselbe Produkt bei Bic Camera billiger, mal bei Yodobashi. Die Geräte werden häufig für den ein-

heimischen Markt vermarktet und tragen teils andere Bezeichnungen als im Ausland. Gebrauchsanweisungen erhält man im Internet. Man sollte sich aber in jedem Fall vor einem geplanten Kauf erkundigen, ob die Garantie weltweit gilt.

Nahe der W-Seite des Bhf. Shinjuku gibt es die „camera town", wo man Kamerararitäten finden kann. Die Website www.japancamerahunter.com hilft bei der Suche.

Steuerfrei

Einige Luxusprodukte wie Perlen, Kameras, Elektronik gibt es *tax-free/duty-free*. In den Läden, die von Touristen häufig besucht werden, weisen entsprechende Schilder darauf hin, allerdings sind diese Geschäfte häufig überteuert. Die Mehrwertsteuer bekommt man ggf. gleich beim Kauf abgezogen. Dazu muss man den Pass vorlegen.

Bargeldlos bezahlen?

Suica-&-Pasmo-Prepaidkarten werden zum Fahrkartenkauf und in Bahnhofsgeschäften akzeptiert, zunehmend auch darüber hinaus; Kreditkarten werden von Kaufhäusern, großen Modegeschäften wie Uniqlo akzeptiert; generell wird in Japan jedoch **Bargeld bevorzugt** und häufig kann man nicht mit Karte bezahlen, das gilt für die meisten Läden und Lokale, auch für kleine Hotels.

Shoppingareale

Die wichtigsten Shoppingbereiche der Stadt sind im Kartenmaterial mit einer rötlichen Fläche markiert.

Das Besondere an japanischen Warenhäusern

Ein Besuch in einem Warenhaus *(department store/depāto)* gehört ebenso zum Japanerlebnis wie der Besuch von Tempeln und Gärten, wie Fernsehen oder die Fahrt mit dem Superexpress. Wer in Tokyo etwas zu kaufen beabsichtigt, findet in den großen Kaufhäusern **nahezu alles Gesuchte unter einem Dach**. Warenhäuser versuchen in Japan noch vollständiger in ihrem Angebot zu sein als bei uns. Sie sind auch größer. In Kaufhäusern lernt man am eindrucksvollsten, wie perfekter Service für die Kunden gelebt wird.

Außerdem gibt es für jeden Bereich die **traditionell japanischen und die modernen westlichen Varianten**. Man findet Restaurantetagen, vielfach gibt es Museen, Kunstgalerien und in manchen sogar Theater, dazu auf dem Dach einen Spielplatz für Kinder und oft einen kleinen Schrein, Garten u.a.

In den Tiefgeschossen der Kaufhäuser *(depachika)* sind Abteilungen mit Lebensmitteln, Fertiggerichten – auch solchen berühmter Sternerestaurants – und häufig auch kleinen Lokalen vorhanden. Viele Lebensmittelstände bieten Kostproben an, mit denen man viele japanische Lebensmittel und Speisen so schon im Vorübergehen kennenlernen kann.

Ein besonderes Erlebnis ist es, sich kurz vor der Öffnung um 10 Uhr am Eingang einzufinden und das **Begrüßungsritual** für die ersten Kunden des Tages zu genießen.

Man kann wie bei uns an der Kasse **bezahlen**. Es gehört jedoch auch zum Service, dass die Verkäuferin/der Verkäufer dem Kunden Geld oder Kreditkarte abnimmt und den Bezahlvorgang erledigt. Man kann derweil ggf. im Sitzen warten. Eine perfekte Verpackung der Ware ist selbstverständlich.

Es gibt **zwei Kategorien von Warenhäusern**: die großen namhaften Ketten mit ihren riesigen Häusern und ihrem Angebot an hochwertigen Erzeugnissen und die kleineren, weniger renommierten, aber dafür preisgünstigeren, die meist in der Nähe der Bahnhöfe zu finden sind. Zahlreiche Warenhäuser bieten heute Etagenpläne auf Englisch.

▷ *24 Std. geöffnete Don-Quijote-Filiale in Shinjuku-Kabukichō*

136to-ml

Convenience Stores (kombini)

Kaffee, Eis, Fertiggerichte, Snacks, Lebensmittel, Zeitschriften, Hygieneartikel **kaufen, Geld abheben, Tickets** (auch für Veranstaltungen) **reservieren** und bezahlen (am „Lappi"-Terminal bei Lawson), **Kopien machen**, Anträge für Abholung von Paketen, Koffern etc. abgeben, all das kann man in den Tausenden von *kombini* **in jedem Viertel**. Die bekanntesten Namen dieser ursprünglich aus den USA stammenden Ladenketten sind Am-Pm, Family Mart, Lawson, Seven-Eleven und Sunkus.

Discount-Ketten: Uniqlo, GU, Don Quijote

Jeans für 500 ¥ gefällig? **Uniqlo** gilt sowohl international als auch in Japan selbst als junge, preiswerte Designermode. In Tokyo in der Ginza ist das Hauptgeschäft, weltweit gibt es mittlerweile bereits über 1200 Filialen, seit 2014 auch in Deutschland (Berlin). An Wochenenden gibt es immer Preisnachlässe auf einzelne Produkte. **GU** ist eine neue, noch preiswertere Marke von Uniqlo. Uniqlo-Kleidung zu tragen, gilt als hip, es muss also nicht länger Gucci oder Prada sein wie zur Zeit der „Bubble Economy".

📍**370** [G9] **Uniqlo**, 6-9-5 Ginza, U: Ginza, Ausg. A2, 4 Min., 11–21 Uhr. 12 Etagen.

In den vollgestopften, teils 24 Std. geöffneten Läden von **Don Quijote** gibt es alles zu Discountpreisen, selbst Lebensmittel. Man muss allerdings suchen oder die Angestellten fragen, was es wo gibt. Oder man findet Dinge, die man eigentlich nicht gesucht hat.

100-Yen-Shops (hyaku-en-shoppu)

Die bekanntesten 100-Yen-Shops sind **Daisō** und **Cando** *(kyando)* mit Tausenden von Artikeln oft auf mehreren Stockwerken, jeden Monat kommen Hunderte neue hinzu. Hier kann man sich fast mit 100-¥-Artikeln (mit MwSt. 108 ¥) einrichten, einige wenige wie Kleinmöbel kosten etwas mehr. Sagenhaft, was es so alles für 100 ¥ gibt! Das meiste wird erwartungsgemäß in China produziert, aber exklusiv für die Konzerne, deshalb kommen Chinesen in Japan auch gern in solche Läden. Erstaunlich viele Artikel werden auch in Japan selbst hergestellt.

Book-off

Mittlerweile gibt es jede Menge Bookoff-Läden, einer in Gotanda bietet auch fremdsprachige Bücher *(yōsho)*. Und daneben bieten die Läden viele weitere gebrauchte Produkte wie Geschirr, Spielzeug, Kleidung, Sportgeräte.

📍**371** [D13] **Book-off**, 2-29-5 Nishi-Gotanda, 10–24 Uhr, vom Bhf. die Hauptsraße bis über den Megurofluss, dahinter rechts. Im F2 in der hintersten Ecke stehen mehrere Regale mit meist englischsprachiger, nach Themen geordneter Literatur. Es gibt auch ein Café.

Kimonos

Kimono bedeutet „Anziehzeug". Die heutige Form wurde in der Tokugawa-(Edo-) Zeit entwickelt. Sie schränkt allerdings die **Bewegungsfreiheit** der Trägerinnen stark ein, einer der Gründe, weshalb junge Frauen nur noch zu besonderen Anlässen Kimonos tragen, die sie sich zudem in der Regel nicht allein anziehen können. Neue

Kimono-Trends erlauben den jungen Trägerinnen allerdings mehr Freiheiten bei den Frisuren, den Sandalen, den *Obi,* die es auch schon fertig gebunden gibt, und tragen dazu bei, dass man Kimonos heute wieder häufiger im Straßenbild begegnet.

Es gibt Kimonos für **unterschiedliche Anlässe.** Unverheiratete junge Frauen tragen farbenprächtige Exemplare mit langen Ärmeln *(furi-sode);* Kimonos verheirateter Frauen haben kürzere Ärmel *(tome-sode).* Mit dem Alter bevorzugen Frauen schlichtere Muster und gedecktere Farben, auch die Kimonos für die **Teezeremonie** *(tsuke-age)* haben unaufdringliche Muster und Farben. **Formelle Kimonos** *(mon-tsuki)* sind schwarz, die für freudige Anlässe *(hōmon-gi)* haben vorn prächtige Stickereien, die meist jahreszeitlichen Bezug haben; für Trauerfeiern sind sie schlicht schwarz *(mofuku).* Formelle Kimonos zeigen immer vorn und hinten das Familienwappen *(mon).* Die **Kimonos der Männer** sind schlicht. Zu formellen Anlässen wie der eigenen Hochzeit gibt es ebenfalls einen Überrock *(hakama)* und eine Überjacke *(mon-tsuki).*

Kimonos sind **sehr teuer,** selbst massenproduzierte kosten über 50.000 ¥ (mit Obi und Zubehör 150.000 ¥), formelle sowie handgefärbte Seidenkimonos 300.000 bis über eine Million Yen. Einen Hochzeitskimono nur für einen Tag auszuleihen, kostet bereits 100.000 ¥.

Weitaus günstiger sind **gebrauchte** Stücke. Ausrangierte Hochzeitskimonos *(uchi-kake)* beispielsweise gibt es teilweise äußerst günstig zu kaufen. Alte Kimonos werden gern zu neuen Kleidungsstücken verarbeitet, solche und **gebrauchte Kimonos** sieht man z. B. auf **Flohmärkten** (s. S. 286), wo es sie ab etwa 1000 ¥ gibt. Auch Warenhäuser veranstalten jährliche Sonderverkäufe gebrauchter und neuer Kimonos, gute Seidenkimonos gibt es dort bereits ab 2000 bis 5000 ¥.

Die **leichten Kimonos,** die im Sommer, nach dem Bad oder in Onsen (s. S. 287)

☑ *Fächer sind ein beliebtes und praktisches Mitbringsel. Man kann sie in allen erdenklichen Preiskategorien finden.*

137to-fo©Picturenet Corp

EXTRATIPP

Flohmärkte

Sonntägliche (Antik-)Flohmärkte gibt es in mehreren Schreinen und Tempeln, meist von 8 bis 15 Uhr: **Yasukuni** ④ in Kudan, **Hanazono** [B6] in Shinjuku, **Gokokuji** ⑳ (jeden 2. So. im Monat, ab 7 Uhr) nahe Ikebukuro, **Tomioka Hachimangu** (ab 6 Uhr) in Fukagawa, Nogi-Schrein ⑤⑧ in Roppongi (4. So, www.nogikotto.com).

Den berühmten Oedo Antique Market im Tokyo International Forum ⑦ gibt es jeden 1. u. 3. So. von 9 bis 16 Uhr, bei Regen fällt er aus (http://antique-market.jp/eng/index.shtml). Auf den folgenden Seiten kann man sich über diese und andere Flohmärkte informieren:

❯ www.jnto.go.jp/eng/arrange/travel/
   practical/kottou.html
❯ www.tokyojinja.com/shrine-sale-schedule

getragen werden, heißen **yukata**. Bei Frauen sind sie bunt, bei Männern einfarbig bedruckt. Es gibt sie ab ca. 3000 ¥, z. B. im Sommer bei **Uniqlo** (s. S. 284). Die einfachen *yukatas* zum Schlafen heißen *ne-maki*.

Traditionelle Kunst und Handwerk (dentō kōgei-hin)

Trotz der Glitzerwelt der modernen Riesenkaufhäuser und Einkaufszentren existieren zum Teil seit der Edozeit noch immer **Hunderte von kleinen und kleinsten Läden**, in denen japanisches Handwerk und Kunsthandwerk mit der gleichen Perfektion hergestellt wird wie vor Jahrhunderten. Japanische Handwerker sind stolz auf ihr Können, aber sie werden normalerweise nicht reich davon. Manche machen einfach deshalb weiter, weil sie befürchten, dass ihr Handwerk vielleicht mit ihnen stirbt. Zu diesen gehören auch die von der Regierung zu „lebenden Nationalschätzen" ernannten Meister. Für diese ist die Fortsetzung des kulturellen Erbes aber auch eine Bürde, weil sie in ihrer Kreativität durch die Tradition eingeschränkt werden.

Manches Handwerk wird jedoch auch in der heutigen Zeit überleben, weil es einfach zu Japan gehört. Die Menschen wenden sich gerade auch heute immer wieder gern ihren Wurzeln zu, weil sie in der modernen Zivilisation das Besondere ihrer Kultur und ihrer Traditionen zu verlieren fürchten. Für Japan-Besucher ist dieses Nebeneinander faszinierend. Es gibt **Dutzende von traditionellen japanischen Produkten** des auch heute noch alltäglichen oder einst täglichen Gebrauchs, die Funktion und Ästhetik miteinander verbinden und immer noch gekauft und benutzt werden.

❯ Kaufen kann man manches im Bingo-ya (s. S. 136).
❯ Im **Edo Shitamachi Traditional Crafts Museum** ⑯ kann man sich ebenfalls gut orientieren.

Diese **Websites** stellen einen großen Teil der Produkte in Wort und Bild (Engl.) dar:

❯ www.gotokyo.org/de/tourists/info/basic_
   info/basic/dento/dento1.html
❯ www.tokyo-ryokan.com/shopping_traditio
   nalcraft.htm
❯ Das Faltblatt: „Taito City's Traditional Crafts", erhältlich in den TIC (s. S. 325), informiert und nennt Adressen für den Kauf von Kunsthandwerk.

▷ *Im Azaleengarten des Nezu-Schreins* ⑩⓪ *Ende April*

Tokyo zum Träumen und Entspannen

Tokyo soll etwa **7000 Parks und Gärten** haben, man glaubt es zunächst nicht, bis man durch die Stadt bummelt und unterwegs an vielen kleinen und kleinsten Parks vorbeikommt. Die Einheimischen entspannen sich hier und verzehren während der Mittagspause ihre O-bentō (s. S. 267) oder O-nigiri oder was immer sie an Snacks mitgebracht haben.

Die **Östlichen Palastgärten** ❷ als Teil des Kaiserpalastes ❶ bietet nicht nur einen sehenswerten japanischen Garten, sondern auch eine große Picknickwiese. In dieser Beziehung ist der halb westlich, halb japanisch angelegte **Shinjuku Gyoen** ❻❼ in Shinjuku noch beliebter. Am vielfältigsten ist der Yoyogi-Park ❹❺: An Wochenenden und Feiertagen ist dort immer einiges los.

Noch aus der Edozeit stammende klassische japanische Gärten wie der **Koishikawa Kōrakuen** ❽❷, der **Rikugien** ❽❻, der **Hama-rikyū** ❶❽ oder der **Kiyosumi-Garten** ❶❷❻ bieten reizvolle Teehäuser zum Rasten in kunstvoll gestalteter Natur. Der **Rinshi-no-mori** ❸❻ bietet

dagegen ein Stück echter Natur mitten in der Stadt. Der **Ueno-Park** (s. S. 161) andererseits ist ein klassischer Park im westlichen Stil voller Museen, Tempel, Schreine, mit einem Zoo ❶❶❻ und einem im Sommer mit Lotusblumen bedeckten Teich. Und das sind nur die größten der Parks. Die meisten **Tempel** bieten Ruhezonen in der sie umgebenden Hektik, viele haben eigene Gärten. Ohnehin haben die meisten Wohnviertel den Charakter von Dörfern, so behält die Stadt ihr menschliches Maß und ihren menschlichen Rhythmus.

❯ www.tokyo-park.or.jp/english

Thermalbäder (Onsen) und Badehäuser

Eine wunderbare Art zu entspannen bieten öffentliche Badehäuser und Thermalbäder. Öffentliche Badehäuser (*sento*) gab es früher in jedem Wohnviertel, heute sind sie seltener geworden. Diese Website stellt eine landesweite Auswahl vor: www.sentoguide.info.

- **372** [J4] **Asakusa Kannon Onsen,** 2–7–26, Asakusa, JR/U: Asakusa, Tel. 3844–4141, Do.–Di. 6.30–18 Uhr, Eintritt: 700 ¥. Klassisches Badhaus, natriumbikarbonathaltiges, 45 Grad heißes Wasser.
- **373 Daikokuyu,** 32–6 Senju Kotobukichō, U: Kita-Senju, W-Ausg. 15 Min., Di.–So. 15–24 Uhr, Eintritt: 460 ¥. Gilt für viele als Tokyos schönstes klassisches Badehaus. Überdachter *rotemburo* (nicht nach Geschlechtern getrenntes Bad) im Garten, Sauna 400 ¥ extra.
- **374** [G9] **Komparu-yu,** 8–7–5 Ginza, Tel. 3571–5469, Mo.–Sa. 14–23 Uhr, Eintritt: 460 ¥. Altmodisches Sentō, eine Rarität in der Ginza.
- **32** [H14] **Oedo Onsen Monogatari.** Thermalbad im Stil der Edozeit.
- **375 Rakutenchi Spa,** 4–27–14 Koto-bashi, Sumida-ku, Tel. 3631–4126; JR: Kinshichō, Sōbu Main Line. Größtes Badehaus Tokyos, gute Aussicht vom obersten Stockwerk, tägl. 10–23.30 Uhr, Männer 2400 ¥, Frauen 1800 ¥, Kinder 1050 ¥. Übernachtung in Ruhesesseln möglich.

Tokyo für den Nachwuchs

Für den Nachwuchs hält die japanische Metropole jede Menge **Beschäftigungsmöglichkeiten** bereit. Viele Tempel und selbst kleine Nachbarschaftsparks haben **Kinderspielplätze.** Auf fast jedem Kaufhausdach gibt es kleine **Vergnügungsparks.** Große Abenteuerparcours sind bei Kindern wie Erwachsenen beliebt. Zu erwähnen sind die großen Vergnügungsparks wie **Tokyo Dome City** (s. S. 140) und allen voran **Tokyo Disney Resort** **128**, aber auch eine Reihe sehr interessanter Museen und besonderer Einrichtungen für Kinder.

Gute Tipps für Tagesaktivitäten mit Kindern geben das Buch „Kids' Trips in Tokyo: A Family Guide to One-Day Outings" sowie die Websites www.tokyowithkids.com, www.tokyofamilies.net, http://whereintokyo.com/dbinx/kids.html und http://mylittlenomads.com/tokyo-with-kids.

Man kann in Tokyo alles **kaufen,** was für Kinder gebraucht wird. Kinderbücher (jp.) und Spielzeug gibt es gebraucht bei „Book-off" (s. S. 284). Buggies für die Reise sollten nicht so groß wie hierzulande sein, da es in öffentlichen Verkehrsmitteln, auf den Straßen und sonstwo nicht genug Platz dafür gibt.

Es gibt in und um Tokyo so vieles, was man mit Kindern jeden Alters unternehmen könnte, dass man Wochen und Monate bräuchte, um alle Attraktionen abzuklappern.

⌂ Wunderschöne Kirschblüten im Inneren Palastgarten

▷ Ein Spaß für Kinder: der riesige Gundam-Transformer (s. S. 153)

Attraktionen für Kinder

●376 [E13] **Aqua Park Shinagawa**, Shinagawa Prince Hotel, 4-10-30 Takanawa, JR: Shinagawa, W-Ausg., 2 Min., www.aquapark.jp/aqua/en, Mo.-Fr. 12-22, Sa. ab 10, So./F bis 21 Uhr, Eintritt 1850, Kinder ab 6 J.1050, bis 6 J. 600 ¥, Vergnügungspark extra. Meeresvergnügungspark mit Aquarien in Bahnhofsnähe. Das Aqua Stadium bietet eine Reihe von Attraktionen wie Delfin- und Seelöwenshows, Mantas, Pinguine, mehrere Aquarien, eines mit 20 m Tunnel zum Hindurchgehen, sogar einen kleinen Vergnügungspark.

66 [D7] **Feuerwehrmuseum.** Kindgerechtes Museum mit vielen Attraktionen.

●377 [J10] **Kidzania,** Urban Dock Lala Port Toyosu, 2-4-9, Toyosu, 8 Min. zu Fuß von U: Toyosu (Yūrakuchō Line, Yurikamome Line), www.kidzania.jp/tokyo/en, tgl. 10-15 u. 16-21 Uhr. Filiale des internationalen Themenparks, in dem Kinder von 2 bis 12 Jahren in 70 anspruchsvolle Berufe hineinschnuppern können.

▲378 [B9] **Kiddy Land,** 6-1-9 Jingūmae, www.Kiddy Land.co.jp/en, Mo.-Fr. 11-21, Sa./So. 10.30-21 Uhr. Seit 1950 bestehendes und immer noch sehr beliebtes Kaufhaus für Kinder.

128 [Karte V] **Tokyo Disney Resort.** Ein Besuch im Disney Resort dürfte für viele Kinder ein Highlight des Tokyo-Besuchs darstellen.

●379 [G5] **Tokyo Dome City (Yū-en-chi),** 1-8 Kōraku, meist 10-19 Uhr, Eintritt: 1100 ¥, Kinder 650 ¥, Fahrten extra. Der klassische der größeren Vergnügungsparks in Tokyo, direkt neben der U-Bahn-Station Kōrakuen bzw. JR: Suidobashi.

380 [B9] **Tokyo Metropolitan Children's Museum,** 1-18-24 Shibuya, Tel. 3409-6361, täglich 9-17 Uhr, zweiter Mo. im Monat geschl. Ein Museum, in dem Kinder nach Herzenslust in mehreren Stockwerken spielen können.

381 [I13] **Tokyo Water Science Museum,** 3-1-8 Ariake, Di.-So. 9.30-17 Uhr, Eintritt frei, www.waterworks.metro.tokyo.jp/eng/science/index.html. Alles rund ums Wasser und Wasserwerke, interessant auch für Kinder.

106 [H4] **Ueno Zoo.** Bei Kindern beliebter Tierpark.

027to-ml

Zur richtigen Zeit am richtigen Ort

In einer traditionsbewussten Gesellschaft wie Japan behält das Alte neben dem Modernen, Aktuellen seinen angestammten Platz. Die **großen religiösen Feste** im Jahresverlauf locken Tausende und Abertausende Einheimischer in die Tempel und Schreine und zu den Umzügen in deren Umgebung auf die Straßen. Als ausländischer Tourist fällt man überhaupt nicht auf. Jeder Tempel und Schrein hat eigene wiederkehrende Feste und Rituale. Mit etwas Glück erlebt man auch kleine Feierlichkeiten, die irgendwo in der Nachbarschaft stattfinden. In einer Weltstadt ist schließlich immer etwas los.

Aktuelle Infos zu Veranstaltungen

Die wöchentlich aufgelegten und in Hotels sowie in manchen internationalen Supermärkten oder in den TIC (s. S. 325) ausliegenden Magazine oder Zeitungen, z. B. „Tokyo Weekender" (www.tokyoweekender. com), The Japan Times (Wochenendausgabe, www.japantimes.co.jp/culture_category/ events-tokyo), die Website von Timeout Tokyo (www.timeout.jp „What to do today in Tokyo") geben Auskunft, wo wann welches Fest gefeiert wird und welcher Markt oder welches andere Ereignis stattfindet. Das Monatsmagazin „Metropolis" (http://metropolis.co.jp) stellt neue Trends, vor allem Events, Konzerte u. a. vor.

Die TIC drucken auf Wunsch auch Infos zu Ereignissen des Monats aus. Diese Website gibt Tipps für **Reservierung von Konzertkarten** o. Ä.: www.tokyogigguide.com/tickets.

Die für eine naturverbundene Gesellschaft von Reisbauern charakteristischen **traditionellen Feste (matsuri)** sind einerseits geprägt von **Ritualen** zum Beschwören der Fruchtbarkeit, andererseits von Feiern über die eingebrachten Ernten, denn ihr Jahr folgte dem Rhythmus des Pflanzens und Erntens. Manche dieser archaischen Feste haben auch in den Städten überlebt, wie die Neujahrsrituale oder die seit 500 Jahren in lauen Sommernächten zur Erinnerung an die Vorfahren getanzten **Bon-odori,** andere wurden an die städtische Umgebung angepasst, wie die sommerlichen Feuerwerke am Sumida-Fluss, und wieder andere sind neu entstanden, wie das Yanagi Matsuri in der Ginza im Mai, die spektakulären Choreografien der zweitägigen Genki Matsuri Super Yosakoi in Harajuku im Sommer oder der Samba Carnival (s. S. 295) in Asakusa im August.

Matsuri folgen dem alljährlichen **Kreislauf der Erneuerung.** Jeder Monat hat seinen besonderen natürlichen Reiz, seine eigene Stimmung. Selbst die Plastikdekoration in den Einkaufsstraßen wechselt mit den Jahreszeiten. Viele Feste haben einen religiösen Hintergrund, der sie nicht zuletzt durch den unterschiedlichen Charakter von Shintoismus und Buddhismus für Besucher wie Einheimische gleichermaßen attraktiv macht. Japaner betrachten heute manch traditionelles Fest aus beinahe dem gleichen touristischen Blickwinkel wie wir. Besonders lebhaft geht es bei den Schreinfesten zu, wenn die tragbaren, bis zu einer Tonne schweren Schreine (**o-mikoshi**) von Dutzenden Freiwilliger im Rhythmus der „wasshoi-wasshoi"-Rufe und im wilden Zickzack durch die Nachbarschaft getragen werden. In Japan gibt es keine nationalen Feiertage auf religiöser Basis. Fällt ein **Feiertag** auf einen Sonntag, ist am darauffolgenden Montag frei. Manche sind von vornherein auf einen Montag gelegt, um die Möglichkeit zu einem verlängerten Wochenende zu geben. **Museen,** die sonst üblicherweise montags geschlossen sind, haben dann am Dienstag ihren Ruhetag.

Die Aufzählung der wichtigsten jährlichen Feste und Ereignisse dient nur der groben Orientierung. In den TIC (s. S. 325), im Internet und in Stadtzeitschriften (s. S. 328) erfährt man, was in den nächsten Tagen in Tokyo und Umgebung zu erwarten ist.

Januar

> **1. Jan.,** *Shogatsu:* **Neujahr.** Das wichtigste Fest im Jahresverlauf, vor allem ein Familienfest mit traditionellen vorbereiteten Leckerbissen in Lackkästchen (*o-sechi ryōri,* drei Tage soll die Küche kalt bleiben) und geschmückten Straßen und Häusern. Kaufhäuser bieten Glücksbeutel *(fukuro-bukuro)* an, deren Inhalt mindestens doppelt so wertvoll ist wie der Preis, häufig 10.000 Yen. Die ersten drei Tage des neuen Jahres sind **offizielle Feiertage,** aber die Kaufhäuser öffnen teilweise schon wieder am 2. Januar. Die Neujahrstage sind für Japaner auch eine Zeit für Kurzurlaube: in die heimatlichen Berge zum Skifahren oder an die Strände von Hawaii, nach Südostasien zum Baden. Viele (unverheiratete) Frauen tragen am ersten Arbeitstag des Jahres *(shigoto hajime)* ihre schönsten Kimonos. **Museen** haben meist vom 28.12. bis 3.1. geschlossen.

> **1.–7. Jan.,** *Hatsumode.* Erster Besuch im Schrein oder Tempel, in Tokyo vor allem im Meiji-Schrein **44**, wo für Gesundheit und Glück im kommenden Jahr gebetet wird. Zehntausende sind um Mitternacht an Silvester schon zum Meiji-Schrein unterwegs. Beliebt auch: Asakusa-Tempelbezirk **13**, Yasukuni-Schrein **4** (mit Nō,Koto-Musik, Tänzen). Man kauft gern Hamaya-Pfeile als Glücksbringer gegen Dämonen.

> **2. Jan.:** Die **Kaiserfamilie** zeigt sich im Kaiserpalast dem Volk. Der Innere Palastgarten ist von 9 bis 15 Uhr geöffnet.

> **1.–5./7. Jan.,** *Shichifuku-jin:* Aufsuchen der **Sieben Glücksgötter** (s. S. 188), z. B. in Ebisu (s. S. 78), Fukagawa (s. S. 179), Mukōjima (s. S. 168), Ningyōchō (s. S. 39), Yanaka (s. S. 155).

> **6. Jan.,** *Shōbō Dezomeshiki:* **Neujahrsparade der Feuerwehr** am Harumi-Pier. Spektakulär die Demonstrationen an Bambusleitern in Kostümen der Edo-Zeit; Beginn ca. 10 Uhr.

> **Zweiter Montag,** *Seijin-no-hi,* „Tag des Erwachsenwerdens". Offizieller Feiertag: In den Stadthallen der Bezirke versammeln sich die volljährig (20 Jahre alt) Gewordenen zu offiziellen Zeremonien. Dabei tragen vor allem die jungen Frauen ihre schönsten und farbenprächtigsten Kimonos.

Februar

> **3. oder 4. Feb.,** *Setsubun.* Die nach dem chinesischen astrologischen Kalender an diesem Tag geborenen Frauen und Männer, aber auch z. B. prominente Sumo-Kämpfer, werfen mit gerösteten Sojabohnen gegen mögliche Dämonen innerhalb oder außerhalb des Hauses mit den Worten: „Oni wa soto, fuku wa uchi" („Dämonen hinaus, Glück hinein"). Das Fest wird in allen Tempeln, Schreinen, in den meisten Familien gefeiert. Ursprünglich war das Fest ein Exorzismusritual zur Vorbereitung der Reisfelder für das Pflanzen. Traditionell galt der Tag auch als **Frühlingsanfang** (nach dem Mondkalender; entspricht dem chinesischen Frühjahrs-

fest bzw. Neujahr, für Chinesen das wichtigste Fest des Jahres). Vor allem in Yokohama
wird in Chinatown **139** das **chinesische Neujahrsfest** gefeiert (nach dem Mondkalender
bestimmt, zwischen Ende Januar und Mitte
Februar), auf Japanisch heißt es *Shunsetsu-
sai*. Es gibt Löwen- und Drachentänze.

> **14. Feb.,** *Valentine.* Unverheiratete Frau-
en schenken am **Valentinstag** den (jungen)
Männern, die ihnen in Schule oder Firma
sympathisch sind oder denen sie Respekt
zollen müssen, Schokolade *(giri choko),* im
Durchschnitt sind es rund ein Dutzend Kollegen. Wehe dem Mann, bei dem nichts auf
dem Tisch steht. Aber: Am *White Day,* einen
Monat später, müssen die Beschenkten sich
in doppelter Höhe revanchieren (mit weißer
Schokolade plus Geschenken wie Mode-
schmuck). Die Sitte wurde in den 1960er-
Jahren von cleveren Händlern eingeführt.

> **25.2.–15.3.,** *Ume Matsuri.* **Pflaumenblüten-
fest** mit Teezeremonien im Freien *(no-date)*
an den Wochenenden. In Tokyo vor allem am
Yushima-Tenjin **95** .

Golden Week

In der **Golden Week** vom 29.4. bis 5.5.
liegen vier offizielle Feiertage (s. r.) hintereinander, meist noch ergänzt durch ein
Wochenende. Die Woche wird vielfach
für Kurzreisen im Inland, aber auch ins
Ausland genutzt (Urlaub ist in Japan sehr,
sehr knapp). Überfüllte Züge, Bahnhöfe,
Flughallen, Autobahnen und Hotels sind
die Folge, eine halbe Million Japaner fliegen dann in die Welt hinaus. Tokyo wird
in dieser Zeit dafür deutlich ruhiger.

März

> **3. März,** *Momo-no-Sekku* bzw. *Hina Matsuri:*
Mädchen- oder Puppenfest. In den Häusern,
in denen Mädchen aufwachsen, werden trep-
penartige, mit rotem Tuch drapierte Gestelle
mit Puppen, die den kaiserlichen Hofstaat repräsentieren, aufgestellt. Die Puppen sind die
hina ningyō, sie sind meist sehr teuer (oft Erb-
stücke) und symbolisieren häusliches Glück
für die Töchter. Häufig erhalten Mädchen bei
der Geburt ihre ersten Puppen. Die jungen
Frauen feiern Partys, bei denen weißer Reiswein *(ama-zake)* und rhombenförmige Reis-
kuchen *(hishi-mochi)* angeboten werden.

> **26.3.–15.4.,** *Sakura Matsuri:* **Kirschblü-
tenfest,** auch **Hanami** („Blüten sehen") genannt. Picknick und Trinkgelage zu Füßen
der Sakura-Bäume, am intensivsten gefeiert
im Ueno-Park (rund 250.000 Menschen pro
Tag), sehenswert auch in Chidorigafuchi am
Palastgraben (ohne Partys) sowie auf dem
Aoyama-Friedhof **52** , entlang von Kanda-
und Meguro-Fluss und an anderen Orten.
Kirschblüten sind die Boten des Frühlings
und Symbol für vergängliche Schönheit.

◁ *Tulpenteppich in der Ginza*

EXTRATIPP

Offizielle Feiertage (shukujitsu)

- ❭ 1.1.: **Neujahr** *(Ganjitsu)*
- ❭ Zweiter Montag im Januar: **Tag des Erwachsenwerdens** *(Seijin-no-hi)*
- ❭ 11.2.: **Staatsgründungstag** *(Kenkoku Kinenno-hi)*. An diesem Tag wurde 660 v. Chr. der erste Kaiser gekrönt.
- ❭ 21.3.: **Frühjahrs-Tag-und-Nacht-Gleiche** *(Shunbun-no-hi)*. Besuch der Familiengräber, Frühlingsbeginn.
- ❭ 29.4.: **Showa-Tag** *(Shōwa-no-hi)*. Bis zum Tod von Kaiser Hirohito (Shōwa Tennō) dessen Geburtstag *(Tennō-no-tanjōbi)*; wegen der „Goldenen Woche" (siehe links) wurde der Feiertag beibehalten, aber umbenannt.
- ❭ 3.5.: **Tag der Verfassung** *(Kempō-kinembi)*
- ❭ 4.5.: **Tag der grünen Umwelt** *(Midori-no-hi)*. Verbindungsfeiertag zwischen dem 3. und 5.5.
- ❭ 5.5.: **Jungen- bzw. Kindertag** *(Kodomo-no-hi)*
- ❭ Dritter Montag im Juli: **Tag des Meeres** *(Umino-hi)*. An diesem Tag wird an die Seereise des Meiji Tennō (s. S. 305) im Jahre 1876 von Hokkaidō nach Tokyo erinnert.
- ❭ 11.8.: **Tag der Berge** *(Yama-no-hi)*. Japan ist zu 80 % von Bergen bedeckt. Der Tag symbolisiert also deren Bedeutung.
- ❭ Dritter Montag im September: **Tag der Alten** *(Keirō-no-hi)*
- ❭ Um den 23.9.: **Herbst-Tag-und-Nacht-Gleiche** *(Shubun-no-hi)*
- ❭ Zweiter Montag im Oktober: **Tag des Sports und der Gesundheit** *(Tai-iku-no-hi)*. Massensportveranstaltungen u. a.
- ❭ 3.11. **Tag der Kultur** *(Bunka-no-hi)*. Verleihung des Kulturordens an verdienstvolle Persönlichkeiten aus Kunst und Wissenschaft; Musikfestivals.
- ❭ 23.11. **Tag des Dankes an die Arbeiter** *(Kinro-kansha-no-hi)*
- ❭ 23.12. **Geburtstag des Heisei-Tennō (Kaiser Akihito)** *(Tennō-tanjōbi)*

Zusätzlich zu den Festen, von denen die meisten aus Platzgründen nicht erwähnt werden können, gibt es bestimmte Tage, die man bei der Besichtigung der Stadt beachten sollte, so finden z. B. im **Meiji-Schrein** 44 samstags oft Besuche der Hochzeitsgesellschaften statt, die Hochzeitspaläste (z. B. der Happō-en 39) haben dann Hochbetrieb. Im **Yoyogi-Park** 45 ist an **Wochenenden** immer etwas los, die **Flohmärkte** finden oft **sonntags** in Schreinen statt, bzw. abwechselnd im Tokyo International Forum 7 und im Yoyogi-Park.

April

- ❭ 8. Apr., *Hana Matsuri*: **Buddhas Geburtstag, Blumenfest.** Kleine Buddhastatuen werden in Tempeln mit süßem Tee *(ama-cha)* begossen. Es gibt Paraden mit weißen Pappmaschee-Elefanten, besonders beliebt im Asakusa-Tempel 113 , Tsukiji-Honganji 16 und im Gokokuji 80 .
- ❭ 29.4.–3.5., **Frühlingsfest.** Meiji-Schrein 44 , u. a. *Bugaku, Nō* (s. S. 93) *Kyūdō* (Bogenschießen), klassische Musik, Tänze.

Mai

- ❭ 5. Mai, *Tango-no-Sekku* bzw. *Kodomo-no-hi.* **Jungen- bzw. Kindertag.** Stoffkarpfen werden an Fahnenstangen gehisst, um – hoffentlich – im Wind zu flattern. Der **Karpfen** gilt als Symbol für „männliche Tugenden" wie Ausdauer, Energie, Ehrgeiz, Kraft und starken Willen. Karpfen schwimmen kraftvoll gegen den Strom, ebenso sollen Jungen Schwierigkeiten meistern und Hindernisse im Leben überwinden. Drinnen im Haus wird eine Sa-

murai-Puppe *(gogatsu-ningyō)* aufgestellt: Mögen die Söhne stark und furchtlos werden wie Krieger.

› **Mitte Mai: Kanda-Schreinfest.** Bei diesem Fest werden zwei riesige Mikoshi durch die Straßen der Umgebung getragen, in den ungeraden Jahren in großem Stil. Myōjin-Schrein 94 in Kanda.

› **19./20. Mai,** *Sanja-Matsuri:* eines der drei **großen Feste** in Tokyo, mit Geisha-Parade, Prozession mit hundert *mikoshi,* Tänzen usw. im Asakusa-Jinja (Schrein).

Juni

› **9./10. Juni,** *Hōzuki-ichi:* **Blasenkirschenmarkt** im Sensōji-Tempel in Asakusa 113; Blasenkirschensträucher und Windrädchen werden verkauft; zugleich heißt dieser Tag *shi-man roku-sen-nichi* = 46.000 Tage: Ein Besuch an diesem Tag ist so viel wert wie 46.000 Besuche an normalen Tagen.

› **Mitte Juni in geraden Jahren: Sanno Matsuri** im Hie-Schrein 55 in Akasaka, eines der drei großen traditionellen Feste der Stadt

› *Chūgen:* halbjährliche **Geschenkesaison.** Hier macht man Pflichtgeschenke für Personen, denen man Respekt oder Dank schuldet. Die Sitte hat sich aus den Ahnenopfern zum Bon-Fest abgeleitet.

Juli

› **7. Juli,** *Tanabata.* Sternenfest auf alter chin. Sage beruhend, bunte Papierstreifen mit Gedichten oder Wünschen werden an Bambusstangen aufgehängt.

› **13.–16. Juli,** *Mitama-Matsuri.* Die **Seelen der Ahnen** kommen zu dieser Zeit in die Welt der Lebenden, für sie werden Lichter und Laternen angezündet (6000 am Yasukuni-Schrein 4); überall werden **Bon-Tänze** *(Bon-Odori)* veranstaltet, an denen alle – auch ausländische Besucher – teilnehmen

Das Jahr der Blüten in Tokyo

Die **Jahreszeiten** spielen in Japan eine sehr wichtige Rolle, die Blüten und Pflanzen der Jahreszeit werden bewusst wahrgenommen.

❯ **Januar: Kamelien** (tsubaki), allerdings nur auf den Tokyo-Inseln

❯ Ende Januar bis Anfang **März: Pflaumen** (ume), v. a. im Yushima-Tenjin **95**

❯ Ende **März** bis Anfang **April: Kirschblüte** (sakura) in Tokyo, nach Norden zu bis Mitte Mai

❯ Mitte **April: Blüten-Hartriegel** (hanamizuki), quasi als Fortsetzung der Kirschblüten, ursprünglich aus Amerika; **jap. Pfingstrosen** (botan), v. a. im Tōshōgū-Schrein im Ueno-Park **108** **Blauregen/Glyzinien** (fuji), v. a. im Kameidō-Tenjin-Schrein **124**

❯ Mitte **April** bis Mitte **Mai: Azaleen** (tsutsuji), v. a. im Nezu-Schrein **100**

❯ **Juni: Iris** (ayame, shōbu), v. a. im Iris-Garten des Yoyogi-Parks **45**, **Hortensien** (ajisai)

❯ Mitte **Juli** bis **August: Lotosblumen** (hasu) im Shinobazu-Teich in Ueno (s. S. 161), **Blasenkirschen** (hōzuki), v. a. im Sensōji-Tempel in Asakusa **113**, **Winden** (asagao)

❯ Mitte **Oktober** bis Mitte **November:** Ausstellungen von **Chrysanthemen** (kiku) in zahlreichen Gärten, Parks und Schreinen

❯ Mitte **November:** **Laubfärbung** (kōyō) in Tokyo mit den wunderbaren japanischen Ahornblättern (momiji), im Norden ab Oktober

❯ **Dezember:** goldene Laubfärbung der **Ginkgobäume** (itchō), v. a. in der Ginkgo-Allee zum Meiji-Schrein **44** in Aoyama

können, schöne Atmosphäre, die Tänze ziehen sich teilweise bis Anfang September hin.

❯ **28. Juli,** Hanabi-Taikai. Feuerwerk (hana-bi = „Blumenfeuer") von 19 bis 21 Uhr am Edo-Fluss, nahe **Shibamata** und **letzter Samstag** im Juli: großes **Feuerwerk** am **Sumida-Fluss,** Asakusa, Menschenmassen am Flussufer und Partys auf Hausdächern.

August

❯ **15. Aug.,** Bon-Sutren im Sensōji: **Laternen** auf dem Sumida-Fluss, Asakusa. **O-bon** ist das **Fest der Seelen der Ahnen** (Mitte Juli oder Mitte August, vergleichbar mit Allerheiligen). Familien besuchen die Familiengräber, um die anlässlich des Festes zurückgekehrten Geister (kami) der Verstorbenen zu grüßen und sie nach Hause zu geleiten. Die Laternen symbolisieren die Heimkehr der kami über das Meer ins Jenseits. Es ist auch für die Lebenden die Zeit der kurzzeitigen Rückkehr in die Heimat oder hinaus in die Welt zu einem weiteren Kurzurlaub.

❯ **Letzter Samstag: Sambafest** in Asakusa (s. S. 168) mit einheimischen und brasilianischen Sambagruppen

❯ **31.8.–3.11., Herbstfest:** Meiji-Schrein **44**, großes Festprogramm zum Dank für gute Ernte

September

❯ **21.–23. oder 24. Sept.,** Shubun no-hi: („Herbst-Tag-und-Nacht-Gleiche"). Offizieller Feiertag, Besuch der Familiengräber.

◁ Tanz des Weißen Kranichs während des Jidai-Matsuri-Umzugs in Asakusa

Oktober

› **Anfang des Monats,** Tokyo-Fest: zum Gedenken an den Bau der ersten Burg von Edo an der Stelle des Kaiserpalastes im Jahre 1457; u. a. Hafenfest, Parade von blumengeschmückten Festwagen, Laternenprozession.

› **Ab Monatsende: Chrysanthemenmärkte,** z. B. im **Asakusa-Kannon-Tempel** ⑬

› **Halloweenpartys** werden nach amerikanischem Vorbild gefeiert, besonders in Shibuya. In Ikebukuro gibt es ein großes Cosplay-Festival.

November

› **3. Nov.,** *Jidai Matsuri* (13.30–15.30 Uhr): Umzug mit historischen Kostümen, u. a. auch *shirasagi no mai:* **Tanz des weißen Kranichs.** Sensōji, Asakusa-Tempel ⑬, Tōkyo. *Tori-no-ichi:* **Hahnenmarkt,** Otori-Schrein, Asakusa. An den Tagen des Hahns (nach asiatischem Tierkreis) werden die Glücksbringer **kumade** (Bärentatzen = reich geschmückte Bambusharken), verkauft.

› **15. Nov.,** *Shichi-go-san:* 3-, 5- und 7-jährige Kinder gehen in hübschen bunten Kimonos bzw. Anzügen gemeinsam mit ihren Eltern zu Schreinen, vor allem zum Meiji-Schrein ㊹ (auch am darauffolgenden Wochenende), Asakusa-jinja u. a. Die Eltern danken für das **Heranwachsen der Kinder,** Priester bitten in ihrem Auftrag um Gesundheit und Erfolg. Anschließend gibt es Zuckerstangen *(chitose-ame),* und die Kinder läuten die Schreinschelle.

Dezember

› **Dezember:** überall werden **Jahresendepartys** *(bō-nen-kai)* gefeiert.

› **17.–19. Dez.,** *Hagoita-ichi:* Verkauf der reich geschmückten traditionellen Federballschläger *(hagoita)* und anderer **Neujahrsschmuck.**

› **23. Dez., Geburtstag des Heisei-Tennō** (Kaiser Akihito), offizieller Feiertag. Der Innere Palastgarten darf erneut betreten werden. Der Tennō hält eine Ansprache.

› **24. Dez.,** Weihnachten spielt als christliches Fest kaum eine Rolle. Kinder feiern Partys, und junge Paare mieten sich für den romantischen Abend ein Hotelzimmer, z. B. in einem der Luxushotels an der Tokyo Bay nahe dem Disney Resort ⑫⑥, ein teurer Spaß. Als Essen für Heiligabend haben sich seltsamerweise Hühnchen à la KFC eingebürgert.

› **31. Dez.,** *Omisoka.* In vielen Familien werden Reiskugeln *(o-mochi)* geformt; vor bis kurz nach Mitternacht werden die langen Nudeln *toshi-koshi-soba* (Symbol für langes Leben) verzehrt. Um diese Zeit erklingen in allen Tempeln 108 Glockenschläge *(joya-no-kane)* für die 107 Sünden des alten Jahres, einer für die des neuen Jahres. In Tokyo um oder nach Mitternacht Schreinbesuche.

TOKYO VERSTEHEN

029to-ml

Das Antlitz der Metropole

Aus dem Flugzeug gesehen erscheint Tokyo wie ein unübersehbares Häusermeer, das sich fast lückenlos über die Kantō-Ebene, die größte des Landes, ausdehnt. Das gesamte **Ballungsgebiet** ist die Heimat von rund **35 Millionen Menschen**, einem Viertel der Gesamtbevölkerung Japans. Damit dürfte diese Megalopolis in einer Zeit rasend schnell wachsender Dritte-Welt-Metropolen wie Jakarta und Manila auch heute noch eine Weile Weltspitze bleiben. Tokyo als Verwaltungseinheit hat jedoch „nur" **13 Millionen Einwohner** – und das seit Jahren mehr oder weniger unverändert. Aber die Tagesbevölkerung schwillt auf fast das Doppelte an, was „Doughnut" oder „Pfannkuchen-

Effekt" genannt wird, weil die Angestellten aus den endlosen Vorstädten morgens zur Arbeit in die Stadt und abends wieder zurück nach Hause pendeln. Die Gestalt der Provinz Tokyo ist recht eigenartig: Als langgezogener Schlauch erstreckt sie sich vom nördlichen Ende der Tokyo-Bucht in nordwestlicher Richtung bis zu den Bergen des **Chichibu-Tama-Nationalparks.** Dort, am Schnittpunkt der drei Präfekturen Tokyo, Yamanashi und Saitama, liegt die höchste Erhebung der Präfektur Tokyo: der **2018 m hohe Kumotori-Yama** („Wolkenzieher-Berg"). Der Stadtkern liegt knapp westlich des 140. östlichen Längengrades und südlich des 36. nördlichen Breitengrades.

Zur Verwaltungseinheit Tokyo gehören auch die Tokyo- bzw. **Izu-Inseln,** bestehend u. a. aus den der Izu-Halbinsel vorgelagerten Inseln – Ōshima (mit dem aktiven Mihara-Vulkan), Niijima, Kōzu, Miyake (mit seinem Anfang 2000 ausgebrochenen Vulkan) und Hachijō sowie die bis zu 1300 km (!) von Tokyo entfernten **Ogasawara-Inseln** (Ogasawara Shotō), auch „Nan-po" („Südliche Inseln") bzw.

◁ *Vorseite: Blick vom „Seaside Top"* ㉕ *auf Stadtautobahn und Hama-rikyū-Garten* ⑱

▽ *Der rote Tokyo Tower* ㉓ *überragt das Tokyoter Häusermeer*

030to-fo©Konstantin Kalishko

„Bonin-Inseln" genannt. Diese bilden den Ogasawara-Nationalpark und liegen weit draußen im Pazifik.

Mehrere **Flüsse** durchziehen das Häusermeer, drei bilden Stadtgrenzen: der Tama-gawa im Südwesten nach Kanagawa, der Edo-gawa im Osten nach Chiba, der Ara-kawa im Norden auf einem kurzen Abschnitt nach Saitama. Der eigentliche Tokyoter Fluss ist der kleinste im Bunde, der **Sumida-gawa**, der sehr kurz ist und stets parallel zum Ara-kawa verläuft. In der Tokyo-Bucht wird laufend auf künstliche Weise Land hinzugewonnen. Die Fläche der Präfektur beträgt 2410 km², die des eigentlichen Stadtgebietes 581 km². Dieses ist in 23 Bezirke *(-ku)* aufgeteilt. Außerhalb gehören noch 26 größere *(-shi)* und sieben kleinere *(-machi)* Städte sowie neun Dörfer bzw. Gemeinden *(-mura)* dazu, wobei dies nicht wörtlich zu nehmen ist: Es handelt sich um große, aber dünn besiedelte Gebiete der Gebirgsregionen und die kleinen Pazifikinseln, deren Autos übrigens meist auf den Bezirk Shinagawa registriert sind.

Die Stadtviertel

Die eigentliche **Stadtmitte** Tokyos ist das 40 ha große Parkgelände des Kaiserpalastes ❶. Zwischen dem Wassergraben, in dem sich die einstige Festung bzw. der heutige Palast befindet, und dem heute nur noch teilweise erhaltenen äußeren Grabenring lagen in der Feudalzeit die Wohnsitze der Lehnsherren und Samurai. Außerhalb hatten sich die Handwerker und Kaufleute angesiedelt.

Heute haben sich um die fast leere Mitte herum die verschiedenen Zentren entwickelt, jedes mit eigenem Charakter. In **Kasumigaseki** und **Nagata-chō** liegen das Parlament und ein Großteil der Regierungs- und Verwaltungsgebäude. In **Roppongi** treffen sich meist junge, amüsierfreudige Nachtschwärmer. Das „Big Business" hat seine Heimat in **Marunouchi** und **Ōtemachi**.

Die großen Einkaufsviertel sind die elegante **Ginza** mit **Shimbashi** und die an den Knotenpunkten von Bahnlinien entstandenen neueren, quirligen Zentren **Shibuya** mit **Harajuku** und **Aoyama**,

Shinjuku und **Ikebukuro** sowie das traditionelle „Downtown"-Viertel **Ueno** mit **Asakusa**, wobei die Akihabara Electric Town ❾⓻ südlich von Ueno spezielle Bedürfnisse befriedigt.

Hochklassige und hochpreisige Wohnviertel liegen u. a. in **Kōjimachi, Akasaka, Azabu** (wo viele Botschaften ihren Sitz haben) und in **Daikanyama, Shirokanedai, Den'en-chōfu, Jiyugaoka, Shimo-Kitazawa** (südwestlich des Zentrums). Überhaupt besteht Tokyo auch heute noch aus Hunderten, wenn nicht Tausenden von „Dörfern": den ruhigen Wohnvierteln, die oft unmittelbar neben den lauten Geschäftsvierteln liegen und zur erstaunlich hohen Lebensqualität der Stadt beitragen. Allerdings hat es mit Appartementhochhäusern im Stadtzentrum, z. B. an der Mündung des Sumidagawa, eine gewisse Gegenbewegung zurück in die Stadt gegeben.

Das innere Zentrum ist flach, während die Yamanote-Viertel nach Westen hin höher liegen *(Yama-no-te* bedeutet „bergseitig"). Tokyo hat sich seit der Meiji-Zeit überwiegend westwärts entwickelt, nun sind starke Entwicklungsimpulse entlang der Ufer des Sumida-Flusses und in den Stadtteilen im Osten unübersehbar.

Von den Anfängen bis zur Gegenwart

Vorgeschichte Edos

14.000 bis 300 v. Chr. Jungsteinzeit, in Japan **Jōmon-Zeit** nach der Art der eigenständigen Verzierung auf Keramiken *(Jōmon* = Schnurmuster) genannt. Die Gegend um das heutige Tokyo war in dieser Zeit schon lange besiedelt und zeigt **Vorläuferformen der japanischen Kultur**, z. B. Schamanismus, Ansichten über die Natur; die Menschen ernährten sich von Fisch, Muscheln, wilden Tieren, Nüssen, Früchten, Wurzeln und lebten in Grubenhäusern, die halb in die Erde gegraben wurden und mit Strohdächern gedeckt waren. Die Jōmon-Kultur war über ganz Japan verbreitet. Als Jōmon-Volk bezeichnet man jedoch Vorläufer der Emishi und Ainu, die später von den Japanern nach Norden (Tōhoku und Hokkaidō) abgedrängt wurden. In der **späten Phase** (2500–1000 v. Chr.) siedelten angesichts einer Klimaverschlechterung größere Menschengruppen entlang der Ostküste Honshus. Aus dieser Zeit stammt auch der Muschelhaufen *(shell mound)* von Ōmori im Süden Tokyos. Archäologen bezeichnen den nächsten Zeitabschnitt als **Yayoi-Zeit** (Bronzezeit 300 v. bis 300 n. Chr.) wegen der nahe dem Gelände der Tokyo-Universität in Yayoi gefundenen rötlichen, härteren, auf Töpferscheiben hergestellten Keramik. In dieser Zeit soll schon Reisanbau praktiziert worden sein.

Auch die Geschichte des **Asakusa-Kannon-Tempels** ⓫⓬ weist weit in die Vergangenheit zurück: Im Jahre **628** sollen Fischer mit ihrem Netz aus dem nahen Sumida-Fluss eine kleine Kannon-Statue gefischt haben, die dann zum Bau eines ersten Tempels geführt hat (s. S. 168). Zahlreiche Shintō-Schreine bestanden schon lange vor der Gründung Edos und der ersten buddhistischen Tempel.

Die Ursprünge Edos

1261 baute sich ein jüngeres Mitglied des in Chichibu residierenden Taira-Clans auf einem Ausläufer der leicht erhöhten Ebene von Musashi nahe der Mündung des Flüsschens Hirakawa und unweit der Mündung des Sumida-Flusses ein befestigtes Haus. Er nannte den Ort und seine Familie **Edo** („Flussmündung") und sich selbst fortan *Edo Shigenaga*. Nach seinem Tod erweiterte die Familie ihren Landbesitz, der jedoch unter den Söhnen aufgeteilt wurde. Einer von ihnen hieß Shibuya, so heißt heute noch ein Stadtteil. Das Land wechselte in der Folge mehrfach die Besitzer. Dort, wo jetzt der Kaiserpalast steht, errichtete 1457 ein Mitglied einer von den Minamoto abstammenden Daimyōfamilie, **Ota Dōkan**, ein befestigtes Schloss; er gilt daher als eigentlicher **Gründer der Stadt**. Man weiß wenig über ihn, außer dass er ein geschickter militärischer Stratege war, gern dichtete und als Mönch lebte. Die Grabung des Nihonbashi-gawa (Fluss) und Errichtung des Hie-Schreins 55 sollen auf ihn zurückgehen. 1486 wurde er auf Geheiß eines Fürsten des die Gegend beherrschenden Uesugi-Clans ermordet, woraufhin das Schloss vollkommen an Bedeutung verlor und verfiel.

Toyotomi Hideyoshi (1537–1598), der Einiger Japans nach langen Kriegswirren, besiegte **1590** den Clan der „späten Hōjō" und damit die acht östlichen Provinzen, zu denen auch Edo gehörte. Diese nun bot er seinem Kampfgefähr-

ten **Tokugawa Ieyasu** im Tausch gegen dessen drei strategisch bedeutsame Provinzen entlang des Tōkaidō und schlug ihm vor, das Schloss in Edo zu errichten. Zum Missfallen seiner Berater akzeptierte Ieyasu das Angebot und zog noch im selben Jahr dorthin. Die Berater waren entsetzt, denn sie sahen in dem schmalen Streifen Land zwischen der Edo-Bucht und der Wildnis von Musashi wenig Attraktives. Auch fehlte es an Trinkwasser. Es schien, als hätte der schlaue Hideyoshi da einen guten Deal gemacht. Sowieso wollte der seinen potenziell gefährlichsten Rivalen möglichst weit weg von Kyōto und Osaka halten.

128to-ml

▷ *Nachbildung einer alten japanischen Grabfigur im Hibiya-Park* ❻

Doch der geduldige und weitsichtige Ieyasu erkannte schnell die Vorteile: Die tief eingeschnittene Bucht von Edo bot mehr Schutz als ein Hafen am offenen Meer, der Ort war der am weitesten vom Festland entfernte, von woher Invasoren wie seinerzeit die Mongolen kommen konnten. Edo lag am Schnittpunkt der Straßen nach Osten, Norden und durch die Berge sowie an der Schwelle zur Kantō-Ebene, der größten Schwemmlandebene des Landes. Freilich musste einiges getan werden. Das wilde, hügelige Land von Musashi war wenig fruchtbar, eignete sich aber immerhin für die Pferdezucht. Da gab es sumpfige Gebiete, durchzogen von mehreren Flüssen, zwischen dem Wasser und dem schmalen Streifen flachen, festen Landes vor den wie fünf Finger einer Hand verlaufenden Ausläufern der Musashi-Ebene (auf diesen Yama-no-te = Berghand genannten Fingern liegen heute Ueno, Hongō, der Kaiserpalast, Azabu und Takanawa). Land musste also gewonnen werden: Hibiya war eine Meeresbucht, die Ginza und Tsukiji waren noch Wasser, die Wellen reichten bis vor das Schloss.

Wie damals üblich plante Ieyasu eine Stadt nach dem Modell von Chang'an in China bzw. Kyōto. Dazu musste er jedoch die Stadt um 100 Grad gegenüber der damals allgemein gültigen chinesischen Regel drehen: statt dem großen Berg für den Gott Xuanwu im Norden, stand der große Berg Fuji im Westen von Edo, im Osten hatte er dafür den Hirakawa-Fluss (für den Drachengott), im Süden die Edobucht (für den Phönix), im Westen den Tokaidō, bewacht vom Tigergott. Ein Haupttempel musste im Nordosten zum Schutz vor von dort erwartetem Unheil errichtet werden. Es wurde der Kan'eiji **107** in Ueno.

Noch während dieser Plan ausgeführt wurde, starb Hideyoshi **1598**. Ieyasu besiegte die Truppen von Hideyori, dem Sohn und offiziellen Nachfolger von Hideyoshi, in der entscheidenden **Schlacht von Sekigahara**, wurde **1603** zum Shōgun ernannt und machte Edo zur Verwaltungshauptstadt des **Tokugawa-Shogunats**, das als **Edo-Zeit** in die Geschichte einging und die bis heute andauernde Blütezeit von Tokyo einleitete.

Edo-Zeit (1603–1867)

Damit wurde jedoch ein neuer Stadtplan notwendig. Nach seiner Machtergreifung baute Ieyasu Edo bewusst als Gegengewicht zu Kyōto aus. Um die über zweihundert Daimyō unter Kontrolle zu halten, mussten sie jeweils ein Jahr in Edo leben, die Familien mussten ganz nach Edo ziehen, gewissermaßen als Pfand. Die Daimyō-Prozessionen nach Edo und in die Heimat zurück mussten auf Kosten der Provinzfürsten mit viel Aufwand und Pomp durchgeführt werden. Das ging ihnen an die Substanz. Vom Schloss aus ließ Ieyasu in einer weiten Spirale Gräben bzw. Kanäle um die Festung herum ziehen. Nahe am Schloss durften sich die engen Verbündeten und Vasallen von Ieyasu ansiedeln. Weiter außen auf der Hügelseite im Westen und Norden bauten die früheren bzw. potenziell gefährlichen Gegner ihre Residenzen. Alles war auf Kontrolle und **Herrschaftssicherung** ausgerichtet. So waren z. B. die Gärtner in den großen Gärten der Samurairesidenzen (z. B. die noch erhaltenen Landschaftsgärten Koishikawa Kōrakuen **82** und Rikugien **86**) großteils Spione. Allerdings saßen Spioninnen auch hinter dem Bett des Shōgun, um ggf. zu verhindern, dass der Herrscher Geheimnisse ausplauderte.

Mit den Daimyōs und ihren Samurai kamen zunehmend Leute in die Stadt, die hier eine Chance für ihren Lebensunterhalt sahen. In der Gegend des heutigen Nihonbashi siedelten unterhalb des Schlosses und der Daimyō-Residenzen nahe am Meer die Kaufleute, nördlich davon in Kanda und südlich davon in Kyōbashi die Handwerker, die in bewachten, nach Zünften getrennten Vierteln lebten. Diese tief liegenden Viertel waren die Unterstadt *(shita-machi)*.

Die Stadt war gerade gemäß dem Plan fertig geworden, die Residenzen der Daimyō erstrahlten im Glanz der **Momoyama-Epoche,** der über 60 m hohe Turm des Shōgun-Schlosses, der höchste im Lande, überragte Edo, das mit 400.000 Einwohnern schon größer als Kyōto war, als zwei Wochen nach Neujahr des Jahres **1657** die erste der berüchtigten **Feuersbrünste** in der Stadt ausbrach: das *Furisode-* („langer Kimonoärmel") bzw. *Meireiki-* (benannt nach dem Zeitabschnitt Meireiki) Feuer, das nach 80 regenlosen Tagen, verstärkt durch starke Stürme, drei Tage lang wütete und eine zerstörte Stadt hinterließ: 108.000 Menschen starben in den Flammen, durch Ertrinken beim Versuch, den brückenlosen Sumida-Fluss zu durchqueren, oder nach dem Brand im Schneefall an Erfrierung. **Drei Viertel der Stadt waren abgebrannt,** darunter der größte Teil des Schlosses einschließlich des nie wiederaufgebauten Turmes, mehr als 500 Häuser der Daimyō, rund 800 Samurai Häuser, 350 Tempel und Schreine. Die Regierung verteilte Reis an die Bevölkerung und plante sofort den Wiederaufbau.

Breite Feuerschneisen wurden geschaffen, die Tempel an die damaligen Randbezirke verlegt, wo sie noch heute in großer Konzentration stehen: Tsukiji, Fukagawa, Honjo, Asakusa, Yanaka, Yushima, Hongō, Yotsuya, Azabu. Bei Ryōgoku wurde **1660** die erste **Brücke über den Sumida** gebaut. Sümpfe wurden trockengelegt, neues Land aus dem Meer gewonnen. Der vorher schon künstlich gegrabene Kanda-Fluss erhielt eine 7 m hohe Ufereinfassung. Kiefern wurden darauf gepflanzt, heute sind es Sakura-Bäume.

Die Daimyō bauten sich zwei zusätzliche Residenzen weiter entfernt vom Schloss: In der mittleren wohnten fortan die Familien, in der äußeren bewahrten sie Güter auf oder richteten sie als ländliche Villen ein, zur Erholung oder um sich dorthin im Falle eines neuen Brandes zurückzuziehen. Allerdings wurden sowohl das Schloss wie auch die Fürstenresidenzen weit weniger glanzvoll aufgebaut.

Genroku-Zeit (1688 bis 1704)

Kurze Zeit später begann die städtische Kultur wie nie zuvor zu erblühen, trotz der Herrschaft des berüchtigten fünften Shōgun Tsunayoshi. Nicht nur Edo profitierte davon, sondern auch die anderen beiden großen Städte Kyōto und Ōsaka, die in der kulturellen Entwicklung noch eine Vorreiterrolle spielten. Tsunayoshi hatte zwar die Künste sehr gefördert, aber seine Vorliebe für kleine Jungen und Mädchen sowie die Einführung der Todesstrafe bei Tötung von Hunden u. a. Maßnahmen ließen ihm keinen angesehenen Platz in der Geschichte.

Mit der Blütezeit von Edo wurde es auch wieder enger in der Stadt. Zwar

129to-ml

wurden in den Vierteln der Handwerker und Kaufleute Häuserblocks von etwa 120 Meter Seitenlänge, Hauptstraßen von 18 Meter und Nebenstraßen von 12 Meter Breite als Feuerschutz angelegt. Doch obwohl die Innenräume der Blocks leerstehen sollten, wurden sie nach und nach mit slumähnlichen Langhäusern, den *ura-nagaya,* vollgebaut. Die Wohnungen dort bestanden aus einer winzigen Küche und einem 9 m² kleinen Wohn-/Schlafzimmer, draußen gab es Gemeinschaftsklos. Meist lebten hier Junggesellen. Die Zahl der Frauen wuchs nur langsam. (Noch **1733** gab es doppelt so viele Männer wie Frauen, erst gegen Ende der Edo-Zeit war das Verhältnis annähernd ausgeglichen).

Mit den **beengten Wohnverhältnissen** wuchs wieder die Gefahr von Bränden, zumal die Langhäuser durchweg aus Holz gebaut waren. Unter dem Shōgun Yoshimune wurde durch den Magistraten Ōka Tadasuke ein wirksames System von **Brandwachen mit Feuerbeobachtungstürmen** (die man heute in vielen Vierteln noch sehen kann) aufgebaut und Feuerwehrbrigaden trainiert, die

zum Stolz von Edo wurden. Zu Bränden kam es dennoch reichlich. Allein während der Tokugawa-Zeit gab es 97 Großbrände, kein Wunder bei der Bevölkerungsdichte: 69.000 Menschen pro km², das waren mehr als dreimal so viel wie im heute bevölkerungsreichsten Tokyoter Stadtteil Toshima. Im Vergleich dazu hatten die Samurai mehr Platz, in ihrem Wohnbereich lebten 14.000 Personen pro km². In den Bezirken der Schreine und Tempel, die wie die Viertel der Handwerker und Kaufleute 20 % der Stadtfläche einnahmen, lebten nur 4500 Menschen pro km². **Mitte des 18. Jh.** hatte die Stadt **1,3 Mio. Einwohner,** mehr als jede andere Stadt der Welt.

Die auf Vergnügen ausgerichtete Kultur der Städter prägte das Leben in Edo. Da die Kaufleute und Handwerker die unteren Schichten bildeten und keine Aufstiegschancen hatten, im Laufe der von Frieden geprägten Jahre jedoch immer

⌂ *Blick auf die Stadt gegen Ende der Edo-Zeit*

wohlhabender wurden, konnten sie ihren Hedonismus immer ungebremster ausleben, während vor allem die unteren Samurai immer ärmer wurden. Die Grenzen der Schichten verwischten sich. Beide trafen sich in der „fließenden Welt" (ukiyo, die Halbwelt der Schauspielerinnen und Prostituierten) der **Vergnügungsviertel**, vor allem im eleganten Yoshiwara, das seinerzeit außerhalb der Stadt, nördlich von Asakusa lag und erst nach Ende des Zweiten Weltkrieges von den amerikanischen Besatzern geschlossen wurde. Die Vergnügungsviertel waren angesichts des allgegenwärtigen Frauenmangels die eigentlichen Mittelpunkte des städtischen Lebens. Hier konnten Städter wie Samurai die Zwangsjacke des konfuzianischen Moralkodex und der bürokratischen Strenge des Shogunats ablegen. Die heutigen Vergnügungsviertel von Shinjuku oder anderswo zeigen, dass sich am Hedonismus der Tokyoter nicht viel geändert hat.

Die seit mindestens drei Generationen ansässigen Bewohner der Stadt, die *Edokko* („Kinder Edos"), galten als leichtlebig, aufbrausend, emotional, verschwenderisch, aber auch großzügig, konnten kein Geld bei sich behalten, pflegten aber andererseits das Image von Connaisseurs (tsū) mit Vorliebe für schlichte Eleganz und Understatement.

Es gab immer wieder Bestrebungen von oben, dem fröhlichen Treiben ein Ende zu bereiten, vor allem **1790** unter dem strengen Matsudaira Sadanobu (der u. a. auch das gemeinschaftliche Baden von Männern und Frauen verbot) und kurz vor Ende der Tokugawa-Zeit, als Edo bereits eindeutige Zeichen von **Dekadenz**, begleitet von **Kriminalität, Epidemien und Naturkatastrophen**, zeigte.

Ende der Edo-Zeit und Umwandlung in Tokyo

1853 tauchte Admiral Perry mit seinen „Schwarzen Schiffen" auf (diese wurden als Auslöser der nachfolgenden Naturkatastrophen und Epidemien vermutet), bald kamen Ausländer ins Land, und es kam zu Kämpfen zwischen Anhängern und Gegnern der Öffnung zum Westen, zwischen den Truppen des schwach gewordenen Shogunats und denen des Kaisers. Die Truppen des Kaisers behielten die Oberhand. **1868** verließ der letzte Shōgun Tokugawa Yoshinobu ohne Blutvergießen das stattliche Edo-Schloss, um das herum die Stadt gebaut war, und der junge Kaiser **Meiji Tennō** zog von Kyōto dorthin um, womit sich der **Name der Stadt** änderte: von nun an war es die „östliche Hauptstadt", Tō-kyō.

Die Daimyōs kehrten in ihre Heimat zurück. Die Residenzen wurden geräumt. Um den Kaiserpalast ❶ herum entstand viel Brachland, welches Platz für das noch heute dort befindliche **Regierungsviertel** von Kasumigaseki und Nagatachō bot. Anfänglich machte sich auch das Militär außerhalb des Palastes breit, es gab ja auch genug Raum zum Exerzieren. Später, nach Abzug des Militärs, siedelte sich unter Führung von Mitsubishi das **Big Business** dort an, wo es heute noch zu finden ist, nämlich in Marunouchi und Ōtemachi. Entlang der Ufer des Sumida wurden **Fabriken** errichtet, ebenso entlang der Tokyo-Bucht zwischen Tsukishima und Shinagawa (heute reicht die Industriezone hinunter bis Yokohama und darüber hinaus). Asakusa blieb noch das Hauptvergnügungsviertel, doch es bekam zunehmend Konkurrenz von der Ginza. **1898** erhielt die Stadt endlich einen Bürgermeister und ein **Rathaus,** es stand in Marunouchi, bis zum Umzug vor einigen Jahren nach Shinjuku. Erst nach dem Zweiten Weltkrieg wurde die Stadt in die heute geltenden 23 Bezirke eingeteilt, die wie unabhängige Städte verwaltet werden.

Mit der Öffnung nach außen kamen die getreu kopierten Errungenschaften des Westens. Der **Verkehr** verlagerte sich von den Wasserwegen auf die Straßen: Pferdebusse, später Pferdetrams und zu Beginn des 20. Jh. **Straßenbahnen,** Fahrräder, aber auch Rikschas. Dazu wurden die ersten **Steinhäuser** gebaut und die westliche Mode setzte sich zunehmend durch. Straßenbahnen waren beherrschendes Verkehrsmittel bis in die **1960er Jahre,** dann verschwanden sie bis auf eine Linie, und die **U-Bahn, S-Bahn** sowie die privaten Vorortbahnen übernahmen ihre Funktion und wurden zu einem lebensbestimmenden Element. Die Menschen ließen sich dort nieder, wo die Bahnen entlangführten.

Zweimalige Zerstörung Tokyos innerhalb von 22 Jahren

Im 20. Jh. wurde Tokyo jedoch zweimal zum großen Teil zerstört: am 1. September 1923, 1 Minute vor 12 Uhr durch das große **Kantō-Erdbeben** der Stärke 7,2, dem 140.000 Menschen direkt und indirekt (vor allem durch die drei Tage wütenden Feuersbrünste) zum Opfer fielen. Sieben Jahre dauerte der Wiederaufbau. Viele Menschen zogen aus den Vierteln am Fluss in der Unterstadt, die am schwersten durch das Erdbeben in Mitleidenschaft gezogen wurde, nach Westen, in die höher gelegenen Bezirke Shinjuku und Nakano.

Japan geriet unter das Joch faschistisch geprägter Militärherrscher, die das Land in den **Zweiten Weltkrieg** trieben. **1945** zerstörten die durch 700.000 amerikanische Brandbomben im Verlaufe von über 100 **Luftangriffen** entfachten Feuersbrünste – besonders schlimm waren die vom 9. und 10. März – erneut die Stadt und forderten nochmals 145.000 Opfer.

Zum Glück waren viele, die nicht in der Stadt bleiben mussten, zu Verwandten aufs Land gezogen; nach dem Bombenangriffen taten dies auch viele Überlebende, v. a. Kinder wurden weggeschickt. Die Menschen genossen das friedliche Leben in der Provinz, doch ihren Lebensunterhalt konnten sie nur in der Stadt verdienen. So kehrten sie wieder nach Tokyo zurück, damals gewissermaßen eine Stadt der Besitzlosen und Wanderer.

Wiederaufbau der Stadt und Entwicklung zu einer Megalopolis

Der Wiederaufbau Tokyos erfolgte in erstaunlich kurzer Zeit, allerdings völlig ungeplant. Zehn Jahre später lag die Einwohnerzahl der Stadt bei 6 Millionen, etwas mehr als 20 Jahre nach Kriegsende waren es mehr als doppelt so viele. Die Stadt hört zwar inzwischen fast auf zu wachsen – die Menschen ziehen zunehmend in die Nachbarpräfekturen, doch sie entwickelt sich dynamisch weiter. Für die Olympischen Spiele 1964 wurden die Stadtautobahnen gebaut, die die Stadt weiter verschandelten, und die Straßen erhielten Namen, was aber nur wenig zur besseren Orientierung beitrug. Die Umweltprobleme waren angesichts der vielen Industriebetriebe in der Stadt enorm, aber mit der Verlagerung nach Süden entlang der Tokyo-Bucht oder ins Ausland und wegen effektiver Maßnahmen ist die Umwelt in den letzten Jahrzehnten erheblich entlastet worden. Den **Fuji-san** ⓫ sieht man heute nicht nur um Neujahr herum – wenn fast alle Fabriken ruhen – sondern in der kalten Jahreszeit sehr häufig, ein gutes Zeichen.

Ein wichtiges Ereignis war der **Terroranschlag** der Aum-Shinrikyō-Sekte (Ōmu Shinrikyō, heute: Aleph) mit dem Giftgas Sarin im U-Bhf. Kasumigaseki 1995 mit 13 Toten und über 6000 Verletzten. Er zerstörte den Mythos der völlig sicheren Stadt. Die Aufmerksamkeit von Personal im Bahnhof verhinderte Schlimmeres.

Das große **Ostjapanische Erdbeben** vom **11. März 2011** hat die Stadt weitgehend verschont. Wie weit die Fukushima-Kernschmelze die Stadt damals verstrahlt hat, wird wohl erst die Zukunft zeigen. Einstweilen herrscht Optimismus wegen der 2013 an Tokyo vergebenen Spiele der **Sommerolympiade von 2020**, die schon ihre Schatten vorauswirft. Die touristische Infrastruktur profitiert jetzt schon davon.

Mit Yuriko Koike hat Tokyo nach zwei vorzeitig zum Rücktritt gezwungenen Vorgängern eine neue, engagierte Gouverneurin, die Skandale aufdeckt und Probleme offen anpackt.

Die Tokyoter und ihr Alltag

Die Mentalität der Tokyoter

Ein Dutzend Millionen Menschen, geschweige denn 35 Millionen Menschen der Megalopolis lassen sich nicht typisieren. Doch eine Stadt kann einen eigenen Menschenschlag herausbilden, der sich von der Umgebung unterscheidet. So gelten die Tokyoter unter Japanern traditionell als **neugierig, großzügig, freigiebig, amüsierfreudig, smarter** als die Zugereisten oder Besucher aus den Provinzen. Früher galten sie als **streitlustig**, zumal überwiegend Männer aus allen Teilen des Reiches angelockt wurden, um hier ihr Glück zu suchen und in der starren, aber prosperierenden Gesellschaft ihr Geld für allerlei Vergnügen auszugeben. Bezeichnend ist das Sprichwort „Yoigoshi no kane wa motta-nai" („Man behält Geld nicht über Nacht"). Heute sind Japaner allgemein und auch Tokyoter bekannt für ihr Sparverhalten, was aber nicht auf Kosten der riesigen Vergnügungsindustrie geht.

Osaka war seit jeher eine Stadt der Händler und Kaufleute, seine Bewohner gelten als geiziger, aber auch lauter und witziger und leiblichen Genüssen noch stärker zugetan als die *Edokko*, die Kinder Edos. Apropos Witz: Es heißt, dass es in Tokyo mehr Raben *(karasu)* gibt als in Osaka, weil die Leute dort weniger Verwertbares wegwerfen.

Für die **traditionsbewussten Menschen aus Kyōto** sind die Tokyoter zu laut und vergleichsweise unkultiviert, diese ihrerseits sind stolz darauf, direkter, offener und ehrlicher zu sein. Die Tokyoter sind als diszipliniert und hart arbeitend bekannt, aber das wird den Japanern im Allgemeinen nachgesagt. Was die Stadt mit Sicherheit noch stärker charakterisiert als die anderen großen Städte des Landes, ist ihr ständiger Wandel. Jede Generation schafft ihr eigenes Tokyo. Die Menschen sind technischen Neuerungen gegenüber aufgeschlossen – **keine Spur von Technikfeindlichkeit**, wie man sie hierzulande oft antrifft. Was machbar und sinnvoll ist, wird durchgeführt.

Trotz der gewaltigen **Umweltbelastungen**, denen die Riesenstadt ausgesetzt ist, werden Schutzmaßnahmen oft konsequenter und schneller umgesetzt als bei uns. Die Menschen sehen trotz der jahrelangen Rezession nach dem Platzen der *Bubble Economy* Anfang der 1990er-Jahre ohne sichtbare Ängste in die Zukunft. Angesichts ständiger unterschwelliger Bedrohung durch das erwartete nächste große Kantō-Erdbeben leben die Menschen vielleicht auch deshalb gelassener in das unbekannte Morgen hinein, weil sie eine solche gewaltige Naturkatastrophe sowieso nicht verhindern können.

Die Menschen haben bedingt durch das gedrängte Zusammenleben gelernt, aufeinander **Rücksicht** zu nehmen. Der **Bürgersinn** der Tokyoter ist vorbildlich. Nachbarschaft wird gepflegt. Anders als in den übrigen Riesenstädten Asiens gibt es keine Slums. Die Wohnviertel sind auch nachts sicher. Die Werte und Tugenden, die ein Zusammenleben in einer Megalopolis erträglich und sogar angenehm gestalten, sind noch nicht ausgehöhlt. Wir fürchten uns vor amerikanischen Verhältnissen in unseren Großstädten, Tokyo aber ist die sicherste aller Metropolen. Trotz vieler Unbequemlichkeiten, denen die Menschen ausgesetzt sind – die positive, **optimistische Grundstimmung** überwiegt in der Stadt.

Die ausländischen Besucher bestaunen immer wieder die **Kontraste und Widersprüche:** hier die futuristischen Bauten, dort altehrwürdige Schreine und Gärten und nebenan dreigeschossige Schnellstraßen, in deren Schatten liebevoll gepflegte Bonsai vor den Holzhäusern wachsen. Die Tokyoter sind wie alle Japaner stolz auf ihre eigenständige Kultur und halten weitgehend an dieser fest, aber die Anpassung an die Anforderungen des modernen Lebens gelingt ihnen scheinbar mühelos.

☑ *Sonntägliche Fußgängerzone nahe dem Kameidō-Tenjin-Schrein* ⓬⓭

Tokyo und der Tourismus

Die Zahl der Touristen ist in den letzten Jahren deutlich angestiegen. Der wachsende Wohlstand in Teilen Asiens, Billigfluglinien, Aufhebung von Visapflicht u. a. führen auch zu einer zunehmenden regionalen Reisetätigkeit. **Koreaner und Chinesen** stellen den größten Anteil an Touristen, die Japan besuchen. Neu sind die thailändischen Reisegruppen, die besonders gern zur Kirschblüte (s. S. 295) und Laubfärbung kommen. Die Zahl deutschsprachiger Besucher hat sich ebenfalls verdoppelt, 120.000 sind es nun pro Jahr, wobei etwas mehr als die Hälfte als Touristen, die übrigen 40–45 % beruflich einreisen. Insgesamt kommen mehr als 20 Mio. ausländische Touristen nach Tokyo, mit steigernder Tendenz, aber statistisch 420 Mio. (!) Japaner bei einer Bevölkerung von 126 Mio.: Alle Schüler besuchen die Hauptstadt mehr als einmal, das gilt offenbar auch für die Erwachsenen.

Abenomics

Ende 2012 war **Shinzō Abe** zu seiner zweiten Amtszeit als Premierminister (die erste dauerte nur ein Jahr von September 2006 bis September 2007) mit dem Versprechen angetreten, mit der Devise „Japan ist zurück" die seit Jahrzehnten stagnierende Wirtschaft des Landes aus der lähmenden Deflation zu katapultieren. Er wollte dies mit drei „Pfeilen" der nach ihm benannten Politik der Abenomics erreichen: 1. expansive Geldpolitik zur Schwächung des Yen und Förderung der Exporte; 2. expansive Finanzpolitik mit gewaltigen Infrastrukturmaßnahmen zur Ankurbelung der Konjunktur; 3. Strukturreformen, die mit Liberalisierung

des Binnenmarktes, höheren Haushaltseinkommen, Erhöhung des Anteils von Frauen im Beruf u. a. einhergehen.

Vier Jahre später lässt sich feststellen, was **Kritiker** von vornherein voraussagten: dass die Politik nicht greifen kann, weil die Regierung Abe es überhaupt nicht ernst meint mit dem wichtigsten dritten Pfeil. Von einer erzkonservativen Regierung darf man ja auch nicht wirklich erwarten, dass sie mutige und notwendige Reformen umsetzt. Sie hält sich an der Macht und in der Gunst der vergleichsweise kleinen Wählerschaft, die sich zurücksehnt nach den guten, alten Zeiten kräftigen Wirtschaftswachstums von den 1960er-Jahren bis zum Platzen der Spekulationsblase Anfang der 1990er-Jahre, die am „Weiter so" festhält und keine tiefgreifenden Änderungen wünscht. Ihren Erfolg verdankt sie auch der wegen ihrer Zersplitterung schwachen Opposition.

Abe hat eine mehr oder weniger versteckte Agenda, die ihm weitaus wichtiger ist: **Änderung der Verfassung, Stärkung des Militärs, Eindämmung der Meinungsfreiheit, Festhalten an Strom aus Kernenergie.** Er – genau wie ein Dutzend seiner Kabinettskollegen – sind Mitglieder der nationalkonservativen, patriotischen Nippon Kaigi (Japan-Konferenz), die erst 1997 gegründet wurde und inzwischen bereits fast 40.000 Mitglieder zählen soll. Der Bewegung geht es u. a. um eine Verehrung des Kaiserhauses, Besuche von Regierungsmitgliedern im Yasukuni-Schrein ❹ am 15.8., moralische Erziehung im revisionistisch-patriotischen Sinne, um ein Ende der „masochistischen" Haltung zu Politik und Geschichte: Begründung von Japans Rolle im Zweiten Weltkrieg nicht als Aggression und Expansion, sondern als Befreiung vom europäisch-amerikanischen Imperialismus; Verharmlosung oder gar Negierung von Gräueltaten wie dem Nanking-Massaker 1937; Ablehnung von Kaiserinnen und Feminismus überhaupt („Frauen gehören ins Haus"), Ablehnung von Homosexualität, Ablehnung einer Liberalisierung des protektionistischen Agrarmarktes, insbesondere des „heiligen" Reisanbaus, der eng mit der Shintō-Religion verbunden ist. Angesichts dieser ideologischen Grundhaltung ist keine echte Strukturreform zu erwarten.

Aber kräftiges **Wirtschaftswachstum** ist in einer rapide alternden Gesellschaft prinzipiell nicht möglich. Japans Senioren leben überwiegend komfortabel, sie haben im Grunde alles, was sie zum Leben benötigen, also gehen von ihnen keine bedeutenden, die Wirtschaft fördernden Neuinvestitionen aus. Kritisch ist, dass auch die Hälfte der erst in diesem Jahrtausend geborenen jungen Menschen keine positive Zukunftsvision hat und auch nicht die finanzielle Basis für Investitionen. Viele haben keinen festen Arbeitsplatz, ihr Einkommen ist zu niedrig, um eine Familie zu gründen. So setzt sich der seit 2008 andauernde Bevölkerungsschwund fort, der noch deutlich zunehmen wird. Der Widerstand gegen Wirtschaftsmigration nach Japan ist zu hoch, der Ausländeranteil beträgt nur 2 %.

Japan-Besucher sehen von alledem allerdings wenig. Der Bauboom ist ungebrochen. Die auf Export ausgerichteten Firmenkonglomerate machen gute Geschäfte, der Nikkei-Index steigt, aber eben nicht die Realeinkommen. Japan ist das mit Abstand am stärksten überschuldete Land der Welt. Abenomics wird nicht gelingen. Mal sehen, wie es weitergeht …

Religion und Brauchtum

Die traditionelle japanische Religionsauffassung

Die traditionelle japanische Religionsauffassung wird durch sieben Besonderheiten charakterisiert:

❭ 1. Unterschiedliche religiöse Traditionen schließen sich nicht aus, sondern ergänzen sich.

❭ 2. Zwischen den Menschen und den **Gottheiten** *(kami)* besteht eine enge Bindung; die Natur wird als von *kami* belebt empfunden.

❭ 3. **Ahnen und verstorbene Familienmitglieder**, z. B. Eltern oder Ehepartner, haben religiösen Bezug. So haben auch heute die meisten Familien zu Hause einen buddhistischen und/oder einen shintoistischen **Hausaltar** *(butsu-dan* bzw. *kami-dana)* zur Ahnenverehrung. Die zu *hotoke-sama* oder *kami* gewordenen verstorbenen Familienmitglieder werden wie Götter um Schutz und Hilfe gebeten.

❭ 4. **Reinigung** ist eines der Grundelemente japanischer Religiosität, das Konzept der Sünde gehört nicht dazu. Ethische Werte werden verschiedenen Religionen und Philosophien entnommen, so legt Shintō Wert auf rituelle Reinheit und Aufrichtigkeit, Buddhismus auf Mitgefühl und Befreiung von Leidenschaften, Konfuzianismus auf Loyalität gegenüber Höhergestellten und Wohlwollen gegenüber Niedrigergestellten.

❭ 5. Religiöse Aktivitäten finden ihren Höhepunkt auf jährlich wiederkehrenden **Festen** *(matsuri)*.

❭ 6. Religion ist untrennbar mit dem **Alltag** verbunden. Dies kommt z. B. in der Teezeremonie und bei Familienfeiern zum Ausdruck.

❭ 7. Bis zum Ende des Zweiten Weltkrieges bestand eine enge Beziehung zwischen Staat und Religion. Religiöse Autorität ordnet sich auch heute noch staatlicher Macht unter, zumal der erste (mythische) Kaiser nach shintoistischer Auffassung von der Sonnengöttin abstammt. Die in der Verfassung garantierte völlige **religiöse Freiheit** führte nach dem Krieg zur Gründung von Hunderten neuer Religionen. Schreine und Tempel müssen sich selbst finanzieren.

Shintoismus (shintō)

Die Vorfahren der Japaner waren wie andere Völker in der Region **Animisten**. Für sie galt die Natur als beseelt von Kräften, die in Japan den Rang von „**kami**", Gottheiten, hatten. Jede besondere Naturerscheinung, vor allem Vulkane, Wasserfälle, aber auch alte, majestätische Bäume, wird auch nach shintoistischer Auffassung von *kami* bewohnt. So befinden sich Schreine (jap. *Jinja, jingū* oder *miya*) an den schönsten Stellen des Landes, auch auf Berggipfeln oder im Wasser. Man verehrt Erscheinungen der **Natur**, die mächtiger sind als der Mensch, und erhofft sich so Schutz. Verehrt werden aber auch die kaiserlichen und die eigenen **Ahnen**, die Geister Verstorbener, als Schutzgötter. Der Shintoismus (*shin-tō* bzw. *kami no michi* bedeutet „Weg der Götter") kennt keinen Stifter, keine heilige Schrift, keine Dogmen und keine Jenseitsvorstellungen, sondern besteht im Wesentlichen aus Riten, die häufig der rituellen Reinigung und dem Schutz vor Gefahren dienen. Die **Schreine,** in denen die *kami* residieren, hatten ursprünglich eine eigene archaische Architektur, die sich im Verlauf der Jahr-

hunderte der chinesisch beeinflussten buddhistischen Tempelarchitektur stark angenähert hat. Gekreuzte Giebel, kurze Querbalken in stilisierter Form von Bonitofischen sind klassische Elemente des Daches. Diesem Ideal am nächsten kommt der Große Schrein von **Ise**, der wichtigste Schrein Japans. Schreintore *(torii),* steinerne Wachhunde und Laternen gehören neben einem Reinigungsbrunnen (für Mund und Hände) zu den Schrein-Attributen, auch um Bäume geflochtene, dicke Strohseile und gezackte Papierstreifen sind Shintō-Elemente. Der Gegenstand, der den *kami* symbolisiert, wird nie gezeigt, selbst die Shintopriester kennen ihn häufig nicht. Meist ist es

132to-ml

> *Hana-Matsuri-Fest (s. S. 293)*
in Asakusa (s. S. 168)

ein runder Spiegel, wie man an den kleinen Schreinen auf Berggipfeln unschwer erkennen kann. **Gottesdienste** in unserem Sinne finden nicht statt: Man reinigt Mund und Hände am Reinigungsbrunnen, geht zum Schrein, wirft als Opfer meist eine 10-Yen-Münze in den Kasten, rüttelt – wenn vorhanden – an der Schelle, verbeugt sich zweimal, hält beide Hände zum Gebet vor die Brust, klatscht zweimal in die Hände, verbeugt sich zum Schluss noch einmal: das war's, vereinfacht ausgedrückt.

Von der Meiji-Zeit bis zum Ende des Zweiten Weltkriegs wurde Shintō zur Staatsreligion und für den wachsenden Nationalismus instrumentalisiert. So musste in Schreinen auch dem göttlichen Kaiser gehuldigt werden. Damit war es mit der von den Amerikanern diktierten Verfassung vorbei. Schreine werden heute gern als Powerspots, also Kraftzentren, „vermarktet".

Buddhismus (bukkyō)

Der Buddhismus entwickelte sich in Indien und gelangte über China und Korea im 6. Jh. nach Japan. Koreanische Mönche brachten damit zugleich die Kultur des Festlandes und die chinesische Schrift mit, die von den Japanern in der Folgezeit angenommen wurde, da sie damals noch keine eigene Schrift hatten. Der japanische Buddhismus gehört zur Richtung des **Mahayana** (Daijō Bukkyō, „Großes Fahrzeug"), nach der die Gläubigen sich nicht nur um das eigene Heil kümmern, wie im Hinayana- bzw. Theravada-Buddhismus (Shojō Bukkyō), sondern auch um das ihrer Mitmenschen und aller Lebewesen. Charakteristisch für den japanischen Buddhismus sind

die **zahlreichen Sekten** und deren chinesische Wurzeln, die bis in die Neuzeit hineinreichen.

In der Nara-Zeit wurde während der Regentschaft des Prinzen Shotoku-taishi (574–622) der Buddhismus zur Staatsreligion. Die Sekten waren damals noch sehr elitär. In der Heian-Zeit (794–1185) kamen die von Kūkai (Kōbō Daishi) 816 gegründete Shingon- und die Tendai-Sekte hinzu. Beide basierten auf esoterischen chinesischen Vorbildern. Im 12. Jh. wurden während des Kamakura-Shogunats die Lehre vom „Reinen Land", der sog. Amidismus, eine Gnadenreligion mit den volkstümlichen Hauptsekten Jōdo- und Jōdo-Shinshū und heute über 20 Millionen Anhängern, sowie der Zen-Buddhismus mit den beiden Hauptsekten Rinzai und Sōtō eingeführt. Der radikale Nichiren reformierte im 13. Jh. den Buddhismus und rückte die Lotos-Sutra in den Mittelpunkt seiner Lehre. Die millionenstarke Laienorganisation Sōka Gakkai mit ihrer politischen Partei New Komeitō berufen sich heute noch auf Nichiren. Während des Tokugawa-Shogunats mussten alle Haushalte die Tempel finanzieren, die wiederum die Haushal-

> Shintō-Priester im Yasukuni-Schrein ❹

133to-ml

te registrierten und als eine Art Einwohnermeldeamt fungierten und somit eine Kontrollfunktion innehatten.

Buddhismus wird auch heute noch von Nationalisten als importierte Religion angesehen. Nach der Edo-Zeit wurden zahlreiche Tempel wie während der Kulturrevolution in China zerstört. Dies war auch eine Reaktion auf die strenge Tokugawa-Herrschaft.

Eine große Zahl neuer Religionen *(Shinshūkyō)* entstand seit Ende der Edo-Zeit, darunter Reiyūkai und die wegen der Sarin-Giftgasanschläge von 1995 in Tokyo berüchtigte Ōm Shinrikyū. **Zen** ist zwar die im Ausland am stärksten mit Japan assoziierte Form des Buddhismus, die auch großen Einfluss auf die Kultur hatte, aber im Land selbst spielt sie eine untergeordnete Rolle.

Die Vermischung verschiedener Religionen

Fragt man moderne, städtische Japaner nach ihrer Religion, werden die meisten sagen: „keine"; fragt man sie, ob sie **Buddhisten** sind, antworten sie vermutlich: „ja"; fragt man sie, ob Shintō („Weg der Götter") ihre Religion ist, antworten fast alle ebenfalls mit „ja". Schließlich ist der **Shintoismus** die ureigene japanische Religion, die außerhalb des Inselreiches fast nicht existiert.

Niemand wird jedoch in Japan offiziell nach der Religionszugehörigkeit gefragt; nirgendwo wird sie registriert; es gibt keine entsprechende Steuer; der **Glaube ist Privatsache**. In der Schule ist Religion auch kein Unterrichtsfach. Das hat Tradition, und so wollte es die von den Ame-

134to-ml

rikanern nach dem verlorenen Krieg dik-
tierte Verfassung, nicht zuletzt, um die
Rückkehr zu einem nationalistischen
Staats-Shintō zu verhindern. Der Begriff
Religion (shūkyū) existiert zudem erst
seit der Öffnung Japans nach der Edo-
Zeit, weil die übrige Welt diesem Kon-
zept offenbar große Bedeutung beimaß.

Buddhismus und Shintoismus, die beiden wesentlichen Religionen Japans, ergänzen sich im Alltag problemlos. 30
Tage nach der Geburt geht die Familie mit
dem Neugeborenen zum Shintō-Schrein,
um dort um Segen und Schutz zu bitten.
Jeder Neubeginn wird im Schrein mitze-
lebriert: das Neujahrsfest und Hochzeiten, obwohl heute viele japanische Paare
gern – weil es so romantisch ist – in einer
Kirche heiraten möchten. Natürlich wird
die Braut dann ein Brautkleid tragen und
nicht etwa den Kimono, der für Hochzeiten im Shintō-Ritus obligatorisch ist.

Aber für den **Tod** und die Zeit danach
übernimmt der **Buddhismus** die Zustän-
digkeit. Ahnenverehrung ist zwar auch
ein wesentliches Element des Shintoismus, aber Beerdigungen und Rituale
zu bestimmten Zeitpunkten nach dem
Tod von Angehörigen werden fast ausschließlich in buddhistischen Tempeln
zelebriert.

Religionsausübung in Tokyo ist also
nicht unbedingt eine Angelegenheit von
Frömmigkeit – die findet man ohnehin
eher auf dem Lande als in der Stadt –
sondern geprägt vom **Brauchtum**. Religiöse Zeremonien gehören zum Alltag,
ohne so ernst genommen zu werden
wie etwa in Thailand oder in islamischen
Ländern. Eine dritte Religion oder, besser ausgedrückt, ein drittes Wertesys-
tem, das in Japans Kultur und Mentalität einen festen Platz gefunden hat, ist
der von China übernommene **Konfuzi-**

anismus, der die Beziehung des einzelnen zum Staat, innerhalb von Ehe und Familie und überhaupt innerhalb einer sozialen Gruppe regelt. Wie in China hat auch der **Taoismus** Spuren hinterlassen, etwa im Glauben an Glück- und Unglück bringende Phänomene. Die schamanistische und animistische Volksreligion hat immer noch gewissen Einfluss.

Christentum

Angesichts der überall spürbaren Toleranz und Großzügigkeit in religiöser Hinsicht ist es kein Wunder, dass es in Japan auch Christen gibt. Doch ihre Zahl überschritt nie rund eine Million Gläubige, das sind nicht mehr als zu Zeiten der ersten christlichen Missionstätigkeit unter dem portugiesischen Jesuiten Franz Xaver im 16. Jh. Das im 17. Jh. unter den Tokugawa-Shōgunen verhängte Verbot des Christentums war kein Akt zeitweiser religiöser Intoleranz, sondern geschah, weil die christliche Lehre sich mit dem Feudalismus nicht gut vertrug, sie war den Diktatoren zu aufrührerisch. Auch fürchtete man – mit Recht – den Einfluss ausländischer Mächte. Der Glaube an nur einen Gott passt ohnedies nicht zum japanischen Konzept, auch ist den meisten Japanern der christliche Glaube tendenziell zu intolerant. Die meisten Christen leben übrigens in Kyūshū – wie noch zur Zeit der ersten Missionswellen. Christliche Schulen, Universitäten und Krankenhäuser haben jedoch überall im Land einen sehr guten Ruf.

◁ *Drachentanz vor dem*
Asakusa-Kannon-Tempel ⑬

Fukushima und die Folgen

Das **Große Ostjapanische Erdbeben** der Stärke 9,0, das am 11. März 2011 einen riesigen **Tsunami** auslöste, liegt einige Jahre zurück. Damals wurden fast 20.000 Menschen getötet, japanweit mussten knapp 500.000 Menschen evakuiert werden.

Gigantische Tsunamis als Folge besonders starker Erdbeben entlang der Pazifikplatte treffen alle 800 bis 1100 Jahre die japanische Ostküste, aber in den vergangenen 500 Jahren gab es immerhin ein Dutzend Tsunamis von 10 bis über 20 Meter Höhe. Vor diesem Hintergrund ist es unverständlich, dass die Mauer vor dem **Atomkraftwerk Fukushima Daiichi** nicht einmal sechs Meter hoch war und die für die Kühlung notwendigen Meerwasserpumpen nur vier Meter über dem Meeresspiegel liegen. Der Tsunami war jedoch 15 m hoch und überflutete die Pumpen und Notaggregate, die somit nicht mehr funktionierten und die durch das Erdbeben automatisch abgeschalteten Reaktoren nicht mehr kühlen konnten. Dies führte zur **Kernschmelze mit radioaktiven Niederschlägen** und dem Abfluss von großen Mengen verseuchten Wassers in den Pazifik, der größte GAU seit Tschernobyl 1986 in der heutigen Ukraine.

Der **Wiederaufbau** der betroffenen Region geht für japanische Verhältnisse nur langsam voran und die Folgen von „Fukushima" werden noch Jahrzehnte, wenn nicht Jahrhunderte zu spüren sein. Wegen der ausgetretenen Radioaktivität wurden unmittelbar um Fukushima 150.000 Menschen evakuiert. Ein Teil davon konnte inzwischen in seine Heimat zurückkehren. Von Tschernobyl lernten die Menschen

Erdbeben – die stete Gefahr ...

Seit dem großen Kantō-Erdbeben von 1923 hat es kein wirklich schweres Erdbeben mehr in Tokyo und Umgebung gegeben. Kleine Erschütterungen, die nur Seismografen registrieren, treten täglich auf. Mittlere Beben kennt jeder, der längere Zeit in Japan lebt. Meist verursachen sie keine oder nur geringe Schäden. Seit Jahren rechnen die Menschen allerdings mit einem ganz großen Erdbeben: Da die großen Beben in einem Rhythmus von etwa 60 Jahren auftreten und seit 1923 nichts passiert ist, gilt das Super-Beben eigentlich als überfällig.

Im Alltagsleben der Menschen deutet scheinbar nichts auf eine Apokalypse hin, unterschwellig sind die Bewohner jedoch darauf eingerichtet, ebenso wie auf einen erneuten Ausbruch des Fujisan 151. Das schwere Erdbeben von Kobe 1995 und vor allem das Große Ostjapanische Erdbeben vom 11.03.2011 hat die latente Bedrohung mehr als deutlich gemacht. Jedes Viertel hat seine Evakuierungszone und Tafeln, wo diese liegen. Es handelt sich bei den Zonen meist um Parks und Schulen. Fast jeder Tokyoter hat Notrationen an Verpflegung und Wasser zu Hause.

131to-ml

Die **Bevölkerung ist mehrheitlich eindeutig gegen Kernkraft eingestellt**, nicht so die Regierung. Die Liberal Demokratische Partei (LDP) trat immer für Strom aus Kernkraft ein, wurde von den Betreibern denn auch stets großzügig finanziell unterstützt. Aber trotz der immens hohen Folgekosten von Fukushima, die bereits Hunderte von Milliarden Dollar betragen, hält die Regierung daran fest, bis 2030 den Anteil an Kernkraft wieder von derzeit 0 auf 20 % hochfahren zu wollen, zusätzlich sollen 50 neue Kohlekraftwerke gebaut werden, womit die einstigen Klimaziele Makulatur sind. Erneuerbare Energie spielt für die LDP-Regierung bisher keine große Rolle, soll aber bis 2030 doch auf 24 % erweitert werden (Quelle: Carbon Brief).

immerhin, dass man auch in radioaktiv verseuchten Gebieten leben kann, wenn man weiß, welche Stellen stärker und welche gar nicht kontaminiert sind. Die Fische vor der Küste von Fukushima und Miyagi sind erstaunlich wenig verseucht, das gilt allerdings nicht für am Meeresboden lebende Fische und Meeresgetier.

Olympia 2020 in Tokyo

Anders als 1964, als Tokyo erstmalig die Olympischen Spiele ausrichtete, braucht die Stadt diese Spiele nicht. Sie weist seit Langem die **weltbeste Infrastruktur** auf und um die Sicherheit beneidet sie jede andere Weltstadt. Immer mehr Touristen entdecken Tokyo als faszinierendes Reiseziel. Und doch freuen sich die Menschen in der Stadt, ja im gesamten Land, (bisher noch) auf die Olympischen Spiele und die Paralympics. Japaner sind wie wir zielorientiert. Die große Aufgabe verlangt besondere Anstrengungen – Tokyo 2020, das ist ein bedeutender Meilenstein für die nähere Zukunft in einem rapide alternden Land.

Ohne das Große Ostjapanische Erdbeben vom 3. März 2011 (s. S. 315) mit dem verheerenden Tsunami und – schlimmer noch – den jahrzehntelang zu bewältigenden Folgen der Reaktorkatastrophen von Fukushima „Made in Japan" wäre die Bevölkerung weit weniger begeistert gewesen. Aber so ist dieses Projekt auch ein Signal der Solidarität mit den Menschen in der betroffenen Region. Mehr als 70 % der Japaner befürworteten die Ausschreibung für 2020, während sie noch für die Bewerbung 2016 die geringste Begeisterung aller Bewerberstädte zeigten und Tokyo somit erst einmal gegenüber Rio durchfiel. Ob die Spiele für Nordostjapan einen Bonus bringen, ist allerdings höchst zweifelhaft.

Man sollte meinen, dass in einem technisch und industriell auf derart hoher Stufe stehenden Land und angesichts der perfektionistischen Neigungen der Japaner die Vorbereitungen glatt und ohne **Skandale** verlaufen würden. Aber das Gegenteil ist der Fall und Regierung sowie Verwaltung verlieren noch weiter an Ansehen. Die im Juli 2016 gewählte Gouverneurin von Tokyo, Yuriko Koike, hat alle Hände voll zu tun, um die Fehler soweit wie möglich auszubügeln. In den Nachrichten hat man den Eindruck, sie sei in erster Linie für die Organisation der Spiele zuständig und nicht für die Stadt. Da gibt es sprichwörtlich viele Baustellen:

Das **Olympiastadion** sollte von der 2016 verstorbenen **Zaha Hadid** verwirklicht werden, die Stararchitektin hatte den Wettbewerb 2012 gewonnen. Aber die Regierung machte einen Rückzieher, weil sie irgendwann erkannte, dass das Stadion zu groß und zu teuer werden würde, abgesehen von dem Design, dass manche mit einem überdimensionalen Klodeckel verglichen (was im Land der beheizbaren Klodeckel ja irgendwie auch Sinn machen würde). Der renommierte einheimische Architekt **Kengo Kuma** lieferte einen abgespeckten Entwurf, in dem wegen seiner Vorliebe für Holzverbau im Moment aus brandschutzrechtlichen Gründen noch kein Platz für das Olympische Feuer vorgesehen ist.

Dann musste das **Logo** wegen Plagiatsverdachts ausgetauscht werden und das in einem an kreativen Designern so überreichen Land!

◁ *Godzilla wirbt für Katastrophenschutz*

Plötzlich war auch die **Ruderanlage** wochenlang Thema Nr. 1: zu teuer und ungünstig in der Tokyo-Bucht zwischen künstlichen Inseln geplant (Südkorea war bereits im Gespräch, die Kanu- und Ruderwettbewerbe zu übernehmen).

Überall stiegen und steigen die **Kosten** um ein Mehrfaches, wohl weil man wegen der besseren Bewerbungschancen gegenüber den Konkurrenzstädten Istanbul und Madrid im Vorfeld viel zu niedrig kalkuliert hatte. An der Inflation kann die enorme Steigerung der Kosten, die ja alle Olympiastädte durchmachen, nicht liegen, denn die von der Regierung angestrebten 2 % sind noch nicht einmal erreicht.

Als **Austragungszeitraum** wurden auf Druck amerikanischer Fernsehsender wie NBC die unangenehm heißen Sommermonate Juli und August festgelegt, statt wie bei den ersten Tokyoter Spielen 1964 auf den Oktober auszuweichen. Doch dann interessieren sich die Amerikaner mehr für Baseball und Football. Kritisiert wurde, dass das Japanische Olympische Komitee den Zeitpunkt in vorauseilendem Gehorsam als ideal für die Athleten bezeichnet hatte. Wer einmal den **Sommer** in Tokyo erlebt hat, möchte in dieser Zeit lieber in den Japanischen Alpen oder auf Hokkaidō verweilen als in der Stadt.

Die **Olympischen Spiele 1964** katapultierten Tokyo aus der Nachkriegszeit heraus, plötzlich gab es Straßen mit Namen, Dutzende von Stadtautobahnen, neue Hotels und vor allem den Superexpress nach Osaka, das ansonsten mit den Spielen nichts zu tun hatte. Diese Spiele waren das Symbol für das moderne, aufstrebende Japan. Keine Stadt hat in Bezug auf Infrastruktur wohl mehr von Olympia profitiert als Tokyo seinerzeit. Wer dieses Mal vielleicht am meisten profitieren wird, sind die ausländischen Touristen.

Fremdsprachenkenntnisse sind keine japanische Stärke, aber wer weiß, vielleicht besitzt bis 2020 jeder eine sprachgesteuerte Übersetzungs-App. Analog zu einem Hörgerät ist dann eine Kommunikation mit den Gästen aus aller Welt allgemein möglich. So oder so steht fest, dass Japaner hervorragende Gastgeber sind.

PRAKTISCHE REISETIPPS

032to-ml

An- und Rückreise

Flugverbindungen

Direktflüge aus dem deutschsprachigen Raum nach Tokyo bestehen von **Frankfurt, München Zürich** und **Wien**. Die meisten Fluglinien fliegen Narita an, Lufthansa und ANA seit 2014 jedoch Haneda. Daneben gibt es unzählige **Umsteigeverbindungen** über europäische und asiatische Großstädte. Diese können zwar **günstiger** sein als die Nonstop-Flüge, aber man muss hier auch eine oft **deutlich längere Flugdauer und** ggf. **ungünstige Ankunftszeiten** in Tokyo einkalkulieren. Eine neue günstige Verbindung erfolgt in Kooperation mit Finnair und JAL: aus Europa mit Finnair nach Helsinki, von dort mit JAL bzw. Finnair nach Narita.

Die Dauer eines Nonstop-Fluges nach Tokyo beträgt 11 bis 12 Stunden, mit Zwischenlandung etwa 2 bis 5 Stunden mehr.

Fahrt in die Stadt

Die Fahrt in die Stadt vom **International Terminal** in **Haneda** ist problemlos: mit Monorail nach Hamamatsucho, von dort mit der Yamanote Line zum Zielbahnhof, falls dieser auf der Ringlinie liegt, alternativ mit U: Toei Asakusa Line Richtung Asakusa, Richtung Yokohama mit der Keikyū Line. Daneben gibt es zahlreiche Busverbindungen vor allem zu größeren Hotels.

› **Infos:** Tel. 03 6428–0888, www.haneda-airport.com

◁ *Vorseite: Fahrt mit dem Yurikamome-Zug auf die künstliche Insel Odaiba*

Die Fahrt in die Stadt vom Terminal 1 oder 2 in **Narita** geschieht am besten mit den JR-Expresszügen **N'Ex** (1 Std. ab 1500 ¥ nach Tokyo, Shinagawa, Shibuya, Shinjuku, Ikebukuro und Yokohama, www.jreast.co.jp/e/nex), alternativ kommt man mit **Keisei** in die Stadt (nach Ueno ab 1030 ¥, ca. 80 Min.), mit dem **Express Skyliner** in nur 41 Min. für 2470 ¥ (www.keisei.co.jp/keisei/tetudou/skyliner/us). Ein Tokyo Shuttle Bus zum Tokyo Bhf. ❺ kostet bei Online-Buchung über www.keiseibus.co.jp/en/kousoku/nrt16.html 900 ¥, sonst 1000 ¥.

Ausrüstung und Kleidung

Alle gängigen **Hygieneartikel** gibt es preiswert bei der stets in Bahnhofsnähe zu findenden Drogeriekette Matsumoto Kiyoshi. Vertraute Artikel und Medikamente sollte man besser von zu Hause mitbringen.

Die **Bekleidung** richtet sich nach der Jahreszeit. Das Klima in Tokyo ist meist etwas bis deutlich milder als in Deutschland, aber im Winter schneit es auch immer wieder mal.

Kleidung kann man in Japan sehr günstig kaufen, z. B. bei Uniqlo und GU (s. S. 284).

Autofahren

Wer lieber unabhängig im Auto als per Bahn und Bus unterwegs sein will und keine Angst vor Linksverkehr und fremden Schriftzeichen hat, kann sich natürlich Autos mieten, es gibt die international operierenden Firmen und spe-

ziell japanische, häufig auch Ableger der Automobilproduzenten. Die Riesenstädte sind wegen des dichten Stadtverkehrs und häufig fehlender Parkplätze jedoch **besser mit öffentlichen Verkehrsmitteln** zu bewältigen. Japaner fahren meist diszipliniert, das Tempo auf **Autobahnen** ist auf **100 km/h**, ansonsten auf 60 km/h beschränkt. Es gilt eine Null-Promillegrenze!

› Verkehrsregeln: Im Internet gibt es mehrere PDF-Dateien mit den gängigen Verkehrsregeln auf Englisch (z. B. www.npa.go.jp/annai/license_renewal/english.pdf, www.hkd.mlit.go.jp/topics/toukei/chousa/h20keikaku/e/e25_31.pdf).

› Der internationale Führerschein gilt in Japan nur ein Jahr, danach kann man als Deutscher oder Schweizer mit seinem noch gültigen Führerschein und einer offiziellen Übersetzung des Führerscheins durch die Japan Automobil Federation (www.jaf.or.jp/inter/translation/specific_e.htm, Kosten 3000 ¥) in Japan fahren. Die Internetseite informiert auch über die Vorgehensweise bei Staatsangehörigen, für die die Sonderregelung nicht gilt.

△ *Auto auf der Japan-Brücke [H7]*

Barrierefreies Reisen

Barrierefreie Zugänge zu öffentlichen Gebäuden und Bahnsteigen sind großenteils vorhanden, auf kleinen Bahnhöfen aber noch nicht 100-prozentig umgesetzt. Hinweise in Blindenschrift sind nur auf Japanisch vorhanden.

› Kontakt- und Informationsadressen: http://accessible.jp.org/tokyo/en/index.html

Diplomatische Vertretungen

●382 [D11] **Deutsche Botschaft**, 4-5-10 Minami-Azabu, Minato-ku, Tokyo 106-0047, Tel. +81 (0) 35791-7700, www.japan.diplo.de, Mo.-Fr. 8-11 Uhr, Do. 14-16 Uhr (nur dt. Staatsbürger)

●383 [E10] **Österreichische Botschaft**, 1-1-20 Moto Azabu, Minato-ku. Tokyo 106-0046, Tel. 03 3451-8281, www.bmeia.gv.at/botschaft/tokio.html, Mo.-Fr. 9-12 Uhr

●384 [D10] **Schweizer Botschaft,** 5-9-12 Minami-Azabu, Minato-ku, Tokyo 106-8589, Tel. +81 (0) 354498400, www.eda.admin.ch/countries/japan/de/home/vertretungen/botschaft.html, Mo.-Fr. 9-12 Uhr

Ein- und Ausreise- bestimmungen

Visum und Aufenthalts- genehmigung

Touristen aus **Deutschland, Österreich** und der **Schweiz** können ohne Visum bis zu **sechs Monate** im Land bleiben, ein gültiger Reisepass wird benötigt. Bei einem Aufenthalt von mehr als drei Monaten muss man sich jedoch in Tokyo bei einem der Bezirksämter registrieren lassen.

Wer nicht als Tourist einreist, benötigt für einen Aufenthalt bis zu sechs Monaten ebenfalls kein Visum, muss aber die Aufenthaltsgenehmigung nach 90 Tagen verlängern lassen.

Wer einen **Aufenthalt von mehr als sechs Monaten** plant, muss vorher ein Visum bei der japanischen Botschaft beantragen. Dazu muss er bestimmte Dokumente aus Japan (je nach Aufenthaltsgrund) vorlegen, z.B. Bestätigung der in Japan ansässigen Firma oder die Garantieerklärung eines japanischen Bürgers, für den Antragsteller ggf. finanziell aufzukommen und den Rückflug zu bezahlen. Einzelheiten sind über die jeweilige japanische Botschaft zu erfahren.

Einreisebestimmungen können sich kurzfristig ändern, daher ist zu empfehlen, sich grundsätzlich kurz vor Abreise beim **Auswärtigen Amt** (www.auswaer tiges-amt.de, bzw. www.bmf.gv.at oder www.dfae.admin.ch) zu informieren.

Einverständniserklärung für Minderjährige

Reisen Kinder nur mit einem Elternteil, kann sowohl bei der Ausreise als auch bei der Einreise eine Einverständniserklärung des anderen Elternteils erforderlich sein. Detailinfos erhält man beim Auswärtigen Amt und beim zuständigen Konsulat.

Zollbestimmungen

Das Gepäck wird bei der Einreise so gut wie gar nicht kontrolliert, dennoch gibt es natürlich Bestimmungen. Wer unbegleitetes Gepäck aufgegeben hat, muss eine schriftliche Erklärung abgeben.

Zollfreie Einfuhr

Folgendes darf zollfrei eingeführt werden (wer in Japan wohnt, darf bei Tabak und Alkohol nur die Hälfte der angegebenen Mengen einführen):

> **Persönliche und beruflich benötigte tragbare Gegenstände,** falls nicht der Eindruck entsteht, dass diese verkauft werden sollen
> **Tabak:** 100 Zigarren, 400 Zigaretten oder 500 g Tabak
> **Alkoholische Getränke:** 3 Flaschen (0,75 l)
> **Parfüm:** 2 Unzen (ca. 60 g)
> **Andere Waren** im Wert bis zu 200.000 ¥, wobei nur Waren mit einem Wert von über 10.000 ¥ pro Gegenstand gezählt werden

Verboten oder genehmigungspflichtig

Verboten ist die Einfuhr von **illegalen Drogen** sowie dazugehörigen Utensilien, **Pornografie,** Gegenständen, die **Patente,** geschützte Warenzeichen etc. verletzen, **Pistolen** und Munition. Für Schwerter, Jagdgewehre und andere Waffen müssen Genehmigungen vorliegen.

Pflanzen und Tiere

Für die Einfuhr von Pflanzen und Tieren gelten **Quarantänebestimmungen.** Pflanzen werden untersucht, für Tiere braucht man bestimmte Bescheinigungen.

Devisen

Bargeld kann beliebig eingeführt werden, bis zu 5 Millionen Yen dürfen ausgeführt werden.

Bei Einkäufen in **Tax Free Shops** und Kaufhäusern muss keine Verbrauchsteuer gezahlt werden. Die Einkäufe werden auf einer Karte eingetragen, und diese wird an den Pass geheftet. Die Karte wird bei der Ausreise entnommen, die gekauften Gegenstände werden vom Zoll überprüft.

Europäische Zollbestimmungen

Bei der Rückreise gibt es auch auf europäischer Seite Freigrenzen, Verbote und Einschränkungen. Nachstehend aufgeführte **Freimengen** dürfen zollfrei in die EU und die Schweiz eingeführt werden:

❯ **Tabakwaren** (für Personen ab 17 Jahren): 200 Zigaretten oder 100 Zigarillos oder 50 Zigarren oder 250 g Tabak oder eine anteilige Zusammenstellung dieser Waren
❯ **Alkohol** (für Personen ab 17 Jahren) **in die EU:** 1 l Spirituosen (über 22 Vol.-%) oder 2 l Spirituosen (unter 22 Vol.-%) oder eine anteilige Zusammenstellung dieser Waren, und 4 l nicht-schäumende Weine und 16 l Bier; **in die Schweiz:** 2 l bis 15 Vol.-% und 1 l über 15 Vol.-%
❯ Wird die Wertfreigrenze überschritten, sind **Abgaben** auf den Gesamtwert der Ware zu zahlen und nicht nur auf den die Freigrenze übersteigenden Anteil. Die Berechnung erfolgt entweder pauschal oder nach dem Tarif jeder einzelnen Ware zuzüglich sonstiger Steuern.
❯ **Einfuhrbeschränkungen bzw. Verbote** bestehen u. a. für Tiere, Pflanzen, Arzneimittel, Betäubungsmittel, Feuerwerkskörper, Lebensmittel, Raubkopien, verfassungswidrige Schriften, Pornografie, Waffen und Munition; in Österreich auch für Rohgold und in der Schweiz auch für CB-Funkgeräte.

Nähere Informationen

❯ **Deutschland:** www.zoll.de oder beim Zoll-Infocenter (Tel. 069 46997600)
❯ **Österreich:** www.bmf.gv.at oder beim Zollamt Klagenfurt Villach (Tel. 01 51433564053)
❯ **Schweiz:** www.ezv.admin.ch oder bei der Zollkreisdirektion in Basel (Tel. 061 2871111)

Impfpflicht

Bei der Einreise besteht keine Impfpflicht. Wie bei allen Reisen üblich, wird empfohlen, gegebenenfalls den **Tetanus- und Diphterieschutz** aufzufrischen.

Elektrizität

Die **Netzspannung** beträgt **100** Volt, Frequenz 50 Hertz in Ost-, 60 Hertz in Westjapan. Die Grenze liegt westlich von Fuji-City. Geräte wie Rasierapparate, Netzteile u. a. akzeptieren heute in der Regel auch 100 Volt. Sehen Sie am besten vorher nach, ob das Gerät, das Sie nach Japan mitnehmen, kompatibel ist. Die **Pole** sind **flach** wie in den USA. Preiswerte **Adapterstecker** gibt es in Elektroläden oder –abteilungen. Oder man bringt den Adapter gleich von zu Hause mit.

Film und Foto

In Japan, einem Land voller Fotoverrückter, kann man auch **Raritäten und spezielle Objektive** oder begehrte gebrauchte Kameras finden.

Japaner fotografieren gern und überall und lassen sich auf **Anfrage** auch meist gern fotografieren.

Fotoverbote bestehen in manchen Tempeln und Schreinen sowie in Ausstellungen und Museen. Solche Fotoverbote werden durch entsprechende Piktogramme angezeigt, auch falls lediglich Fotografieren mit Blitz verboten ist.

Geldfragen

> Japanischer Yen: **Münzen** zu 1, 5, 10, 50, 100, 500 ¥, **Banknoten** zu 1000, 5000, 10.000 ¥.

> Am bequemsten erhält man Geld aus **ATM-Automaten** (Postbank, Citi Bank), andere Banken akzeptieren häufig keine nichtjapanischen Kreditkarten.

> **Geldautomaten** finden sich in den 24 Std. geöffneten Convenience Stores (jp. *kombini*), in Supermärkten, Kaufhäusern usw.

> Geldabhebungen und Bezahlung mit einer Girokarte, die mit der **VPAY-Funktion** ausgestattet ist, sind in Japan nicht möglich.

> **Kreditkarten:** die gängigen Kreditkarten Master/Eurocard, Visa und natürlich JCB werden in Hotels, Kaufhäusern und größeren Ladenketten akzeptiert.

> **Preise/Kosten:** Unterkunft EZ ab ca. 5000 ¥ (Jugendherbergen und Guesthouses ca. 2500–3000 ¥), DZ ab ca. 7000–9000 ¥; **Ernährung:** bei landestypischer Kost reichen 2000 ¥ (je 500 ¥ für Frühstück und Lunch, 1000 ¥ für Abendessen bei einfachen Ansprüchen und ohne alkoholische Getränke).

Wechselkurse

Stand: Februar 2017

> 1 Euro = 120 Yen
> 1 Yen = 0,008 Euro
> 1 CHF = 113 Yen
> 1 Yen = 0,009 CHF

Tokyo preiswert

Der Tokyo-Aufenthalt muss nicht teuer sein. Im Kapitel „Tokyo für Genießer" (s. S. 244) finden sich Tipps, wie man sehr preiswert essen kann. Das gilt auch für den Stadtverkehr. Der größte Einzelposten ist Übernachtung. Beim Stichwort „Unterkunft" finden sich Tipps für preisgünstige Quartiere (s. S. 336). Zu nennen sind auch die kostenlosen Aussichtsplattformen. Zahlreiche Galerien und Museen sowie Parks und Tempel bieten kostenlosen Eintritt. Die private Website http://tokyocheapo.com gibt zusätzliche Hinweise.

> **Transport:** bei 2 bis 3 Bahnfahrten in der Stadt sollten 500 ¥ tägl. eingeplant werden, bei Fahrten in die Umgebung verteuert sich der Anteil für Transport; **Eintrittspreise** hängen von Alter und Art ab (ca. 100–1000 ¥).

> **Inflationsrate und zu erwartende Preissteigerungen:** Bisher herrschten fast zwei Jahrzehnte lang Deflation und stabile Preise, die geplante Inflationsrate beträgt 2 % zur Ankurbelung der Wirtschaft, die Erhöhung der Mehrwertsteuer von 5 auf 8 % hat 2014 bereits zu entsprechenden Preissteigerungen geführt. Dennoch besteht immer noch eine starke Tendenz zu Preisen wie im letzten Jahrzehnt, oft wurden nur die 3 % Mwst. auf die Preise draufgesetzt. **Achtung:** Die Preise werden während der Übergangsphase (geplant ist irgendwann eine Erhöhung auf 10 %) z. B. in Supermärkten häufig groß in Netto angegeben, klein darunter in Brutto.

> Viele Banken sperren die Debit-(EC-)Karten aus Sicherheitsgründen für den **Einsatz im**

außereuropäischen Ausland oder beschränken den Verfügungsrahmen. Außerdem statten einige deutsche Banken ihre Geldkarten mit der Bezahlfunktion **V PAY** aus, bei der nicht der kopierbare Magnetstreifen, sondern der Chip ausgelesen wird. Das hat zur Folge, dass an Bankautomaten in Japan mit solchen Karten kein Geld gezogen werden kann, da die Automaten die Chips nicht lesen können. Wer im Ausland mit seiner Debit-(EC-)Karte bezahlen oder Bargeld abheben möchte, sollte sich im Vorfeld bei seiner Bank erkundigen und die Karte ggf. für das Reiseland freischalten lassen.

Hygiene

Mitteleuropäer halten sich gemeinhin für sauberkeitsliebend. Stimmt, aber im Vergleich mit Japanern sind wir Schmutzfinken: Mit Schuhen, also dem Schmutz der Straße, in der Wohnung herumlaufen – igitt, denken Japaner. WCs werden im Privathaus nur mit WC-Pantoffeln betreten – das japanische Konzept von Reinheit.

> **Toiletten** sind in Japan grundsätzlich **kostenlos zugänglich und sauber.** Öffentliche Toiletten sind häufig noch die traditionellen Hocktoiletten, aber in Kaufhäusern, Bahnhöfen, natürlich in Hotels findet man immer auch westliche Sitztoiletten, häufig sogar mit Washlet-Ausstattung (beheizte Klodeckel, Bidetdusche u. a.).

> **Wasser** aus der Leitung ist **trinkbar,** schmeckt in Tokyo aber nicht gut. Gekocht verschwindet der Chlor-Geschmack.

> **Washlets** (Dusch-WCs) gehören heute in jedes Privathaus, aber auch in Hotels, Kaufhäusern, selbst in Flughäfen und Bahnhöfen sind sie zu finden. Dort gibt es meist einfache Versionen mit 2 bis 3 verständlichen Piktogrammen.

Informationsquellen

Infostellen zu Hause

> **Japanische Fremdenverkehrszentrale,** Kaiserstr. 11, 60311 Frankfurt/M. (auch für Österreich und Schweiz zuständig), Tel. 069 20353, www.jnto.de

> **Japanisches Informations- und Kulturzentrum,** Schottenring 8, 1010 Wien, Tel. (533) 8586464, www.at.emb-japan.go.jp/de/30_aboutjapan/030_culture/031_jicc.html

Infostellen in der Stadt

Gleich nach der Ankunft am Flughafen kann man sich noch dort mit Informationsmaterial eindecken. Besonders geeignet sind das **Tourist Information Center (TIC)** der **Japan Tourist Organization (JNTO)** im Shin-Tokyo Bldg. in der Naka-dōri in Marunouchi, im JR East Travel Center im Bhf. Tokyo (N-Ausg. Marunouchi-Seite) und das Tokyo TIC im Rathaus. Es gibt Dutzende TIC, die teilweise auf die jeweiligen Stadtteile spezialisiert sind.

🛈 **385** [G8] **Tourist Information Center (1),** Shin Tokyo Bldg., 3–3–1 Marunouchi, Tel. +81 3 32013331, tgl. 9–17 Uhr, www.jnto.de

🛈 **386** [H7] **Tourist Information Center (2),** JR East Travel Service Center, Bhf. Tokyo, Marunouchi-Seite, Nordausgang, in der kleinen Halle leicht zu finden, JR East Infoline: +81 (50) 20161603, tägl. 7.30–20.30 Uhr. Hier bekommt man u. a. die günstigen Eisenbahnpässe JR Pass, JR East, JR Tokyo Wide Pass, Auskünfte und Reservierungen, dazu Touristeninformation, Geldwechsel, Gepäckaufbewahrung und mehr.

Deutsche Zeitungen lesen
In der OAG-Bibliothek kann man deutsche Zeitungen und Zeitschriften lesen.
❶ **387** [D8] **Deutsche Gesellschaft für Natur- und Völkerkunde Ostasiens (OAG)/Goethe-Institut**, im OAG Haus, 7-5-56 Akasaka, Tel. 3582-7743, www.oag.jp, Mo.-Fr. 9.30—17.30 Uhr

❯ Im Erdgeschoss des Rathauses **63** gibt es im **Tokyo Tourist Information Office** reichlich Infomaterial, u. a. gute (Stadtteil-) Karten.

Die Stadt im Internet

❯ www.jnto.de – offizielle Website der Japan National Tourist Organization
❯ www.gotokyo.org/de – offizielles Tourismusportal für Tokyo
❯ www.hyperdia.com/en – Zugverbindungen und Fahrpläne
❯ www.bento.com – gute Website rund ums Essen, von einem in Tokyo lebenden Ausländer erstellt
❯ http://gurunavi.com – umfangreicher Restaurant-Guide
❯ www.tabibito.de/japan – Japan-Blog eines deutschen Geographen
❯ www.tokyoern.blogspot.de – unterhaltsamer Tokyo-Blog (engl.)
❯ http://dinj.de – Mailingliste der Deutschsprachigen in Japan zur gegenseitigen Information und Kommunikation.

Folgende Websites dürften für spezielle Gruppen interessant sein:
❯ **Homosexuelle:** http://tokyo.gaycities.com
❯ **Kunstinteressierte:** http://art-lovers.mee tup.com/cities/jp/tokyo
❯ **Frauen:** www.journeywoman.com/gfc/20Thi ngsWomenShouldKnowAboutTokyo.htm

Meine Literaturtipps

❯ *Philipp Franz von Siebold:* **Nippon. Archiv zur Beschreibung von Japan.** *Das mehrbändige, 1852 erschienene Werk ist als Auszug in „Reisen in Nippon", Verlag der Nation, Berlin, 1968, gebraucht für unter 4 € im Onlinehandel beziehbar. Die ausgewählten Kapitel gewähren einen ausgezeichneten Einblick in das Yokohama und Edo und insgesamt Japan in der ersten Hälfte des 19. Jahrhunderts aus der Sicht eines der damals noch sehr seltenen ausländischen Besucher. Der Arzt und Japan-Forscher kam in niederländischen Diensten nach Japan und ist dort bis heute sehr angesehen. Er starb 1866 in München und wurde dort auf dem Alten Südfriedhof beigesetzt. Das Grab existiert noch heute (Sektion 33, Reihe 13, Nr. 5).*

❯ *John Morley:* **Pictures from the Water Trade: An Englishman in Japan,** *Flamingo, 1988, 259 Seiten, gebraucht im Online-Buchhandel erhältlich. Eines der besten Reisebücher über Japan; der Autor lebte mehrere Jahre in Tokyo und liefert dem Leser intime Eindrücke und Einsichten über ein Land, das sich dem Gaijin, also dem Außenmensch, im Grunde nicht öffnen will. Sehr unterhaltsam zu lesen.*

❯ *Robert Whiting:* **Tokyo Underworld. The fast times and hard life of an American gangster in Japan,** *Vintage, 2000, gebraucht im Online-Buchhandel erhältlich. Wie entwickelte sich Tokyo und Japan insgesamt nach dem Zweiten Weltkrieg während der amerikanischen Besatzungszeit? Dieses Buch*

gibt die überraschende Antwort und zeigt dunkle Seiten der japanischen und amerikanischen Politik auf, die die Beteiligten lieber vor der Öffentlichkeit verborgen hätten. Ein unterhaltsames, mit Anmerkungen gespicktes Buch zur Nachkriegsgeschichte, die die Grundlage für den rasanten Aufstieg zur größten Wirtschaftsmacht nach den USA bildete, heute allerdings hinter China auf Platz 3 mit der weltweit höchsten Staatsverschuldung.

> Paul Waley: **Tokyo: City of Stories,** Weatherhill, 1991, gebraucht im Online-Buchhandel erhältlich. Der Autor erzählt interessante Geschichten und Geschichte hinter den Glas- und Chromfassaden der heutigen Metropole.

> Boyé Lafayette De Mente: **Japan's Cultural Code Words: 233 Key Terms That Explain the Attitudes and Behavior of the Japanese,** Tuttle, 2004. Wer tiefer in die kulturellen Unterschiede zwischen Japan und dem Westen einsteigen und japanische Denkweisen besser verstehen will, kann von diesem Buch profitieren. Auch Japa-

nologen kommen auf ihre Kosten, da die Begriffe mit Kanji, Umschrift und Übersetzung dargestellt werden (einige wenige Fehler inbegriffen), wirklich aufschlussreich sind die erläuternden Texte. Dabei kommt zwar auch immer der Blickwinkel des amerikanischen Autors, der einst mit den amerikanischen Besatzern nach Japan kam, zur Geltung, aber wenn man dies herausfiltert, bleibt ein ausgesprochen wertvoller Beitrag zum besseren Verständnis der „rätselhaften Nation".

> **Haruki Murakamis Romane** spielen großenteils in Tokyo. Die Handlung ist zwar oft surreal, geprägt von magischem Realismus, die Umgebung in Tokyo wird dabei häufig nachvollziehbar konkret beschrieben, so auch im 2010 erschienenen „1Q84" oder in den zuvor erschienendn Romanen „Naokos Lächeln", „Hard-Boiled Wonderland und das Ende der Welt", „Mister Aufziehvogel" und „Kafka am Strand". Murakami ist der erfolgreichste und international am meisten beachtete japanische Autor der Gegenwart.

Publikationen und Medien

Genaue Stadtpläne gibt es flächende-ckend nur auf Japanisch; bei längerem Aufenthalt lohnt der **Tokyo City Atlas. A Bilingual Guide**, Kodansha USA, 2100 ¥. Auch der kostenlose Stadtplan der TIC (s. S. 325) ist hilfreich.

> **Stadtblätter, Programmhefte:**
> http://metropolis.co.jp,
> http://www.tokyoweekender.com

Empfehlenswerte Tokyo-Apps

> **LiveJapan:** sehr vielseitige App, auch nützlich zum Auffinden von Orten mit WLAN: https://livejapan.com (kostenlos für iOS und Android).

> **Tokyo Art Beat:** Mittels dieser App können sich Kunstfreunde über aktuelle Events zum Thema Kunst informieren (kostenlos für Android und iOS).

> **Trains.jp:** Diese App kann offline genutzt werden: Man gibt Start- und Ziel-Bhf. ein und erfährt ggf. Umsteige-Bhf., Zeitbedarf und Fahrtkosten (kostenlos für Android und iOS).

> **JA Sensei – Japanisch lernen:** Mit dieser App kann man per Handy Japanisch spre-chen und schreiben lernen (kostenlos für Android).

> **Tokyo Map Old:** alte Stadtpläne von Edo/Tokyo, dazu im Vergleich die gegenwärtigen Stadtteile (kostenlos für Android)

Manga und Internet-Cafés

Japanische Internet-Cafés sind häufig eine Welt für sich: dämmriges Licht, Geträn-keautomaten, lange Regale mit Mangabü-chern, Filmen und Computerspielen, jeder Platz eine eigene Kabine mit dreiviertelho-hen fensterlosen Wänden, darin bequeme Sessel, in denen man auch schlafen könn-te. Und genau das tun viele Gäste - sie verbringen ihre Nächte in der totalen An-onymität und Vereinzelung der Zellen für 450 ¥/Std., teilweise nur etwa 2000 ¥/Tag. Es gibt in allen Cafés Getränkeautomaten für Kaffee und kalte Getränke, in man-chen auch Instantnudeln und andere Fer-tiggerichte, ja sogar Duschen und Wasch-maschinen. Man kann sein Handy aufla-den, Gepäck lagern, drucken. Einige Ca-fés erlauben, dass User ein- und ausgehen, in den meisten endet die Benutzung beim Verlassen des Cafés. In manchen darf ge-raucht werden, in anderen nicht. Man-che Cafés schalten nach Mitternacht die Computer ab, damit die Benutzer schla-fen können, einige haben sogar Sofas. Ei-ner offiziellen Statistik zufolge haben über 60.000 User schon einmal in einem Inter-net-Café übernachtet, über 5000 von ih-nen tun dies wiederholt. Denn nicht weni-ge haben keine Wohnung (mehr). Einer-seits ein Paradies für sogenannte „otaku", andererseits Notlösung für junge und äl-tere einsame Obdachlose. Die Preise sind meist 250-400 ¥ für 30 Min., für eine Stunde unter 500 ¥, für drei Std. 900-1300 ¥, für die ganze Nacht 1400-2500 ¥. Zwei Beispiele:

> *CYBER@CAFE, 24 Std. geöffnet, meh-rere Filialen in Tokyo. z. B. http://s.cy ber-a-cafe.com, www.kaji-icafe.com*

> *Private Website mit konkreten Tipps, wie es geht: http://youinjapan.net/ sleeping/internet_cafe.php*

Internet

> Internet-Cafés sind in Tokyo vergleichsweise selten, sie fungieren häufig als Manga Cafés. Die Guest Houses und Hostels verfügen über Internet und WLAN, auch die meisten Hotels bieten WLAN in den Gästezimmern bzw. Internet-Terminals in der Lobby; Hotelketten in teuren Hotels verlangen dagegen normalerweise Gebühren für Internet. Die für Touristen relevanten U-Bahnhöfe wurden mit WLAN ausgestattet.
> Infos zu **WLAN-Hotspots** und Internet in Japan bieten die Websites www.japan-guide.com/e2279.html und http://tokyocheapo.com/business/internet/free-wi-fi-cafes-in-tokyo, genau wie http://livejapan.com.

Maße und Gewichte

In Japan gelten grundsätzlich die gleichen Maße wie bei uns. Die Bezeichnung für Kilometer und Kilogramm wird in der Regel nur verkürzt kiro genannt, im Zweifelsfall also nachfragen. Meter heißt mētoru. Temperaturen werden in Grad Celsius angegeben (dō oder dōshi). Früher gab es viele traditionelle Maßeinheiten, von denen jedoch nur noch die folgenden im täglichen Gebrauch vorkommen:
> ichi-go (-bin): 0,18 l (kl. Reisweinflasche)
> is-shō (-bin): 1,8 l (große Reisweinflasche)
> ichi-jō: Fläche einer Tatamimatte
> hito-tsubo: Fläche von 2 Tatamimatten

Medizinische Versorgung

Japaner haben weltweit die höchste Lebenserwartung (86 Jahre für Frauen, 79 für Männer) und mit die geringste Säuglingssterblichkeit (6 auf 1000 Geburten).

Die **sehr gute medizinische Versorgung** trägt mit Sicherheit auch dazu bei. Allerdings ist sie auch schon lange nicht mehr preiswert zu nennen. Die staatliche Krankenversicherung (kokumin kenkō hoken) hält den Eigenanteil an den Behandlungskosten zwar in vertretbaren Grenzen, aber viele ausländische Ärzte bzw. solche, die im Ausland studiert haben und Ausländer behandeln, rechnen nur privat und per Barzahlung ab. Bei solchen Ärzten darf aber vorausgesetzt werden, dass sie Englisch oder gar Deutsch verstehen.

Übliche **Sprechstunden** sind Mo.–Fr. 9–12 und 18.30–21 Uhr, Sa. 9–13 Uhr. In der Regel werden **keine Termine** vergeben.

Die **Botschaften** (s. S. 321) verfügen in der Regel über eine Liste empfehlenswerter Ärzte, Kliniken und Krankenhäuser. Im Internet findet sich die lange Liste der von der amerikanischen Botschaft empfohlenen Ärzte, Kliniken und Krankenhäuser. Die Website www.doitsunet.com/forum/viewtopic.php?t=211 bietet eine Liste deutscher bzw. Deutsch sprechender Ärzte, auch Krankenhausempfehlungen gibt es; dort können jedoch Deutschkenntnisse nicht vorausgesetzt werden. Die eigene Botschaft kann Hilfestellung geben.

Hilfe am Telefon: Das **Tokyo Fire Department Disaster & Emergency Information Center** gibt Information zu Krankenhäusern und wo Englisch gesprochen wird: Tel. 3212–2323, www.tfd.metro.tokyo.jp/eng.

Die Association of Foreign Wives of Japanese (www.afwj.org) und die Expat-Website http://expatsguide.jp/ch12/tokyolist können bei der Empfehlung von Gynäkologen weiterhelfen. In manchen Kliniken und Krankenhäusern bekommen die Ärzte die Gesichter ihrer Patientinnen übrigens nicht zu sehen: Ein Vorhang bis in Höhe der Hüfte verdeckt den gegenseitigen Blick.

Bei **Notfällen** kann man über die Nummer 119 eine Ambulanz rufen (lassen). Der kostenlose Krankentransport wird von der Feuerwehr organisiert. Er erfolgt in der Regel ins nächstgelegene Krankenhaus und nicht in das bevorzugte.

Wer z. B. wegen bestimmter **Fachärzte** in ein bestimmtes Krankenhaus eingeliefert werden will, sollte das vorher selbst arrangieren. Wird erst der Krankenwagen gerufen, ist das nicht gewährleistet, und ein Transfer ist nach der Aufnahme nur noch schwierig zu bewerkstelligen. Wer kein Japanisch kann, sollte beim Anruf im Krankenhaus Folgendes sagen: „Eigo de hanashite yoroshi desu ka?" („Können wir Englisch sprechen?")

❯ **Weitere Informationen** gibt folgende Website: http://expatsguide.jp

Medikamente und Apotheken

Medikamente sind in Apotheken *(yaten* oder *famashi)* erhältlich; bei ärztlichen Behandlungen erhält man jedoch die verschriebenen Medikamente wie in anderen asiatischen Ländern direkt vom Arzt. Die Arzneimittel werden oft in **Pulverform mit Oblaten** verabreicht.

Da japanische und auch amerikanisch orientierte **Apotheken** Medikamente mit anderen Namen als hierzulande verwenden, sollte man den Namen des Inhaltsstoffes angeben. Wer bestimmte Medikamente benötigt, sollte sich ohnehin schon **vor der Reise** zu Hause damit eindecken.

Apotheken mit Englisch sprechendem Personal

✪388 [G7] **American Pharmacy**, Marunouchi Bldg., 2-4-1 Marunouchi, gegenüber Bhf. Tokyo, Tel. 5220-7716, Mo.-Sa. 10.30-21, So./F. 10-20 Uhr

✪389 [D11] **Azabu Drugs**, im National Azabu Supermarket, 3-24-22, Nishi-Azabu, Minato-ku, U: Hiroo, Tel. 3405-4362/3442-3495, tägl. 8.30-21 Uhr

Notfälle

Folgende Rufnummern haben sich als nützlich erwiesen:

❯ **Notrufnummern:** Polizei: 110 (English: 03-3814-4151), Feuer/Ambulanz: 119
❯ **Polizeidienststellen:** typisch sind die Koban, die oft winzigen Polizeiboxen, die in Tokyo in jede Nachbarschaft gehören; Englisch wird meist nicht gesprochen.
❯ **Tokyo English Life Line (TELL):** Tel. 5774-0992, tgl. 9-23 Uhr
❯ **Foreign Residents Advisory Center,** Tokyo Metropolitan Government, Tel. 5320-7744, 9-12 u. 13-16 Uhr
❯ **Health & Medical Information Center,** Tel. 5285-8181, 9-20 Uhr
❯ **Dolmetscherservice,** Tel. 5285-8185, Mo.-Fr. 17-20 Uhr

Kartensperrung

Bei **Verlust der Debit-(EC-), Kredit-** oder **SIM-Karte** gibt es für Kartensperrungen eine **deutsche Zentralnummer** (unbedingt vor der Reise klären, ob die eigene Bank bzw. der jeweilige Mobilfunkanbieter diesem Notrufsystem angeschlossen ist). **Aber Achtung:** Mit der telefonischen Sperrung sind die Bezahlkarten zwar für die Bezahlung/Geldabhebung mit der PIN gesperrt, nicht jedoch für das **Last-**

schriftverfahren mit Unterschrift. Man sollte daher auf jeden Fall den Verlust zusätzlich **bei der Polizei zur Anzeige bringen,** um gegebenenfalls auftretende Ansprüche zurückweisen zu können.

In **Österreich** und der **Schweiz** gibt es keine zentrale Sperrnummer, daher sollten sich Besitzer von in diesen Ländern ausgestellten Debit-(EC-) oder Kreditkarten vor der Abreise bei ihrem Kreditinstitut über den zuständigen Sperrnotruf informieren.

Generell sollte man sich immer die **wichtigsten Daten** wie Kartennummer und Ausstellungsdatum **separat notieren,** da diese unter Umständen abgefragt werden.

❯ **Deutscher Sperrnotruf:** Tel. +49 116116 oder Tel. +49 3040504050
❯ **Weitere Infos:** www.kartensicherheit.de, www.sperr-notruf.de

Öffnungszeiten

❯ **Post:** Bezirkspostämter Mo.–Fr. 8–19, Sa. 8–15 , So. 9–12.30 Uhr, große Postämter z. T. 24 Std., kleine Postämter 9–17, So. 9–13 Uhr
❯ **Banken:** 9–15 Uhr
❯ **Lokale:** 11.30–14 u. 17–21/22, Bars häufig bis 5 Uhr
❯ **Geschäfte, Kaufhäuser:** etwa 10–20 Uhr, Convenience Stores sind 24 Std. geöffnet
❯ **Museen:** von 9/10 bis 16/17 Uhr, Mo. bzw. nach Feiertagen Di. geschlossen
❯ **Behörden:** Mo.–Fr. 8.30/9–16/17 Uhr, 1. und 3. Sa. 9–12 Uhr

⌂ *Wegweiser zum Postmuseum in Mejiro (s. S. 177)*

Post

✉ **390** [G8] **Tokyo Central Post Office,** 2–7–2 Marunouchi, Chiyoda-ku, Tel. 03 32175231, Hauptschalter tgl. 9–19 Uhr, Briefmarken 24 Std.
❯ **Informationen:** www.post.japanpost.jp/english/index.html

Die Japan Post Office Bank ATMs sind Mo. bis Sa. rund um die Uhr und So. 24–21 Uhr in Betrieb.

Schwule und Lesben

Homosexualität war in Japan, anders als in anderen Ländern, nie verboten, dennoch wird sie auch heute noch gern verschwiegen. Viele Homosexuelle wahren daher nach außen einen „heterosexuellen Schein", z. B. durch Ehen. Diese Websites bieten Informationen für Schwule und Lesben:

❯ http://tokyo.gaycities.com
❯ www.travelgayasia.com

Bars

In **Shinjuku 2-chōme** gibt es jede Menge Bars für Schwule und Lesben. Hier findet man stark aufgefächerte, teilweise für Außenstehende geschlossene Subkulturen vor. Ausländerfreundlich *(gai-sen)* und beliebt sind:

391 [C6] **AiiRO Café**, F1 Tenka Bldg., 2–18–1 Shinjuku, http://aliving.net, Mo.–Fr. 18–1, Sa 18–5, So. 18–24 Uhr, WLAN. Gute Bar, besonders beliebt während der Happy Hour von 18 bis 21 Uhr, wenn es All-You-Can-Drink-Bier für 1000 ¥ gibt.

392 [C6] **Aisotope Lounge**, 2–12–6 Shinjuku, http://aliving.net/english.html, Öffnungszeit je nach Event. Beliebter Klub, häufig Partys und andere Events.

393 [C6] **Campy! Bar**, 2–13–10 Shinjuku, www.campy.jp, 15–5 Uhr. Gay-Mix-Bar von Bourbonne, d. h. Bar für alle, keine Eintrittsgebühr.

❯ Tipps: gurunavi.com/en/japanfoodie/2015/09/shinjuku.html

Sicherheit

Tokyo ist die **sicherste Weltstadt**. Dennoch soll man sich vor **Taschendieben** hüten: Bahnhöfe, Züge, Märkte, Tempelfeste, überall, wo Gedränge herrscht, kann es auch Taschendiebe geben. Als potenziell unsicher gelten die **Vergnügungsviertel** von **Kabukichō** in Shinjuku, **Roppongi**, in geringerem Maße auch Ikebukuro, Shibuya und Ueno. Sowohl in Kabukichō, aber in noch größerem Umfang in Roppongi gibt es **Abzocker-Bars**. Schlepper, die einen in solche Bars führen wollen, können ein Hinweis darauf sein. Das kann sogar die nette Frau sein, die man in einer anderen Bar gerade erst kennengelernt hat.

Drogenbesitz und -konsum wird in Japan hart bestraft. **Prostitution** ist in Japan illegal, es gibt sie jedoch auf vielfältige Weise in versteckter Form.

Frauen können nachts allein durch dunkle Gassen gehen, manche fühlen sich von potenziellen Stalkern verständlicherweise belästigt. Wohnviertel gelten als sicher. Chinesische und koreanische Banden sind vergleichsweise häufig in Raubüberfälle verwickelt, aber Touristen werden davon praktisch nicht betroffen.

Anders als in asiatischen Dritte-Welt-Ländern mit ihrer unterbezahlten **Polizei** arbeiten die Ordnungshüter in Japan korrekt und haben einen guten Ruf: o-Mawari-san, ehrenwerter Herr Nachbar, wird die Polizei in den Wohnvierteln genannt, das sagt alles. Was das öffentliche Leben in Tokyo zusätzlich sicher macht, sind die in jedem Viertel zu findenden **Polizeihäuschen** *(kōban).*

394 [F5] **Zentrales Fundbüro der Polizei**, Bunkyo-ku, 1–9–1 Koraku, Tel. 3814–4151, Mo.–Fr. 8.30–17.15 Uhr

Sprache

Japaner tun sich noch immer schwer mit Sprachen außer der eigenen, das gilt auch für junge Japaner. Alle lernen Englisch, die wenigsten können es. Aber in den Touristeninformationsstellen (s. S. 325), Hotels und Guest Houses darf man Englischkenntnisse durchaus erwarten.

❯ Eine kleine Sprachhilfe Japanisch findet sich auf S. 348.

❯ Interessierten sei der Kauderwelsch-Sprachführer „Japanisch" aus dem REISE KNOW-HOW Verlag ans Herz gelegt, der auf gute Einblicke in die japanische Sprache liefert und so einen Aufenthalt in Tokyo deutlich erleichtert.

> Wer Japanisch auf unterhaltsame Weise lernen will, kann es mit dieser Website kostenlos tun: http://erin.ne.jp.

Stadttouren

> **Geführte Touren zum Selbstkostenpreis:** Die Tokyo Tourism Volunteers bieten 10 unterschiedliche Routen mit Themen wie Asakusa, Gärten und Teezeremonie, Einkaufen in Kaufhaus-Lebensmitteletagen in Shinjuku, Sumo, Odaiba, Architektur und Parlamentsbesichtigung, bezahlt werden nur Fahrtkosten u. Ä. der freiwilligen Stadtführer. Infos: www.gotokyo.org/en/tourists/guideservice/guideservice.
> **Stadtrundfahrten** bieten Skybus Tokyo (für einstündige Rundfahrten, Kosten je nach Route 1600 bis 2100 ¥), und Sky Hop Bus (Tagesticket 2500 ¥ auf drei Routen, Asakusa mit Skytree, Roppongi mit Tokyo Tower und Odaiba), Samurai & Ninja Safari (JTB, Buchung: www.japanican.com, 4500 ¥) sowie Hato Bus (www.hatobus.com, Halbtagestouren ab 4500 ¥).

Telefonieren

> **Telefonkarten** für die immer seltener werdenden öffentlichen Telefone gibt es ab 500 ¥, z. B. an Automaten oder im Kiosk. Ortsgespräche kosten 10 ¥ pro 3 Min., wenn der Summer ertönt, schnell Geld nachwerfen. Für Notrufe braucht man keine Münzen, man muss nur den entsprechenden Knopf drücken. Ferngespräche sind außer nachts teuer.
> Für Auslandsgespräche per Selbstwahl benutzt man alternativ eine spezielle Vorwahl des Anbieters und den Landescode etc.: KDD (001), ITJ (0041), IDC (0061).

Vorwahlen

> **Japan:** +81
> **Tokyo:** 03
> **Österreich:** +43
> **Schweiz:** +41
> **Deutschland:** +49

Kostenfalle Datenroaming

Viele Reisende nutzen auch im Ausland eine **mobile Datenverbindung.** Dies ist jedoch häufig mit hohen Kosten verbunden. Man sollte daher vor der Reise bei seinem Netzbetreiber Informationen über evtl. günstigere Auslandsdatenpakete einholen oder zur Sicherheit die Mobile-Daten-Option deaktivieren und nur über kostenlose WLAN-Netze ins Internet gehen.

Uhrzeit

Japan kennt keine Sommerzeit, also beträgt der Unterschied zur MEZ im Winter +8, im Sommer +7 Stunden.

Unterkunft

In Tokyo standen bis vor wenigen Jahren noch kaum Unterkünfte für Backpacker mit stark beschränktem Budget zu Verfügung. Inzwischen gibt es zahlreiche **Guest Houses/Hostels** wie in SO-Asien, d. h. man kann in Mehrbettzimmern ein Stockbett oder Futon-Bett auf Tatamimatten für unter 3000 ¥ pro Person bekommen, EZ gibt es dort ab 3000 ¥; DZ ab 6000 ¥. Wer Zeit und wenig Geld hat, kann versuchen, die Kosten durch unbezahlte Mitarbeit gegen Null zu senken.

Preiskategorien

Die Preise beziehen sich auf eine Übernachtung im Doppelzimmer.

¥	bis 12.000 ¥
¥¥	12.000–25.000 ¥
¥¥¥	über 25.000 ¥

Vor allem in der Umgebung nördlich von Asakusa in Richtung Minami-Senju finden sich einfache **Billighotels**, die ebenfalls Preise ab 3000 ¥ für ein Zimmer anbieten, auch die Umgebung von Ueno bietet zahlreiche preiswerte Hotels. Manche bieten sowohl kleine EZ als auch Kapseln (s. S. 337).

Für Studenten und andere junge Leute mit wenig Geld gibt es seit Langem die sogenannten **Gaijin Houses.** Sie dienen vor allem für Langzeitaufenthalte. Sie sind im Stadtzentrum nicht zu finden, eher in den westlichen Vororten. Besseren Standard weisen **Apartments** auf, die man als weekly oder monthly mansion mieten kann. Das Kimi Information Center (Tel. 03 3986–1604) vermittelt u. a. solche. Alternativ gibt es auch die Möglichkeit für Homestays ab 13.000 ¥ pro Woche (z. B. www.homestayweb. com/index_japan.cgi).

Jugendherbergen (s. S. 336) stehen allen Altersgruppen offen, man sollte diese in Tokyo oder anderen attraktiven Zielen möglichst rechtzeitig vor der Reise buchen (das geht bis ein Jahr vor dem Einchecken) und den Jugendherbergsausweis mitbringen. Diesen bekommt man aber auch vor Ort gegen entsprechende Gebühr. Sie sind auf Reisen eine gute Alternative zu Hotels; bei geringer Auslastung kann man zu zweit wie im Ryōkan oder Minshuku (s. u.) in einem Zimmer übernachten und nicht nach Geschlechtern getrennt, das gilt natürlich auch für Familien (www.jyh. or.jp, Buchung auch auf Deutsch möglich). Übernachtungen für Mitglieder kosten 3450 ¥, Jugendliche 500 ¥ weniger.

Ryōkan (s. S. 338) gibt es auch in Tokyo, manche beherbergen praktisch nur Ausländer. Man kann sie über die Japanese Inn Group buchen und sicher sein, dass man als Ausländer dort auch willkommen ist. Man muss mit 9000 ¥ (pro DZ) rechnen. Infos: http://japaneseinn group.com. In den Ryōkan dieser Gruppe werden Mahlzeiten separat berechnet und müssen nicht eingenommen werden. In guten Ryōkan dagegen sind zwei Mahlzeiten inbegriffen. Die Küche entspricht der hochklassigen Kaiseki-Ryōri. Die Preise sind pro Person angegeben und liegen selten unter 10.000 ¥.

Hotels im japanischen Stil bieten wie die Guest Houses auch Plätze in Mehrbettzimmern ab etwa 2600 ¥. Die Zimmer haben Tatamimatten, man schläft in Futonbetten. Solche Zimmer gibt es auch in Businesshotels und Luxushotels.

Nicht im Zentrum von Tokyo und den anderen großen Städten, aber sonst überall im Land gibt es die **Minshuku** und **Kokuminshuku** (größere staatliche Unterkünfte im japanischen Stil). Minshuku sind private Unterkünfte mit gemeinsamem Bad und häufig HP, die besseren können mit Ryōkan gut mithalten, während einfache Ryōkan nichts anders als Billighotels in japanischem Stil sind. Mit HP rechne man mit ab 7000 ¥ pro Person.

Pensionen (penshon) sind westlich ausgestattet und oft in den Urlaubsgebieten zu finden, nicht aber wie in europäischen Städten im Stadtzentrum der Großstädte.

Die günstigste Art, in Städten zu übernachten, bieten die **Businesshotels** (s. S. 338). Die Zimmer sind klein ohne Schränke, aber mit Tisch, Stuhl, TV, oft Wasserkocher, Yukata, Nasszelle mit kleiner Badewanne, Waschbecken und WC ausgestattet. Sie bieten manchmal größere Bäder zur gemeinsamen oder privaten Nutzung und Restaurants. Getränkeautomaten auf mehreren Stockwerken sind Standard. Die Preise wechseln je nach Auslastung.

Boutiquehotels sind kleine Hotels, aber z. T. künstlerisch ausgestattet, sie sind teurer als Businesshotels.

Love Hotels, kurz *rabuho,* alternativ Amusement/Boutique/Couples/Fashion Hotels genannt, sind neben den Capsule Hotels eine weitere japanische Besonderheit. Sie erfüllen das Bedürfnis nach ungestörter Zweisamkeit angesichts oft kleiner Wohnungen und mangelnder Privatsphäre. Das Einchecken erfolgt anonym, oft an kleinen Schaltern mit Sichtblende, manchmal an Bezahlautomaten. Welche Zimmer zur Verfügung stehen, sieht man an den erleuchteten Fotos der Zimmer. Man bucht „Rest" (meist zwei bis drei Stunden untertags, insbesondere am frühen Abend, 2000–3000 ¥) oder „Stay". Checkt man abends nach 22 Uhr oder später ein, sind Übernachtungen oft preiswerter als in Businesshotels, man rechne je nach Ausstattung der Zimmer mit 6000 bis 10.000 ¥. Auschecken muss man dann freilich am nächsten Morgen. Für die Betreiber rechnet sich das, weil sie so dasselbe

Zimmer im Schnitt dreimal pro Tag vermieten. Es gibt **fast 40.000 Love Hotels in Japan.**

Weitere ungewohnte Übernachtungsmöglichkeiten sind **Manga Kissa** (s. S. 328) mit abgeschirmten Abteilen und Schlafsesseln.

Badepaläste wie Oedo Onsen Monogatari 32 in O-daiba bieten Schlafsessel mit TV/Radio, da kann es recht laut zugehen; wer dort über Nacht bleibt, zahlt ebenfalls nur 1700 ¥ extra.

Luxushotels sind in Tokyo berühmt für Service und Ausstattung. Meist weisen sie auch hervorragende Restaurants, oft mit fantastischer Aussicht, auf. Leider sind sie aber nur für Geschäftsreisende, die sich und ihre Firma nicht blamieren wollen, und für Reisende mit üppigem Budget erschwinglich. Japanische Firmenangestell-

148to-ml

[2] *Ein typisches Love Hotel*

te, die sich meist nur wenige Tage Urlaub zu nehmen trauen, gönnen sich dann mal den Luxus von 20.000 bis über 30.000¥ pro Nacht und bekommen dazu viel Platz im Zimmer – wahrer Luxus in Japan. Einst waren sie Spitze in Asien, heute gibt es in SO-Asien mehr fürs Geld.

Backpacker Guest Houses, Hostels und Jugendherberge

395 [K3] Aizuya Inn ⚇, 2-17-2 Kiyokawa, Tel. 6726-6308, www.aizuya-inn.com. Entspannte Atmosphäre, hilfreiche Mitarbeiter, Tatami-Zimmer, Küche, WLAN, Softdrinks frei, Dusche 100¥ für 5 Min.

396 [J6] Anne Hostel (1) ⚇, 2-21-14 Yanagibashi, Tel. 5829-9090, http://jhostel.com/?language=en. Dieses Hostel gehört zu den beliebtesten in Tokyo, das Wohnzimmer bietet Tatamimatten mit *horigotatsu,* also abgesenktem Bereich für die Füße unter dem Tisch, da sitzt es sich gleich viel entspannter, es gibt auch Tatamizimmer und solche mit Stockbetten; bei Anne gibt es Frühstück und WLAN inklusive. Auch in Ryōgoku vertreten, dort aber ohne Frühstücksservice:

397 [J6] Anne Hostel (2) ⚇, 4-38-5 Ryōgoku, Tel. 5600-9090

398 [C2] Book & Bed Tokyo ⚇, 1-17-7 Nishi-Ikebukuro, gleich bei Ausg. C8, www.bookandbedtokyo.com. 30 Kojen, geräumiger als Kapseln.

399 [J8] Guest House Shinagawa-shuku ⚇, 1-22-16 Kita-Shinagawa, Tel. 6712-9440, bp-shinagawashuku.com. Kleine traditionelle Herberge in der ersten Station am Tōkaidō: Shinagawa-juku, nur 2 Min. vom Bhf. Kita-Shinagawa, Tatami- und Mehrbettzimmer mit Stockbetten, Handtuch, Wäsche, Gepäckaufbewahrung, Haartrockner kosten extra!

400 [C6] Imano Tokyo Hostel ⚇, 5-12-2 Shinjuku, http://imano-tokyo.jp. Beliebtes Guesthouse, modern, sauber, eigenes Café, Betten wie Kojen.

401 [J4] Khaosan World Asakusa Ryokan & Hostel ⚇, 1-15-1 Nishi-Asakusa, Tel. 3843-0153, http://khaosan-tokyo.com. Flaggschiff der stetig wachsenden Khaosan-Kette (benannt nach dem Traveller-Viertel in Bangkok) und Pionier und Marktführer der wachsenden Tokyoter Hostelszene. Größte Unterkunft dieser Art in der Stadt, untergebracht in einem ehemaligen Love Hotel.

402 [J5] Nui Hostel & Bar Lounge ⚇, 2-14-13, Kuramae, Tel. 6240-9854. Sehr gut bewertete Unterkunft, nicht zuletzt wegen der auch bei Einheimischen (die Englisch sprechen möchten) beliebten Bar. Mehrbettzimmer.

403 [J4] Taito Ryokan ⚇, 2-1-4 Nishi-Asakusa, Tel. 3843-2822, www.libertyhouse.gr.jp. Eine in einem alten Holzhaus mitten in Asakusa befindliche und entsprechend beliebte Unterkunft. Tatami-Zimmer.

404 [I3] Toco Guesthouse ⚇, 2-13-21 Shitaya, http://backpackersjapan.co.jp/english. Dieses Hostel mit drei Gemeinschaftsräumen mit 6 und 8 Stockbetten und 6 für Frauen ist in einem traditionellen japanischen Wohnhaus untergebracht, dazu noch 3 DZ, die ab 6000¥ zu mieten sind; eine Bar und eine Lounge tragen zur Attraktivität bei.

405 [J3] Tokyo Backpackers ⚇, 2-2-2 Nihonzutsumi, U: Minami-Senju, Tel. 38712789, tokyo-backpackers.com/en. Eine der günstigsten Übernachtungsoptionen in Tokyo. Saubere, moderne Einrichtung, WLAN, eigene Frauenetage.

406 [F5] Tokyo International Youth Hostel ⚇, Central Plaza F18, 1-1 Kagurashi, Tel. 3235-1107, www.tokyo-ih.jp. Moderne Jugendherberge mit Stockbetten nach Geschlechtern getrennt, Familienzi. mit Tatami, Restaurant, TV Lounge, Souvenirladen, Internet.

Günstige Hotels

🏠 **407** [D9] **Asia Center of Japan (Asia Kaikan)** ¥, 8-10-32 Akasaka, Tel. 3402-6111, www.asiacenterofjapanhoteltokyo. com. Das altehrwürdige, immer noch beliebte Hotel hat durch den Neubau nun den Charakter und Preis eines modernen Businesshotels mit Zimmern im westlichen Stil, der Altbau bietet einfache, aber geräumige Zimmer, m. Frühstück.

🏠 **408** [K3] **Kangaroo Hotel** ¥, 1-21-11 Nihonzutsumi, Tel. 3872-8573, http://kanga roohotel.jp. Gutes Design, bunte Mischung an Gästen, nicht nur ausländische und japanische Backpacker, Geschäftsleute, Familien, sehr preiswerte DZ, auch 4-B-Zi., einige Tatamizimmer.

🏠 **409** [J2] **New Koyo** ¥, 1-1-1 Marunouchi, Tel. 3873-0343, www.newkoyo.com. Sauberes Hotel im Tagelöhnerbezirk von Sanya mit kleinen Zimmern im westlichen Stil und mit Tatami, beliebt unter Backpackern.

🏠 **410** [K2] **Palace Japan** ¥, 2-31-6 Kiyokawa, Tel. 6458-1540, www.palace-japan.com/ english. Behindertengerechtes Hotel mit kleinen, sauberen Zimmern, WLAN, Küche, Münzwaschmaschine u. a., nahe Minami-Senju.

🏠 **411** [C2] **Sakura Hotel Ikebukuro** ¥, 2-40-7 Ikebukuro, Tel. 3971-223, www.sakura-hotel-ikebukuro.com. Die Sakura-Kette betreibt eine Reihe von beliebten Hotels, die eigentlich Businesshotels sind, aber auf Backpacker eingestellt sind und Gemeinschaftsbetten für etwas über 3000 ¥ bieten, während die DZ mit 9000 ¥ normalen preiswerten Businesshotels entsprechen. Das junge Publikum und die Lust auf Partys machen diese Hotels allerdings lebendiger.

🏠 **412** [C11] **Siesta** ¥, am Bhf. Ebisu, O-Ausg., Tel. 3449-5255, www.siesta-en.com. Sauberes Hotel mit Zimmern und Kapselbetten, die halb so viel kosten wie die Zimmer.

🏠 **413** [G5] **YMCA Asia Youth Center** ¥, 2-5-5 Sarugakucho, Tel. 3232-0611, www.ymcajapan.org/ayc. YMCA-Hotel in Daikanyama, kleine, komfortable Zi. im westl. Stil.

Capsule Hotels

Im Gefolge der Guest Houses sind sogar die berühmt-berüchtigten **Capsule Hotels** unter Backpackern populär geworden. Sie wurden 1979 in Osaka erfunden und dienen normalerweise Salarymen, die den letzten Zug nach Hause verpasst haben als preiswerte Notunterkunft. Für Frauen gab es dieses Angebot bisher kaum. Inzwischen haben die großen unter den Capsule Hotels wie das Green Plaza in Shinjuku oder das Capsule Inn Akihabara oder Hotel Asakusa & Capsule eigene Frauenetagen, es gibt dort auch öffentliche Bäder wie in einem Resort, teilweise mit Sauna, allerdings sind dort Personen mit Tätowierungen nicht zugelassen. Es gibt Lounges mit TV, oft auch kleine Restaurants. Übernachtungen kosten ab 2200 ¥, können aber auch 5000 ¥, z. B. für Frauen im erwähnten Green Plaza in Kabukichō betragen. Die klimatisierten Kapseln selbst sind geräumig und mit TV, Radio, Leselampe ausgestattet, sie sind etwa 1 x 1 x 2 m groß. Ein Saal hat typischerweise zwei gegenüberliegende Reihen von je zwei Kapseletagen. Die Geräuschisolierung ist gut. Japaner haben meist wenig Gepäck, das passt in die Schließfächer. Aber man ist inzwischen wie erwähnt auch auf Backpacker mit großen Rucksäcken eingerichtet.

🏠 **414** [J5] **Hotel Asakusa & Capsule** ¥, 4-14-9 Kotobuki, Tel. 3847-4477, http://ho telink.co.jp/english/asakusa. EZ ab 4400 ¥

und Kapseln für Männer und Frauen 2200 ¥ (Studenten gegen Ausweis 1700 ¥).

☎415 [B6] **Shinjuku Kuyakusho-mae Capsule Hotel** ¥, Tōyo Bldg. F3, 1–2–5 Kabukichō, Tel. 3232–1110, http://capsuleinn.com/en. Eines von mehreren Kapselhotels in Kabukichō. Großes Bad und große Lounge, eigenes Frauenstockwerk.

Inzwischen gibt es zwei Kapselhotels nur für Frauen: das elegante, aber vergleichsweise teure Nadeshiko und das ebenfalls geschmackvoll eingerichtete Centurion Ladies Hostel:

☎416 [A10] **Nadeshiko** ¥, Shibuya, 10–5 Shinsenchō, http://nadeshiko-hotel.jp (auch auf Deutsch)

☎417 [H4] **Centurion Ladies Hostel** ¥, 2–11–13 Ueno (direkt am Shinobazu-Teich), Tel. 6803–0711, www.centurion-hotel.com. Duschen anstatt o-furo. Grundpreis ca. 2000 ¥.

Minshuku (Familienpensionen)

Es gibt einige wenige Minshuku selbst im zentralen Bereich von Tokyo, z. B. in Ueno, Arakawa-ku, Bunkyo-ku, Minato-ku. Bei Interesse sollte man am besten ein TIC (s. S. 325) um Buchung bitten, da die Website www.minshuku.jp nicht gut funktioniert.

☎418 **Yasuda-no-ie** ¥, 1–56–29 Matsubara, Setagaya (15 Min. von Shinjuku per Bahn), Tel. 3322–5546. Eines der wenigen Minshuku in Tokyo, ab 3100 ¥, Gemeinschaftsbad.

Ryōkan (Reisegasthäuser)

Ryōkan können sehr teuer sein, sie passen auch nicht so recht nach Tokyo, da die sie umgebende Landschaft fehlt. Die **Japanese Inn Group** (http://japaneseinn

group.com) weist für den im Führer behandelten zentralen Teil Tokyos ein halbes Dutzend Ryōkans mit Preisen für EZ ab 5000 ¥ und DZ ab 9000 ¥ auf. Es gibt einige seit Jahren unter Ausländern beliebte Ryōkan, die hier erwähnt werden:

☎419 [C2] **Kimi Ryōkan** ¥, 2–36–8 Ikebukuro, JR: Ikebukuro, W-Ausg., 5 Min., Tel. 3971–3766, http://www.kimiryokan.jp. Einfaches Ryōkan mit kleinen Zimmern, gemütlichem Wohnzimmer und angenehm entspannter Atmosphäre, WLAN. Wegskizze bei Koban am W- bzw. N-Ausg. der Westseite erhältlich; Reservierung direkt über die Website.

☎420 [H3] **Sawanoya Ryōkan** ¥–¥¥, 2–3–11 Yanaka, U: Nezu Ausg. 1, 7 Min., Tel. 3822–2251, www.sawanoya.com/eigo.html, EZ 5184 ¥, DZ oB 9720 ¥, DZ mB 11.000 ¥. Freundlich, beliebt, ruhig am Rand von Yanaka, Buchung am besten telefonisch, Website zeigt verfügbare Zimmer und Daten.

Businesshotels

Die Hotels der landesweit vertretenen Toyoko-Inn-Kette mit meist in der Nähe von Bahnhöfen gelegenen preisgünstigen Hotels werden hier nicht separat aufgeführt, da es in Tokyo davon allein 34 gibt. Wer dort übernachtet, kann sich beim ersten Einchecken übrigens für einmalig 1500 ¥ (Senioren ab 60 Jahren und Studenten zahlen jeweils 1000 ¥) als Mitglied eintragen lassen und genießt dann einige Vorzüge wie frühere Reservierungsmöglichkeit und früheres Einchecken (http://www.toyoko-inn.com/deutsch/index.html).

Achtung: Preise in Businesshotels ändern sich je nach Saison und Auslastung.

☎421 [G10] **Hotel My Stays Hamamatsucho** ¥¥, 1–18–14 Hamamatsucho, JR: Hamamatsu-

cho, N-Ausg. 6 Min., Tel. 6689–3939, www.
flexstayhm.jp/e. Kaffee in der Lobby frei,
Lautsprecher in den Zimmern zum Anschluss
an MP3-Player etc. Teil einer Kette mit 20
Hotels in Tokyo.

🏨 **422** [C6] **Hotel Park Inn Shinjuku** ¥, 1-36-
5 Shinjuku, U: Shinjuku-Gyoenmae, Ausg.
Shinjuku 2 Min., Tel. 3354–9000. Zwischen
Shinjuku-Gyoen-Park und Yasukuni-dōri gelegen, sehr günstige DZ.

🏨 **423** [C2] **Hotel Star Plaza Ikebukuro** ¥,
2-10-2 Ikebukuro, JR: Ikebukuro, W-Ausg.
3 Min., Tel. 3590–0005. Günstig gelegen,
Buchung über www.star-hotel.co.jp/en. Jeder Monat hat mehrere Preisgruppen.

🏨 **424** [C2] **Keio Presso Inn** ¥¥, 2-29-11
Minami-Ikebukuro, JR: Ikebukuro O-Ausg.
5 Min., Tel. 5396–0202, www.presso-inn.
com/english. Sehr gute Betten, gute Schall-
isolierung, mit Frühstück, eigene Frauenetage. Teil einer Kette mit 8 Hotels in guter Lage
in Tokyo.

🏨 **425** [H4] **Kinuya Hotel** ¥-¥¥, 2-14-28 Ueno,
JR/U: Ueno, 5 Min., Tel. 03 3833–1911,
www.kinuyahotel.jp. Perfekt gelegenes preiswertes Businesshotel, direkt gegenüber Keisei Ueno Bhf. (Zug zum Flughafen Narita) und
Ueno Park. Schöner Blick auf den Park von
den zum Park gelegenen Zimmern, Zimmer
im westlichen und japanischen Stil.

🏨 **426** [I7] **Nihonbashi Sumisho Ningyocho** ¥¥,
9-14 Kobuna-cho, Tel. 3661–4603, www.
sumisho-hotel.co.jp/english. Man fühlt sich
hier wie in einem Ryōkan, die Zi. sind jedoch
im westl. Stil.

🏨 **427** [B3] **Richmond Hotel Tokyo Mejiro** ¥,
3-5-14 Mejiro, JR: Mejiro 2 Min.,
Tel. 3565–4111, http://richmondhotel.jp/
en/hotels/index.php. Günstiges Hotel im
ruhigen Mejiro.

🏨 **428** [G9] **Super Hotel Shimbashi** ¥¥,
5-16-4 Shimbashi, JR: Shimbashi,
Ausg. Karasumori, 5 Min., Tel. 3431–9000,

www.superhoteljapan.com/en. Die moderne
Super-Hotel-Kette betreibt in Tokyo ein Dutzend Hotels, alle DZ bieten noch ein extra Hochbett ohne Zusatzkosten, man kann
aus sechs verschiedenen Kissen wählen,
WLAN-Hotspot. Gesundes und sehr leckeres
Frühstück.

🏨 **429** [E8] **The B** ¥¥, 7-6-13 Akasaka, U:
Akasaka Ausg. 3b 5 Min., Tel. 3586–0811,
www.theb-hotels.com/en/hotel/the-b-aka
saka. Beliebt, gutes Design, die Gruppe betreibt ein halbes Dutzend Hotels in Tokyo.

🏨 **430** [C6] **Tokyo Businesshotel** ¥-¥¥,
6-3-2 Shinjuku, U: Shinjuku, Gyoenmae,
7 Min., Tel. 3356–4605. Östl. von Kabukichō
gelegen, günstige EZ, Frauen-Etage mit eigenem Bad, DZ für Frauen auch günstiger.

🏨 **431** [I7] **Villa Fontaine Nihonbashi-
Mitsukoshimae** ¥¥, 1-7-6 Nihonbashi-
Honchō, Tel. 3242–3370. Die Hotels der
Villa-Fontaine-Kette sind attraktiv gestaltet,
sie haben alle ein sehr gutes Preis-Leistungs-
Verhältnis; es gibt ein Dutzend Hotels in To-
kyo in günstiger Lage; Buchung über: www.
hvf.jp/eng.

Luxushotels

Tokyo hat hervorragende Luxushotels
wie die altehrwürdigen **Imperial**, **Palace** am Hibiya Park **6** bzw. Kaiserpalast **1**, **Okura**, **New Otani** in Akasaka,
sie kosten ab 40.000 bis 60.000¥ pro
Nacht. Neuere wie das **Park Hyatt** in
Shinjuku oder das **Grand Hyatt** in Roppongi Hills beginnen erst bei 70.000¥;
große Namen sind auch **ANA Intercon-
tinental** in Ark Hills, **Mandarin Oriental**
in Nihonbashi, **Peninsula ebenfalls** am
Kaiserpalast, **Ritz Carlton** im Tokyo-Midtown-Komplex **57** und in Yokohama das
Royal Park Hotel im Landmark Tower.
Eines der modernsten ist das wenig be-

kannte **Claska** in Meguro-ku. Vergleichsweise bescheiden gibt sich das **Keio Plaza** in Shinjuku, das erste Wolkenkratzer-
hotel mit knapp 30.000 ¥, aber sie alle
haben dazu beigetragen, dass Tokyo den
Ruf einer für Touristen überteuren Stadt
hat.

🏛**432** [E7] **New Otani** ᵛᵛᵛ, 4–1 Kioichō,
Tel. 3265–1111, www.newotani.co.jp/en/
tokyo. Die „große alte Dame" der Tokyoter
Luxushotels des 20. Jh. mit attraktivem
Garten, der auch Tagesgästen offensteht.

Verhaltenstipps

Etikette

Im alltäglichen Verhalten sind die Regeln
der Etikette verbindlich und drängen Fragen der Moral in den Hintergrund. Wichtig ist die **Bewahrung der sozialen Harmonie.** Die normalen Umgangsformen
sind von folgenden Verhaltensweisen
geprägt:

❯ **Verbeugungen** sagen etwas über den Status
einer Person aus; wer sich tiefer und länger
verbeugt, zeigt dem Gegenüber Respekt, ob
er diesen nun empfindet oder nicht.

❯ Harmonische Beziehungen haben Vorrang
vor persönlichen **Empfindungen,** die notfalls
schon einmal unterdrückt werden müssen.
Emotionen sollen vom Gegenüber erfühlt
werden, es gilt als unfein, sie mit Worten
auszudrücken.

❯ In der hierarchisch strukturierten Gesellschaft zollen Jüngere den Älteren **Respekt.**
Von Frauen wird traditionell immer noch erwartet, dass sie gegenüber Männern Respekt
zeigen.

❯ Die **Sprache** hat klare Regeln, wie man sich
selbst bescheiden ausdrückt und die Re-
spektsperson sprachlich emporhebt. Man

lobt Haus oder Kleidung des anderen, man
schmeichelt ihm „über die Wahrheit hinaus",
um mit solchen Komplimenten den Kontakt
möglichst reibungsfrei zu machen.

❯ Das **ästhetische Empfinden** spielt eine große
Rolle: im Umgang miteinander, im Präsentieren von Essen, wie man sich bewegt. Man
sollte es z. B. unbedingt vermeiden, sich in
Gegenwart anderer zu schnäuzen; wenn es
sich (wie Niesen) nicht vermeiden lässt, sollte man es abgewandt so diskret wie möglich
tun.

❯ Im Übrigen: wie die Japaner immer sehr
höflich sein, sich immer wieder verbeugen,
arigatō (danke) und *domo* (Allzweckwort,
etwa: sehr) sagen; **Tatami-Matten** niemals
mit Schuhen betreten; nie **im Gehen essen,**
obwohl das heute nicht mehr so streng gilt.

Ess- und Trinksitten

Die Höflichkeit verbietet es Japanern,
Ausländer auf in ihren Augen unkorrek-
tes Verhalten beim Essen oder Trinken
aufmerksam zu machen. Also sollte man
sich mit einigen Regeln vertraut machen.
Im Zweifelsfall macht man es eben den
Einheimischen nach.

❯ Tabu ist, Stäbchen während einer Essens-
pause senkrecht in den Reis zu stecken,
denn in dieser Form wird er den Ahnen am
Hausaltar als Speiseopfer serviert. Das gilt
übrigens überall in Ostasien.

❯ Beim Essen von **Suppe** halten Japaner die
Schale nah an den Mund und schlürfen die
Brühe hörbar ein – die beste Art, die heiße Suppe zu genießen. Mit den Stäbchen
werden dann die festen Bestandteile in den
Mund geschoben. Rülpsen ist jedoch – anders als in China – nicht statthaft.

❯ Um Respekt vor dem „täglich Brot" der Japaner, dem **Reis,** zu bezeugen, sollte dieser bis
auf einen kleinen Anstandsrest ganz aufge-

gessen werden; wenn es geht, sollte man mehr als eine Schale essen.

> „Einsame Trinker" sind in Japan verpönt. Stattdessen schenkt man sich gegenseitig ein, d. h. man beobachtet immer auch die Gläser oder Schalen der anderen am Tisch und schenkt den anderen nach, da sich niemand selbst einschenken sollte. In Bars und guten Lokalen übernimmt die Bedienung diese Aufgabe. Sakeschalen werden vor dem **Nachschenken** immer ausgetrunken. Bei Bier und Whisky genügt es, vor dem Nachschenken ein klein wenig wegzutrinken. Das empfiehlt sich besonders für Partys, wo üblicherweise jeder mit jedem anstößt, einander nachschenkt und ein paar Worte wechselt. Die „Profis" nippen jeweils nur ein klein wenig am Glas. Man hält Glas oder Schale beim Einschenken mit beiden Händen.

Geschenke

Das **System gegenseitiger Verpflichtungen** ist in der japanischen Gesellschaft stark ausgeprägt. Geschenke sind eine Form von sozialem Austausch, der fein abgestimmten Regeln folgt. Hier sind einige charakteristische Arten von Geschenken bzw. von Situationen, die Geschenke erfordern.

> **Kaeshi:** Rückgeschenk bei Gefälligkeiten zwischen Personen mit gleichem Status oder bei Trauerfeiern (wo das Rückgeschenk ein Drittel bis die Hälfte des Wertes der Spende anlässlich einer Beerdigung ausmachen soll).

> **Miyage:** Wer auf Reisen geht, bringt kleine Geschenke von unterwegs mit, vor allem für die, denen man verpflichtet ist bzw. von denen man auch Mitbringsel erhalten hat; eine ganze Industrie lebt davon.

Jedes Kaufhaus hat große Abteilungen für die üblichen Geschenke. Es geht

nicht um fantasievolle, persönliche Präsente, sondern um die Etikette. Die Verpackung ist wichtiger als der Inhalt, Geschenke lassen sich so auch unausgepackt günstig wieder weiterschenken! Wenn Sie eingeladen werden, sind Blumen, Süßigkeiten, Souvenirs von zu Hause willkommen. Man gibt und empfängt Geschenke mit beiden Händen, das gilt für alles, auch Visitenkarten,…Empfangene Geschenke werden nicht gleich geöffnet, es sei denn, es handelt sich um persönliche Geburtstagsgeschenke u. Ä.

Allgemeine Verhaltenstipps

> **Manner Mode:** In den Zügen soll man im Abteil nicht **telefonieren,** nur SMS schreiben, „Manner Mode" heißt das, vor den Sitzen für Behinderte u. a. sollte man kein Handy benutzen wegen möglicher Beeinträchtigung von Herzschrittmachern o. Ä.; auch in Gärten, Lokalen, Tempeln sollte das Handy nicht benutzt werden.

> **Kritik:** Streben nach Harmonie ist Grundlage sozialen Verhaltens, daher kritisiert man

nie in der Öffentlichkeit und unter vier Augen auch nur in Andeutung, Ausnahme: nach Genuss von Alkohol darf man etwas offener sein. Immer die andern ihr „Gesicht wahren lassen!"

❯ **Schuhe,** die sich leicht an- und ausziehen lassen, sind in Japan günstig, man zieht sie aus: bei Besuch von Privathäusern, in manchen Firmen und Instituten, in Umkleidekabinen, in traditionellen Herbergen und Lokalen, im Innenbereich von Tempeln; Tatamimatten dürfen nie mit Schuhen, auch nicht mit Pantoffeln betreten werden; WC-Pantoffeln bleiben dort, normale Pantoffel kommen nicht ins WC!

❯ **Trinkgelder** sind in Japan mit einer Ausnahme unüblich: In teuren Ryōkans, in denen man das Essen in das Zimmer serviert bekommt, übergibt man dem Zimmermädchen einen Umschlag mit Trinkgeld (nach Gutdünken oder 2000 bis 3000 ¥ pro Zimmer).

Verkehrsmittel

Tokyo hat das **kompletteste Verkehrsnetz der Welt:** Es besteht u. a. aus Linien der privatisierten **JR (Japan Railways) East,** aus privaten **Bahnlinien,** insgesamt 13 **U-Bahnlinien** zweier Gesellschaften, einem engmaschigen **Busliniennetz,** das Touristen eher selten benutzen, und einer verbliebenen **Straßenbahnlinie.** Es gibt auch zwei Linien für Bootsfahrten entlang des Sumida-Flusses und über die Tokyobucht nach Odaiba.

Wie erschließt sich Tokyo am besten?

Angesichts der Größe der Stadt kommt man ohne die Benutzung von **Verkehrsmitteln** nicht aus. Man kann sich inzwischen auch ohne Japanischkenntnisse orientieren. Informationen werden außer auf Japanisch und Englisch, das man bei einem Tokyo-Besuch zumindest verstehen können sollte, nur noch auf Chinesisch und Koreanisch angeboten.

◁ *Blick vom „Seaside Top"* **25** *auf die Gleise beim Bahnhof Hamamatsucho*

EXTRAINFO

Tickets und Preise

> **Einfache Fahrten** mit JR kosten ab 140 ¥, U-Bahn ab 160 ¥ bzw. 170 ¥, Transfertickets ab 280 ¥, Bus 200 ¥. Bei 4 bis 5 kurzen Fahrten lohnen die u. a. Tagestickets noch nicht. Einzelne Karten und Tagespässe schiebt man in den Schlitz an der Sperre und nimmt sie am Ende wieder mit. Einzelne Fahrkarten werden am Ende der Fahrt „geschluckt".

> **Tokyo Metro,** erkenntlich am stilisierten weißen M auf blauem Grund, ist eine U-Bahngesellschaft mit neun Linien, die täglich 5,8 Millionen Passagiere auf 192 km Streckenlänge zu 141 Bahnhöfen transportiert. Der Fahrpreis staffelt sich von 160 ¥ bis maximal 300 ¥. Die von der Präfektur Tokyo betriebene zweite U-Bahngesellschaft **Toei** (*Tōkyō Eidan*), erkenntlich am grünen Ginkgoblatt, transportiert täglich 2 Mio. Passagiere auf vier Linien mit 109 km Streckenlänge und 106 Bahnhöfen. Tagespässe einer Gesellschaft sind nicht kompatibel mit denen der anderen, es sei denn man kauft Kombi-Tagespässe. In jedem TIC (s. S. 325) und jedem U-Bhf. gibt es den zweisprachigen U-Bahnplan beider Gesellschaften. Für Touristen gibt es Discount-Tageskarten, wo, erklärt die Website: www.tokyometro.jp/en/ticket/value/travel/#anc03.

> **Tokyo One Day Free Ticket** (*Tōkyō Furii Kippu*) 1590 ¥, Kinder 800 ¥, gilt für **JR-Linien** im Zentrum und die meisten Tokyo-Metro- und Toei-U-Bahnlinien.

> **Common One-day Ticket for Tokyo Metro & Toei Subway,** 1000 ¥, Kinder 500 ¥, gilt für beide U-Bahnlinien. Das **Tokyo Subway Ticket** kostet nur 800 ¥ und kann auch als 2-Tages- und 3-Tages-Pass für 1200 ¥ bzw. 1500 ¥, Kinder jeweils die Hälfte, gekauft werden. U.a. an den beiden Flughäfen (s. S. 320) erhältlich.

> **Tokyo Metro One-day Open Ticket,** 600 ¥, Kinder 300 ¥, gilt für 9 Tokyo Eidan U-Bahnlinien.

> **Toei One-Day Economy Pass** (*Toei Marugoto Kippu*) 700 ¥, Kinder 350 ¥, gilt für 4 Toei U-Bahnlinien, alle Toei Busse, von denen die Shitamachi-Busse für Touristen interessant sind, die Arakawa-Toden-Straßenbahn und den Nippori-Toneri Liner, der für Touristen nicht relevant ist.

> **Tokyo Metropolitan District Pass** (*Tōkunai Pass*) 730 ¥, Kinder 360 ¥, gilt für die **JR-Linien** Yamanote, die Chuo- bzw. Sobu Line zwischen Koiwa & Nishi-Ogikubo, sowie zwischen Akabane im Norden und Kamata im Süden. Auf dem Ticket ist das Netz der nutzbaren Linien zu sehen.

> **Toei Bus One-Day Economy Pass,** 500 ¥, Kinder 250 ¥, gilt für alle Toei-Busse

> **Toei Streetcar One-Day Economy Pass,** 400 ¥, Kinder 200 ¥, gilt für die **Arakawa-Toden**-Straßenbahnlinie

> **Yurikamome One-day Pass,** 800 ¥, Kinder 400 ¥, für Fahrten zwischen Shimbashi und auf Odaiba

> **Tagespässe** zwischen Tokyo & Yokohama, s. S. 195

> Die Geldchipkarten **Suica** (Wassermelone) und **Pasmo** sind schon landesweit, v. a. an Bahnhöfen, als Zahlungsmittel anerkannt. Man muss sie (selbst durch Portemonnaie oder Etui hindurch) nur an das betreffende Touchpad an den Sperren, in den Bussen u. a. halten. Aufladen kann man sie an den Fahrkartenautomaten. Für die Menüführung ggf. English drücken. Wenn Sie die Quittung brauchen, drücken Sie auch „Receipt". Die Karte kostet 2000 ¥, von denen 500 ¥ Pfand sind www.jreast.co.jp/e/pass/suica.html, www.pasmo.co.jp/en.

> Erwähnenswert ist der neue **Shinjuku Expressway Bus Terminal:** An der Südseite des Bhf. Shinjuku wurde 2016 ein moderner Busterminal, Busta genannt, eingeweiht. Fast 2000 Busse fahren täglich von hier ab oder kommen an. Damit ist er der wichtigste Terminal Tokyos, aber Fernbusse fahren auch ab Bhf. Tokyo und Hamamatsuchō ab. Im F3 gibt es einen Infoschalter (6.30–23 Uhr).

> Fast unverzichtbar ist die **Yamanote-Ring-linie,** die in gut einer Stunde das Zentrum Tokyos im und entgegen dem Uhrzeigersinn umrundet. Es werden für jede Richtung die beiden nächsten größeren Bahnhöfe genannt, z. B. von Shinjuku entweder Ikebukuro, Ueno oder Shibuya, Shinagawa.

> **Tagestickets** für die JR-Linien im Zentrum (Tokunai Pass, 730 ¥), für eines der beiden U-Bahnsysteme, beide zusammen oder gar alle Verkehrsmittel der Stadt lohnen sich nur, wenn man am jeweiligen Tag wenigstens 5 bis 6 Fahrten unternimmt. Andererseits ersparen sie den lästigen mehrfachen Fahrkartenkauf, der mit den Prepaid-Karten **Suica und Pasmo** (s. S. 343) ebenfalls entfällt. Bei den U-Bahntickets sollte man vorher überlegen, welcher am besten für den Tag geeignet ist. Da die Stadtteilrundgänge durchwegs zu Fuß machbar sind, genügt meist nur die ggf. notwendige An- und Rückfahrt. Die Tickets lohnen also vor allem, wenn man in mehreren Stadtteilen bestimmte Objekte, Museen, Geschäfte oder einzelne Sehenswürdigkeiten ohne längere Rundgänge aufsuchen möchte.

> Auch wenn Tokyo wie alle Weltstädte niemals schläft, **endet der öffentliche Verkehr bereits um Mitternacht** (von mehreren Nachtbuslinien abgesehen) und wird erst wieder zwischen 5 und 6 Uhr aufgenommen. Viele Bars und Lokale in den wichtigsten Vergnügungszentren haben sich daran angepasst und sind bis

⌃ *Straßenbahndepot im Norden Tokyos*

Wetter und Reisezeit

zur ersten Bahn, also bis 5 Uhr, geöffnet. Wer die letzte Bahn verpasst, kann auch in einem Kapselhotel übernachten (s. S. 337).

❯ **Taxifahren** ist teuer, die ersten 2 km kosten 730 ¥ bzw. 410¥ für den ersten Km, und steigen alle 288 m oder 105 Sekunden um 90 ¥. Zwischen 23 und 5 Uhr kommt ein Nachtzuschlag von 20 % hinzu. Bei hohem Bedarf und ungenügendem Angebot bieten potenzielle Kunden den doppelten und dreifachen Fahrpreis. Viele aus der Provinz stammende Fahrer besitzen meist keine detaillierten Ortskenntnisse und müssen im Zielgebiet oft Passanten nach dem Weg fragen; aber es hilft oft, wenigstens die Adresse auf Japanisch aufgeschrieben oder gedruckt zu haben. Eigene Ortskenntnisse helfen dabei, Geld zu sparen. Man sollte auch bei weiteren Strecken vorher den Stadtplan oder die Karte gemeinsam studieren, um teure Umwege zu vermeiden. Rotes Licht an der Windschutzscheibe und beleuchtetes Dachlicht heißt bei Taxis: zu haben, grünes Licht: besetzt. Heben Sie den Arm zum Heranwinken und lächeln Sie freundlich.

Die japanischen Jahreszeiten spielen für die Kultur, Religion und Speisen eine große Rolle. **Frühjahr** und **Herbst** sind die **angenehmsten Jahreszeiten** mit Tagestemperaturen zwischen 15 und 25 Grad. Im Winter dominiert niederschlagarmes Wetter in Tokyo und Umgebung mit Tagestemperaturen um die 10 Grad und Nachttemperaturen gegen Null. Manchmal schneit es im Januar und Februar, der Schnee bleibt aber nur in den Bergen länger liegen.

Das Klima ist insgesamt milder als in Mitteleuropa, es gilt als **feucht-subtropisch.** Wirklich subtropisch wird das Wetter im Sommer, erst mit der etwa sechswöchigen Regenzeit *(tsuyu)* ab Juni, gefolgt vom ebenfalls sechswöchigen heißen, oft niederschlagsarmen Sommer. **Heißester Monat** ist der **August** mit Temperaturen bis 40 Grad. Der jährliche Niederschlag beträgt moderate 1500 mm, Taifune erreichen manchmal auch Tokyo, dann aber meist schon abgeschwächt. **Juni bis September** sind

⊡ *Skatepark auf Odaiba*

insgesamt die **niederschlagsreichsten Monate.** Der *tsuyu* ist keine Regenzeit wie in Südostasien, schließlich fallen auch dann nur 200 mm Niederschlag im Monat. Lange Trockenperioden sind angesichts der maritimen Einflüsse selten, meist wechseln sich regnerische und sonnige Tage ab, wobei der November im Gegensatz zu unserem Klima unserem „goldenen Oktober" entspricht und eher niederschlagsarm und sonnig ist. Die Laubfärbung beginnt in Tokyo erst Mitte November. Wer sie vorher erleben will, fährt nach Norden oder in die Berge. Als niederschlagsärmster Monat gilt der Januar. Die **Badesaison** im Meer endet für Tokyoter am 1. September, unabhängig vom Wetter. Die **Skisaison** beginnt im November und dauert bis Mai. **Wander-** und **Bergsteigersaison** ist ganzjährig; im **Sommer** ist es zwar sehr heiß, andererseits ist das die Jahreszeit für Bergtouren (s. S. 196) in den Hochgebirgen, die offizielle Saison für den Fuji-san ⑮ ist auf den 1. Juli bis Mitte September begrenzt.

▷ *Tokyo ist zu jeder Jahreszeit sehr voll. Mit am deutlichsten spürt man das, wenn an den Straßenkreuzungen die Ampeln umschalten.*

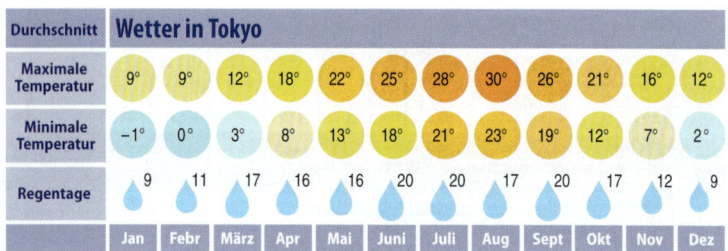

Durchschnitt	**Wetter in Tokyo**											
Maximale Temperatur	9°	9°	12°	18°	22°	25°	28°	30°	26°	21°	16°	12°
Minimale Temperatur	–1°	0°	3°	8°	13°	18°	21°	23°	19°	12°	7°	2°
Regentage	9	11	17	16	16	20	20	17	20	17	12	9
	Jan	Febr	März	Apr	Mai	Juni	Juli	Aug	Sept	Okt	Nov	Dez

ANHANG

Kleine Sprachhilfe Japanisch

Wer sich intensiver mit dem Japanischen beschäftigen möchte, dem sei der Kauderwelsch-Sprachführer „Japanisch – Wort für Wort" aus dem REISE KNOW-HOW Verlag empfohlen.

Aussprache

Die Aussprache des Japanischen ist für uns einfach. **Vokale** werden etwa wie im Deutschen ausgesprochen. Es gibt eine kurze und eine lange Form. **Lange** Vokale werden üblicherweise in der Transkription so geschrieben: ā, ē, ii, ō, ū; ō wird manchmal auch als *ou* geschrieben, entsprechend der Schreibart in den beiden Silbensystemen. Zwischen stimmlosen Mitlauten werden i und u fast verschluckt.

kurz gesprochene Vokale:
a: wie Katze
e: essen, nicht gedehnt wie in beten
i: wie Kitz
o: teils wie Motto, teils wie Foto
u: Zug, aber nicht mit gespitztem Mund

Die Konsonanten ch, sh, j, w, z werden wie im Englischen ausgesprochen.
fu: zwischen h und f, z. B. *fuku* (= wehen)
g: in der Wortmitte leicht nasaliert, etwa wie *ng, z. B. nagai* (= lang)
hi: fast wie *ch* in ich
n: am Wortende leicht nasaliert, z. B. *hon* (= Buch)
r: zwischen leicht gerolltem *r* und *l*

Allgemeine Gesprächsformeln

hai	ja
iie/chigai-masu	nein
o-hayō gozai-masu	Guten Morgen
konnichi wa	Guten Tag
komban wa	Guten Abend
oyasumi-nasai	Gute Nacht
sayonara	Auf Wiedersehen
hajime-mashite	Grußformel bei der ersten Begegnung, anschließend:
dōzō yoroshiku	Bitte seien Sie mir wohlgesonnen
arigatō-gozai-masu/mashita	vielen Dank
do-ita-shi-mashite	keine Ursache
watashi no namae wa...desu	ich heiße ...
eigo o hanase-masu ka?	sprechen Sie Englisch?
Nihongo wa hanase-masen	ich kann kein Japanisch
wakari-masen	ich verstehe nicht
takai/takaku-nai (desu)	teuer/nicht teuer
o-genki desu ka?	wie geht's?
okagesama de	danke der Nachfrage
dōmo	danke, bitte, Entschuldigung, etc.
dōzō	bitte (anbieten)

+++ Die wichtigsten Wörter mit dem Bonus-Audiotrack des Kauderwelsch-

onegai-shimasu	bitten um
sumi-masen	Entschuldigung (beim Ansprechen fremder Personen)
gomen-nasai/-kudasai	Entschuldigung
kamai-masen	Das macht nichts!
chotto testudatte itadake-masen ka	Könnten Sie mir etwas helfen?
kureditto kādo wa tsukaemasu ka	Akzeptieren Sie Kreditkarten?

Fragewörter

dare?, donata?	wer?
nan?, nani?	was?
dō?	wie?
naze?, dōshite?	warum, weshalb?
itsu?	wann?
dore?, donna?	welcher, was für ein?
doko?	wo?
dochira?	wohin?
ikura?	wie viel, wie teuer?
ikutsu?	wie viel, wie alt?
kore wa nan desu ka?	Was ist das?
ikura desu ka?	Wie teuer ist es?
san-zen en (desu)	(Es kostet) 3000 Yen.
doko de ... kae-masu ka?	Wo kann ich ... kaufen?
...wa doko ni ari-masu ka?	Wo gibt es ...?

Richtungsangaben

koko	hier
kore	dies
sore	jenes
asoko	dort
massugu	geradeaus
migi	rechts
hidari	links
mae	vor
ushiro	hinter
soba	nahe, neben
tonari	nebenan
mukō	gegenüber
kōsaten	Kreuzung
biru	Gebäude
modoru	zurück-/ umkehren

Zahlen

Das chinesische System wird zum Zählen und für Mengenangaben verwendet, das japanische für allein stehende Zahlen und wenn das Kategoriewort unbekannt ist.

	Chines. Sys.	Jap. System
0	rei	zero
1	ichi	hito(tsu)
2	ni	futa(tsu)
3	san	mi(tsu)
4	shi, yon	yo(tsu)
5	go	itsu(tsu)
6	roku	mu(tsu)
7	shichi, nana	nana(tsu)
8	hachi	ya(tsu)
9	kyu, ku	kokono(tsu)
10	jū	tō
11	jū-ichi	

15	jū-go	
20	ni-jū	
80	hachi-jū	
100	hyaku	
300	sambyaku (assimiliert)	
1000	sen, zen	
10.000	man	
100 Mio	oku	en = Yen

Wochentage

nichi-yōbi	Sonnen-Tag (So)
getsu-yōbi	Mond-Tag (Mo)
kai-yōbi	Feuer-Tag (Di)
sui-yōbi	Wasser-Tag (Mi)
moku-yōbi	Holz-Tag (Do)
kin-yōbi	Gold-Tag (Fr)
do-yōbi	Erd-Tag (Sa)
heijitsu	wochentags
kyū	feiertags

Transport

eki	Bahnhof
densha	Zug (elektrisch)
chikatetsu	U-Bahn
shinkansen	Superexpress
tokkyū	Express
kyūko	Eilzug
kippu	Fahrkarte
jikoku-hyō	Fahrplan
nan-ji	wie viel Uhr?
jikan	Stunde/n
... made ikura desu ka	Was kostet es bis ...?
kono densha/basu wa ... e iki-masu ka?	Fährt dieser Zug/Bus nach ...?
norikae doko?	wo umsteigen?
nan-ban sen?	welcher Bahnsteig?
basu noriba wa doko desu ka?	Wo ist eine Bushaltestelle?
tomete kudasai	Halten Sie bitte!
sumimasen koko wa doko deshō ka?	Verzeihung, wo bin ich hier?

Monatsnamen

Mond heißt *tsuki* bzw. *getsu*, Monat *gatsu*.
Die Monate werden von 1 bis 12 gezählt:

ichi-gatsu	Januar
ni-gatsu	Februar, etc.
jū-ni-gatsu	Dezember

Nützliche Wörter

watashi, watakushi	ich
anata	du, Sie
josei	weiblich, Frau
onna	Frau
dansei	männlich, Mann
otoko	Mann
yasui	billig
muryō, tada	kostenlos
ōkii/chiisai	groß/klein
atsui/samui	heiß/kalt

Kommunikation

Wi-Fi/konsento ga arimasu ka?	Gibt es WLAN/Steckdose?
Pasokon o tsukatte mo ii desu ka?	Kann ich meinen PC/Laptop benutzen?
Keitai o tsukatte mo ii desu ka?	Kann ich (Ihr) Handy benutzen?

Essen und Trinken

chotto sumimasen	(So ruft man die Bedienung)
menyu	Speisekarte
teishoku	Menü
higawari	Tagesmenü
itadaki-masu	Ich esse (entspricht: Guten Appetit!)!
mō kekkō desu	Danke, ich habe genug!
onaka ga ippai	Ich bin satt!
onaka ga suita	Ich bin hungrig!
nodo ga kawaita	Ich habe Durst!
gochisōsama deshita/oishikatta-desu	Es war lecker!
baikingu/tabe-(nomi) hōdai	Büfett/essen (trinken) soviel man will
taberu/tabemono	essen/Essen
nomu/nomimono	trinken/Getränk
cho-/chū-/yū-shoku	Frühstück, Mittag-, Abendessen
moriawase	Sortiment
saishokushugi(sha)	vegetarisch (Vegetarier)
shokken	Essensbon
gohan	Reis, Mahlzeit
(o-) kawari	Nachschlag
o-hiya o kudasai	noch Wasser, bitte
onaji mono	dasselbe
(o-) kanjō	Rechnung
yoyaku	Reservierung
otōshi	Appetithappen
kampai	Prost
shūden	letzter Zug
nigai	bitter
tsumetai	kalt
suppai	sauer
karai	scharf gewürzt
amai	süß
umai	vollmundig
shoppai/shio	salzig/Salz
sato	Zucker
koshō	Pfeffer
shoyu	Sojasoße
o-sōsu	jp. Worcestersoße
shichimi	Gewürzmischung
katsuo-bushi	Bonitoflocken
kombu	Seetangart
shōga	Ingwer
nin-niku	Knoblauch

Das komplette Programm zum Reisen und Entdecken von
REISE KNOW-HOW

- **Reiseführer** – alle praktischen Reisetipps von kompetenten Landeskennern

- **CityTrip** – kompakte Informationen für Städtekurztrips

- **CityTrip**^{PLUS} – umfangreiche Informationen für ausgedehnte Städtetouren

- **InselTrip** – kompakte Informationen für den Kurztrip auf beliebte Urlaubsinseln

- **Wohnmobil-Tourguides** – alle praktischen Reisetipps für Wohnmobil-Reisende

- **Wanderführer** – exakte Tourenbeschreibungen mit Karten und Anforderungsprofilen

- **KulturSchock** – Orientierungshilfe im Reisealltag

- **Kauderwelsch Sprachführer** – vermitteln schnell und einfach die Landessprache

- **Kauderwelsch plus** – Sprachführer mit umfangreichem Wörterbuch

- **world mapping project**™ – aktuelle Landkarten, wasserfest und unzerreißbar

- **Edition REISE KNOW-HOW** – Geschichten, Reportagen und Abenteuerberichte

Register

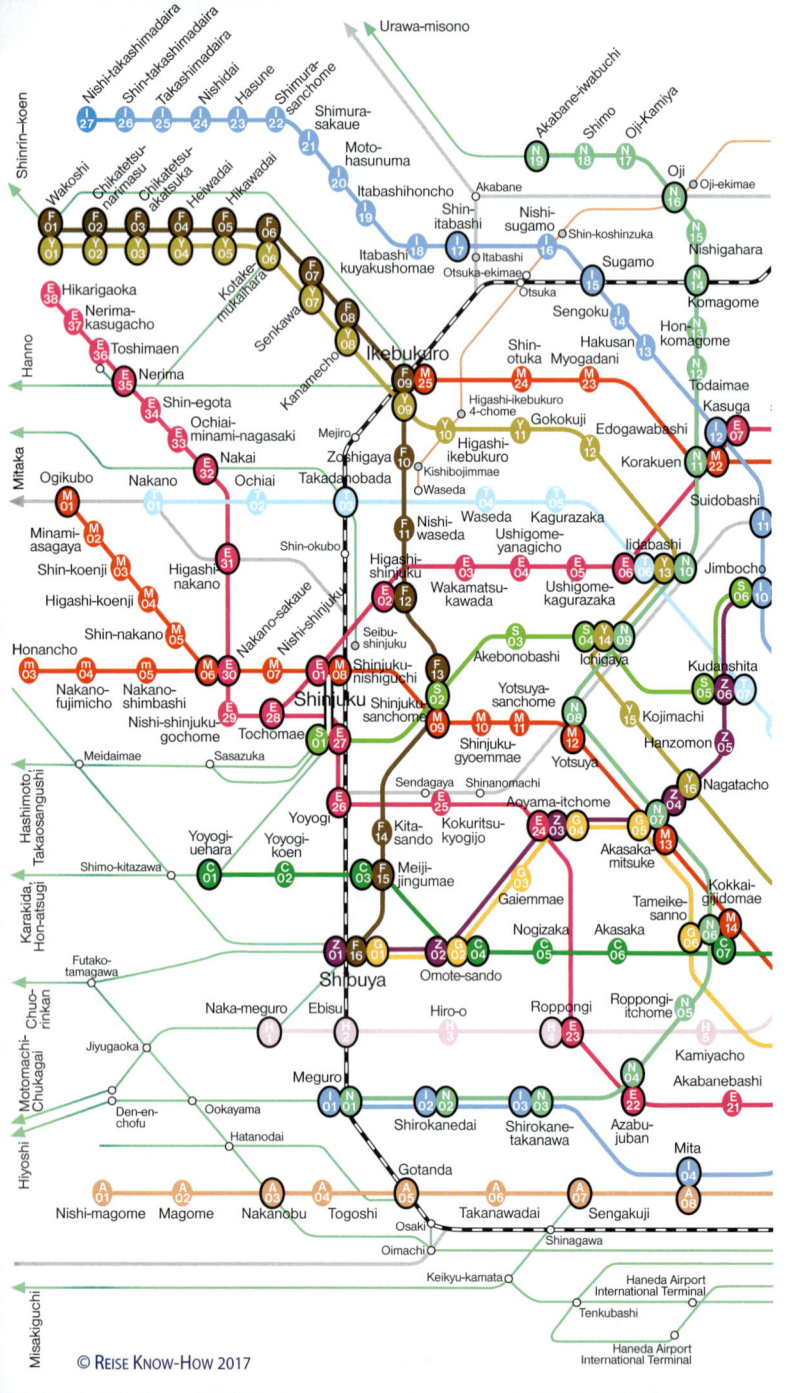

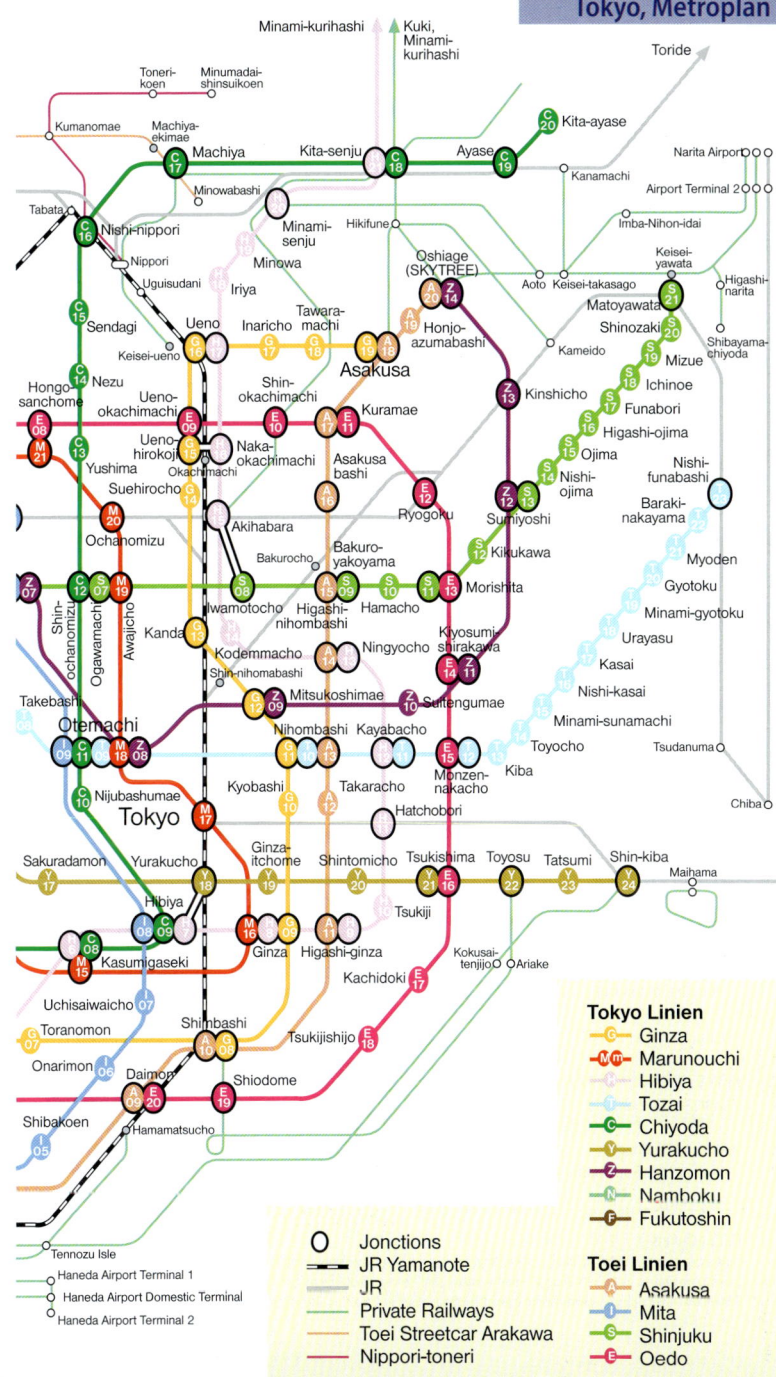

Tokyo, Metroplan

Der Autor

Martin Lutterjohann, Jahrgang 1943, geboren in Göttingen, lebt nach insgesamt zwölf Jahren Entwicklungszusammenarbeit in Südostasien wieder in München, wo er Ende der 1960er-Jahre Psychologie studiert hatte. Er war als Therapeut jahrzehntelang im Suchtbereich tätig, geht gern in die Berge und war bisher in über 150 Ländern und Territorien allein, zu zweit oder als Reiseleiter unterwegs. Die längsten Auslandsaufenthalte verbrachte er in Kambodscha, Thailand und Japan, das er seit 1970 mehr als 20-mal besucht hat und wo er dank eines Forschungsstipendiums insgesamt fast zwei Jahre lebte.

Schon zuvor heiratete er die Japanerin Sakae, die er im gemeinsam bewohnten Studentenheim in München kennengelernt hatte. Sie war auch der Grund für seine langen Japanaufenthalte und den intensiven Einstieg in die japanische Sprache und Kultur.

Schreiben Sie uns

Dieses Buch ist gespickt mit Adressen, Preisen, Tipps und Daten. Unsere Autoren recherchieren unentwegt und erstellen alle zwei Jahre eine komplette Aktualisierung, aber auf die Mithilfe von Reisenden können sie nicht verzichten. Darum: Teilen Sie uns bitte mit, was sich geändert hat oder was Sie neu entdeckt haben. Gut verwertbare Informationen belohnt der Verlag mit einem Sprachführer Ihrer Wahl aus der Reihe „Kauderwelsch".

Kommentare übermitteln Sie am einfachsten, indem Sie die Web-App zum Buch aufrufen (siehe Umschlag hinten) und die Kommentarfunktion bei den einzelnen auf der Karte angezeigten Örtlichkeiten oder den Link zu generellen Kommentaren nutzen. Wenn sich Ihre Informationen auf eine konkrete Stelle im Buch beziehen, würde die Seitenangabe uns die Arbeit sehr erleichtern. Unsere generellen Kontaktdaten siehe Impressum.

Impressum

Martin Lutterjohann

CityTrip PLUS Tokyo

© REISE KNOW-HOW Verlag Peter Rump GmbH
1998, 2000, 2002, 2004, 2007, 2010, 2015
8., neu bearbeitete und
komplett aktualisierte Auflage 2017

Alle Rechte vorbehalten.

ISBN 978-3-8317-2941-8
PRINTED IN GERMANY

Druck und Bindung:
Media-Print, Paderborn

Herausgeber: Klaus Werner
Layout: amundo media GmbH (Umschlag, Inhalt),
Peter Rump (Umschlag)
Lektorat: amundo media GmbH
Karten: Ingenieurbüro B. Spachmüller,
amundo media GmbH
Anzeigenvertrieb: KV Kommunalverlag GmbH &
Co. KG, Alte Landstraße 23, 85521 Ottobrunn,
Tel. 089 928096-0, info@kommunal-verlag.de
Kontakt: Osnabrücker Str. 79, 33649 Bielefeld,
info@reise-know-how.de

Alle Angaben in diesem Buch sind gewissenhaft
geprüft. Preise, Öffnungszeiten usw. können sich
jedoch schnell ändern. Für eventuelle Fehler übernehmen Verlag wie Autor keine Haftung.

Bildnachweis

Umschlagvorderseite: Fotolia.com © Mihai-Bogdan Lazar | Umschlagklappe rechts: Martin Lutterjohann
Soweit ihre Namen nicht vollständig am Bild vermerkt sind, stehen die Kürzel an den Abbildungen für die folgenden Fotografen,
Firmen und Einrichtungen. Dreamstime.com: dr | Fotolia.com: fo | Martin Lutterjohann: ml

Liste der Karteneinträge

Hier nicht aufgeführte Nummern liegen außerhalb der abgebildeten Karten. Ihre Lage kann aber wie die von allen Ortsmarken im Buch mithilfe der kostenlosen Web-App angezeigt werden (siehe rechts).

Zeichenerklärung

- ❶ Hauptsehenswürdigkeit
- ❾ Bar, Klub, Treffpunkt
- ❻ Pub, Kneipe
- ⚑ Botschaft
- ❺ Café
- 🏛 Denkmal
- ❿ Fischrestaurant
- 🏛 Galerie
- 🛍 Geschäft, Kaufhaus, Markt
- 🏨 Hotel, Unterkunft
- ❾ Imbiss, Bistro
- ❶ Informationsstelle
- 🆁 Japan-Railway-Haltepunkt
- 🏠 Jugendherberge, Hostel
- 🎞 Kino
- ➕ Krankenhaus, Arzt
- Ⓜ Metro-Haltestelle
- ⬛ Metro-Haltestelle
- 🏛 Museum
- ❾ Musikszene, Disco
- ✉ Post
- ⑪ Restaurant, Izakaya
- ★ Sehenswürdigkeit
- • Sonstiges
- 🆂 Sporteinrichtung
- 🎭 Theater
- ❷ Vegetarisches Restaurant
- ❤ Yurikamome Line
- ⬭ Shoppingareal
- ⬭ Gastro- und Nightlife-Areal

 Stadtteilspaziergänge

Sternbewertung Sehenswürdigkeiten

- ★★★ nicht verpassen
- ★★ besonders sehenswert
- ★ wichtig für speziell Interessierte

Tokyo mit PC, Smartphone & Co.

QR-Code auf dem Umschlag scannen oder **www.reise-know-how.de/citytrip-plus/ tokyo17** eingeben und die **kostenlose Web-App** aufrufen (Internetverbindung zur Nutzung nötig)!

★ **Anzeige der Lage und Satellitenansichten aller** Sehenswürdigkeiten und wichtigen Orte
★ **Routenführung** vom aktuellen Standort zum gewünschten Ziel
★ **Exakter Verlauf** der Stadtteilspaziergänge
★ **Audiotrainer** der wichtigsten Wörter und Redewendungen
★ **Aktuelle Infos** nach Redaktionsschluss

GPS-Daten zum Download

Auf der Produktseite dieses Titels unter www.reise-know-how.de stehen die GPS-Daten aller Ortsmarken als KML-Dateien zum Download zur Verfügung.

Stadtplan für mobile Geräte

Um den Stadtplan auf mobilen Geräten nutzen zu können, empfehlen wir die App „PDF Maps" von Avenza™. Der Stadtplan wird aus der App heraus geladen und kann dann mit vielen Zusatzfunktionen genutzt werden.

Die Web-App und der Zugriff auf diese über QR-Codes sind eine freiwillige, kostenlose Zusatzleistung des Verlages. Der Verlag behält sich vor, die Bereitstellung des Angebotes und die Möglichkeit der Nutzung zeitlich und inhaltlich zu beschränken. Der Verlag übernimmt keine Garantie für das Funktionieren der Seiten und keine Haftung für Schäden, die aus dem Gebrauch der Seiten resultieren. Es besteht ferner kein Anspruch auf eine unbefristete Bereitstellung der Seiten.